珍藏本

纪念版

汉译世界学术名著丛书

论人类语言结构的差异及其对人类精神发展的影响

〔德〕威廉·冯·洪堡特 著

姚小平 译

商务印书馆
SINCE 1897 The Commercial Press

2017年·北京

Wilhelm Von Humboldt

UEBER DIE VERSCHIEDENHEIT DES MENSCHLICHEN SPRACHBAUES UND IHREN EINFLUSS AUF DIE GEISTIGE ENTWICKLUNG DES MENSCHENGESCHLECHTS

Aus dem 7. Band der *Gesammelten Schriften Wilhelm von Humboldts* in 17 Bänden

Herausgegeben von Albert Leitzmann, Bruno Gebhardt und Wilhelm Richter

Berlin:Behr, 1903—1936

根据柏林倍尔出版社 1903—1936 年版十七卷本

《威廉·冯·洪堡特文集》第七卷译出

汉译世界学术名著丛书
(120 年纪念版·珍藏本)
出 版 说 明

2017 年 2 月 11 日,商务印书馆迎来 120 岁的生日。120 年前,商务印书馆前贤怀揣文化救国的理想,抱持"昌明教育,开启民智"的使命,立足本土,放眼寰宇,以出版为津梁,沟通中西,为中国、为世界提供最富智慧的思想文化成果。无论世事白云苍狗,潮流左右激荡,甚至战火硝烟弥漫,始终践行学术报国之志,无改初心。

迻译世界各国学术名著,即其一端。早在 20 世纪初年便出版《原富》《天演论》等影响至今的代表性著作,1950 年代后更致力于外国哲学和社会科学经典的译介,及至 1980 年代,辑为"汉译世界学术名著丛书",汇涓为流,蔚为大观。丛书自 1981 年开始出版,历时三十余年,迄今已推出七百种,是我国现代出版史上规模最大、最为重要的学术翻译工程。

丛书所选之书,立场观点不囿于一派,学科领域不限于一门,皆为文明开启以来,各时代、各国家、各民族的思想与文化精粹,代表着人类已经到达过的精神境界。丛书系统译介世界学术经典,引领时代思想,为本土原创学术的发展提供丰富的文化滋养,为推动中国现代学术和现代化进程做出了突出的贡献。

为纪念商务印书馆成立120周年,我们整体推出"汉译世界学术名著丛书"120年纪念版的珍藏本,寄望既利于文化积累,又便于研读查考,同时向长期支持丛书出版的译者、编者和读者致以敬意。

两甲子后的今天,商务印书馆又站在了一个新的历史时间节点上。我们不仅要铭记先辈的身影和足迹,更须让我们的步伐充满新的时代精神。这是商务人代代相传的事业,更是与国家和民族的命运始终紧密相连的事业。我们责无旁贷,必须做好我们这代人的传承与创造,让我们的努力和成果不仅凝聚成民族文化的记忆,还能成为后来人可以接续的事业。唯此,才能不负前贤,无愧来者。

商务印书馆编辑部

2017年10月

译 序

威廉·冯·洪堡特(Wilhelm von Humboldt,1767—1835)这个名字属于好几个领域。在德国近代史学者的笔下,他是一个具有人文主义精神的民主政治家,能干老练的外交家,学者型的社会活动家。他又是一个追求完美人性的教育改革家,科研与教学相统一的新型大学的创建人,因此常为西方教育史家提到。他有时出现在西方美学史、文艺理论的著作中,被描绘为席勒(Friedrich Schiller)和歌德(Johann Wolfgang von Goethe)思想的继承者,德国古典主义的最后一个代表。人类学家也经常提到他,因为他继赫尔德(Johann Gottfried Herder)、康德(Immanuel Kant)之后,从实践和理论两方面从事过"人的研究",比较过民族、文化的异同。最后,在语言学史著者的眼中,他是一个伟大的语言理论家,普通语言学的奠基者。读者在这里看到的,便是语言学家洪堡特最重要的一部著作。

我们的这篇译序,要向读者讲述这样几件事:第一,洪堡特的一生;第二,洪堡特早期的主要学术兴趣;第三,洪堡特有关语言的研究和著述;第四,洪堡特在语言学史上的地位和影响。最后,要交代一下洪堡特此书的版本。

一 生平

童年和学生时代

16 世纪 70 年代，一个叫汉斯·洪坡特(Hans Humpolt)的手工业者在柏林从事皮毛加工，并在那里获得了公民权。他就是洪堡特家族的先祖。到了洪堡特的曾祖父一辈，家境已相当富庶，购置了庄园田产。祖父约翰·保罗·洪堡特(Johann Paul Humboldt，1684—1740)曾在普鲁士军事国家的创建者腓特烈·威廉一世在位时任公职，辞世前两年，他被敕封为世袭男爵。于是，在他的子孙的姓前面便添上了“冯”(von)这一贵族身份的标志。

威廉·冯·洪堡特 1767 年 6 月 22 日生于波茨坦(Potsdam)。弟弟亚历山大比他小两岁。父亲亚历山大·乔治·冯·洪堡特(Alexander Georg von Humboldt，1720—1779)曾在军中供职，担任过高级副官、宫廷侍卫官。母亲玛利亚·伊丽莎白出生于一个富有的法国胡格诺派教徒的家庭，继承了家族的大宗遗产。她自幼深受启蒙运动思想的熏陶，日后也把进步的思想灌输给了两个儿子。这是一个拥有种种社会特权和富足财力，但又未受落后的普鲁士容克意识蚀染的新贵族家庭。母亲一心想要把两个儿子培养成为有用于国家的人才，她为威廉请的第一位家庭教师是堪普(Joachim Heinrich Campe)。堪普信奉卢梭的教育思想，以提倡“博爱”出名，是新一代的优秀教育家之一。

13 岁时，威廉已经会讲法语，也学会了读拉丁语和希腊语。他偏爱文学、历史、语言，喜欢读法国启蒙作家以及柏林启蒙运动代表人物的作品。弟弟亚历山大则对自然科学,尤其是植物学更感兴趣。

1783年,洪堡特兄弟迁往当时的普鲁士首都柏林。在那里,他们仍不入公学,继续受业于家庭教师,同时也常常去听私人教师为别家贵族子弟讲的课。从1783年到1787年进入大学前的一段时间里,洪堡特兄弟经常出入柏林市民阶级的沙龙,问学于社会知名人士,如颇有名望的哲学家恩格尔(Johann Jacob Engel)等人,他们大都是启蒙运动的拥护者,代表了市民阶级和知识界的进步力量。

1787年10月,洪堡特兄弟来到奥得河畔的法兰克福(Frankfurt an der Oder),在家庭教师孔特(G. Kunth)的监护下开始大学生活。按照母亲的要求,威廉以法学为主课,兼听经济学、教会史、国家史等课。亚历山大则主修财政学(时亦称国家经济学)。威廉对陈旧的教学方法感到不满,宁愿花更多的时间闷头读书。半年后他移学哥廷根大学,先后修习法学、哲学、历史等科。哥廷根期间,洪堡特第一次接触到康德的哲学思想。他认真研读了康德的新作《实践理性批判》(1788)。对于年轻的洪堡特,康德是最有吸引力的哲学家。四十余年后,在洪堡特的心目中,康德依然位居哲学伟人之首。在"关于席勒及其思想发展过程"(1830)一文中,洪堡特对康德哲学有这样一段评论:康德具有伟大思想家所应有的一切特点,他的著作是哲学理性在一个人身上可能达到的最伟大的成就;康德考察了以往所有时代、一切民族的哲学思想,对各种哲学分析方法作了检验和筛选,铲除了前人加于哲学之上的种种虚幻的建筑,他又将一种深刻的辩证法贯彻到自己的哲学体系之

中，从而为真正的哲学发展铺平了道路；所以，“在最真实的意义上说，是康德把哲学重新带回到了人类的怀抱”。[①]

1788年8月，洪堡特偶遇卡罗琳·冯·达赫奥登（Karoline von Dacheröden），两人很快成为知己，彼此爱慕，三年后，他们举行了婚礼。卡罗琳的父亲达赫奥登伯爵（Karl Friedrich von Dacheröden）曾任普鲁士议院主席。在1736—1815年的《埃尔夫特编年史》里，记载着一段颂扬这位贵族的文字，称他是当地“科学的保卫者”，“许多学者和艺术家的恩主”。

洪堡特和卡罗琳的婚姻是幸福美满的。两人的出身、地位相当，信仰、志向也一致。卡罗琳还给洪堡特带来了大宗财产，使他成了一个富翁。卡罗琳是一个善持家事的母亲，在各方面都是洪堡特最可信赖的帮手。在从事政治活动方面，卡罗琳对洪堡特的帮助尤其值得称道。没有她的催促推动，洪堡特在1809年就不会如此积极地投身于普鲁士国家的改革运动。她身上充溢着强烈的爱国主义精神。1813年，当洪堡特正为是否接受驻维也纳宫廷使臣一职犹豫不决时，卡罗琳在信中告诫道：“在这样严峻冷酷的时代，我想你更有不可回避的义务为普鲁士尽职到至少五十岁为止。”[②]

卡罗琳和她的父亲一样尊崇爱护科学艺术。在洪堡特出使国外的那些年里，特别是在罗马期间，洪堡特夫妇经常与许多艺术家和科学家聚会，出款资助他们的事业。这首先要归功于卡罗琳的努力。在洪堡特传记家的笔下，卡罗琳是浪漫主义和市民解放时期最优秀的妇女之一。

1789年7月中旬，怀着认识世界的热望，洪堡特与堪普结伴踏上去往巴黎的路程。半路上，他们获悉巴士底狱已被攻陷。8月3日，洪堡特一行抵达巴黎。在20余天的时间里，洪堡特作为旁观者目睹了巴黎革命第一阶段的进展：废除封建特权，取消教会什一税。他看到了国民议会举行会议的热烈场景。他来到巴士底狱的废墟之上，里里外外细细地观看了这座象征着封建专制的古堡。8月27日，洪堡特一行离开巴黎的那一天，制宪会议通过了《人权宣言》。

第一次巴黎行的所见所闻，给洪堡特留下了难忘的回忆，也为他不久后撰写政治文章提供了感性素材。

1790年初，洪堡特在柏林向普鲁士国王呈交了一份谋求司法部职位的申请。当时，像洪堡特那样出身贵族的青年，大学生活后往往要任一段时间的公职，然后决定未来事业的方向。洪堡特的母亲和卡罗琳的父亲都希望洪堡特在政治上有所作为，而他本人对政治也很感兴趣，他把从政看作实现为人类服务这一伟大目标的好机会。

在参加了必要的资格考试后，他于同年4月被任命为市法院的初级法官（Auskultator），不久，他又通过了一次考试，成为宫廷和议会法庭的后补官员（Referendar）。同时，他也在外交部寻职，同年6月，获得担任公使馆参赞（Legationsrat）的资格。但是，出乎亲友们的预料，他并没有马上接受公职。他认为，他已具备的知识和经验还不足以使他担负起为公众服务的重任，一个人必须首先充实和完善自身，而后才谈得上在社会上施展抱负。于是，他计划用几年的时间来实施“自我教育”。

自我教育:早期学术探索

1791 年至 1794 年前后,是洪堡特矢志实行“自我教育”计划的时期,也是他开始学术探索的时期。

从巴黎归来后,洪堡特一直关心着法国革命的进展。1791 年,路易十六签署了基于《人权宣言》的法国新宪法,这部宪法把专制主义的法国转变成了君主立宪国。但是,人民的大多数仍然没有参政的权利,这又违背了《人权宣言》的基本精神。同一年,洪堡特写了第一篇政治论文,题为“关于国家宪法的思考:法兰西新宪法的启迪”。他在文章中评价了新宪法的得失,讨论了国家机器在社会生活中的作用。由于新闻检查的缘故,这篇文章只能在一些朋友手中传阅,直到 1851 年才得以正式发表。1792 年,洪堡特写下了《关于如何确定国家之权限的尝试》一书。这部政治著作的部分章节当年发表在几家杂志上,而完整地面世也迟至 1851 年。1793 年,洪堡特又写了“人类教育理论”一文。

这些文章所包含的思想,决定了洪堡特以后的政治活动和教育改革的方向。

这个时期,洪堡特将很大一部分时间用在欧洲古典文化特别是希腊文化的研究上。在以后的岁月里,古典文化对洪堡特来说始终既是专门研究的对象,又是工作之余的嗜好。

年轻的洪堡特学术兴趣十分广泛。他试图通过人文科学范围内的全面探索来达到自我教育的目标,所以,政治、法律、哲学、历史、人类学、美学、文学、艺术、语言等等无不是他想下工夫细究一番的科目。然而这样一来,他的研究面铺展得过广,妨碍了他集中精力钻研某个方面的问题。往往，他还没有写完一个题目，就又开始着手搜集另一个新题目所需的材料，或者刚刚拟下一项研究的草纲，却又转而去筹划另一项研究。他早期的研究总的说来是杂而不精，泛而不深的。

与席勒、歌德的友谊

在认识洪堡特之前，卡罗琳与席勒的妻子就是亲密的朋友。1789 年圣诞期间，洪堡特与席勒在魏玛(Weimar)初次会面，此后，两人一直保持着密切的关系。1794 年 2 月，洪堡特夫妇迁居耶拿(Jena)，他们与席勒一家事先商定一同在这个城市居住。两家居舍相距不远，洪堡特和席勒通常每天都要互访几次。他们经常一起接待来访的朋友，其中有歌德、科尔纳(C. G. Körner)。有时他们也一起去听当时还不大有名气的哲学家费希特(J. G. Fichte)讲课。席勒与洪堡特对"自我教育"的看法是一致的，他们都主张人性至上，主张自我发展完美和谐的人性；他们两人都在对方的身上看到了有助于自身修养和发展的东西。他们赞成法国革命的宗旨，但都对革命的进一步发展感到失望。

席勒像磁石一样吸引着洪堡特。洪堡特把席勒视为知己，也把席勒看作从事学术研究的榜样。他曾将席勒与康德、歌德作过一个比较：康德是哲学天才，歌德是诗歌天才，他们在各自的领域里都作出了前人未可企及的贡献，他们属于哪种类型的伟人，世人已有公论；席勒则不同，他有哲学和诗歌两方面的天赋，并且试图把这两个方面融为一体。[③] 在洪堡特看来，席勒是完善和谐的人类知识的代表，因为，诗歌和哲学是人类精神活动的两大领域，而席勒在这两大领域里都有辉煌的建树。在耶拿的岁月是洪堡特思想发展成型的最重要的时期，而在精神上对他裨益最大的人就是席勒。1805年席勒去世后不久，洪堡特在致友人科尔纳的一封信里充满悲惋之情地写道，席勒的死使他感到像是突然失去了一颗为他指出知识方向的明星，因为在认识席勒之后，他写每一篇文章都是以席勒的思想为唯一的判断准则。④

对洪堡特来说，席勒又是一位难得的诤友。年轻的洪堡特兴趣广泛，求知心切，富有献身人类进步的热情，但是，他想做的事太多，对自己的能力缺乏全面的衡量。他喜爱文学，崇敬伟大的诗人作家，于是也渴望在文坛上有所作为。然而，他并没有诗人作家的才气，也远远谈不上是一个语言大师。洪堡特在寂寞的晚年写了许多首商籁诗，从艺术角度看只能说是平庸之作。席勒曾直率地向洪堡特进言：虽然洪堡特在其他方面不乏天分，但不具备成为一个伟大作家的天才；在文学艺术方面，他的批评赏鉴的能力高于自由创作的能力。十几天后，洪堡特回信表示，席勒的意见十分中肯，他很乐意接受。在次年9月4日写给席勒的信中，洪堡特向席勒诉说了心中的苦恼。他感到自己在精神发展上陷入了想象力不足和思辨能力不强的双重困境，“现在我深信，除了听从您的告诫外我别无他择：我将使我的想象力变得更加生动，使我的思想变得更加深刻”。⑤

另一方面，对席勒来说，洪堡特是一位能够提供真知灼见的挚友，一个能够推动他的艺术事业向前发展的崇拜者。席勒在一封信里告诉科尔纳：“认识洪堡特是件令人十分愉快，十分有益的事。与他谈话时，我的所有思想活动都得到了更成功，更迅捷的展开。”[6]洪堡特虽非诗人作家，但他称得上是一个优秀的文评家。每当席勒有了一个新的想法，他都要与洪堡特交换看法，他拟定每一个创作计划，都要与洪堡特进行讨论，他的每篇文稿（例如他写于1795年前后的名作《美育书简》）在付印前都要征求洪堡特的批评意见。

1795年7月初，洪堡特赶回特格尔（Tegel）探望病情加重的母亲。次年11月初，他又回到了耶拿。在这期间，他平均每天都要发出一封给席勒的信。在柏林，他还致力于出版席勒的《1796年诗歌年刊》（*Musenalmanach für* 1796）。席勒逝世后25年，即1830年，洪堡特把他与席勒的部分往来书信汇编成集，加写了序言“关于席勒及其思想发展过程”后出版。

洪堡特与歌德的交往，不像他与席勒的交往那样频繁密切，这跟歌德与洪堡特的年龄相差更大有一定关系。他比歌德小18岁。洪堡特来到耶拿定居的那一年，适逢歌德与席勒订交，开始携手合作，共创德国文学史上的“古典时期”。耶拿和魏玛成了德国文学界精神生活的中心。洪堡特常有机会听到席勒与歌德的谈话，参加他们的讨论。他是这两位该时代德国最伟大的文豪建立起亲密协作关系的见证人。

洪堡特1796年11月初回到耶拿后，与歌德的联系较以前更多了。他经常去邻近的魏玛城拜访歌德，歌德也十分乐意听取他的批评见解。他在1797年4月7日给卡罗琳的信中表达了访问歌德后的愉快心情：“歌德十分热情友好。离他那么近，和他单独在一起，真是太美好了。……歌德一再讲起与席勒的共同生活给他带来的乐趣和收益，他说，除了席勒，在美学原理上还从来没有过一个人与他的看法如此一致。”[7]常有评论家说，席勒和歌德除了彼此的友谊外，只有为数不多的好友，而洪堡特便是他们两人最好的朋友之一。[8]1794年至1797年期间，在席勒和歌德的小小的活动圈子里，洪堡特是一个不可缺少的人物。在1797年3月28日给友人的信中，歌德谈到当时他周围最亲近的一些朋友的活动时说：“席勒正勤于撰写《华伦斯坦》，威廉·洪堡特正在翻译埃齐洛斯(Aischylos)的《阿加梅农》，而大施勒格尔(A. W. Schlegel)则在翻译莎士比亚的《裘力斯·恺撒》。”[9]歌德后来把他与席勒的通信编成集子，从这些书信里可以看出，歌德、席勒当时与洪堡特之间有着一种多么友好的关系。经常来耶拿探访兄长的亚历山大·洪堡特与歌德也建立起了友谊。亚历山大当时担任普鲁士王国负责采矿业的高级官员，他那丰富的物理学、地理学、化学知识使得向来爱好自然科学的歌德眼界大开。而亚历山大对歌德仰慕已久，他在后来(1825)的一封信中对歌德说：“两个洪堡特都属于您，他们一生中引为骄傲的事，便是赢得了您的赞赏。”[10]

在洪堡特的心目中，席勒和歌德是德国文学特别是诗歌领域中的两位空前绝后的人物。在1804年2月4日致布林克曼(C. G. von Brinkmann)的信中，洪堡特担忧地写道，在席勒、歌德之后，德国诗歌将面临危机，因为“既不可能出现第二个歌德，也不可能出现第二个席勒”。他认为，德国诗歌缺少一种“感性的生动气氛”，他寄希望于施勒格尔兄弟(A. W. Schlegel 和 F. Schlegel)，他们也许会努力将这样的生动性赋予德国诗歌，“要是他们成功了，就赢得了一切；而如果失败了，那么，当代的英雄也就成了最后的英雄”。[11]席勒去世后，洪堡特在1808年12月28日自魏玛写给妻子卡罗琳的一封信里说："他（指席勒）是我迄今为止所认识的最伟大的人；倘若歌德也逝去了，德国（文坛）就会沦为一片可怕的荒野。感谢上帝，歌德还健在。"⑫

与席勒、歌德的交往，使洪堡特对美学问题有了更大的兴趣。他打算作一系列美学探索，写一部《美学尝试》，但这个题目就像他的许多其他计划一样，他也只完成了一部分。1798 年洪堡特在巴黎时写成了"论歌德的《赫尔曼和窦绿苔》"，一年后在不伦瑞克（Braunschweig）出版。在这篇文评中，洪堡特称赞歌德创造的人物形象一方面十分真实，富有个性，源自自然生动的现实生活，另一方面则极其纯粹和理想化，仿佛永远不可能在现实生活中产生。他不满足于分析一部具体的文学作品，而是企图建立一种艺术理论。洪堡特曾与歌德、席勒等人就文稿进行过讨论。歌德表示欢迎，称它是一篇"感人的佳作"。席勒则有不同看法，他在 1798 年 6 月 27 日给洪堡特的信中直率地批评说，像洪堡特那样采取一种思辨的途径来分析一部具体的诗作，是一个失误。席勒承认，这种失误是由于他本人对洪堡特美学思想的影响而造成的：他和洪堡特都力图将一种艺术的形而上学直接运用到具体的对象上，把这种形而上学当作了实践的工具，而实际上它并不那么灵活适用。不过，这时的洪堡特对自己的探索却显得很有信心，他在同年 7 月 12 日的信中告诉席勒："我比任何时候都更深信，如果说在这个世界上有一种知识专业适合我来从事，那么这一专业就是批判（die Kritik）；如果说我可以要求获得美德，那么这种美德就是公正（die Gerechwtigkeit）。"⑬

耶拿时期，洪堡特从他与席勒、歌德的交往中得到的教益，要

比他能够给予席勒、歌德的帮助多得多。这并不奇怪。他的思想还不成熟，“自我教育”尚未完成，况且，他的学术才华后来证明并不是在文学艺术方面，而主要是在语言学方面。所以，有人把当时洪堡特在席勒、歌德联盟中的地位比作一颗环绕着两个太阳运转的卫星，它轨迹不明，只发光而不生热。[14]然而，正是洪堡特的这一有利的“卫星”地位，使得他有可能作为文艺批评家继续伴随席勒和歌德的创作活动，确立起一些批评的标准，丰富了康德以后的唯心主义美学思想。更重要的是，由于洪堡特日后的努力，古典主义文艺思想扩大到了整个德国的文化教育领域，他因此而被称为堪与席勒、歌德并重的德国市民阶级古典文化的伟大代表。

第二次巴黎行和两次西班牙行

1797 年 4 月下旬，洪堡特离开耶拿。母亲于 1796 年 11 月中去世后，给洪堡特兄弟留下了可观的遗产。威廉分到了柏林的一处房产和特格尔的庄园。他是一个爱惜家产并且也善于理财的人。弟弟亚历山大则分到 9 万塔勒[15]，他决定用这笔钱环游世界，他后来的美洲之行可以说是历史上最昂贵的一次自费科学考察。

1797 年 8 月初，洪堡特兄弟从德累斯顿(Dresden)出发，计划经布拉格、维也纳前往意大利。威廉·洪堡特一家加上弟弟亚历山大，一行共 13 人，被歌德戏称为一个“旅行团”。由于拿破仑·波拿巴率领的法军与奥地利军队、意大利军队之间的战事，洪堡特一行没有能到达意大利。与亚历山大分手后，威廉·洪堡特一家于 1797 年秋天从维也纳出发，前往巴黎。

洪堡特欲去意大利，是为了追求他所憧憬的古典主义的理想，寻找欧洲古典文化的线索。他改行巴黎，则是为了再次观察探索社会现实。相隔八年之后，他又站在了巴士底狱的废墟上。他以极大的兴趣注视着法国社会事态的发展，随时随地把所见所闻记于纸上。他从报刊上摘录下有用的材料，对政治事件、社会动态加以点评；他经常出入剧院、画廊、博物馆，赏析法兰西文化生活的诸方面；他还像以前那样注意观察和描绘周围的人。

在法国，洪堡特看到的是一个文化和政治上自成一体的民族，它的统治者正觊觎着整个欧洲大陆。另一方面，强盛的英国也在竭力扩张，企图建立起一个世界殖民帝国。然而德国呢？不论政治上还是经济上，分裂的德国都十分落后。作为一个德意志人，洪堡特意识到，应该负起社会责任，尽己所能为本民族服务，而不应该只满足于自我修养。在巴黎，他是一个来自异国的侨民，一个以私人身份从事研究的学者，但他把宣传德国古典文学的思想看作自己的一大任务。当时，没有任何人像洪堡特那样满怀真挚的感情，那样如实可信地在法国报道席勒、歌德的生活和著述。他成了德国古典文学在法国的第一使者。

洪堡特夫妇在巴黎的住所，是旅居巴黎的德国上层人士及当地一些社会名流经常聚会的地方。在他们的客人中，有被称为“法国革命的画家”的杰克-路易·戴维(Jacques-Louis David)，有后来成为拿破仑的宫廷画师的热拉尔(François Gérard)，有狄德罗(D. Diderot)的女儿芳杜依(Angélique Vandeuil)，还有被时人赠以“欧洲第一夫人”美称的作家斯达埃尔(Germaine de Staël)。洪堡特常去拜访斯达埃尔夫人，他们成了好朋友。在法国革命问题上，洪堡特与斯达埃尔的看法相近。洪堡特在日记里写道，斯达埃尔是一个热情的女友，完全可以信赖，尽管她作为母亲和妻子不怎么合格。洪堡特敏锐的思想和德国式的博学多识，给新朋友们留下了深刻的印象。斯达埃尔夫人称他是“欧洲最有能力的人”（la plus grande capacité de l'Europe）。洪堡特是正在崛起之中的德意志精神在国外的宣传者和德国文化的传播者，这是后来英国人阿克顿爵士（Sir Lord Acton）之所以称洪堡特为“德国最中心的人物”（the most central figure in Germany）的缘故[16]。

1799 年 9 月至 1800 年 4 月，1801 年 4 月至 6 月，洪堡特先后两次从巴黎南下，游历了西班牙。旅行中，他不仅停留在一些大城市和文化中心，而且走访了许多小城镇和乡间田舍，了解到法国南部和西班牙人民的生活现状。他的旅途观感和考察结果记于《1799—1800 年西班牙旅行日志》，这部日志直到一个世纪以后才为人们发现。洪堡特对西班牙的封建制度和教权主义持批判态度，对那里落后的教育状况尤感失望。

驻罗马使节

1801 年 8 月初，洪堡特从巴黎回到柏林。那时的柏林文苑是浪漫主义流派的天下，洪堡特作为古典主义的信奉者，难以在浪漫主义者中间找到知音。他感到寂寞，怀念着耶拿的美好岁月。1802 年 5 月，洪堡特被任命为普鲁士派驻罗马梵蒂冈教廷的使节。他很早就盼望有一天能亲眼看到古罗马文化的遗址，所以很愉快地接受了任命。9 月初，洪堡特携全家离柏林赴任。南行途中，他在魏玛最后一次见到席勒。

在罗马，洪堡特很快显示出过人的外交才干。当时的普鲁士外交大臣豪格威茨(Haugwitz)对洪堡特的工作十分满意。其实,洪堡特的外交任务并不多,因为当时罗马教廷在欧洲事务中很少有发言权。

在罗马,洪堡特像在巴黎时一样,成了德国文化的使者。他把德国启蒙运动和古典主义文学的精神带到了意大利。他的官方身份也十分有利于他宣扬自己所信奉的思想。他对古希腊罗马文化的酷爱,他在这方面的渊博知识,使他很快赢得了当地上流社会的好感。洪堡特夫妇的官邸,成了全罗马的名人志士聚会的场所。有不少来自德国的和当地的学者、艺术家得到过洪堡特夫妇的资助。可以这样说,"德国对外文化政治的历史,就是从洪堡特在法国和意大利的活动开始的"。[17]

洪堡特对罗马的生活,不论是工作、社交活动,还是学术环境,都很满意。他喜欢这种自由自在、不受干扰的生活。但是,意大利南部的气候却给他的家庭带来了不幸。1803 年夏,9 岁的长子威廉患病不治死去,1806 年生于罗马的幼子古斯塔夫,一年后不幸夭折。洪堡特在小威廉身上下了很大工夫,每每亲自授以课业,他的死对洪堡特是一个沉重的打击。洪堡特的另外几个子女也得了病,1804 年 3 月,他不得不携妻子卡罗琳和儿子特奥多尔回家乡求医,然后绕行巴黎返回罗马。在巴黎,洪堡特为等候将从美洲归来的弟弟亚历山大停留了多日。同年 8 月 3 日,亚历山大回到巴黎,他受到隆重的欢迎,人称"哥伦布第二"。1805 年 6 月至 9 月,亚历山大来到罗马作客。

1808 年 10 月中,洪堡特离开罗马回国。

教育改革

1806年，当洪堡特还在罗马时，在他的家乡发生了一件大事。奥地利、普鲁士两个德意志强国在对法战争中一败涂地，第三次反法同盟宣告崩溃，1806年10月27日，拿破仑军队开进了柏林。拿破仑法国的军事胜利，促使德意志人到传统的政治制度中去寻找失败的原因。于是，1807年至1808年，在大臣施泰因(Karl von Stein)等革新派人士的领导下，普鲁士开始进行政治、军事方面的改革。经过改组，建立了由五个职权分明的部组成的内阁，除了已有的外交部、政法部、军事部以外，新设了内务部和财政部。其中内务部下设四个主要的署：普通警察署、职业警察署、文化和公共教育署、立法署，以及两个附属署：一个负责医疗卫生，另一个负责采矿、制盐、陶瓷业。

内阁大臣施泰因与洪堡特之间并没有私人接触。但施泰因深知洪堡特的思想才能，他从知识界的朋友那里听到，能够担起教育改革重任的最合适的人，便是洪堡特。因此，他向普鲁士国王腓特烈·威廉三世(Friedrich Wilhelm III)力荐洪堡特担任文教署署长。不过，当洪堡特在1809年1月初接到任命通知时，他并不十分欣喜。他仍然怀念着罗马时期的自由生活，宁愿出使国外，而不愿在国内政府部门任职，因为他尽管积极主张改革，感到有义务为国出力，并且一直在等待着施展抱负的机会，但他不相信新国家会给予他充分的权力，让他完全按照自己的理想和计划行动。后来的事态发展证明，洪堡特的怀疑不是没有理由的。此外，他认为自己长年生活出使在外，对国内情况已显生疏，因此也不适宜于担负这一重任。在1月17日呈交腓特烈·威廉三世的一份信件中，他委婉地表示不能胜任文教署署长一职，主要的一条理由是他已不熟悉普鲁士（他称之为“祖国”）和德国文化的近期发展。国王没有接受他的推辞。2月10日，内阁颁发了正式文件，任命洪堡特为内阁大臣、内政部文化教育署署长。

于是，洪堡特被推上了教育改革的舞台。

当时德国的有识之士普遍认识到，要振兴德意志民族，不仅需要有健康的政治、发达的经济和强大的军力，而且必须有良好的教育体制，因为一个民族能否持久地兴旺昌盛，很大程度上取决于其教育机构能否源源不断地造就出具有自由精神和民主意识的国家公民。人们寄希望于洪堡特。后来的教育史家评述道：“从各方面来说，选择洪堡特真是再合适不过了。他既是一个伟大的学者，又是一个伟大的人。”[18]洪堡特没有辜负人们的希望。虽然他在任只有18个月，但是他成功地推行了一系列改革措施，建立起新的教育制度，为现代德国的教育事业打下了基础。

洪堡特的管辖范围包括从中小学至大学的教育、科学院的活动以及教会事务。他组织起一个团结融洽的工作集体，成员都是赞成改革的学者。他的同事之一尼柯洛维斯（G. H. L. Nicolovius）也是歌德的朋友，歌德在1809年1月27日写给尼柯洛维斯的信中说：“您在柏林将见到我最尊敬的朋友之一——洪堡特先生，据我所知，您将与他建立起更密切的关系。我为您和他都感到高兴，因为从首都以及整个国家的现状来看，极其需要一切明智的、正直的人士携起手来共理政事。”[19]在中小学教育方面已经作过一些尝试的尼柯洛维斯，成了洪堡特最好的助手。

创建新型的高等学府——柏林大学，是洪堡特担任文教署署长期间取得的最大成就。在普鲁士，人们对旧式的大学早已意见成堆。许多小型的大学只不过是封建地主所需要的产物，与数百年前的大学相比鲜有进步；不少大学的系更像是同业行会，处处显示出中世纪的褊狭；在大多数学府里，不容有学术讨论的自由，教师照本宣科，学生埋头笔记。1809 年 7 月下旬，洪堡特上任后第六个月，向国王呈上了建立柏林大学的申请。柏林学界的开明人士早就感到有必要在都城建立一座新的大学，洪堡特的办学努力得到了他们积极支持。特别是费希特和施莱尔马赫（F. D. E. Schleier-macher），他们热情地向洪堡特提供了帮助。费希特被洪堡特聘为柏林大学哲学系教授，他又是第一位经自由选举产生的柏林大学校长，施莱尔马赫则是洪堡特关系密切的同事，科学代表团的负责人。

洪堡特力图把以下几项方针灌注入新的高等学府之中：

第一，大学不应等同于职业培训学校或专科学校，而应该是一个纯科学性的、不带任何具体目的的一般教育机构。在大学里，教师通过与学生的共同活动，对他们施以普遍人性的教育和个性的教育。因此，大学向社会提供的不是有实际知识的专门人才，而是具有人类优秀品质和完满个性的人。

第二，对一所大学来说，科学研究是与教学并重的任务。因为，在大学里，在生气勃勃、思维敏捷的青年学生当中，科学思想往往更加活跃，易于更新。洪堡特认为，在德国，推动科学向前发展的力量的策源地首先是大学，其次才是科学院。为了沟通教学与科学研究的联系，洪堡特建议把教学机构与科学院、艺术院、图书馆、天文台、植物园、博物馆等结合成一个统一体，在保持各自独立性的基础上共同为社会为人类服务。洪堡特的这项建议，也是针对普鲁士科学院而发的。普鲁士科学院成立于1700年，倡始者为莱布尼茨。到了柏林启蒙运动时代，科学院已失去旧日的大部分光辉，亚历山大·洪堡特年轻时曾戏称之为一个"慢性病院"，在那里患病者比健康人休息得更加安逸舒适。

第三，在教学、研究、学术交流、学位授予、行政管理等各个方面，大学都应享有充分的自由。洪堡特主张普鲁士各大学以及德国各大学之间积极往来合作，新柏林大学应该是一所向全德意志各邦国的青年开放的高等学府，一个为德国科学提供自由驰骋的机会和条件的场所。国家须避免把自己的意志和目的强加于大学，尽可能少涉足于大学事务。在早年写下的政治论文里，洪堡特就对国家强行干预社会生活持批评态度。在教育问题上，他的看法亦如此。为了减少对国家的依赖，使学校成为自决自治的育人机构，洪堡特提出，学校可以直接从人民当中筹集资金。例如，大学的年度资金可以通过按地区交纳税款的方式来集取。洪堡特在任期内递交国王的最后一份备忘录里，陈述了他的这项建议。他解释说，这样做的好处很多：一则能减轻国家财政的负担，二则可使教育较少受到政治或形势波动的影响，三则将使教育真正成为民众的事业，使之为更多的人关心支持。

洪堡特在他所负责的其他文化领域里，也本着人文主义精神，推广自由民主的思想。在宗教事务方面，他呼吁对基督徒和犹太人一视同仁，他指出，根据出身和宗教而不是根据人本身的品性来评判一个人，这样的思考方式是不理智不人道的。他对宗教和世界观的基本态度是容忍。在新闻检查方面，他主张可放宽处尽量放宽。他对于这种例行检查向来十分厌恶，虽然作为文教署署长，他不得不履行这一义务。

洪堡特的改革活动遇到了各种阻力。相当一部分上层人士对教育思想的自由化和行政管理集权化表示不满。他们认为，贵族的教育理所当然应该优于普通人的教育。事实上，许多学校向来是由贵族资助兴办的，要想扫除贵族阶级的教育特权，克服他们根深蒂固的优越感和偏执态度，绝非易事。在科学院，许多成员反对洪堡特关于把大学、科学院及其他文教机构组成为联合体的倡议。另外，也有一些客观上的原因，比如经费拮据，师资匮乏，妨碍了教育改革的顺利进行。洪堡特的计划有浓重的理想主义色彩，他提出的某些措施，如直接向人民筹集办学经费，使学校在经济上摆脱对国家的依赖，在当时的条件下是难以实行的。尽管洪堡特雄心勃勃的计划没有完全得到实现，但是他的有关思想和革新精神渗透到了普鲁士以及整个德国的教育事业之中。洪堡特是第一个明确提出新型大学设想的政治家和学者，他创办起柏林大学后，德国其他大学也纷纷效法，从而推动了全德国范围的高等教育改革。我们今天几乎在任何一部德意志史书里面，都能够读到关于洪堡特革新教育和创建柏林大学的记载。迪特尔·拉甫写道："洪堡特根据裴斯泰洛奇的教育思想对公立学校进行了改革。……通过洪堡特的改革，高等学校获得了基本上至今仍行之有效的形式和内容。他建立的柏林大学成了德国大学的典型。"[20]有一本介绍德国概况的书在谈到德国教育的历史时这样说："在一个多世纪的时间里，德国大学的教育理想曾一直是洪堡特当年试图实现的理想的延续。……自洪堡特在19世纪初改造了普鲁士各大学以来，研究

与教学的统一始终是德国学院生活的支柱。”[21]

1810 年至 1820 年的外交、政治活动

举荐洪堡特担任文教署署长的革新派首领施泰因男爵，在1808 年 11 月就被国王在拿破仑一世的胁迫下解除了职务。保守势力的作梗，对国王的失望，与上司、内政部长道那（F. F. A. Dohna）的不和，使洪堡特在任职期间就动了辞职之念。他在 1809 年 10 月里一次与国王晤面时，便请求调任外交部职。次年 4 月末，他递上了正式辞职申请。6 月中旬，国王批复同意洪堡特辞职，并任命他为普鲁士王国驻维也纳特命全权公使，享有国家部长身份。在 8 月底动身赴任前，洪堡特仍忙于筹建柏林大学的具体事务。而 10 月底，当教师在这所新型的大学里开始向第一批注册的 62 名学生讲课时，洪堡特已经在维也纳执行外交使命了。

以后的几年里，洪堡特频繁地出现在欧洲外交舞台上。在维也纳，他致力于改善奥地利与俄国的关系，把奥地利争取到英国、俄国、普鲁士三强组成的反法同盟一边。1813—1814 年民族解放战争时期，他代表普鲁士与奥、英等国协商谈判。1814 年 6 月，洪堡特陪同腓特烈·威廉三世访问伦敦。8 月初，他来到奥国，为普鲁士参加反法联盟诸国的维也纳会议作准备。10 月 1 日，维也纳会议正式开始，洪堡特作为普鲁士首相哈登贝格（K. A. Hardenberg，一译哈登堡）的副手参加了会议。哈登贝格时已年迈耳聋，洪堡特在许多场合成为他的代理人。1815 年 7 月，洪堡特又与哈登贝格一同出席第二次巴黎和约会议。同年 11 月底至 1817 年初，洪堡特作为普鲁士全权代表参加设在美因河畔的法兰克福

(Frankfurt am Main)的德意志邦联会议(Bundestag)。鉴于他多年来出色的政治外交工作,普鲁士国王授予了他一级铁十字勋章。这种勋章通常由皇室授予军人,对于非战斗人员来说,获得它是一种殊荣。

然而,就思想和感情而言,洪堡特并不属于普鲁士,而是属于德意志。在他看来,普鲁士仅仅是一个国家,它和所有其他德意志邦国一样,都只是暂时的历史现象,迟早要为一个统一的德意志邦联国家(Staatenverein)取代。只有民族才能够持久存在,人与人之间通过语言和文化自然而然地形成的联合体是民族而不是国家。他指出,每一个德意志人都能感觉到,他们的民族是一个整体,因为德意志诸邦不仅有共同的语言、文学、习俗、法律,而且有同样的政治利益,曾经并且仍然面临着同样的历史危机。德国的分裂局面,使德意志各邦面临强敌而不能自御,而更令人担忧的是,德意志民族的精神因此受到抑制,长此以往,民族性格将会荡然无存。他急切盼望着看到一个统一的、自由和强大的德国,只有这样的一个德国,才能永保德意志民族精神昌盛不息。他相信,人民有力量决定战争的胜负,主宰历史的发展,一个民族的前途与民众的命运休戚相关。洪堡特的自由民主思想倾向,与旨在恢复封建专制统治的维也纳会议所奉行的原则是格格不入的,在奥地利代表梅特涅(K. W. N. L. Metternich)等人的眼中,他是一个讨厌的自由主义者,德意志爱国民族主义者的代言人。这使得洪堡特在维也纳会议期间成了一个不受欢迎的人物。甚至哈登贝格对洪堡特也不完全信任,他开始怀疑洪堡特有争当首相的野心。

虽然洪堡特对封建君主之间的政治感到乏味,但他仍希望以自己的努力推进政治的民主化。在这个时期,使他引为骄傲的一件事,是成功地保护了德国文化的遗产。在战争期间,拿破仑从包括德国在内的被侵占国家掠夺了大量艺术珍品运回巴黎。维也纳会议后,洪堡特等人经过与法国人的多次谈判和精心的鉴别清理,为德国的博物馆、艺术馆、画廊、教堂、图书馆索回了绝大部分收藏。其中尤其值得一提的是海德堡(Heidelberg)大学图书馆的约四千册手写珍本。这批古书在三十年战争(1618—1648)期间被巴伐利亚的马克西米兰王劫走并转送给罗马教皇,后来一部分又落到拿破仑的手中。由于洪堡特的奔走活动,这批古书得以从罗马和巴黎运回到海德堡。当时受海德堡大学之托负责遣运的历史学家威尔肯(Friedrich Wilken)对此感铭不忘,他强调,他们的成功"首先要归功于部长冯·洪堡特男爵阁下的积极的说情和爱国主义的支持"。[22]

1817年3月,洪堡特回到柏林。他被任命为驻伦敦公使。在柏林休假的几个月里,他仍定期参加国务委员会(Staatsrat)召开的会议。从1809年起,洪堡特便是该委员会的要员之一。他主要以委员会下属的财政分会主席的身份活动,同时他也是宪法分会的成员。他的思想为政府内的保守派所不容。同年6月,哈登贝格下书催请洪堡特赴任,这无异于对洪堡特下了逐客令。出使伦敦并不是洪堡特期待的下一个公职。他不愿意长时间远离健康状况不佳的妻子。此外,他对在内阁中再度获取职位,以便实施自己的政治理想仍抱有希望。1818年10月底,洪堡特担任了一年公使后,离开伦敦回国。在他到达伦敦半年后就向国王递上了辞呈。

1819年8月,洪堡特出任普鲁士宪法部长。很快,他起草了一份意在改革宪法的备忘录,争取到六位内阁大臣的签名。他成了内阁中改革派的代言人。洪堡特计划的主要内容是保障个人法权、信仰自由、新闻出版自由,限制首相的权力,培养起公民的参政意识。他相信,有了法律保证,辅以适当的教育,就能够使人民负起政治责任,参与立法、监督和管理。变专制主义统治为自由民主的君主立宪制,变官僚行政国家为民众主权国家,是洪堡特计划的根本目的。同时,他也看到,法律不仅是要确保(个人的)自由,而且也要约束(个人的)自由,因为个人能力的充分发挥、意志的自由实现必须符合社会整体的利益。他特别严厉地批评了当时警察滥用职权,粗暴干涉公民社会生活的行为。警察的活动像政府的各个部门一样,也应当受到公众的监督,为法律所约束。

洪堡特的备忘录由首相哈登贝格于9月10日呈交威廉三世。6天后,9月16日,在梅特涅一手操办下,德意志邦联通过了《卡尔斯巴德决议》。决议规定,各邦国政府都将派员对大学实施监督,查禁大学生协会,实行新闻检查。这一系列倒逆措施与洪堡特派的改革精神格格不入,可以想见在这样的政治形势下,等待着备忘录和洪堡特本人会是什么样的命运。10月21日,备忘录被威廉三世驳回。年底,洪堡特和另一位部长被解职。按照惯例,洪堡特每年仍可以领取6000塔勒的部长级薪俸,但他谢绝了这笔收入,因为他觉得,受俸而不能为国出力于心有愧。

于是,他再次退出政坛,回到柏林近郊特格尔的本家庄园,过起寂寞的学者生活。

晚年

1822 年 11 月底，哈登贝格死后，不少知名人士举荐洪堡特继任内阁首相。威廉三世也承认，就能力而言，洪堡特应是最合适的人选。但他并未选中洪堡特，理由是洪堡特在维也纳和彼得堡方面都缺乏信任。至此，洪堡特对在普鲁士政治生活中发挥个人作用已不抱任何希望。

即使在政务繁忙的那些年里，洪堡特也从未中断过学术研究。1820 年后，他有了更充裕的时间来钻研学术问题，特别是语言学问题。在普鲁士科学院，在德意志乃至欧洲一些国家的学术界，洪堡特的研究都为他赢得了声誉。1827 年春天，女婿布洛(Heinrich von Bülow)出任驻伦敦公使。洪堡特夫妇陪送女儿去伦敦途中，在巴黎停留了一个月。作为语言学家，洪堡特受到法国学术界的欢迎。他在巴黎的“金石文艺院”(Académie des inscriptions et belles-lettres)作了报告。两年前他成为该科学院的外籍成员。在伦敦，洪堡特受到英国国王乔治四世(Georg IV)的礼遇。

1829 年 3 月 26 日，卡罗琳病故，安葬在特格尔自家庄园的墓地。

20 年代后期，洪堡特致力于筹建“新博物馆”。1830 年 8 月初，新博物馆在柏林揭幕，洪堡特被任命为该馆委员会主席。这是洪堡特作为文化政治家取得的又一项成就。威廉三世为此特意发布内阁命令，授予洪堡特黑鹰勋章，并且表示希望他考虑重新参加国务院的会议和工作。但洪堡特对政治已没有当年的热情和兴趣，最多照惯例列席会议。自卡罗琳死后，洪堡特的健康每况愈下。1830年起,他的右手开始颤抖,难以长时间握笔,不得不请秘书整理文稿。1835年4月8日,黄昏,太阳将落未落之时,在经受了数年神经衰弱、背部阵痛、间发性痉挛的折磨后,洪堡特死于特格尔自己的家中。临终前,他让女儿取来卡罗琳的画像,长久地端详着,然后低声说,“好吧,再见了”。按照他的遗愿,他被安葬在卡罗琳墓的旁边。

7月,在柏林普鲁士科学院的年会上,院秘书、古典语文学家伯克教授宣读了追怀洪堡特的悼词。他称颂洪堡特是一位伯里克利式的开明政治家。古雅典民主政治家伯里克利执政期间,致力于限制贵族权利,改善贫民生活,使平民有参政的可能。由于他的推动,雅典成为希腊的文化中心,艺术和科学空前繁荣起来。不过,洪堡特的政绩并不如伯里克利显赫。在文化教育事业的改革方面,洪堡特取得了一定成就,他因此被视为德意志历史上第一个举足轻重的“文化政治家”,但在普鲁士的整个政治生活中,他却是失败者,没有能够实现他那基于启蒙运动精神和人文主义憧憬的远大抱负。他是一个理想主义的政治家,宁肯为理想而与现实抗争,也不愿为现实而牺牲理想。他的政治信念为那个落后时代的落后势力所不容。

洪堡特逝世后13年,即1848年,爆发了德国革命。人们于是回想起这位富有自由民主精神的政治家。史学界感兴趣的是,洪堡特在德国历史上起了什么样的作用,他的人文主义精神对后世产生了何种影响。文学艺术界关心的是,洪堡特在传播古典主义思想方面的作为,他与德意志古典主义运动的代表席勒、歌德的往来联系。而语言学界自施坦塔尔(H. Steinthal)起,开始注意到洪堡特在语言哲学领域中的建树。

集政治活动和学术探索于一身，这就是威廉·冯·洪堡特一生的道路。

二 早期学术探索

古希腊文化研究

洪堡特早期学术探索的一项重要内容是古典文化特别是古希腊文化的研究。大学时代，他最喜欢读荷马、平达（Pindar）、希罗多德（Herodot）、柏拉图。他经常去听考古学家海涅（Christian Gottlob Heyne）的课，与海涅的学生沃尔夫（Friedrich August Wolf）成为好友。沃尔夫是语文学家，长于荷马研究，在哈勒大学（1783年起）任教期间，他是洪堡特夫妇的座上客。后来洪堡特一直与沃尔夫保持通信联系，经常就古希腊罗马文学、美学、语言问题交换看法。

和当时的许多文人学者一样，洪堡特把研读古希腊人的著作看作修身冶性的必要途径。与席勒、歌德的频繁交往，更促动洪堡特去考察古希腊文化。"如果我们需要一个样本的话，"歌德说，"我们应该回到古代希腊人那里，他们的作品总是描绘出人类的美。"[23]洪堡特草拟于1793年的"论古典文化研究：以希腊文化为重点"（Über das Studium des Alterthums，und des griechischen insbesondere）一文，便是他作为古典主义文艺思想的信徒到希腊文化中寻求"样本"的初次尝试。以后他沿同一思路，又陆续写了"拉丁与希腊，或关于古典文化的思考"（Latium und Hellas，oder

Betrachtungen über das classische Alterthum, 1806)、"论希腊人的特性:从理想的和历史的角度进行观察"(Über den Character der Griechen, die idealische und historische Ansicht desselben, 1807)等文。

在这些著作里,洪堡特反复抒发着他对古希腊的崇尚之情。"希腊人对我们来说不仅是一个需要从历史角度去认识的民族,而且是一个理想(Ideal)。……希腊人在我们心目中的地位,一如诸神在他们心目中的地位。"[24] 至于罗马人,只是因为他们与希腊人有千丝万缕的联系,才能够与希腊人并肩而立。与现代民族相比,希腊人表现出具有普遍价值的真正的优点。这样的优点共有七个:(1)渴求均衡的关系、和谐的统一;(2)不断进行新的、更完善的再创造;(3)始终努力寻求必然性、规律性,摈弃现实存在中的偶然现象;(4)最主要的能力表现在艺术上,那就是想象力;(5)同时并不缺乏纯思辨的能力以及合实用的智慧;(6)不为僵死的形式、约定的惯例所限,时时处处运用真正的(创造性的)力量;(7)向往群体的、社会的活动,个人之间保有密切的联系,因此,个性与民族性相交融,一个希腊人的特性也即整个希腊民族的特性。由于具有这些优点,希腊人堪称"人类存在的理想范本",他们的特性最成功地体现了"人性定义的纯粹形式"。[25]

上述七点中,第一点是根本。只有高度和谐一致的人性,才是完美无缺的人性,而人性的和谐一致取决于人所具有的各种力量均衡地发挥作用。在这方面,希腊人比任何其他民族做得都更成功。在希腊人当中,人的各个方面的能力得到充分自由的发展,同时又不失协调的比例,因此,他们一方面拥有生动的想象力,另一方面也具备理性分析、逻辑判断的高超能力。前一个方面的能力往往只见于一个民族野性未驯的童年时期，后一个方面的能力一般只为业已成熟长大的民族所有，然而在希腊人身上，这两个方面的能力高度和谐地统一了起来。任何一种力量单方面地发展起来，都是不足取的，“力量比例的失调乃是导致一切不完善的根源”。无论在什么场合，希腊人首先都要考虑到平衡和均势；再崇高伟岸的东西，只有作为一个和谐整体的组成部分，在希腊人看来才有价值。[26]洪堡特在希腊人身上看到的这种天然的和谐一致，成为他毕生追求的理想。无论在人生哲学上，在学术探索的道路上，还是在政治活动、教育改革中，他都怀抱着这个古典主义的理想。古典文化的精神一去不复返了，但身为现代人，洪堡特觉得至少可以循此精神前进，去接近完美无缺的人性。如果说现代已经有一个人达到了希腊式的完美人性，在洪堡特看来这个人就是席勒。

洪堡特在古典文化研究方面深受他所崇拜的席勒以及歌德的影响。他是在读了席勒的有关著作以后，才着手写“论古典文化研究”，而席勒则是最早读到这篇论文的少数学者之一。从下面引自席勒《美育书简》的几段论述可以看出，洪堡特的观点与席勒的观点基本一致，这正是他视席勒为学术上的“指路明灯”的结果：

“希腊人的本性把艺术的一切魅力和智慧的全部尊严结合在一起……他们既有丰满的形式，又有丰富的内容；既能从事哲学思考，又能创作艺术；既温柔又充满力量。在他们身上，我们看到了想象的青年性和理性的成年性结合而成的一种完美的人性。”“个别精神能力的紧张活动可以培养特殊人才，但是只有精神能力的协调提高才能产生完美的人。”（第6封信）[27]

"……只有实在与形式的统一、偶然性与必然性的统一、受动与自由的统一才完成了人性的概念。"(第 15 封信)

虽然洪堡特几乎无保留地接受了席勒的全部思想,并且一直努力要成为席勒那样的哲学家兼艺术家,但他并没有完全仿照席勒的研究道路。在思考人性问题、考察人类发展过程的时候,席勒没有怎么涉及语言问题,这在洪堡特看来是一大憾事。从一开始洪堡特就注意到了语言。"论古典文化研究"一文(全文共 43 节)的第 18 节讨论了希腊人的语言,第 21 节将现代欧洲语言与希腊语作了比较。这是我们所见到的洪堡特谈论语言问题最早的两段文字。他认为,希腊语正像它所承载的希腊文化一样,也是一个令现代人叹为观止的样本。希腊语始终保持着感性与理性、想象与逻辑并行不悖地和谐发展的方向,因此它既有大量抽象、概括的语汇,又有无数生动、形象的表达;即使是对语言本质的哲学思考,以及形式的类推,也没有损害语言的生动形象性。其次,希腊语始终保持着自身结构的纯正性,它只吸收了少量的外来语词,至于它的语法结构,并未受到异族语言形式的影响。所以,希腊语的独特个性依然如故,它与希腊民族特性相一致。相比之下,由于增添了过多的哲学、逻辑的成分,吸取了过多的外来语词,现代欧洲语言的原初结构已经发生再造(umgebildet),其个性因而也就不那么鲜明可识了。

研究古典文化,需要做大量基础性、预备性的工作。洪堡特认为,这样的预备工作有三项:一是批判地阐释原始文献,二是描述希腊罗马人及其文化的状态,三是翻译。从一定意义上说,翻译尤其重要。因为,翻译可以使更多不懂原语、不能阅读原作的现代人熟悉原作;对于能够自己阅读原作的人,翻译可以助他理解原作;而对于打算阅读原作的人,翻译可以把原作的精神和风格传达给他。这意味着,翻译有三种用途。就上述第一种用途而言,翻译不必忠实于原文,只需述其大概;就第二种用途而言,翻译必须忠实于原文,逐词逐字地与之对应;就第三种用途而言,翻译应当忠实于原作的精神主旨和创作形式。[28]在写作"论古典文化研究"一文的同时,洪堡特开始翻译平达的《颂诗》,几年后又着手翻译埃齐洛斯(Aischylos)的《阿加梅农》。他的译作大抵是属于第二种用途的。

人的研究

年轻的洪堡特迷恋着古典文化和语言。但自一开始,洪堡特就没有把古典文化和语言当作最终的研究目标。与当时一批专治希腊文化和语言的学者不同,洪堡特只是把这方面的研究视为一条达到终极目标的有效途径,这个终极目标就是"人的研究"(das Studium des Menschen)。在"论古典文化研究"一文里,他多次使用了"人的研究"这个表述。通过对人进行深刻的研究,将能够展示出最最崇高的人性。这种研究在洪堡特看来必须依靠"对一切国域、一切时代的所有民族进行考察和比较"[29];这意味着,人的研究是一种经验的、归纳的研究。作为第一步,人们可以选择一个或若干个有代表性的民族作为对象,这样,取得的研究结果就会具有典型意义。而有代表性的民族在洪堡特当然非希腊人莫属。但是,对希腊人这个样本的研究虽然能够恰如其分地说明什么是完善的人性,却不能穷尽人性这个概念。正如席勒说的那样:"人性概念就这一术语的原义来说是无限的，人只能在时间的过程中不断接近它，但却永远不能达到。”[30]所以，在研究希腊人的时候，洪堡特已经把其他一些民族列入了下一步考察的范围。他对古典文化的兴趣与他对“人的研究”的关心是密切相联的。

晚年时，洪堡特回忆道，在大学就读期间他曾有一股热情，渴望接近有魅力、有个性的人，描绘他们的容貌、举止和性情。他想拿各种各样的人来作比较，于是他注意观察所有他认为值得留意的人，男人和女人，要人和普通人，本国人和外国人。他后来游历欧洲一些国家，主要目的便是为“人的研究”搜集材料。“无论在旅途中还是在家里，在繁忙的工作中还是在闲暇的日子里，你都可以有机会去丰富和运用这门科学；任何其他研究都不可能像人的研究那样时时处处都陪伴着我们。”[31]1794年到1795年间，他撰写了“论性的差别及其对机体性质的影响”（Über den Geschlechtsunterschied und dessen Einfluss auf die organische Natur）和“论男人和女人的体貌”（Über die männliche und weibliche Form）两篇文章，相继刊登在席勒主编的杂志《时序》（*Die Horen*，一译《季节女神》）上。在写于1797年的“比较人类学规划”（Plan einer vergleichenden Anthropologie）一作中，洪堡特又详细描述了男女两性的差别和共同特征，从体貌、生理特点、语言表达一直讲到智力、思维、美感。他认为，性的差异是比较人类学首先要处理的问题。但这种描述不是洪堡特这篇论文的重点。如文题所示，“比较人类学规划”是一份草图，它展示了洪堡特想要进行的一项宏大研究计划的目标、原则、方法。

这项研究计划的目的，是揭示人的多样性、个别性，探明其成因，评判其价值。任何差异无非都是“对比的差异”（contrastierende Verschiedenheit），人与人的差异只有通过比较才能显示出来。在洪堡特的时代，比较正在成为自然科学领域的一种有效的研究手段。在人文科学领域，人们也竞相借鉴比较的方法。“比较解剖学通过研究动物机体来探讨人体的属性；在比较人类学中，也同样可以举出各个不同的人类群属的精神特性，通过比较而作出评判。”[32]人的比较是一个无比广阔的、多层面的研究领域，从最一般的男女两性的比较到具体个人的比较，都包括在内。

执导这项研究计划的原则，是经验与思辨（或者说，实践与哲学）相结合。比较人类学必须立足于经验（Erfahrung），从点滴具体的知识出发，尽可能充分地积累材料。但如果仅仅局限于经验材料的搜集归纳，就有走上唯经验（Empirie）道路的危险；而如果仅仅靠思辨，比较人类学就会流于空泛，成为毫无根基的玄学。作为人类知识的一个分支，比较人类学具有实践性和哲学性两重特点。它应当“给经验的材料以思辨的处理，给历史的对象以哲学的处理”。[33]这样，才能通过具体事实的描述、微细差异的剖析，而求得对人的一般特性、内在本质的了解。洪堡特在此申述的原则，融贯在他的全部关于人的研究以及后来的语言学研究之中。我们在学者洪堡特身上始终可以同时看到并行的两种研究倾向：一方面，他尽力去作具体入微的观察分析，不断多方搜集材料，另一方面，他又试图从哲学的、思辨的高度驾驭材料，把材料纳入他所构想的理论框架。换一个角度看，经验加思辨也是比较人类学唯一可取的方法。比较人类学所探讨的并不是“自然的对象”，而是“某种不确定的东西，也即某种理想”[34]，这种理想——一般的、抽象的人性

或人的本质——需要从哲学上加以把握，但它必须通过对它的实际表现形式即许许多多经验的个体（个人、群体、民族）进行详尽的观察描述，才能获得充足的定义。

不过，并非所有的经验材料在洪堡特看来都具有同等的研究价值。人的个别化有赖具体的文化，这个文化环境越成熟发达，人性的形式就越明确、越完善。所以，人性的完整形象必须到少数高度发达的文化中去寻找。这样的文化，古时为希腊人所有，当代如果说有，则最可能为英格兰人、法兰西人等所具。[35]

总之，欲求纯正完满的人性，必先依靠完善的个人、发达的文化，而欲穷极人性概念，则须囊括所有的个人、所有的文化。

人是物理自然界的一部分，是自然发展到一定阶段出现的物类。因此，人同样必须服从自然规律，可以像任何自然事物一样接受经验科学的实验研究。然而，除了这种由自然史所决定的必然性外，人的活动又具有任意性。人是自由的生物，而人之所以享有自由，是因为他有理性。“由于理性的作用，自然性和任意性在真正的人类自由中联合了起来。”[36]理性也要服从一定的规律，但这些规律已经不属于现象的世界，而是源自一种独立自主的（精神）力量。用洪堡特的表述，那就是，这些规律由该力量“流射”（emanieren）出来。[37]换言之，人是两个世界——现象世界和精神世界——会同作用的产物，同时受制于自然规律和精神规律。两个世界及其各自的规律事实上并不相互对立，它们在最根本的一点上是一致的，即统一于一种基本的动因。

这种基本的动因，洪堡特称之为 Trieb。这个词在洪堡特的笔下经常出现，可以依文意分别理解为本能、冲动、欲念、倾向、动力等等。当洪堡特说到一个人的个性与他的 Trieb 相一致的时候，这个 Trieb 指的是人的天然本性所具的发展倾向，可以用 Sehnsucht（渴望）或 Streben（努力、追求）等语来代替；当他说到整个宇宙中贯穿着一种 Trieb 的时候，这个词指的是自然万物的存在和发展所依赖的基本力量或原动力。Trieb 的本义就是“推动、驱使”。[38]关键是这种 Trieb 无论对于宇宙还是对于人类都同样有效，“它既可以解释属于精神世界的最高深的东西，又可以解释属于物质世界的最简单的现象”。[39]洪堡特想为物质和精神、存在和思维、感性和理性确立一个统一的、同一的解释原则，以求克服康德哲学的二元性，这个解释原则，他相信在席勒的美学思想中已经找到了。[40]

比较人类学要研究人的差异，即个人与个人、群体与群体相互有别的特性。而需要优先考虑的是群体（特别是民族）的特性，因为个人与群体相比，其生命是短暂的，其力量通常也是微不足道的（天才的力量又当别论）。若不与群体相维系，个人的价值是不大的。[41]这是德国古典主义思想家的又一训条。他们始终把个人看作全人类的一分子，并进而把人类看作全宇宙的一部分。他们不是为个体而存在，也不只是为本民族而存在，而是要成为自由的“世界公民”。他们认为，个体与类（die Gattung）的关系是历史的关系，由古及今已经发生了变化。在古希腊，个体与类是统一的，每一个希腊人都足以代表他的时代，都体现了完整的人性，所以，要了解希腊民族特性，只需拿单个希腊人作对象。可是现代的情况就决然不同了。“在我们这里类的图像在个体中被分别扩大了，成了碎片……以致我们要看到类的完整性，就必须对个体作逐个盘查。”[42]作为整体现代人优于古希腊人，作为个体现代人却难以与古希腊人比试人性的价值。一句话，随着历史的发展人类成长了，人性(及人的个性)却堕落了。席勒希望通过美育可以使每个现代人都达到——更准确地说是恢复——完整和谐的人性。这也正是洪堡特的理想。但在人的研究上，洪堡特比席勒走得更远。一方面，他把席勒的古典主义思想付诸了教育实践，另一方面，他企图通过比较人类学的探索，尽可能地穷极人性的概念。此外，他试图找到一条能够更好地把握人类差异的捷径。这条捷径，就是语言学。

三　走上语言研究道路

洪堡特写于1795年的“论思维和讲话”(Über Denken und Sprechen)记下了他早期关于语言本质的一些粗糙的想法。这篇只有两页左右的短文像是一个匆匆草就的提纲，分16点略述了思维的本质、思维活动的必要条件、语言符号于思维的作用等等。洪堡特提出，任何思维都离不开某些普遍的感性形式，而语言正是这样的感性形式之一，从广义上说，语言也即与一定思想片段相联系的“感觉标记”。思维活动的本质在于思考(Reflexion)，即把思维主体与思维对象区别开来，而人的思考行为自一开始就与语言不可分割。当人明确意识到某一客体与自身有所不同时，他就立即会发出一个指称该客体的语声：在人拥有的各种能力中，发声最适合于表现他的内心感受，因为人所发出的声音正如人的呼吸，充满了生命力和激情。这些看法在洪堡特以后的著作里得到了详尽的阐发。

在同年 11 月 20 日写给席勒的信里洪堡特说，他一直想要找到一些范畴，用它们来归纳出一种语言的特点，同时也希望发现一种方式，借它来描述所有语言的某一通性。他承认，这样的尝试是很艰难的，离成功还很遥远。他感到主要的困难在于自己手中的具体语言材料少得可怜，不允许他对人类语言作哲学高度的概观。于是，在进行古典文化研究和他所说的比较人类学研究的同时，他随时随地注意搜集各种语言的材料，努力扩充语言知识。

1799 年，洪堡特自巴黎南下，游历了西班牙。为西班牙之行，他特意学了西班牙语、葡萄牙语、古普罗旺斯语。他想对这些语言作一番比较，并且计划以它们为工具，对西南欧地区诸民族的文学、教育、习俗等等进行比较研究。途中，他考察了半属法国半属西班牙的巴斯克地区。这使他得到了意外的收获。他在日记中写道：巴斯克人的容貌显得很特别，虽为印欧人长期包围，他们至今仍完整地保留着独特的民族性；巴斯克语［洪堡特又称之为"坎它布里语"(Cantabrisch)］是一种陌生的语言，根本无法听懂。他认为这种语言与古伊比利亚人(Iberer)有渊源关系。对巴斯克文化和语言的浓厚兴趣促使他一年后决定重访该地区。在巴黎，他充分利用了当地图书馆、博物馆的有关资料。不久，由于公务缠身疲于奔波，他不得不放下手中的研究。人们在 20 年后才读到他的"关于通过巴斯克语研究西班牙的原始居民的考证"(1821)一文，这只是他当年实地考察的部分结果。

在语言研究者当中，洪堡特对巴斯克语的探讨普遍受到好评。阿德隆(Johann Christoph Adelung)的《普通语言学或语言大全》

(1806—1817)收集了近500种语言,其中巴斯克语一条由洪堡特加以校正补充。这本语言集编得很糟,对非印欧语言多半只是一知半解,即使对印欧语言,也往往弄不清系属关系。但经洪堡特补正的“巴斯克语”是例外之一,被认为写得比较扎实。

当时有不少人像阿德隆一样,对搜集世界各地语样兴趣浓烈。洪堡特在出使罗马期间(1802—1808)结识的西班牙耶稣会教士赫尔伐斯(Panduro Lorenzo Hervas),是他们当中颇有名望的一位。赫尔伐斯编过一本《已知语言一览表》,出版于1800—1804年,收了美洲、亚洲、欧洲的近300种语言。他曾去美洲传教,实地采集到美洲语言材料,据说他还编写过40种美洲语言的语法。通过与赫尔伐斯的交往,洪堡特开始接触到美洲语言。洪堡特的弟弟亚历山大自美洲探险考察归来,也给他带来了大批当地语言材料。“关于新大陆的语言”(Essai sur les langues du nouveau Continent,1812)是洪堡特最早谈到美洲语言的一篇文章。此外,在罗马他还从一些爱尔兰僧侣处获得了爱尔兰语材料,研究了这种语言的结构和亲属关系。在1803年10月下旬寄自罗马的一封信中,洪堡特告诉友人布灵克曼(K. G. von Brinkmann),他比以前任何时候都更用心地进行着语言研究。“所有语言之间那种神秘奥妙的内在联系,深深地吸引了我,特别是通过一种新的语言深入至一个新的思想—感觉系统,给我带来了极大的乐趣。迄今为止,还没有任何事物像语言那样受到研究者们如此糟糕的对待。我相信自己已经找到一条途径,借之能够引人入胜地描述每一种语言,并且能够使人们易于认识所有的语言。这方面的许多内容,虽然远不是全部内容,您可以从我讨论巴斯克语的著作里找到。”[43] 洪堡特悟识到的这条新的途径，便是具体的比较分析与抽象的哲学综观相结合的语言研究道路。他仍然深感有必要积聚多种语言的知识，以便将来有能力、有资格从哲学角度来评说人类语言。在他的头脑中，一个语言研究计划正在成形。这个计划同他的人类学研究计划一样庞大无比。洪堡特当然不是像后来的语言学家所主张的那样，要为语言而研究语言，他的语言研究计划是整个“人的研究”的一部分。但随着他把越来越多的注意力放到语言上，语言研究便逐渐成为他的一项主要的学术事业，很大程度上从“人的研究”中独立了出来。

洪堡特 1793 年的“论古典文化研究：以希腊文化为重点”一文只是顺带讲到语言，对这篇文章来说，谈论语言的那两小节还是一种点缀。但在他 1806 年写成的“拉丁与希腊，或关于古典文化的思考”一文中，语言已经被置于显赫的地位来讨论。

洪堡特进一步论述了语言在民族生活中的作用。一个民族所在的生活环境、气候条件，它的宗教、社会建制、风俗习惯等等，一定程度上都可以跟这个民族脱离开来。然而有一样东西性质全然不同，是一个民族无论如何不能舍弃的，那就是它的语言，因为语言是一个民族生存所必需的“呼吸”（Odem），是它的灵魂之所在。通过一种语言，一个人类群体才得以凝聚成民族，一个民族的特性只有在其语言中才完整地铸刻下来，所以，要想了解一个民族的特性，若不从语言入手势必会徒劳无功。对希腊罗马文化的研究来说，希腊语的特点与希腊人的个性之间的关系是一个有特别重要意义的问题。此外，要对一些民族进行比较，探查一个民族对另一些民族的影响，语言也可以提供十分有用的讯息。不过，虽说语言是一条方便的途径,借之可以认识民族特性,但要了解一种语言的特性并非易事。语言的特性甚至比个人特性、民族特性还要难以把握,因为,语言就像是一朵笼罩着山顶的云彩,若从远处观望,它有明晰确定的形象,但你尚不了解它的细节,而一旦登上峰顶,身置云中,它就化作了一团弥散的雾气,你虽已掌握了它的细节,却失去了它的完整形象。[44]通过这个比方洪堡特告诉我们,语言既有具体实在的一面,又有抽象概括的一面,研究者应当把语言的这两个方面都考虑进来。

在“拉丁与希腊”一作中,洪堡特还第一次明确阐述了他关于语言“世界观”的想法。

1810年至1811年间,洪堡特写下了《总体语言研究导论》(*Einleitung in das gesamte Sprachstudium*)。称之为“总体性的”(gesamte),意思是要包括进任何形式的语言研究。这部草稿的纲要部分题为“普通语言学基础论纲”(Thesen zur Grundlegung einer allgemeinen Sprachwissenschaft)[45]。在这篇论作中,洪堡特把他在七年前就声言已经找到的语言研究新途径详细勾画了出来。按照他的设想,全部语言研究可以分作三个领域:

(1)一般的研究——讨论语言的本质和功用,语言与人及世界的关系,人类语言划分为各种具体语言,等等;这种一般的研究又可以进一步分为两类:一是有关对象的纯理论的认识,二是将理论认识和研究的成果运用于指导实际。

(2)特殊的研究——搜集现实语言中所有实际存在的材料,予以分类、归纳、整理。

(3)历史的研究——把上面两个领域研究的成果联合起来。

在上述各方面的研究中，洪堡特认为第一个领域的前一类研究最为关键，因为它决定了语言研究的方向、范围及成功的可能。他草写这篇“论纲”，正是想为语言研究奠定下理论基础。他自信“论纲”在这方面已经做了比较完备的工作，下一步就是要尽力从事实际的语言研究。语言研究必须囊括一切语言，这个目标单靠一个人的奋斗绝无可能实现，只有许多研究者共同努力，相互补充，相互纠正，才可能遍及所有语言的材料。他认为语言研究应当从经验出发，并证之以经验，但他强调，必须全面、完整、系统地对所有现存的语料进行分类、整理和比较，这样才能避免被一孔之识引入歧途。

洪堡特谈到以往语言研究的得失。哲学家、语文学家已经研究过所有文明民族的语言，传教士、旅行家已经描述过许多原始部落的语言，然而极少有人具有“总体语言研究”的眼光。过去一些世纪里，人们对语言的哲学认识几乎总是局限于“普遍语法”的领地，这个领地与其名号并不相符，所依据的只不过是一些纯理性的、脱离经验的论条，所利用的材料很不全面，取材的方式也有很大偶然性。为了克服普遍语法的褊狭贫乏，洪堡特建议展开“普遍比较语法”(eine allgemein vergleichende Grammatik)的研究，这种研究不应只注意到古典语言、现代欧洲语言，而且应当充分利用已发现的非印欧语言材料，并且还应当不断拓宽视野，去挖掘更多未知的语料。只有在最广的意义上进行比较的语法，才称得上是“普遍”的语法。对赫尔伐斯、阿德隆等一生致力于搜集语言材料和编集语样书的学者，洪堡特怀有深切的敬意，但他并不满意他们的工作。他们从搜集材料开始，到堆砌材料终止，缺乏系统完整的

处理，更无哲学高度的剖析。总之，无论在理论认识上还是在实际知识上，以往的语言研究都有显见的欠缺，需要以批判的精神去对待。用康德式的批判眼光看待在人们中间流行已久的语言观，洪堡特看出了许多问题。在“拉丁与希腊”一文中，他把自己的疑问一一列举了出来。按照传统的看法，语言仅仅是约定俗成的；词只不过是某个独立存在之物（或其概念）的符号；理解和运用语言的最好方法是机械的方法；只要使用得当，各种语言并无优劣之分，等等。这样一些看法几乎已被人们当作常识而认可，但洪堡特提醒读者，它们都是靠不住的，往往是与之相反的见解才更有道理。[46]

自 1808 年起，洪堡特就是设在柏林的普鲁士皇家科学院的院士。该科学院为莱布尼茨始创，其前身是勃兰登堡科学协会。由于洪堡特在促进科研方面的积极活动，他被称为普鲁士科学院的“第二创建者”[47]。作为科学院的成员，他有义务定期参与学术讨论，提交科研论文。但 1810 年至 1819 年期间，他多半出使在外或耽于政事，无法履行这一义务。从 1820 年开始他才有可能真正投身于科学院生活。这一年的 6 月末，他第一次向科学院递交并宣读了一篇语言学论文，题为“论与语言发展的不同时期有关的比较语言研究”。在这篇论文里，洪堡特总结了二十余年来关于语言问题的思考。洪堡特所说的“比较语言研究”（das vergleichende Sprachstudium，有时他也用“比较语言学”这个词）不同于他的同时代人葆朴、格里姆等从事的历史比较语言学。这种比较语言研究是超历史的，不局限于彼此有亲缘联系的语言。这种比较研究又是超语言的，其考察对象不限于语言系统本身。他指出，对于了解个人、民族及人类的全部精神活动，比较语言研究是一门不可或缺的学问。他为这门研究确定了四个相关的对象：一是语言，二是人运用语言可达到的目的，三是不断向前发展的人类，四是具体民族。但这并不意味着比较语言研究仅仅是一门依附于其他人文科学的学科。相反，洪堡特提出，比较语言研究首先必须“成为一项独立的、具有自身用途和目的的研究”（zu einem eignen, seinen Nutzen und Zweck in sich selbst tragenden Studium），然后才谈得上为了解人性提供可靠有益的知识。[48]在后期的语言学著作里，洪堡特也一再强调语言研究的独立性。研究语言应当“纯粹为其本身的目的”（nur um ihrer selbst willen），而不依赖于任何其他目的，因为语言（一定程度上）是一个自在自为的客体，对它可以像对任一自然物体那样作客观的研究。[49]

洪堡特从未上过大学讲台，在世时他的研究成果公之于世的不多，但他有不少论文曾在科学院宣读。1821 年 4 月间他的一次讲演的题目是“论史学家的任务”（Über die Aufgabe des Geschichtschreibers）。在这篇从题目看来似与语言学无关的论文中，洪堡特从更广的角度阐述了语言研究与历史研究的联系和相似之处，使我们能够窥测到引导他进行语言研究的一般哲学观。史学家的任务是要通过描述已发生的事件去把握真实的历史，这种描述越完整、越全面，他的任务就完成得越好。可是，历史真实性（和语言一样！）尤如云朵，唯有从远处观望才会给人以完整的形象。比如像荷马那样的传说人物，今天我们将他视为完整真实的个人，但假如能够回到历史事实中去，我们或许会发现根本就没有过这个人。所以，在描述历史事件的时候，切不可只顾细节而忽略整体的、哲学高度的认识。事件与事件交错纵横，每一事件都是一个完整过程的组成部分，史学家应当不为那些看似偶然、孤立、零碎的事件所惑，阐明它们之间的内在因果联系，揭启在它们背后起作用的创造力量。已发生的事件只能部分为人们观察到，部分则要凭感觉、猜测去把握，这就要求史学家除思辨认识和经验考察的能力外，还应具备丰富的想象力。由于语言是历史形成的产物，对历史事件的解释自然也适用于解释语言。洪堡特把世界史看成一个（理想的）观念（eine Idee）力求在现象世界中获得实存[50]的发展过程，换言之，世界和人类都在努力朝着一个理想化的美好目标演进，这种努力（Streben）程度不等、方向不一的实现，便造成了物和人的多样性，而史学家“最终的但也是最单纯的（einfachst）使命”就在于对这一观念的发展作出描述。[51]他也如此理解语言学家的任务。他认为，语言也表现出一种努力，要使完善的（结构）观念获得实存，语言研究者“最终的但也是最单纯的使命”就在于寻索并描绘这种努力或倾向。[52]“一切历史都只不过是一个观念的实现过程，这个观念本身既包含着（发展的）力量，又包含着（发展的）目的。”[53]洪堡特的这句话，概括了他的一般历史观，也道出了他的语言史观。

1820年至1829年，十年里洪堡特写下了大量语言学著作。除了上面提到的那些篇以外，又有：

“墨西哥语试析”（1821）

“论不同语言的性质对文学和精神教养的影响”（1821）

“论词重音的最一般原理，特别是希腊人的重音学说”（1821）

“论语法形式的产生及其对观念发展的影响”（1822年1月在

普鲁士科学院宣读)

“论梵语里用后缀 twâ 和 ya 构成的动词形式”(1822)

“论语言的民族性”(今存残篇)

“在何种程度上可根据美洲语言的残余对美洲土著居民从前的文化状态作出评判”(1823)

“论文字与语言的关系”(1823—1824)

“论拼音文字及其与语言结构的关系”(1824 年 5 月在普鲁士科学院宣读)

“关于一部出版于墨西哥的日语语法的概述”(法文稿,1825)

“致阿贝尔-雷缪萨先生的信:论语法形式的通性以及汉语精神的特性”(法文稿,1825—1826)

“论汉语的语法结构”(1826)

“美洲语言考察”(1826)

“普遍语言型式的基本特点”(1824—1826)

“论双数”(1827 年 4 月在普鲁士科学院宣读)

“关于梵文文句中词的分断”(法文稿,1827)

“论太平洋南部诸岛屿的语言”(1828 年 1 月在科学院宣读)

“致亚历山大·约翰斯顿爵士的信:论确证东方语言亲属关系的最佳手段”(英文稿,刊于《大英皇家亚洲协会会报》1828 年第 2 卷)

“关于希腊语过去完成时、重复不定过去时、简单完成时与梵语时态构造的联系”(1828 年在法兰西学院宣讲)

“论某些语言中方位副词与代词的联系”(1829 年 12 月在普鲁士科学院宣读)

"关于语言的语法结构"(1827—1829)

"论人类语言结构的差异"(1827—1829)

从这些论著的篇名就可以看出洪堡特讨论的范围之广,涉及的语言之多。但他的著作、他在科学院的报告并没有怎么引起本国学者的兴趣,倒是在巴黎、北美,他的研究受到学术界更多的关注。18世纪末19世纪初的巴黎是全欧研究非印欧语言的中心,开办有"当代东方语言学校"。在《学苑杂志》(*Journal des Savants*)和《亚洲杂志》(*Journal Asiatique*)上,赛西(Silvestre de Sacy)和雷缪萨(Abel-Rémusat)对洪堡特的有关著作作了评论。东方学家赛西是葆朴的梵语老师。雷缪萨时任《亚洲杂志》主编,为当时欧洲最优秀的汉学家之一,著有汉语语法书。洪堡特曾与他多次通信讨论汉语问题,并在《亚洲杂志》上发表过文章。1827—1828年,洪堡特重访巴黎、伦敦,以外籍成员身份先后在法兰西学院、大英皇家亚洲协会作了报告。此外,他也是远在费城(Philadelphia)的美国哲学协会的外籍会员。他与研究美洲印第安语言的美国学者皮克林(John Pickering)、杜邦索(Peter S. Duponceau)经常通信联系,也从他们那里不断获得新材料。对洪堡特以印欧语言为标尺来评论一切语言的优劣,两位美国学者是持不同看法的。

1830年以后,直至逝世,洪堡特只写有一篇语言学论文:"致雅克先生(E. Jacquet)的信:关于亚洲波利尼西亚人的字母体系"(法文稿,1831)。他把大部分精力投入到《论爪哇岛上的卡维语》一作的撰写之中。这部长达2000余页的三卷本巨著在洪堡特逝世后由其弟亚历山大和语言学者布施曼(J. Buschmann)编订出版

(1836—1840)。西方人最早是从莱弗士(Thomas Stamford Raffles)的《爪哇史》(1817)了解到爪哇岛上有一种为诗人牧师专用的语言,这种被称为卡维语(die Kawi-Sprache)的古典语言具有奇特的混合构造:它的词汇多半借自梵语(kawi 本身就是个梵语词,意为“诗人、创造者”),而它的语法形式却不脱马来语的间架。洪堡特认为,判断语言的亲属关系首先要以语法为据,因此,尽管混有大量梵语词汇成分,卡维语仍然是一种马来语言,而不像巴利语那样与梵语有亲缘联系。对洪堡特从广泛的人类学背景进行的比较语言研究来说,卡维语是一个极有价值的例子,它的混成构造正反映了两种文化——印度文化和本地文化——密切的结合。

《论爪哇岛上的卡维语》有一长 300 余页的导论,题为《论人类语言结构的差异及其对人类精神发展的影响》(下简称《论差异》)。它就是我们译出的这部书。读者会注意到,洪堡特草拟于 1827—1829 年间的“论人类语言结构的差异”一稿(长度约为《论差异》的一半)与《论差异》的题名很相似。《论差异》就是在这部草稿的基础上扩充而成的。《论差异》汇集了洪堡特数十年来关于语言问题的思考,充分显示出洪堡特式语言研究的特点:人类学、民族学的探索与语言哲学的讨论相融贯,宏观理论的阐发与具体入微的分析相结合,印欧语言的研究与非印欧语言的研究相补益。他首先考察了马来民族各部落(及其相邻民族、部落)的人种特征、生活状况、地理环境、文化水准、历史渊源,进而谈到马来人的语言。人类划分为民族、部族、部落,这个事实要由人类学家来解释,人类语言划分为民族语言、方言土语,这个事实得由语言学家来解释,而洪堡特则试图把这两个方面的解释统一起来,统一到另一更高层次的因素，那便是“人类精神力量不断更新、频繁升华的创造”；他写《论差异》的目的，正是要“在语言差异和民族划分这两种现象相互可说明的范围内考察它们与人类精神力量的创造活动的联系”。[54]精神力量及其创造活动，是贯穿在整部《论差异》中的基本解释原则。纵观人类历史进程，许多现象的因果关系跃然眼前，清晰可辨，但也有许多现象难以甚至无法用因果关系说清楚，究其原因，就在于存在着一种创造性地施展潜能的精神力量。这种精神力量是深不可测、无法解释的，它可以不受任何既存条件束缚，独立地、自由地从内部进行创造，这种创造活动无须逐渐的量的积累，就能够在转瞬间突然产生出与历史、现状没有任何联系的新质。

精神力量的上述特点当然也为语言所具，因为洪堡特指出，语言乃是精神力量的主要表现形式。语言也是深不可测、无法解释的。比如人类语言的起源，就是一个勘不破的永恒之谜。语言无疑为人类独有，但语言不需要经长期累积才逐渐成形，它是以完整的形式突然出现的。又比如人类语言分为种种具体语言，有谁能够解释清楚这里面的道理？不同的语言，不同的民族，都是人类精神以不同方式、不同程度自我显示的结果，语言是精神的创造活动，或者说是“精神的不由自主的流射”[55]，当洪堡特提出语言能够进行无限的创造时，他指的正是一种超规则的、类似自由艺术创作的、无法限定亦且不可预测的创造（而不是乔姆斯基后来设想的那种可以用一部语法推演出来的创造）。

既然语言只是精神的表现形式，在语言与精神（思维）的相互关系中，后者理所当然是第一性的，是前者的本源和归宿。洪堡特试图说明“语言从精神出发，再反作用于精神”的过程[56]：语言介于人与世界之间，人必须通过自己生成的语言并使用语言去认识、把握世界。语言记录下人对世界的看法和存在于世的经验，加之又有自身的组织和规律，于是，它逐渐成了一种独立自主的力量，一个相对于使用者的客体，或者说，形成为一种独特的“世界观”。每一具体语言都是这样的一种“世界观”，它源出于人，反过来又作用于人，制约着人的思维和行动。但是，语言影响人，人也影响语言，而且，在人与语言相互影响的双向关系中，归根到底是人这一方起着决定作用。因为，语言(的形式和规律)产生的作用力是静态的、有限的，而人施予语言的作用力则是动态的、无限的，出自一种“自由性原则”。换句话说，人类精神可以自由驰骋，不受具体语言约束地进行创造，“在任何时候，任何情况下，一种语言对人来说都不可能形成绝对的桎梏”。[57]

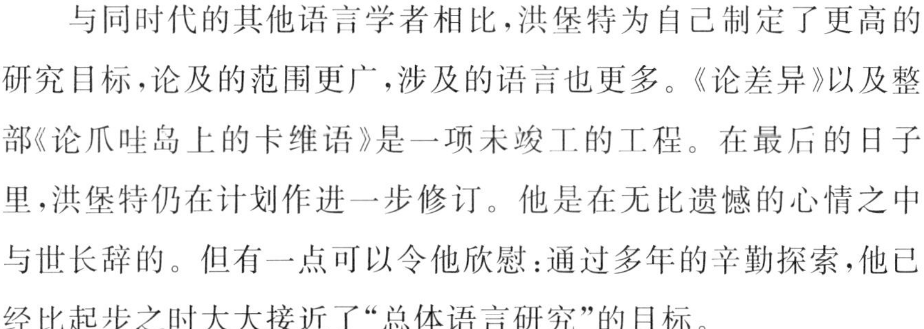

与同时代的其他语言学者相比，洪堡特为自己制定了更高的研究目标，论及的范围更广，涉及的语言也更多。《论差异》以及整部《论爪哇岛上的卡维语》是一项未竣工的工程。在最后的日子里，洪堡特仍在计划作进一步修订。他是在无比遗憾的心情之中与世长辞的。但有一点可以令他欣慰：通过多年的辛勤探索，他已经比起步之时大大接近了“总体语言研究”的目标。

四　历史地位和影响

前文提到，洪堡特的语言研究在英法北美比在德国受到更多重视。这是指的他对具体语言特别是东方语言的探讨。至于洪堡特的语言哲学，他关于一般语言理论问题的论述，在他生前以及他死后的若干年里在德国内外都没有引起应有的反响。他的同胞葆朴、格里姆等人从一开始就处在一场语言学革命的前沿，他们正忙于创建一门新的学科——(印欧语言的)历史比较语言学，因此无暇顾及诸如语言的本质、语言与人的关系这类纠缠了人类几千年的老问题。在他们的带动下，那一代语言学家多致力于搜寻并确证语言之间的历史联系。

洪堡特也很关心历史比较语言学的发展，他曾从葆朴学过梵语。而且，他本人也曾作过一些印欧语言的比较研究，葆朴、格里姆等人谨严踏实的学风，细致入微的分析方法，为他树立了榜样。但是，他并无意走葆朴、格里姆的路，去专究印欧语言、日耳曼语言的历史语法。事实上，他的语言研究方向在他结识葆朴之前就已经确定了。历史比较语言学的勃兴并没有影响洪堡特的原定方向。与葆朴不同，洪堡特本不是一个专业的语言研究者。我们看到，洪堡特起家于古典文化、人类学、美学、政治的研究，后来才转向语言学。正是由于这个缘故，他的语言研究才能不为历史倾向和印欧语言所限，在 19 世纪的西方语言学史上形成一支独立的力量。

第一个继承发扬了洪堡特语言学说的知名语言学家，是施坦塔尔。施坦塔尔主要从事语言理论的研究，创始了语言学上的心理学流派。他根据洪堡特关于语言与民族精神的联系的思想，企图透过个人的言语和心理了解社团的精神生活，确定语言类型与民族精神(思维、心理)的联系，甚至提出要把语言学改建为“民族心理学”。施坦塔尔自命为洪堡特的信徒。他一生都在研究洪堡特，写了许多讨论洪堡特语言学说的著作。在 1850 年的“语言学的现状”(Der heutige Zustand der Sprachwissenschaft)、1852 年的“致波特教授的公开信”(Offenes Sendschreiben an Herrn Professor Pott)等文中,他称洪堡特是一个天才的语言哲学家,认为在洪堡特以后,一个语言学家无论要研究哪个问题,都得先问一下洪堡特对此有过哪些论述。不过施坦塔尔对洪堡特并非一味推崇,他也指出了洪堡特语言哲学的问题:洪堡特是一个充满矛盾的“悲剧式的英雄”,他的学说包含着一种“绝对的不可理解性”,因此难以被人理解,并且往往引起误解。导致晦涩难懂的原因是多方面的。首先,洪堡特对有些问题并未认识清楚,自然也就说不明白;其次,他有时似乎故意像柏拉图在《对话篇》里那样,把话说得模棱两可,叫人捉摸不定;再有,他像同时代的许多哲学家、作家一样,喜欢使用套叠的长句,这种艰涩的文体,也给人们把握洪堡特的思想带来了困难。[58]

对施坦塔尔指出的洪堡特语言学著作中存在的问题,后来的语言学家也都有同感。施坦塔尔读洪堡特的书时,距洪堡特不过短短十余年,已感到困难重重,以后的人们读洪堡特,就更觉不易读、不可解了。表达含混,语体迟滞,文意晦涩,不是洪堡特一个人的问题,而是当时一大批德国学者的通病。那个时代产生出了最难懂的大哲学家黑格尔[59],也产生出了洪堡特这样一位最难懂的大语言学家。

当然,19 世纪的语言研究领地几乎为历史比较语言学所独霸,这是洪堡特语言哲学遭到冷落的主要原因。到了 19 世纪最后三十年,老派历史比较语言学家的一统天下开始动摇,标榜新异的一批年轻学者(因此称作“青年语法学派”)急欲自立门户,企图把语言学驱入心理学轨道的倾向日渐加强,“词与物”论、唯美主义语言观也在酝酿之中。旧日的权威受到非议，新的权威尚未形成。这是一个没有权威的时代。正是在这个时候，人们更多地忆起洪堡特，想从他那里觅得启发。美国学者惠特涅(W. D. Whitney)1872年在一篇书评中抱怨道：眼下夸赞洪堡特已经成为风气，可是有几个人真正了解这位“天才的、深刻的，同时又是含糊不清的、完全不合实际的思想家”呢？甚至又有几个人会去读他的书呢？[60]引两个学者的话，足可窥见时人对洪堡特的高度评价。多佛(A. Dove)1881年在“洪堡特传记”里写道，洪堡特“对语言理论作出了划时代的贡献”[61]，布灵顿(D. G. Brinton)1885年在“美国哲学协会”会刊(第12期)上发表文章，题为“洪堡特创建的美洲诸语言哲学语法”(附有一篇洪堡特论美洲语言动词的文章的翻译)，文中提到，“语言哲学的基础是由洪堡特奠定的”[62]。洪堡特的著作确实令很多人望而生畏，但也有不少人愿意下工夫啃一啃这些著作。1876年，老资格的历史比较语言学家波特(A. F. Pott)重新校订出版了洪堡特的《导论》，并在前头附了一篇序言《洪堡特和语言学》[63](序言本身加上索引，竟长达562页！)，意在重新公正地评价洪堡特，认真诠释他的语言学著作。四年后，施坦塔尔也整理出版了《洪堡特语言哲学著作选集》[64]。19世纪下半叶至20世纪初，许多语言学家先后以洪堡特学说的继承者自居，举有名的，除施坦塔尔、波特外，又有施莱歇尔(A. Schleicher)、波铁布尼亚(A. A. Potebnya)、博杜恩·德·库尔德内(J. N. Baudouin de Courtenay)、浮士勒(K. Vossler)等，虽然他们的出发点和侧重面不尽相同。这些学者大都有唯心理唯精神的倾向，他们最赞赏的是洪堡特关于语言属于精神创造活动的论述。波铁布尼亚说：“正是由于洪堡特将语言视为一种（创造）活动，视为精神的产物和思维的手段，才使得问题有可能转移到心理逻辑学方面。”[65]

德国语言学家浮士勒（K. Vossler）倡始唯美主义语言观，主张把语言学划归美学，响应者虽不多，但也自成一家。浮士勒的思想源于洪堡特和意大利美学家克罗齐（Benedetto Croce），这一点浮士勒在他最有名的一部书《语言学中的实证主义和唯心主义》（1904）的前言里是声明了的。他说，洪堡特曾经试图使语言学立足于“批判唯心主义”（der kritische Idealismus，这个用语使人想起洪堡特本人对康德的评语），然而并未彻底成功，因为洪堡特往往陷入经验主义的语言研究而不能自拔，结果终于没有能够在语文学和哲学之间建立起联系。[66]至于浮士勒最推崇的克罗齐（在他这部书的扉页上写着：“献给克罗齐”），也很重视洪堡特，经常引述洪堡特的话。比如他在《作为表现的科学和普通语言学的美学的历史》（1902）这本书里，就以专章（第12章）评述了洪堡特及其追随者施坦塔尔的语言哲学。他也十分欣赏洪堡特的精神创造说，指出：洪堡特发现了从前普遍（逻辑）语法的研究者从未想到过的一点，那就是语言的内在形式，这种内在形式“既非逻辑的概念，也非人所发的声音，而是人们对事物的主观见解，是幻想和情感的产品，是概念的个体化”。[67]

在20世纪20—30年代的德国语言学界，出现了“新洪堡特主义派”。有人也称之为“新浪漫主义派”[68]，当然，使用这个称号，就意味着把洪堡特视为当年浪漫主义运动的一员。新洪堡特主义派的主要人物有魏斯格贝尔（Leo Weisgerber）、特里尔（J. Trier）、伊普森（G. Ipsen）、波尔齐希（W. Porzig），其中魏斯格贝尔著述最丰，名气最大。魏氏写了许多著作，反复强调语言的文化价值和认识作用：语言介于主体与客体、人与外界之间，是一个特殊的中间世界，一种永远创造不息的力量；它把物的世界转变为精神财富，从而形成文化造就历史。读了洪堡特的著作，再来看魏斯格贝尔的这类论述，我们并不会觉得有新奇之处。但魏氏更进了一步。为证明"中间世界"或"语言世界观"的存在，他作了大量实例分析。他主要分析了德语，意欲整理出一种德意志人特有的语言世界观。他的许多著作都是围绕着这个题目展开讨论，如四卷本《论德语的力量》(*Von den Kräften der deutschen Sprache*，1949/1950)、《德语的世界图景》(*Vom Weltbild der deutschen Sprache*，1953/1954)。只需举一两个例子，便可以知道魏斯格贝尔是如何来证明语言世界观的。比如，Unkraut(野草)这个词所指的内容，就只存在于语言和相应的观念之中，因为自然界中的植物本身并无所谓家与野、有益与无益，所以，词起了划分自然存在的作用；许多语言都有表示"野草、杂草"这一概念的词，但它们的所指与德语的Unkraut必有区别；甚至在德语里，这个词或概念古今所指也不尽相同。总之，语言世界观因民族而异，也因时代而变。[69]

魏斯格贝尔又谈到星座、动物等物类的划分和命名。类似这样的分析，在特里尔发表"语言场"(Sprachliche Felder，1932)、"语言场辩"(Das sprachliche Feld. Eine Auseinandersetzung，1934)等文前后，有相当一批新洪堡特主义派的语言学家在做。除了词汇方面的讨论外，魏斯格贝尔等人也试图从语法着手，勾画出一幅德语的"世界图景"。他们从洪堡特的"内在形式"概念出发，提出要建立起一种"针对内容的语法"(inhaltbezogene Grammatik)。

所谓针对内容，不仅是要考虑进语义因素，而且要把语义确立为分别语法层面和进行语法分析的标准。形态、构词加句法的传统分界被打破了，代之而起的是四层面划分法：(1)词场(Wortfelder)；(2)词群(Wortstande)；(3)词类的思维范围(Denkkreise der Wortarten)，即阐述与每个词类相对应的"世界图景"，列出有关的构形成分，据此确定词的类别关系；(4)句子构造(Satzbauplane)。[70]

新洪堡特派的影响超出了语言学，远及语言教育领域。魏斯格贝尔又是一个教育学家，毕生致力于母语(德语)教学，并且一直在尝试把"针对内容的语法"结合进教学。而前文提到过的特里尔的两篇论文，"语言场"和"语言场辩"，就分别刊登在《德语教育杂志》、《科学和青年教育新年鉴》上。

新洪堡特派在哲学领域也有一员大将，那就是卡西勒(E. Cassirer)。卡西勒对语言哲学颇有兴趣。他碰到语言问题，总忘不了像施坦塔尔提醒的那样，到洪堡特那里找一找答案。他认为，语言科学应当把探讨洪堡特提出的"内在语言形式"视为一项重要的任务。按他的解释，"内在语言形式"有这样几层含义：第一，它指的是一种语言的纯粹结构，与语言历史无关；第二，每一语言的内在形式，都表达了一种独特的世界观；第三，要了解内在语言形式(或语言世界观)，不能指望泛泛的哲学思考，而是必须深入至一种具体语言，对它作直接的、直观的认识，通过精微的感觉来把握整个语言的细节。[71]我们在魏斯格贝尔等人的著作中看到的，正是这样一种具体的、直观的、凭借对母语的微妙感觉进行的研究。

本世纪上半叶在美国极有影响的萨丕尔(E. Sapir)及其弟子沃尔夫(B. L. Whorf)，也常常被划在新洪堡特主义的名号之下。

如此看待这两位美国语言学家的学说，并不是没有道理的。他们主张的“语言相关论”，同魏斯格贝尔等人的“中间世界说”实出一辙，其目的都是要证明一种语言独有的世界图景。所不同的是，德国人显示出更强烈的心理主义倾向，而美国人则保持着博厄斯(F. Boas)带来的人类学的传统；德国人对探索自己的母语更有热情(因此在他国学者看来有民族主义之嫌)，美国人的眼睛却盯在他们周围的印第安人的语言上。博厄斯是美国描写主义语言学之父，其实他本是德国人：他出生于德国，并在德国度过学生时代，获得学位。他曾问学于施坦塔尔，后来他讲到过，正是由于施坦塔尔的影响，他才开始对语言学和人类学产生兴趣。虽然博厄斯在其著作中没有提到过洪堡特的名字，但他显然是了解洪堡特的，至少他经施坦塔尔而间接认识了洪堡特的思想。[72]1880年代，博厄斯先后两次去美洲北极区调查印第安语言。当时美国学术界对印第安语言和文化的兴趣正浓。布灵顿将洪堡特的《论美洲语言的动词》译成英文(*On the Verb in American Languages*，原作用德语写成，迄今未见出版)，也是在这个时候(1885)。这篇译作以及一同发表的布灵顿的论文“洪堡特创建的美洲语言哲学语法”(实为该译作的序言)，引起了博厄斯的注意。后来博厄斯编成了他那本有名的《美洲印第安语言手册》(1911—1912)。这当然是一项前所未有的功业，但也是洪堡特那一代人以来关心和研究美洲土著语言，逐渐积累发展所成。

博厄斯专心致志于具体描写，对洪堡特式的“哲学语法”兴趣并不大。后起的萨丕尔则不同。萨丕尔的研究路子更接近于洪堡特。继洪堡特之后，他探讨了两个具有一般理论意义的问题：一是语言的类型学分类，二是语言与文化、与民族精神的关系。从洪堡特到萨丕尔，人们对不同类型的语言的认识进了一步，这个进步首先就表现在对待语言的态度上。洪堡特等人当年划分语言类型，往往带着一些感情色彩，他把屈折型语言（特别是梵语、希腊语这类典型的屈折语言）看作“完善的语言”，而称孤立型、黏着型或印第安语一类复综型的语言为“不太完善的语言”。对这类断言，萨丕尔在《语言论》(1921)中提出了批评（虽未明确道出洪堡特的名字）：“凡是符合梵语、希腊语、拉丁语和德语的格局的，就被当作最高的；凡是不符合的，就叫人蹙眉头，认为缺少了些什么，或者至多不过是一种畸形而已。实则任何分类只要是从固执的评价观点出发，就注定是不科学的。”他告诫人们应“以同样冷静而又关切的超然态度”去对待不同类型的语言。[73] 其实，洪堡特又何尝没有对所有语言一视同仁的主观愿望（请比较洪堡特的一段话：“一个研究者如果不带任何偏见，就几乎不会否认下述事实：就程度而言，一种语言的结构可能要比另一种语言的结构优越……”）[74]，只可惜这一诚愿因他过深的古典主义信仰和过强的西方逻辑语法观念而终致流产了。针对洪堡特的失误，有人指出，洪堡特主张的分明是“语言绝对论”(linguistic absolutism)，而不是什么“语言相对论”(linguistic relativism)，甚至可以说是一种“萌芽态的(incipient)种族主义”![75] 印欧语言中心论的倾向，洪堡特是有的，但要说他是个种族主义者，却是天大的冤枉。一个像席勒、歌德一样毕生不懈地追求完美人性的人文主义者，一个像他们一样自视为“世界公民”，始终把整个“人类小宇宙”装在心中的学者，怎么可能是种族主义者？

关于语言与文化的关系，萨丕尔在《语言论》中的看法是，二者并无因果联系。按照他的定义，文化指“一个社会所做所想的是什么”，而语言则指“人具体怎样思想”。文化是内容，语言则是形式，是记录和表达文化这种内容的方式。文化有文化的“沿流”(drift，按指发展变化的趋向)，语言有语言的“沿流”，二者虽然平行前进，但没有必然的联系。[76]这里，萨丕尔实际上重复了一种被洪堡特多次批评过的传统观点：语言只不过是表达的工具。萨丕尔又谈到语言与民族精神(他称之为“民族气质”或民族的总的“情绪倾向”)的关系：“没法证明语言形式和民族气质有任何联系。语言变异的倾向，它的沿流，顺着历史先例规定的渠道无情地向前行进；它不顾及说话人的感情和情绪，就像一条河的河道不顾及当地的大气湿度一样。我深信，到语言结构里去找分别，以相应于据说是和种族有关的气质变异，那是徒劳的。”[77]显然，萨丕尔是在跟洪堡特唱反调，因为洪堡特一再强调的，正是语言与民族精神的密切联系，“民族的语言即民族的精神，民族的精神即民族的语言。二者的同一程度超过人们的任何想象”。不过，在后期的著作中，萨丕尔修改了自己的看法，更倾向于接受洪堡特的观点。在“原始语言的概念范畴”[78]一文中，他把语言比作数学系统：语言也是一个封闭的概念体系，它的形式和规则制约着人类经验活动的范围和方式，使之具有一定的可预见性。至于他的学生沃尔夫，就完全折回到洪堡特的立场上来了。他的全部语言研究都是为了一个目的，即要证明洪堡特所说的语言世界观(他称之为“思维世界”或“超物理世界”)的存在。

魏斯格贝尔、萨丕尔、沃尔夫的学说的理论实质是相同的，虽然后二者不像他们的德国同行那样，对洪堡特推崇备至。他们甚至很少提到洪堡特。倒是布龙菲尔德经常谈起洪堡特，对他评价甚高。他指出，由于洪堡特的推动，各语系的语文学研究终于全面开展起来，语言的心理、社会性质以及语言的历史发展也开始得到系统的研究。[79]后来在《语言论》(1933)一书中，布龙菲尔德称洪堡特的《论差异》——也就是我们译出的这部书——是"第一部关于普通语言学的巨著"[80]。然而，在美国，真正认真去读这本书以及洪堡特的其他语言学著作的人当时仍是不多的。布朗(R. L. Brown)说得对，直到本世纪中叶，英语世界整个说来对洪堡特始终是不太重视的[81]。截至布朗书成之时(1967)，洪堡特主要的语言学著作竟没有一部被完整地译成英文，英文的洪堡特著作选集仅出有一本[82]，那还是几年前的事，而用英语写的探讨洪堡特语言哲学思想的专著也寥寥无几。

但是，事情很快开始发生变化。自从乔姆斯基(N. Chomsky)重新提出普遍语法问题，他的"转换生成语法"在语言学领域站稳了脚跟后，人们对洪堡特的兴趣便与日俱增，因为乔姆斯基明确声称，他主要得益于两位前人——笛卡尔(R. Descartes)和洪堡特。乔姆斯基初期(比如在1957年的《句法结构》中)只字未提洪堡特，到后来才看出自己的学说可以与洪堡特挂起钩来。在《笛卡尔语言学》(1966)，他从自己关心的问题出发，讨论了洪堡特对语言学的贡献以及给他本人的启发：笛卡尔语言学强调语言运用的创造性，认为这种创造性是人类语言的本质特征。这个观点在洪堡特的语言理论中得到了最有力的表达。洪堡特称语言是"活动"[Energeia(Thätigkeit)]或"创造"(eine Erzeugung)，而不是"产品”[Ergon(Werk)]或“僵死的制成品”;他以这类表达更完备地阐释了笛卡尔语言学和浪漫主义语言哲学对语言的定义。[83]洪堡特独创性的、意义深远的贡献,在于他把语言形式看作一种“生成原则”,这种生成原则是固定不变的,为无限的、正常的个人语言运用行为规定范围和提供手段,或者说,用有限的手段创造出无限的运用可能;这种生成原则又是普遍的,它构成所有民族和个人的语言的共同基础[84]。“现代意义的生成语法概念,正是对洪堡特的语言形式观的发展。”[85]此外,“深层结构”和“表层结构”的区分在洪堡特的语言学说中也已见端倪。他使用的两个相应的术语是(句子的)“内在形式”和“外在形式”。[86]

说洪堡特的“语言形式”、“内在形式”分别相等于“生成原则”和“深层结构”,这当然是乔姆斯基个人的理解。许多学者不同意乔姆斯基的解释,认为他并没有真正弄清洪堡特的原意。[87]事实上,乔姆斯基自己也承认,洪堡特在谈到语言的生成过程时,常常语焉不明,不知道他指的是语言运用的“底层能力”(underlying competence)呢,还是指运用(performance)本身[88]。洪堡特并未给他提出的“语言形式”、“内在(语言)形式”这类概念下过明确的定义,因此导致后世学者各陈己说,难以一致。对此,要负第一责任的还应该是洪堡特本人。施坦塔尔曾形象地说:“在洪堡特那里,‘内在语言形式’犹如一个婴孩,虽然被寄予很高的希望,但却始终羸弱多病”;在这个问题上,就像在其他某些方面一样,“洪堡特没有能够把他感觉到的东西表述清楚”。[89]

仍回到乔姆斯基。令乔姆斯基感到遗憾的是,洪堡特没有自始至终沿着笛卡尔提供的思路去探索语言的普遍特性。洪堡特一方面看到语言具有普遍性，另一方面却又认为每一语言构成一种独特的“世界观”，这一不无浪漫色彩的观点明显脱离了笛卡尔语言学的框架。[90]这正是洪堡特不同于乔姆斯基的一个地方：乔姆斯基只对语言普遍现象感兴趣，即使分析具体语言，也是为了证明普遍性；洪堡特则同时想做两件事情，既要阐明人类语言的普遍性，又要发掘具体语言（甚至个人语言）的特殊性。“在语言中，个别化和普遍性协调得如此美妙，以致我们可以认为下面两种说法同样正确：一方面，整个人类只有一种语言，另一方面，每个人都有一种特殊的语言。”[91]洪堡特的这一认识，源自他深信不疑的“人性”概念。“人性”在他看来，就应该是普遍存在的人类本性与人的具体个性相统一的结果。

乔姆斯基重新发现了洪堡特。近二三十年来，欧美掀起了一股洪堡特热。他的主要著作开始被译成外语，每年都有不少学者撰文写书，研究他的语言哲学、人文思想、教育理论、政治实践。1983年夏季，莫斯科大学语文学系下属的普通语言学、历史比较语言学和应用语言学教研室与柏林洪堡特大学日耳曼语言学系联合举办国际讲座，题目之一为洪堡特和格里姆兄弟对语言学的贡献。讲座结束后，出了一本论文集，题名《威廉·洪堡特和格里姆兄弟：学术研究和思想遗产》。编者在论文集的前言里提出，重新评价洪堡特和格里姆兄弟，是“当今最有意义的语言学史问题之一”[92]。为纪念洪堡特逝世150周年，1987年8月中旬，第十四届世界语言学家大会在洪堡特的故乡柏林，在他当年一手创建的洪堡特大学召开，并且把大会的第一个议题定为“洪堡特与现代语言学”。作为普通语言学的奠基人，洪堡特对后世的影响究竟有多大，体现在哪些方面？这个问题，是每个研究西方近现代语言学史的人必然要碰上的。比如，洪堡特的思想对索绪尔（Ferdinand de Saussure）有没有产生过影响？索绪尔《普通语言学教程》（1916）[93]的第一章简要回顾了语言学史，述及沃尔夫、葆朴、格里姆、施莱歇尔、惠特涅等人以及青年语法学派的一些人物，但没有提到洪堡特；在讨论语言的符号性质、语言系统、语言与言语等问题的时候，也没有讲到洪堡特是否有过一些论述。但是，有些问题洪堡特是探讨过的。例如语言的结构性。乔姆斯基认为，"结构主义者强调语言是'一个由各部分有机组成的系统'（un système où tout se tient），这至少在概念上说是直接来自洪堡特语言学对有机形式的关注"[94]。罗宾斯（R. H. Robins）也指出，关于同样的一些问题，洪堡特一个世纪前就已经形成了类似于索绪尔的想法；不过，索绪尔是否以及在多大程度上直接受益于洪堡特，很难断定[95]。

这是说的洪堡特对后人的影响。至于洪堡特语言哲学本身的来源，也是一个难题。[96]或说他是康德的信徒，或称他作浪漫主义者，或视他为古典主义代表之一，或如乔姆斯基，认为他一半是笛卡尔语言学的继承者，等等。凡此种种说法，大抵都能说通。这里我们不准备就这个问题展开讨论。有一点值得提一下：不论寻溯洪堡特思想的根源，还是探讨他的语言理论，都不应局限于语言学，而是要旁及洪堡特曾经涉猎的各个学术领域。洪堡特传记已出有好几种，迄今还没有哪个语言学家能够在传记之多上与洪堡特一比。这当然是因为，洪堡特不仅仅是语言学家。生活在那个时代，假如洪堡特仅仅是一个语文学者，如沃尔夫，或只从事历史比较语言研究，如葆朴，他就不可能在语言理论上有如此突出的建树。我们在这篇译序里叙述了洪堡特对“人性”的追求以及他关于古典文化和人类学的研究，目的就是要为读者了解洪堡特的语言学说提供一个更广的视界。

五　版本和译本

洪堡特的《论差异》，在他逝世的次年由亚历山大·冯·洪堡特和布施曼加以编辑整理，单独印行。这个1836年的本子，已经罕见。以后有多种版本问世，或单独成书，或收入洪堡特选集和文集。就我们所知有这样一些：

《洪堡特文集》(Gesammelte Werke，共七卷)，布兰德斯(Carl Brandes)编，Berlin，1841—1852年。

《论人类语言结构的差异及其对人类精神发展的影响》(Ueber die Verschiedenheit des menschlichen Sprachbaues und ihren Einfluss auf die geistige Entwicklung des Menschengeschlechts)，波特(A. F. Pott)编注，附有长篇导言《威廉·冯·洪堡特与语言学》，Berlin：Verlag von S. Calvary & Co.，1880(1876)年。

《威廉·冯·洪堡特语言哲学著作选集》(Die sprachphilosophischen Werke Wilhelm von Humboldts)，施坦塔尔编，Berlin：Dummler，1884年。

《洪堡特文集》(Gesammelte Schriften，共十七卷)，莱茨曼(Albert Leitzmann)、格布哈特(Bruno Gebhardt)、理希特(Wilhelm Richter)合编，普鲁士科学院版，Berlin，1903—1936年。《论差异》收在第七卷。

《洪堡特选集》(Werke in fünf Bänden,五卷本),弗列特纳(Andreas Flitner)与基尔(Klaus Giel)合编,Darmstadt. Berlin,1960—1981年。其中第三卷为《语言哲学文集》(出版于1963年),收了洪堡特1820年以后的语言学著作共八篇,最后一篇即《论差异》。

我翻译时用的是1903年版《洪堡特文集》第七卷本。译成之后,根据1880年波特本和五卷本作了校订补正。分章基本依据波特本。原作很不好读,翻译过程中,从俄英两种语言的译本获益不少。

最早的英文全译本《语言变异和智力发展》(Linguistic Variability and Intellectual Development),出版于1971年,布克(George C. Buck)与雷文(Frithjhof A. Reven)合译,Coral Gables:University of Miami Press。布朗1967年提到,麻省理工学院的费特尔(John Viertel)先生当时正在翻译洪堡特此书[97],后来是否译成付梓,不得而知。最新的英译本是1988年剑桥大学出版社出的《论语言:人类语言结构的差异及其对人类心智发展的影响》(On Language: The Diversity of Human Language-Structure and Its Influence on the Mental Development of Mankind),收入《德国哲学译丛》(Texts in German Philosophy)。译者希思(Peter Heath),阿斯莱夫(Hans Aarsleff)作序。出版者介绍说,此书是"语言研究史上基本著作之一的全新译本","翻译准确,可读性强"[98]。

1984年,苏联出版了《洪堡特语言学著作选集》(Вильгельм фон Гумбольдт. Избранные Труды по Языкознанию. Москва. 《Прогресс》),拉米施维里(Г. В. Рамишвили)编选并作序,译者共五位,其中有我国读者熟悉的兹维金采夫(В. А. Звегинцев)。除

《论差异》完整译出外，还节译了洪堡特的另外五篇语言学论作。兹维金采夫在1964年编著的《19—20世纪语言学史选读》（История Языкознания XIX—XX Веков в очерках и Извлечениях. Москва.《Просвещение》）中，就曾选译过洪堡特《论差异》的部分章节。

1987年开始动笔译时，我手头只有1984年俄译本可参。1989年10月，我的朋友、波恩大学英语系主任莱歇尔（Karl Reichl）教授来华访学，给我带来了1988年英译本。于是，我又根据英译本将已译成的书稿全部核定了一遍。译文中有些地方，我觉得把握不大或辞难达意的，加注了英俄译语，这指的就是1988年英译本和1984年俄译本的翻法。翻译中的一些疑点，曾向莱歇尔教授和我院德语系唐进伦先生请教，在此一并致谢。

最后要提到的是，1990年底完成译稿后，我即着手撰写《洪堡特——人文研究和语言研究》。这是一个国家青年社科基金项目，已由外语教学与研究出版社于1995年4月出版。该书的第十二章专门评析了洪堡特的汉语观，感兴趣的读者可以参考。那个时代的西方语言学者，大都局限于印欧语言中心论，对汉语、汉字持有这样那样的偏见，洪堡特也未能幸免。他对汉语的看法，哪些是有问题的，哪些是可以成立的，相信今天的读者自能分辨清楚，无须我们在这里多说。

译　者

1995年11月于北外

注　释

① 见郝弗(Eberhard Haufe)编注:《威廉·冯·洪堡特谈席勒和歌德》(Wilhelm von Humboldt über Schiller und Goethe),Weimar:Gustav Kiepenhauer Verlag,1963 年,125 页。

② 见斯库拉(Herbert Scurla):《威廉·冯·洪堡特:成长与影响》(Wilhelm von Humboldt. Werden und Wirken),Berlin:Verlag der Nation,1975(1970)年,88 页。

③ 同注①,38 页。

④ 同注①,67 页。

⑤ 同注②,187 页。

⑥ 同注②,140 页。

⑦ 同注②,170 页。

⑧ 同注①,5 页。

⑨ 同注②,170 页。

⑩ 同注②,171 页。

⑪ 同注①,58—59 页。

⑫ 同注①,71 页。

⑬ 同注②,211—212 页。

⑭ 同注②,141 页。

⑮ “塔勒”(Taler),当时德国的银币;按购物力计,9 万塔勒约合今 90 万马克。

⑯ 同注②,184 页。

⑰ 同注②,245 页。

⑱ 见博伊德·金:《西方教育史》(中译本),人民出版社,1985 年,330 页。

⑲ 同注②,288 页。

⑳ 见迪特尔·拉甫(Diether Raff):《德意志史——从古老帝国到第二共和国》(中文版),慕尼黑:Max Hueber 出版社,1987 年,57 页。

㉑ 见 Heinz Dieter Bulka M. A., Susanne Luecking(eds.):《德国概况》(*Facts about Germany*),Bertelsmann Lexikothek Verlag,1979 年,342 页,350 页。

㉒ 同注②,467 页。

㉓ “歌德与爱克曼的谈话”之十,中译文见伍蠡甫主编:《西方文论选》,上海译文出版社,1979 年,上卷,469 页。

㉔ 见 A. Flitner 与 K. Giel 合编:《五卷本洪堡特选集》(Wilhelm von Humboldt. Werke in fünf Bänden),第二卷,《古典文化和美学》(Schriften zur Altertumskunde und Ästhetik),Darmstadt: Wissenschaftliche Buchgesellschaft,1961 年,65 页。

㉕ 同注㉔,66—69 页。

㉖ 同注㉔,3 页,7 页,14 页,66 页。

㉗ 中译本《美育书简》有中国文联出版公司 1984 年出的一种,徐恒醇译。这里及以下的引文即摘自该译本。另外北京大学出版社 1985 年也出有译本,冯至、范大灿译。

㉘ 同注㉔,23—24 页。

㉙ 同注㉔,9 页。

㉚ 席勒《美育书简》,第 14 封信。

㉛ 见 Clemens Menze 编:《洪堡特论教育和语言》(Wilhelm von Humboldt. Bildung und Sprache),Paderborn: Ferdinand Schöningh,1979(1974)年,26 页。

㉜ 同注㉛,29 页。

㉝ 同注㉛,40—41 页。

㉞ 同注㉛,38 页。

㉟ 同注㉛,42—43 页。

㊱ 同注㉛,44 页。

㊲ 或译“发散”。这个字眼在洪堡特后来的语言学著作中也出现过,它强调了精神活动的自由性、自发性。

㊳ 同词源的动词为 treiben(驱、赶、推动)。

㊴ 同注㉛,67—68 页。

㊵ 席勒也用过类似的概念。他说,人受到两种相反力量的推动,一种力量源自人的自然本性,可称为感性冲动;另一种力量产生自人的理性,可称为形式冲动。这两种力量或冲动统一于游戏冲动。见《美育书简》,第

12、13、14 封信。

㊶ 同注㉛，35—36 页。

㊷ 见《美育书简》，第 6 封信。

㊸ 同注②，229 页。

㊹ 同注㉛，58—69 页。

㊺ 见 Michael Böhler 编：《威廉·冯·洪堡特论语言文集》(Wilhelm von Humboldt. Schriften zur Sprache)，Stuttgart：Philipp Reclam Jun.，1973 年，12—20 页。

㊻ 同注㉛，60 页。

㊼ 见 Jürgen Trabant 编：《威廉·冯·洪堡特论语言》(Wilhelm von Humboldt. Über die Sprache. Ausgewählte Schriften)，München：Deutscher Taschenbuch-Verlag，1985 年，178 页。

㊽ 见 A. Flitner 和 K. Giel 合编：《五卷本洪堡特选集》，第三卷，《语言哲学》(Schriften zur Sprachphilosophie)，1963 年，1—25 页。

㊾ 同注㊽，76 页。

㊿ Dasein 一词，哲学界常译为“此在”、“定在”。

51 同注㊼，28—45 页。

52 同注㊽，391 页。

53 同注㊼，44 页。

54 同注㊽，383—384 页。

55 同注㊽，386 页。

56 同注㊽，426 页。

57 同注㊽，657 页。

58 见施坦塔尔：《小型语言理论文集》(Kleine sprachphilosophische Schriften)，Hildesheim. New York：Georg Olms Verlag，1970 年，135 页，136 页。

59 罗素语，见其著《西方哲学史》(中译本)，商务印书馆，1988 年，下册，276 页。

60 惠特涅：《施坦塔尔论语言的起源》；转见波特：《威廉·冯·洪堡特与语言学》(Wilhelm von Humboldt und die Sprachwissenschaft)，Berlin：Ver-

lag von S. Galvary & Co. ,1880(1876)年,XXVI,注释部分。

⑥1 见 Thomas A. Sebeok 编:《语言学家传记》(*Portraits of Linguists: A Biographical Source Book for the History of Western Linguistics 1746—1963. Volume 1: From Sir William Jones to Karl Brugmann*), Bloomington and London: Indiana University Press,1966 年,71 页。

⑥2 转见布朗:《威廉·冯·洪堡特的语言相对论思想》(*Wilhelm von Humboldt's Conception of Linguistic Relativity*), The Hague. Paris: Mouton,1967 年,22 页。

⑥3 即注⑥0,所引波特的书。

⑥4 Die sprachphilosophischen Werke Wilhelm von Humboldts, Berlin: Dummler,1884 年。

⑥5 转见柯杜霍夫:《普通语言学》(中译本),外语教学与研究出版社,1987 年,59 页。

⑥6 见浮士勒:Positivismus und Idealismus in der Sprachwissenschaft. Eine sprachphilosophische Untersuchung, Heidelberg: Carl Winter's Universitätsbuchhandlung,1940 年,V—IV。

⑥7 见该书中译本,中国社会科学出版社,1984 年,168—169 页。

⑥8 见 Gerhard Helbig:《现代语言学史》(Geschichte der neueren Sprachwissenschaft. Unter dem besonderen Aspekt Grammatik-Theorie), Leipzig: Bibliographisches Institut,1986 年,13 页,119 页以次。

⑥9 见 Leo Weisgerber:《德语的世界图景》(Vom Weltbild der deutschen Sprache), Düsseldorf,1953/1954 年,26 页以次。

⑦0 参看 Theodor Lewandowsky:《语言学词典》(Linguistisches Wörterbuch), Heidelberg: Quelle & Meyer, 1976 年,第一卷,136 页,278—281 页,888 页。

⑦1 Ernst Casssirer:《符号形式的哲学》(Philosophie der symbolischen Formen), Berlin,1923—1930 年,第五版 1972 年,255 页以次;又见其著《人文科学的逻辑》(Zur Logik der Kulturwissenschaften: Fünf Studien), 1961(1942)年,中译本 1986 年,台北:联经出版事业公司,第三章。

⑦2 同注⑥2,14—15 页。

⑬ 萨丕尔:《语言论》(*Language. An Introduction to the Study of Speech*), New York: Harcourt, Brace and Company, 1921年;中译本,商务印书馆,1964年,第六章。

⑭ 同注㊺,655页。

⑮ 1988年英译本“前言”, Ⅹ;出处见本书“译序”64页。

⑯ 萨丕尔:《语言论》(中译本),135—136页。

⑰ 同注⑯,134—135页。

⑱ “Conceptual Categories in Primitive Language”,载 *Science*, 1931年74卷。

⑲ 布龙菲尔德:《语言研究导论》(*An Introduction to the Study of Language*), New York: Holt, 1914年,310页。

⑳ 布龙菲尔德:《语言论》(中译本),商务印书馆,1980年,19页。

㉑ 同注㉒,20—21页。

㉒ 即 Marianne Cowan 编译: *Humanist without Portfolio: An Anthology of the Writings of Wilhelm von Humboldt*, Detroit: Wayne State University Press, 1963年。

㉓ 见乔姆斯基:《笛卡尔语言学》(*Cartesian Linguistics: A Chapter in the History of Rationalist Thought*), New York and London: Harper and Row, 1966年,19页。

㉔ 同注㉓,22页,29页,59页。

㉕ 同注㉓,28页。

㉖ 《句法理论诸方面》(*Aspects of the Theory of Syntax*), The MIT Press, 1965年,198—199页。

㉗ 见 Helmut Gipper:《语言学的基本概念和研究方向》(Sprachwissenschaftliche Grundbegriffe und Forschungsrichtungen), München: Max Hueber Verlag, 1978年,171页。

㉘ 同注㉓,28页。

㉙ 见施坦塔尔编注:《威廉·冯·洪堡特语言哲学著作选集》(Die sprachphilosophischen Werke Wilhelm von Humboldt), Berlin: Dummler, 1884年,342页,362页。

⑩ 同注⑧,21 页。

⑨ 同注㊽,424 页。

⑨ 见《В. Гумбольдт и братья Гримм——Труды и Преемственность》. Под редакцией Ю. В. Рождественского и А. Шпроя. Издательство Московского Университета,1987 年,4 页。

⑨ 中译本,商务印书馆,1980 年。

⑨ 同注⑧,26—27 页。

⑨ 见其著《语言学简史》(*A Short History of Linguistics*),London:Longman,1976(1967)年,200 页。

⑨ 笔者在“洪堡特语言理论的历史背景”(载《外语教学与研究》1987 年第 3 期)一文里谈到过这个问题。

⑨ 同注㉖引布朗书,20 页,注释 54。

⑨ 见该书封底。

目　录

第一章　马来民族各部落的居住环境和文化状况

1　如果对马来族[①]人民的居住环境、社会建制和历史，特别是对他们的语言作一番考察，我们便会发现，跟地球上的其他民族相比，该民族的人民与各种不同来源的文化有着更为特殊的联系。马来族人民只居住在岛屿和群岛上，岛与岛相距遥远，这一点无疑能够证明，该民族人民很早就发展起了航海术。对他们在大陆即马六甲半岛上的定居，在此几乎没有必要予以特殊考虑，因为这一定居是后来的事，而且居民们是从苏门答腊岛迁徙过来的；至于马来人在中国海[②]和暹罗湾沿岸以及占婆[③]一带的定居，发生得还要晚，就更不必提了。除此以外，即使在最早的文献中，我们也找不到任何足以较可靠地证明大陆上出现过马来人的根据。在马来民族各部族中，根据确凿的语法研究结果，有些部族讲的是一些相互可以听懂的、关系十分密切的语言，我们把这些部族称为狭

---

① 我用“马来族”一称来指马六甲半岛的人民以及太平洋南部所有岛屿的居民，他们的语言与马六甲半岛居民使用的狭义的马来语同出一源。关于该名称的发音，参看本书第 1 卷，第 12 页，注释 2。

② 即今南海。——译者

③ 占婆(Champa)是一个地区的名称，有各种不同的拼写法。这里用的 Champa 一名出自缅甸语。见《贾德森词典》(*Judson's Lex.*)，该词条。

义的马来人。从语言研究已提供了足够材料的一些地方来看，我们在菲律宾各岛上可以见到狭义的马来人，另外，在爪哇、苏门答腊、马六甲和马达加斯加等地也可以发现这样的马来人，在这些地方，马来语已经发展起极其丰富的形式和一种十分独特的状态。但是，大量无可否认的词汇联系和许多岛屿的名称还可以证明，那些地方附近的一些岛屿上也同样有这样的马来人居住，所以，狭义上理解的马来语的圈子可能遍布整个南亚海域，即从菲律宾列岛往南直至新几内亚的西岸，然后往西环绕与爪哇岛东端连接起来的一连串岛屿，再到爪哇和苏门答腊的海域，直至马六甲海峡的广大区域。遗憾的只是，婆罗洲[①]和西里伯斯（Celebes）[②]两个大岛上的语言虽然可能也属于狭义的马来语的范围，但我们还不能从语法上作出适当的判断。

由这里所划定的狭义马来语的圈子向东，从新西兰到复活节岛，然后往北至桑威奇岛（Sandwich），再往西直至菲律宾，在这个区域居住的岛民显露出一些极为明显的痕迹，可以证明他们与马来族人民有古老的亲缘联系。许多语言，包括我们在语法上已详尽了解的新西兰语、塔希提语（Tahitisch）[③]、桑威奇语（Sandwichisch）和汤加语（Tongisch），也证明了这种亲缘联系：这些语言不仅包含着大量相似的词，而且其有机结构存在着本质的一致性。同样的类似也见于风俗习惯，特别是表现在他们保留下来的纯粹马来人式的、未受到印度人影响的习俗上。那些分布在大洋该区

① 即今加里曼丹。——译者

② 即今印度尼西亚苏拉威西岛。——译者

③ 塔希提（Tahiti）是法属社会群岛内的一个岛。——译者

域西北部的部族应该被看作是该区域居民的组成部分，还是狭义的马来人的一部分，或是构成二者之间的一个联系环节，这一点根据目前已掌握的材料尚不能确定，因为对马里亚纳群岛上的语言所作的调查结果还没有公之于世。上述所有各部族的人民，都拥有一些可能会被不公正地认为与文明民族毫无关系的社会建制。他们有一种基础稳固、构思复杂的政治制度，有自己的教规教习，甚至还有某种宗教统治集团；他们多才多艺，并且都是勇敢熟练的航海能手。在他们当中，可以在不少地方见到一种神圣语言的残章片段，这些东西现在连他们自己也已经无法读懂；在某些庄严的场合，他们会重新选用一些古旧的表达，这种运用不仅证明了那一神圣语言的丰富、古老和高深，而且也证明人们注意到了随时间而起变化的事物名称。另一方面，他们却有过一些野蛮的、与人类道德相抵牾的习俗，并且至今仍部分地保持着这些习俗；他们似乎从未有过文字，因此缺少一切依赖于文字的教育，尽管他们不乏意味隽永的传说，高超的口才，以及有确定声调格式的诗歌。他们的语言绝不是从衰落、蜕变了的狭义的马来语中产生出来的，我们有更多的理由相信，他们的语言代表了狭义马来语的更为原始、更加缺乏形式的状态。

在上面描述过的南洋大群岛[①]的两个区域里，除了这里提及的各个部族外，在有些岛屿上还可以发现一些居民，从外貌来看他们必须被划归完全不同的另一个种族。不管是狭义的马来人，还

① 作者所说的“南洋大群岛”(der grosse südliche Archipel)不仅包括马来群岛(即南洋群岛)，而且也包括了太平洋南部的一系列岛屿，甚至还包括非洲东岸的马达加斯加岛。——译者

是太平洋南部更东面的居民，无疑都属于同一个种族，如果我们注意到他们肤色的特点，就可以看出他们一般来说是白肤色，但或多或少夹带着浅褐色。而我们现在讲到的部落则接近非洲黑人：他们的皮肤呈黑色，头发部分地成波状卷曲，面部特征和体型十分特别。尽管根据最可信的材料来看，他们又根本上不同于非洲黑人，因此绝不能认为他们与非洲黑人同属一个种族。[①] 讲述到这些地区的作家们把他们与非洲黑人区别开来，有时称他们为矮小黑人(Negritos)[②]，有时则称他们为澳洲黑人(Austral.-Neger)。他们的人数并不很多，在与马来民族共处的岛屿上，以及在菲律宾，他们通常定居在岛屿中部难以深入的山地，看来他们是被人数更多的、主要是白肤色的居民逐渐迫入山地的。但在这种情况下，必须谨慎地把他们与哈拉弗拉人(Haraforas)[③]或阿尔福里人(Alfuris)以及西里伯斯的托拉查人(Turajas)[④]区别开来，这些人民居住在婆罗洲、西里伯斯、马鲁古群岛、棉兰老岛和其他一些岛上。虽然这些人民似乎也同样受到其他居民的排挤，但他们是属于浅褐肤色的部族，马斯登(W. Marsden)把他们被赶离沿岸地带归因于伊斯兰教徒的迫害。就粗野的方面来看，他们与黑色人种相近，不过他们事实上显示出各种不同的[高低不等的]文化发展水准。在另

---

① 关于肤色的细微差别，参看克拉普罗特(H. J. von Klaproth)的论述，载《新亚洲杂志》(*Nouv. Journ. Asiat.*)，Ⅻ，240。

② 一译"尼格利陀人"。——译者

③ 见马斯登《杂集》(Marsden's miscell. works)，第47—50页。

④ 这个名称具有梵语的形式和语音，可以认为它是由受过教育的马来人部族赋予未受过教育的马来人部族的名称。单是这一点，便可能暗示了马来族人民很早以前就发生了分裂。

外一些岛屿，包括像新几内亚、新不列颠岛、爱尔兰岛等大岛和属于赫布里底群岛的一些岛屿上，只居住着这些与黑人类似的部族，而现在已为人所知的新荷兰①大陆和范迪门地（Van Diemens Land）②的居民也属于同一种族。尽管这里所述的分布在三个居住区域的人民具有某些共同特征，表明他们彼此相似，有亲缘关系，但这还远不足以告诉我们，他们在宗系上的重要差别究竟有多大。尤其是，对他们的语言还没有以一种透彻的语言研究所应具备的方式作过调查。目前，只有传教士特雷克尔德（Threlkeld）从新南威尔士③的一个部族搜集来的材料，可以用来评判其语言的有机的和语法的构造。这个种族不同于肤色较浅的种族，处处显得更为蒙昧野蛮，而在其内部，缺乏文明的程度并不相同，这是由于该种族与后一个种族的各个部族进行了亲近程度不等的交往。在世界上已知的各个民族当中，新荷兰和范迪门地的居民似乎是处在最低级的文化发展阶段。一个奇特的现象是，浅肤色的种族和深肤色的种族在马六甲半岛上也相邻而居。根据十分可靠的材料来看，在马六甲半岛部分山地居住的色芒人（Semang）是有着卷曲头发的矮小黑人的部族。由于这支矮小黑人在亚洲大陆上只出现在这一个地方，④所以毫无疑问，他们也只是近代渡海迁徙过去

① 即今澳大利亚。——译者

② 即今天的塔斯马尼亚岛，在澳大利亚东南面。——译者

③ 即今天的澳大利亚新南威尔士州。——译者

④ 有人认为，在把西藏和小布哈雷（die kleine Bucharei，旧称我国西北部的塔里木河地区。——译者）分割开来的昆仑山脉北纬35°以下一带，以及在安南和柬埔寨之间的山区，居住着一些黑人部落。克拉普罗特以其渊博的知识从根本上证明了这样一种看法是错误的。

的。而马来语的 orang benūa(陆地居民)一称似可证明,[①]浅肤色的种族曾经不止一次迁入。这两个种族的人民迁至大陆只不过是说明,在同样的地理环境中,在不同的时期发生了相似的历史事件,除此以外并无引人注目之处。但是,如果用迁徙来解释这一海域中不同系族居民的文化发展状况,是难以成理的。对于充满进取精神的民族来说,海洋绝不是把人们永世阻隔开来的力量,而是把人们方便地联系起来的通道,所以,敏捷活跃、善于航海的马来人遍布各地这一事实可以这样来解释:他们有时借助规律性的季风随心所欲地从一个岛航行至另一个岛,有时则被风暴吹向远方。其实,这种敏捷灵巧及航海的本事不独狭义的马来人有,而且或多或少也是所有浅褐肤色的人民的特点。在此只需举出西里伯斯岛上的布吉人(Bugis)和太平洋南部的岛民为例。但假如对矮小黑人,对他们从新荷兰到菲律宾、从新几内亚直到安达曼群岛的分布也可作这样的解释,那我们就得肯定,这些部族是从一种比较文明的状态衰败下来并野蛮化了的。然而,他们今天的文化状态很大程度上却支持了另一个本身就可以成立的假说:由于一场自然变革(爪哇岛上至今仍流传着关于这场变革的古老传说),人们居住着的一块大陆分裂成了今天的诸多岛屿。人类本性尚能够经受得住这种变革,于是,人们就像打碎了的瓦砾一样留在了一块块分割开来的岛屿上。尽管我们应该把数千年来自然力量所导致的分裂与人们的迁徙所造成的联系区别开来,但也许只有把这两种因素

① 马斯登《杂集》,第 75 页;莱佛士(T. S Raffles),“关于马来民族”(On the Malayu Nation),载《亚洲研究》(*Asiatic Researches*),12,1808 年,第 102—159 页。

结合起来，才能对上述两个在我们看来如此不同的种族的分布情况作出有一定说服力的解释。

塔纳（Tanna）是赫布里底群岛中的一个岛屿，它的名称源自马来语。① 研究的结果尚不能确定，在这个岛和新喀里多尼亚、帝汶、恩德（Ende）②以及其他一些岛屿上居住的人民是像克劳弗德（Crawfurd）③所说的那样属于第三个种族，还是像马斯登④认为的那样，应该被看作另外两个种族的混合。因为从体形、卷曲的头发和肤色来看，这些居民介于浅褐色种族和黑色种族之间。当然，具有决定意义的是，类似的断言是否能够从这些居民的语言上也得到证实。此外，还有一个重要的问题，仅据现有的材料还难以给予令人满意的解答，那就是白种人和黑种人在这个地区发生的混合有多么早和多么深，这种混合会不会导致语言乃至肤色、头发发生渐变。⑤ 顺便说一下，在有些地方，人们是为装饰打扮而特意把头发做成卷曲的样子。为能按照黑色种族的本来面貌对该种族作出正确的判断，必须始终以亚洲大陆南部的居民为准，因为在这些居民和褐肤色的部族之间不可能存在任何直接接触，而根据他们今天的状况来看，即使是间接的接触也很难设想。尽管如此，仅仅从

① 在马来语里，tānah 的意思是“国土”、“土地”、“土壤”。

② 即今印度尼西亚小巽他群岛中的佛罗勒斯岛（Flores）。——译者

③ 见《外事季刊》（*Foreign Quarterly Review*），1834 年，第 28 期，第 6 项，第 11 页。

④ 见其著《杂集》，第 62 页。

⑤ 普伦茨劳（Prenzlaw）的梅涅克（Meinicke）博士多年来对这部分人民进行了深入透彻的研究，我们期待着他得出一些重要的结论。他的研究主要针对这样一个问题：矮小黑人的种族是否有可能就是现今所有岛屿居民的唯一来源，后来该种族由于跟外族迁入者相混合以及受其文化影响而逐渐发生了变化；要真是这样的话，关于马来民族各部族是否另有起源的问题本身也就失去意义了。

我们所掌握的很少一部分词语的材料来看，就可以发现这些部族的语言在一些词上与太平洋南部各岛屿上的语言有明显的相似之处。

在以上述及的地理环境中，在或多或少相邻而处的情况下，有些马来人部族接受了大量的印度文化；我们大概在任何其他地方也找不到另一个民族，会像马来人那样一方面并不放弃自身的独立性，另一方面又如此深刻地为另一民族的精神文化所浸润。整个说来，这种现象本身是很容易理解的。南洋大群岛的大部分，而且正是那些因气候适宜和土壤肥沃而更有引诱力的部分，距离印度大陆很近，因此，马来人和印度人之间不会缺少发生接触的机遇和地点。而在发生接触的地方，像印度文化那样一种在所有人类活动领域里都受到了锤炼的古老文明很可能会占据上风，把那些生气勃勃、敏于感受的民族吸引过去。不过，这与其说是政治上的转变，不如说是道德精神的转变。我们从转变的结果，从一些印度文化要素上可以识辨出这种转变本身，这些要素无疑在马来人各部族的一定圈子里扎下了根；但这一文化上的混合是怎样发生的呢？关于这一点我们将看到，在马来人当中也只有一些朦胧不清的传说。假如是大规模的民族迁移和征服导致了这种文化混合状态，那么，这类政治事件就势必会留下更明显的痕迹。精神的力量和传统习俗的力量就像自然本身一样，是不知不觉地起作用的，它们会顷刻之间从一个无法观察到的萌芽中生长起来。同样，印度教在马来人各部族中扎下根基的整个方式也证明，印度教作为一种精神力量重新在精神上活跃起来，激起了人们的想象力，并对可教化民族的景仰心理产生深刻的印象，而通过这种印象，印度教本

身又变得更为强大。在印度本土，就印度历史和文献提供的材料来看，据我所知从未提到过东南面的群岛。虽然有人认为，兰卡(Lankâ)[①]可能比锡兰位于更南面，但这只不过是晦暗不明的传闻，或只是充满诗意的揣测。所以，从群岛方面对大陆没有产生过任何重要的影响，这一点也很容易理解。而印度人则对群岛施加了有力的影响，他们甚至可能通过移民活动而产生影响。印度移民把他们来到的岛屿看作自己的家乡，不再认为自己的出生国是祖国，或不再与之保持联系。有关的原因可能是多方面的。下面我将要讲到，佛教势力的迫害在这方面起了多大的作用。

为了适当地判断印度文化要素与马来文化要素的混合，以及印度人对东南方的整个群岛的影响，我们必须把不同方式的影响区别开来，并且首先要从那种发生得很早却又延续至今的影响出发，因为这类影响自然会留下最明显确凿的痕迹。在这种场合，就像在任何民族混合的场合一样，不仅是所讲的外来语言在起作用，而且，蕴涵在这一语言中并与之一道兴盛起来的整个精神文化也同时在产生影响。毋庸置疑，在印度的语言、文学、神话和宗教哲学传播到爪哇岛的过程中，这样的影响明显可见。在此我先提一下，本书[②]将探讨的正是与此有关的问题，只是对语言将要讲得更加细致。上面所说的那种影响只施及印度群岛[③]本身，即狭义的马来人的圈子，但也许对这个圈子的影响也并不全面，强弱程度显

① 古印度地理学家提到的地名，位置不详。——译者

② 指三卷本《论爪哇岛上的卡维语》。——译者

③ 印度群岛(der Indische Archipel)，即作者上面讲到的印度东南方的群岛，可理解为马来群岛。——译者

然不等。受影响最强的肯定是爪哇，我们有理由推测，印度文化对印度群岛的其他地方所产生的影响很大程度上或许只是间接的，也即发生自爪哇岛。除了爪哇岛外，我们只能在真正意义的马来人和西里伯斯的布吉人中间发现印度书面文化的明显和完整的证据。由于语言发展的内在原因，真正的文学只能借助于一种与之并存的、通用的文字而产生。因此，该群岛的文化状况的一个重要因素就是：正是前述从狭义上理解为马来人属域的那部分岛屿才拥有字母文字，虽然这种文字运用得并不普遍，却是其他岛屿所没有的。但在这类场合，有一个区别不可忽视。在世界的这个地区所使用的字母文字是印度式的。这种样式的字母文字，是该地区文化状态的一个很自然的组成部分。这一点也表现在，除开布吉人的字母文字外，该地区使用的大多数字母文字在笔画上也都与印度式的字母文字相似（这里可以不考虑字母的内部语音表达，这个问题无关紧要，因为同一些语音即使在后来也只与外来的字母相适配）。然而，只有在爪哇，以及部分地在苏门答腊，印度字母才与当地语言的字母完全一致，适应于本地语言更简单的语音系统。他加禄人和布吉人的文字偏离得如此厉害，简直可以把它们看作是字母文字发明史上另一个阶段的产物。印度文字在群岛的中央地带通行，而在马达加斯加，则通行阿拉伯文字。这种文字的使用始自何时，并没有人知道。我们也见不到一种曾受到阿拉伯文字排挤的本地文字的痕迹。狭义的马来人引入和使用阿拉伯文字，显然是较晚的事，因此对我们在这里所说的文化状况没有决定意义。关于太平洋南部各岛屿和黑人部族没有任何文字，我在前面已经提到过。在印度群岛，印度教的影响处处清晰可辨，而且我们立刻可以断定它们是外来文化要素。在这种场合，既没有发生真正的文化交织（Verwebung），更没有发生文化融合（Verschmelzung）；所发生的只不过是，外来文化要素与本地文化要素巧妙地拼合了起来（eine mosaikartige Verbindung）。在保留到今天的梵语用语中，我们可以清晰地识辨出一些跟古代印度的风俗习惯有关的外来词，这些外来词常常没有完全失去语法形式的变化；甚至，我们还可以发现一些支配着外来语言要素植入本地语言的规律。而这正是爪哇岛上那种崇高的诗歌语言的基础，文学和宗教的渗入同这一基础有着极为密切的关系。不过，爪哇岛上的俗民语言却远远谈不上具备这样的基础，而且我们也不应认为，俗民语言中的印度语词都是通过文学、宗教的渗透而获得的。看来，如果我们进一步考察不同方式的印度文化影响，就会碰到两个更深刻的、与历史事实相关联的问题，对之很难给予明确的回答：第一，印度群岛的文明是否整个导源于印度文化？第二，在尚无任何文献记载，语言亦未得到最终和最完满发展的某个远古时代，梵语和最广意义的马来诸语言之间是否就已存在着联系？某些共有的语言要素能否证明这类联系的存在？

对上面两个问题中的第一个问题，我倾向于作否定的回答。我觉得可以肯定，印度群岛上的褐肤色种族曾经有过自己的原始文明。这一文明现在还见于群岛的最东部地区，甚至在爪哇显然也没有完全消亡。或许我们可以认为，群岛上的移民是从首先受到印度人影响的中部地区逐渐向东部散布开来的，所以，一定的印度文化特征在散布的边缘地区会变得模糊不清。但是，一定的类似现象并不能证实上述假定，因为生活于群岛中部和较东部地区的部族在习俗方面有引人注目的一致之处，而这些一致的方面跟印度人的影响并没有什么关系。此外，要说像马来人这样的民族不能够依靠自身的力量发展起一种社会文明，也是不合情理的。须知，人们的迁居和文明的逐渐发展可以采取各种各样的途径。这一点，从马来民族各部族吸收舶来的印度教的能力，特别是他们接受印度教的方式，可以得到证明。他们把本地文化与印度文化糅合起来，几乎完全改变了印度文化的异族形象。假如印度移民遇上马来人部族就像碰到不开化的野蛮人一样，那么印度文化跟本地文化的关系就必然会是另外一种情形。我在这里说的印度人，当然只是讲梵语的那支印度人，而不是指印度大陆上的全部居民。这些居民怎样与讲梵语的印度人发生接触，甚至可能受到后者的排斥，这是另一个问题，我在这里不准备讨论。在此我只是想说明，马来民族各部族处在什么样的不同文化的背景之中。

第二个问题只跟语言有关。我相信，回答应该是肯定的。在这方面，印度人的影响所及的范围更大。除了拥有大量表示不同事物的梵语词的他加禄语以外，在马达加斯加的语言和太平洋南部各岛屿的语言中，借自梵语的音和词甚至渗入了代词；语音变化的程度可以被视作衡量语言混合所发生年代的相对标尺，但甚至在属于狭义的马来人的那些语言里，语音变化的程度也并不相等，在这些语言里就像在爪哇语里一样，也可以观察到印度语言和文学很晚才施予的影响。对这一切应作何解释，印度语和马来语两大语系在这方面的接近说明了什么样的相互关系？答案想必是极无把握的。对此我在本书结束时再作更详细的论述，而在此处我只着重指出梵语对马来民族诸语言的影响，这种影响在本质上不同于渗入马来语言的印度精神文化和文学的影响，似乎是一个更早的时代和另外一些民族关系的产物。然后我也将涉及类似黑人的种族的语言，但有必要预先指出：如果我们在这样一些语言，例如新几内亚的巴布亚语言中发现有跟梵语词相似的词，那么，这还远不足以证明在印度和新几内亚等岛屿之间一度有过直接的联系，因为这样一些共同的词也可能是由马来人渡海间接地带过去的；很明显，阿拉伯语词传到那里的方式也与此相仿。

综观我们对南洋大群岛的文化状况所作的描述，可以发现，马来民族各部族处在亲缘关系和文化影响的鲜明对立之中。一方面，古老的、极为繁荣的印度文化在当地生下了根，另一方面，在同一些岛屿和岛群上，有些地方至今还居住着一些处于人类发展的最低阶段的人民，有些地方在更久远的年代曾经生活过这样的人民。一部分马来人部族完全接受了外来的印度文化，而与他们有明显亲缘关系的太平洋南部各岛屿上的居民若以印度文化来衡量，却可以被视为野蛮人。仍有疑问的是，马来人的语言是否完全不同于类似黑人的种族的语言？马来人有独特的体貌特征，他们的语言具有独一无二的、完善和确定的形式，这使他们有别于那些野蛮部落。根据现有的材料来看，大群岛上的一部分居民没有在大陆上出现过；撇开外来影响的因素不谈，这部分居民或多或少要么处在一种极端原始和野蛮的状态，要么处在一个刚刚开始开化的社会的初级文明阶段。如果首先只就类似黑人的种族和太平洋南部的岛民而言，把他们与狭义的马来人部族区别开来，上述结论就更加合乎事实，尽管我们没有足够充分的理由认为马来人部族由于受印度文化的影响而达到了高得多的文化水平。至今，我们

在苏门答腊的巴塔人(die Batta's)中间还可以见到一种在一定场合食人肉的野蛮习俗,而正是在这些巴塔人的神话和宗教中,印度人的影响明显可见。南洋大群岛在亚洲的南岸狭长地延伸开来,西自非洲,东自美洲,从两面把亚洲大陆环围起来。从群岛的中心区域到亚洲大陆沿岸的一些地点,距离并不很远,始终有利于航海业的发展。所以,人类最早的三大精神文化中心,即中国、印度和讲闪米特语系诸语言的人民所在的地区,在不同的时期对大群岛都产生过影响。较晚些时候,大群岛受到了所有这三大文化的影响。但在更早的时期,只有印度才真正深深地影响过大群岛;阿拉伯人除了在马达加斯加外,几乎没有产生过影响,而且这种影响发生在什么时代,仍是一个疑问;至于中国的影响,除开早先发生的中国人的定居外,也同样无足轻重。汉语与太平洋南部各岛屿上的土语似乎有某种联系,它们都使用某些类似语助词的词,但这种联系至今尚未得到确证。

民族和语言的这种状况及它们之间的关系,向民族学和语言学的研究提出了极为重要亦且十分棘手的问题。在此,我的意图不在于讨论这类问题。只有在本书结束时,依据对事实的恰当陈述,才能够就这些问题得出令人满意的结论。但是,为了从拥有最确切可靠的历史材料的年代出发进行考察,我将在本书第一、二卷里探讨这样一个时期,当时印度人对马来文化的影响比任何别的时期都更加深入广泛。卡维语(Kawi-Sprache)的繁荣显然反映了这种文化影响的顶峰,该语言是印度文化和本地文化在爪哇岛上紧密结合的产物。印度移民最早就是来到爪哇岛,而且在这个岛上定居的印度人比在其他岛屿上都要多。同时,我将始终优先考虑这一语言结合中的本地成分，并且从一个更广的角度出发，把这种本地成分置于它的全部语系关系的背景之中进行探讨；我还将追索这种本地成分的踪迹，直到他加禄语为止，因为我相信，在他加禄语里这种成分的特点得到了最全面、最纯粹的发展。在本书的第三卷中，我将在现有材料许可的范围内把讨论扩大到整个南洋大群岛，从而回到前面提到过的那些问题上来；我想知道，上述途径和考察结果能否对各有关岛屿上的民族和语言的状况提供更正确的判断。

第二章　导论的对象

2　我想，在这部导论里应该进行一些比较一般性的探讨，以便为以后基于事实和历史的研究打下适当的基础。人类划分为民族和部族，人类具有多种多样的语言和方言土语，这两个方面不但直接关联，而且还关系到并且依赖于第三种更高层次的现象，那就是人类精神力量（menschliche Geisteskraft）不断更新、频繁升华的创造。精神创造不仅提供了对上述两个方面进行评价的标准，而且，只要研究能够深入这两个方面，把握它们的联系，精神创造就可以为之提供解释。数千年来，人类精神力量在地球范围内于不同程度、以不同方式得到了各种各样的显示，这种显示是一切精神运动的最高目标，是世界史进程必须努力自我明确的终极观念。因为，个人所参与的这一内在实存（das innere Daseyn）的提高或扩展，乃是他唯一可恃的永恒财产，也是导致一个民族必然一再孕育出伟大个性的因素。不计其数的民族作为人，以各种不同的途径担负着创造语言的任务，而比较语言研究的目的就在于详尽地探索这些不同的途径；倘若忽略了语言与民族精神力量的形成之间的联系，比较语言研究便会丧失所有重大的意义。不仅如此，对一个民族的真实本质和对一种具体语言的内在联系的认识，以及对具体语言与一般语言需求的关系的认识，也都完全取决于

对整个精神特性的考察。因为,唯有通过自然所造就并为环境所感化的精神特性,民族性才得以凝聚成形,而一个民族在行动、组织和思想上的作为,都以民族性为基础。此外,在个人身上得到继承和发扬的民族力量及民族尊严,也根源于民族性。另一方面,语言是内部存在的器官(das Organ des inneren Seyns),甚至可以说就是这一存在本身,这种存在要逐渐地达到内在的认识和外在的表达。因此,语言的所有最为纤细的根茎生长在民族精神力量之中,民族精神力量对语言的影响越恰当,语言的发展也就越合乎规律,越丰富多彩。语言就其内在联系方面而言,只不过是民族语言意识(der nationelle Sprachsinn)的产物,所以,要是我们不以民族精神力量为出发点,就根本无法彻底解答那些跟最富有内在生命力的语言构造有关的问题,以及最重大的语言差异缘何而生的问题。根据这一出发点,虽然不能为本质上只具历史性质的比较语言研究找到材料,但唯有如此,才能弄清事实的初始联系,达到对语言这一内在联系的有机体的认识,从而再促进对个别部分的正确评价。

人类精神力量以不同的程度和不断更新的形态逐渐发展,它的创造活动与语言差异、民族划分相关联。在语言差异和民族划分这两种现象相互可说明的范围内考察它们与人类精神力量的创造活动的联系,便是我在此撰述这部绪论的目的。我想,这项考察于我的这部著作是很有必要的,因为我在这部著作里要讨论两个大语系和若干具体语言的形式差异,并且要了解一个拥有大量语言和方言土语的地区所处的语言—文化状态;而该地区本身又受到另一个地区的影响,在后一个地区,我们可以观察到极其不同、极为特别的语言现象：有汉语的单音节结构，有印度语言异常丰富的形式，还有闪米特语言结构的那种齐整划一的固定模式。

第三章 对人类发展过程的总的考察

3 对政治、艺术和科学文化的现状作比较详细的考察，会引出一长串千百年来相互制约的原因和结果的链锁。人们在寻溯这一链锁时，会很快意识到，其中有两种不同类型的因素在起作用，而对这两种因素的研究并非都能够同样顺利地进行。因为，一方面人们能够对一部分持续发展的原因和结果作出相关的、令人满意的解释，但另一方面，正如有关人类文化史的每一考察所证明的那样，人们会一再遇到一些难以解答的问题。之所以会如此，是因为存在着一种从本质上说不可能被完全把握，从作用上说则不可能被预先测知的精神力量。这种精神力量与历史传统和现存条件不可分割，但又依据自身固有的特性对之进行处理和改造。我们考察世界史，可以拿任何时代的任一伟大的个人作为出发点。个人在世界历史发展的基础之上产生，而这一基础正是许多世纪以来逐渐构建起来的。个人怎样把独一无二的特性赋予他那由历史条件约定的活动，对此我们无可细述，而只能凭感觉来推断，因为，其真正的原因并不能从任何其他事物中推知。这正是人类活动自然而然、无处不在的重复表现。最初，人类活动中的一切，包括感觉、欲望、思想、决心、言语和行为，都是内在的。但是，当内在

之物接触到外部世界时，便开始积极地作用，通过其独有的形式对其他内在或外在的活动产生影响。这种影响起初变幻无定，但随着时间的流逝，逐渐产生了一些可以确保这类影响持久稳定的手段，这样，逝去的世纪为随后的年代所付出的劳动就越来越多地得到了保存。在这个历史的领域中，研究者由是可以一个阶段接着一个阶段地进行探索。然而，同样是在这个领域内，新兴的、无法估测的内在力量也在起着作用。所以，一方面存在着维持稳定的力量，另一方面又存在着进行创造的力量，而一种力量有可能强大到抑制或战胜另一种力量。我们必须正确地区分和评估这两个方面的因素，否则，就不可能对一切时代的历史所共有的菁华作出实实在在的评价。

越是向史前时期的纵深之处追溯，一代接一代的人们所承递的全部材料自然就越是融聚为一体。但在这种情况下，我们会遇到另一种现象，这种现象在一定程度上将把研究引进一个新的领域。可以证实的、其外在生活环境为人们所熟悉的历史人物出现得越来越少，他们的真实面貌越来越难以辨析；他们的命运乃至名字变得朦胧不清，我们无法确定，人们认为属于这些历史人物的功业是他们所独创的，还是在他们的名字底下汇集了许多人的创造。这样一来，个人仿佛消失了，化作了一批幻影。希腊的俄耳甫斯(Orpheus)和荷马，印度的摩努(Manu)、维亚萨(Vyâsa)、瓦尔米基(Wâlmiki)，以及古代社会的其他一些令人肃然起敬的名字都是如此。如果再往远古寻溯，确定的个性就变得愈加模糊不堪。一种像荷马使用的那样精湛的语言，一定早已由诗歌的热情孕育了许多岁月，只不过关于它的起始年代我们没有掌握任何史料。

上述事实在语言的原初形式中表现得更为明显。语言与人类的精神发展深深地交织在一起，它伴随着人类精神走过每一个发展阶段，每一次局部的前进或倒退，我们从语言中可以识辨出每一种文化状态。但是，我们会发现，在远古的某个时期，除了语言之外尚不存在任何文化，语言不仅只伴随着精神的发展，而是完全占取了精神的位置。语言产生自人类本性的深底，所以，在任何情况下我们都不应把语言看作一种严格意义的产品（Werk），或把它看作各民族人民所造就的作品。语言具有一种能为我们觉察到，但本质上难以索解的独立性，就此看来，语言不是活动的产物，而是精神不由自主的流射（eine unwillkührliche Emanation des Geistes），不是各个民族的产品，而是各民族由于其内在的命运而获得的一份馈赠。他们使用语言，却不知道他们怎样构成了这一语言。尽管如此，具体的语言必须始终陪伴着兴盛的民族，并在它们当中发展，从起着某些限制作用的民族精神特性之中生长起来。语言（die Sprache）是自主、自发地萌生的，不受神的约束，具体语言（die Sprachen）则受到束缚，依赖于它们所属的民族。这样的表述绝非空洞的词语游戏。事实上，具体语言已经为一定的界限所制缚。最初，当言语和歌唱自由自在地涌流而出之时，语言依照共同作用的各种精神力量的热烈、自由和强烈的程度而构造起来。但这一构造活动只能从所有个人同时开始，每一个人在其中都必须得到别人的支持，因为只有确保理解和感觉的成功，热情才会获得新的飞跃。于是，尽管黯淡不清，我们在此仍能隐约窥见这样一个时期，当时个人在我们看来消融于群众之中，而语言本身则是智能创造力量的产品。

4 概观世界历史进程,我们始终可以观察到某种向前推进的运动,也即我们在前面指出的那种进步。但我绝不是想要建立一个目的系统或者一个趋于无限的完善过程,相反,我要走的完全是另外一条路。民族和个人仿佛植物一样无意识地(vegetativ)生长,并在地球上扩散开来,在活动中享受着实际生存的幸福。这一生命的进程部分地随每个人的死亡而中止,但整个说来是在持续不断地向前演进,无意识地对以后的年代产生影响。一切有生命体都注定要走完自己的路程,直至最后一息,就此完成自然所规定的使命,每一造物都必然要享受自身的生存,就此达到造物主秩序井然地安排下的目的;而每一代新的生命,都以其愉快或痛苦的生存、顺利或坎坷的活动而重复着同样的履程。但是,只要人在一个地方出现,他就会表现出人性,与别人发生联系,组织起建制,制定出法规。而如果哪个地方这一切构建得不大完美,那么其他地方发展得更成功的个人或社团就会通过迁居把自己的成就传播到那里。所以,随着人的诞生,便栽下了文明的种子,这颗种子逐渐生长起来,不断改进着自身的存在。我们可以看出,这种人化的过程(Vermenschlichung)是一个不断进步的过程,这个过程之所以基本上能够几乎不受干扰地日益臻于完善,一方面是因为它本身固有的特性,另一方面则是因为它已经达到了一定的生长规模。

上述两个方面的因素都包含着无可否认的目的性(Planmässigkeit),不仅如此,这种目的性也以不那么引人注目的方式存在于其他方面。但是,我们不可预先假定这种目的性的存在,否则,在寻找这种目的性的时候就有可能偏离事实根据。这种目的性绝不是我们直接要探讨的对象。人类精神力量得到多种多样的显示，这样的显示与时间的推进以及现成物质的积累并没有什么联系。这种显示的作用是无法测度的，其起源也同样无法破译；最杰出的成就不一定就是最晚发生的现象。因此，如果我们想要了解造物的自然如何进行构造活动，就必须客观如实地把握这种活动，而不是把我们自己的想法强加于它。自然在她的所有创造活动中都产生出一定数量的形式，这些形式反映着每一类事物的实际表现，并完善了类的观念。人们会问，为什么自然偏偏只产生了这样一些形式，而没有产生更多的或其他的形式？但这个问题是毫无意义的，对此，唯一合乎情理的回答是：因为并不存在任何其他的形式。根据这种观点，我们可以把精神和物质世界中的一切存在之物都视为某一基本力量的产物，而这种力量的作用规律却并不为我们所知。事实上，如果我们试图发现人类生活中各种现象的联系，那就必须追溯至某一独立的、初始的和转瞬即逝的原因，它本身不再受到因果关系的制约。这样，我们很自然地会发现一种内在的、完全自由地发展的生命原则；尽管这一生命原则的具体表现从外表看来是彼此孤立的，但它们并不因此而失去相互间的内在联系。这样一种观点完全不同于目的论的观点，因为它并非针对人类史上某个预先规定的目标，而是以一个我们认为无法揭启的初始原因为出发点。我相信，只有这一观点才适用于解释人类精神力量所造就的各种形式的差别。根据这一观点，我们可以区别看待两个不同的事实：人类日常生活的需求主要是由自然的力量以及人类活动仿佛机械般的更新来满足的，但是，杰出的个性在个人和群众中的出现，却无法用任何明确的历史渊源关系来说明，他们会一再不可预料地突然产生出来，闯入那一明显可见的因果

关系的链锁。

5 同一观点当然也适用于解释人类精神力量的主要表现，即语言，这正是我们在这里要详加讨论的问题。说话的能力是人所固有的普遍能力，寓于民族内部的精神力量既有可能促进这一能力的发挥，又有可能妨碍它的发挥。这种能力施展得成功与否，便导致了语言的差异。

倘若我们从发生学的角度观察语言，即把语言看成具有确定目的的精神活动，那么很明显，语言或多或少是能够达到这一目的的。我们甚至可以发现一些不同的、主要的特征，这些特征揭示了达到上述目的的各种途径。如何更成功地实现这种目的，一般说来取决于影响着语言的精神力量是否强盛和丰富，但同样也取决于精神力量对语言创造的特殊适应性，比如：观念是否十分明确，一目了然；能否触及概念的深在本质，迅速地从中攫住最主要的特征；想象力是否敏锐，富有创造性；能否正确地感觉和欣赏声音的和谐及节奏，也就是说，要有柔韧灵便的发音器官，聪敏善辨的听觉器官。此外，我们也要注意到代代相传的既成材料和历史中心位置的作用：一个生活在重大语言变革时期的民族似乎处在历史发展的中间阶段，一方面它受到先前时代的持续影响，另一方面它期待着进一步的发展，并且包孕着发展的潜在萌芽。

同样，语言也包含着这样一个方面，对之我们只能根据有关的精神努力，而不能根据这种努力的结果来评判。因为，虽然精神的努力在语言中得到了明显的表露，但语言并非总是能够把精神的努力全部付诸实现。例如，涉及屈折和黏着的所有问题都与此有关，在这个问题上过去和现在一直有种种误见。具有较高天分和处在更有利的环境条件之中的民族，它们的语言比其他民族更为优越（vorzüglicher），这是不言而喻的。但我们也要考虑到前面讲到过的更深在的原因。语言产生自人类的某种内在需要，而不仅仅是出自人类维持共同交往的外部需要，语言发生的真正原因在于人类的本性之中。对于人类精神力量的发展，语言是必不可缺的；对于世界观（Weltanschauung）的形成，语言也是必不可缺的，因为，个人只有使自己的思维与他人的、集体的思维建立起清晰明确的联系，才能形成对世界的看法。所以，我们有必要把每一种语言都看作为了满足上述内在需要而进行的某种尝试，而把全部语言看作为此所作的总的贡献。由此可以认为，人类的语言创造力量始终运行不息，直到它部分或是全部产生出那些能够最大限度和最完美地满足上述内在需求的形式为止。按照这一论点，即使是那些彼此间并不表现出任何历史联系的语言和语系，也可以被视为一种统一的形成过程的不同阶段。如果情况的确如此，那么，从外表看来毫无关联的现象之间所存在的这种联系，必定是由一个普遍和内在的原因造成的，这个原因就是积极作用的人类精神力量的逐渐发展。

语言是普遍的人类精神力量不断积极地从事活动的领域之一。换言之，精神力量力图把语言完善化的理想变为现实。探索和描述精神力量的这种努力，便是语言研究者的任务，他要对这个问题作出最根本但又是最简明的解答。[①] 顺便说一下，语言研究

① 参看我的“论史学家的任务”（Über die Aufgabe des Geschichtschreibers）一文，收入《柏林科学院历史—语文学论文集》（Die Abhandlungen der historis-chphilologischen Classe der Berliner Akademie，1820—1821），第322页。

完全没有必要把这个也许带有过多假设成分的观点立为基础，但可以而且应该把这个观点当作一种推动力，去探索、发现各种语言中分阶段地逐渐接近结构完善性的过程。例如，有些语言的结构较为简单，另一些语言的结构则比较复杂，对比一下这两类语言，可以看出，在它们的构造原则中存在着一种朝着最成功的语言结构这一目标不断发展的运动。跟结构较为简单的语言相比，后一类语言的有机体(Organismus)尽管形式十分错综复杂，但它们对语言完善性的一贯和直接的追求表现得更加突出。在这类语言中，朝向结构完善性的发展首先表现在语音分节(Articulation)的明确性和完整性上，其次，也表现在跟语音分节有关的音节构造和音节分解为组成要素的简单性上，以及表现在最简单的词的结构上；此外，这一发展又体现在把词当作语音整体(Lautganze)的处理方式上，借助这种语音整体，可以构成与概念统一体(Begriffseinheit)相吻合的词的统一体(Worteinheit)；最后，这一发展还体现在，是否把语言中的独立成分与那些只是作为形式而伴随独立成分出现的东西适当地区分开来，这样的区分当然要求语言拥有某种方法(Verfahren)，借之能够把纯粹依附性的成分与融合为符号的成分区别开来。鉴于前面提到过的原因，我在这方面也不拟展开详细的讨论。我只希望读者了解，当我致力于确定卡维语在马来语系中的地位的时候，上述观点起着指导性的作用。在这项语言研究中，我始终把两个方面区别开来：一方面是一些在历史进程中相互生成的语言变化，另一方面是这些变化所具备的初始的、最早的形式。这类原初形式(Urformen)看来构成一个封闭的体系，人类精神力量发展到了目前阶段，已不再可能回返至这类原初形式了。因为,尽管语言完全是内在的,但它同时又具有独立的、外在的实存,通过这一实存,它对人本身施予强大的控制。假使要还原上述原初形式,就必须具备一个先决条件,即各个民族回复到从前那种相互割绝的状态,这在精神力量更加生气勃勃的今天显然是不可思议的。语言在人类的发展史上就像在个人的生长过程中一样,想必只有在一个特定的时期才会萌发。

第四章　特殊精神力量的影响：文明、文化和教养

6 精神力量具有内在、深刻和富足的源流，它参与了世界事件的进程。在人类隐蔽的、仿佛带有神秘色彩的发展过程中，精神力量是真正进行创造的原则。我在前面曾讲到过这种发展过程，与之相对立的是另一种明显贯穿着因果关系作用的发展过程。这种极其独特的精神特性（Geisteseigenthümlichkeit）不断丰富着人类智力的观念，它的出现是无法预料的，它的表现就最深在的方面而言是不可解释的。这种精神特性的特点尤其在于，它的产品（Werke）不仅只是人们赖以进一步构建的基础，而且蕴涵着能够创造出产品本身的生命力。这些产品播种着生命，因为它们本身即生成自完备的生命。造就出这些产品的精神力量以其全部的努力和高度的统一性进行作用，同时，这种力量又完全是创造性的，它的创造活动具有它自身亦无法解释的性质；它并不仅仅是偶然触及新的东西，或者仅仅与已知的东西相联系。比如，埃及的雕塑艺术就是这样形成的，它成功地从人体比例的有机联系出发，建立起人的形象，从而使其作品赢得了真正的艺术性。印度诗歌和哲学同欧洲古典文化有密切的联系，但二者出人意料地获得了不同的性质；即使是同属欧洲古典文化范畴的希腊文化和罗马文化，

在思维方式和艺术表现方式上也十分不同。同样，较晚些时候，从罗马的诗歌中，以及从随着拉丁语的衰落而在获得独立的欧洲大陆上骤然繁荣起来的那一精神生活之中，产生出了现代文化最主要的部分。凡是在精神力量没有得到类似这样的显示，或者其显示由于条件不利而受到压抑的地方，杰出的天才一旦在其自然进程中受到束缚，就无法再创建任何伟大的新生事物。拿许多世纪以来一直被迫处于野蛮民族统治下的希腊来说，我们在希腊语以及希腊艺术的许多残迹中所见到的就是这样一种情形。希腊语原有的形式遭到了肢解，与异族语言的要素混杂起来；语言本身的有机体被毁坏了，而与它相对立的入侵语言力量又无法使它走上一条新的发展道路，无法赋予它一种充满活力的新的生命原则(Lebensprincip)。

为了解释所有这类现象，我们可以指出一些促进或者抵制、加快或者延缓这类现象发生的条件。人总是依赖于业已存在的事物。深入细致的研究能够证明，任何一种思想，在它被发现或付诸实现，从而使人类活动获得新的动力之前，就已存在于人们的头脑中，它是逐渐成形的。但如果个人或民族缺乏一种天才的召唤力[①]，那么，思想就会像闪烁的煤块一样，永远不能燃起灼目的光焰。尽管我们难以窥测到这类创造性力量的本质，但仍可以发现，在这些力量中始终贮存着一种能力(Vermögen)，它从内向外控制着所有既存材料，把材料转变为思想或者使材料隶从于思想。人

① 原文为“der anfachende Oden des Genies”，英译“the kindling breath of genius”。——译者

在最早的发展阶段上，就已经超越了眼前的范围，不满足于纯感觉的享受。即使在那些极不开化的原始部落中间，人们也不仅爱好装饰、舞蹈、音乐和歌唱，而且还揣着对超脱尘世的将来世界的预感；由于有了这类预感，他们一方面满怀希望，另一方面又忧心忡忡，而这一切都被记载在他们古老的神话传说中。这样的神话传说通常从人和世界的起源开始讲述。人用过去和来世把他那现实的存在包围起来，而按照自己的规律和直观形式独立运动的精神力量则要阐释这一过去和未来的世界。精神力量的这种作用越是强烈和明确，人的全部观念也就越是明了，越是丰富多样。由此便诞生了科学和艺术。把从内部独立地创造出来的东西与外部既存的东西融合为一体，这是人类不断发展、走向进步的恒定目标；不论是内在造就之物还是外在既存之物，都要达到自身的纯粹性和完整性，并且都受到每一种人类努力本质上所要求的规律的支配。

既然我们在这里把精神个性描述为某种卓绝超群的东西，那么，我们也可以而且理应把哪怕已抵达最高发展阶段的精神个性看作对一般人类本性的某种限制，看作一条个人必须遵循的路径，因为，任何个别的特性只有倚仗一种优势原则，即排他的原则，才能够成其为精神个性。实际上，正是由于有了这样的限定，精神力量才得以集聚和增强，同时，其排他性则会为另一种整体性原则(Princip der Totalität)所制，由于这种原则的作用，若干精神个性可以重新结合为一个整体。比如，人们为了友谊或爱情结盟缔交，或者为了祖国和人类的伟大事业而共同奋斗，究其最深刻的原因，即在于上述整体性原则的作用。对个性的限制，为人类日益接近终不可及的整体性开辟了唯一的一条道路，关于这一点我在此不再继续讨论，我只想提醒读者注意以下事实：使人真正成其为人的精神力量，便是有关人的本质的简明定义；在与世界相接触的过程中，在仿佛植物般无意识地、一定程度上机械地沿着既定道路向前发展的人类生活中，这一力量以各种具体的方式自我显示出来，它的种种努力体现为一系列新的形式，并且扩展和丰富了观念的领域。例如，代数学的创建就是人类精神在数学领域中所展示的新形式之一，在其他科学和艺术方面也可以找到类似的例子。下面我们将详细地探索语言中的类似例子。

精神力量的作用不仅见于思维和艺术表达领域，而且也十分突出地表现在个性的塑造(Charakterbildung)上。完整的人类精神力量的任何产物，都必定会持续不断地运动，直到重又构成一个整体为止。个人全部内在的经验、感觉、情绪和思想在接触外界的过程中，与外在的即他人的经验、感觉、情绪和思想等等联系了起来，个人的这一切内在之物必须让他人意识到，它以扩展了的形式显示着完整的人类本性，因为它本身即已为精神力量的种种扩展的、具体的努力所渗透。而正是个人与人类本性的这种联系，在人类活动中起着最普遍的作用，并使人类获得了最最崇高庄严的特性。至于语言，它与个性的关系极其密切，二者十分频繁地相互影响。借助语言媒介，极不同的个性通过相互传告各自的外向意图和内部感受而统一了起来。心灵是最有力、最敏感、最深刻亦且最富足的内在源泉，它用自己的力量、温暖以及深奥的内蕴浇灌着语言，而语言则回应以一些相似的音，以便在他人身上引发相同的情感。个性逐渐变得完善和细腻，从而使心灵的各个不同方面平衡

和一致起来，并且赋予它们一种高度统一的、一如造型艺术所具备的形象，这种形象每一次的表现都发自内心深底，而且一次比一次轮廓鲜明。语言正适合于表达和促进这种统一的形象，因为，在语言中存在着一种美妙的和谐，这种和谐虽在一些具体细节方面往往不可把握，但就整体而言却是一个出色地织造成的象征网络（symbolisches Gewebe）。评价个性塑造的作用，要比评价单纯智力进步的效应困难得多，因为这种作用很大程度上依赖于把一代人同另一代人联系起来的神秘力量的影响。

7 可见，在人类的发展过程中，某些进步的取得完全是由于一种非同寻常的力量出乎意料地上升到了新的高度。在这类场合，我们必须抛弃人们习以为常基于因果关系的解释，而代之以一种内在力量原则的假设。一切精神运动的完成都有赖于内在的力量，所以，精神运动的原因始终是隐蔽的，而由于这一原因是自主的、独立的，所以它又具有不可索解性。要是这一内在的力量会突然从自身中释放出强大的能量，而这种能量跟延续至今的发展进程又没有任何渊源联系，那么很明显，对此不可能给予任何解释。我希望，我对上述论点的阐述能够令人信服，对我们来说，上述论点具有重要的实用意义。事实上，由此可以推论：在可以观察到同一种人类精神努力导致了不同的突出表现形式的场合，我们没有任何必要去假定其原因是某种逐渐的发展，除非无可辩驳的事实能够证明这一点。因为，每一重要的进步毋宁说都是起因于某种以独特的方式进行创造的力量。汉语和梵语的结构差别就是一个例子。从汉语到梵语，我们似乎可以认为二者之间是一个逐渐发展的过程。但如果我们真实地感觉到人类语言的本质，以及这两种语言的特质，并深入考察它们二者中思想与声音相结合的方式，那么我们就会发现，它们具有不同的有机体（Organismus），具有不同的从内部进行创造的原则。因此，我们可以排除从其中一种语言逐渐发展出另一种语言的可能性，而到相应的民族精神中寻找汉语和梵语各自的发生原因；只是从人类语言的一般发展运动的角度，即从语言接近理想化目标的角度，我们才把这两种语言看作成功与否的不同发展阶段。所以，一方面是人类精神可预见的、逐渐的演进，另一方面是人类精神不可估测的、直接创造的进步，如果忽略了我们在这里所作的这一严格区分，就无异于完全否认世界史进程中天才的作用：在具体的时刻，天才不论在民族内部还是在个人身上都会得到显示。

此外，人们还可能会犯另一个错误，即对人类社会的不同状态缺乏正确的评价。例如，人们常常把文明和文化看作某些发展的源泉，然而事实却是，这些发展绝不是导源于文明和文化，而是源自某种使得文明和文化本身得以存在的力量。

在语言问题上，有一种广为流行的观点，它把语言的所有优点和每一发展都归因于文明和文化。这样一来，唯一重要的问题好像就是高度发达的（gebildete）语言和不发达的（ungebildete）语言之间的差别了。但是，从历史的角度看，绝不能证明文明和文化对语言有如此强大的控制力。爪哇显然是从印度获得大量较高级的文明文化要素的，但爪哇本地的语言并不因此而改变它那不大完善、不甚适合思维需要的形式，相反，它弃绝了极其优秀的梵语的形式，强使梵语要素适应于它自己的形式。而就印度本身而言，不管它的文明发源多么早，没有受到异族的影响，它的语言也并不是这一文明的产物；由最纯真的语言意识(Sprachisinn)造就的梵语原则，乃至整个印度文明，归根到底是源出于印度民族天才的精神禀性(Geistesrichtung)。所以，语言和文明绝非总是处在相互对等的关系之中。再如，不论从社会建制的哪个方面观察，印加人统治下的秘鲁都可以说是美洲最文明的国家；秘鲁人曾试图通过战争和征服来传播共同秘鲁语，但没有任何一个精通共同秘鲁语的人会承认，这一语言要比美洲大陆的其他语言优越。我相信，尤其是跟墨西哥语相比，这一语言要逊色得多。另一方面，即使是所谓野蛮的、不发达的语言，在构造上也可以具有突出的优点。事实能够证明这一点。所以，在某些方面这类语言反而有可能比拥有较高文化的民族的语言更为优越。缅甸语无疑通过巴利语(Pali)吸收了一部分印度文化，但我们只需把缅甸语跟德拉瓦热语(Delaware-Sprache)作一下比较(更不必说同墨西哥语相比)，就几乎不会怀疑后者比前者优越。

以上述及的问题十分重要，需要从问题本身的内在根据出发详细地加以讨论。文明和文化可以自外部引入或者从内部发展出一些先前不为一个民族所知的概念，就这一点来看，关于语言依赖于文明和文化的观点无疑是正确的。对概念的需求以及对概念的有关阐释必定先于词而存在，因为词只不过是概念的明确表达。但如果我们仅仅从这个观点出发，仅仅试图在这个方面寻找各种语言的优点和差别，那就会犯极大的错误，危及对语言本质的真实评价。根据一个民族的语词总汇，来推断该民族在某个确定时期所掌握的概念的范围，这种企图本身就很值得怀疑。我们从许多非印欧民族那里搜集到的词汇是不完全、不稳定的，根据它们来作上面所说的推断，显然不合适。更何况我们都知道，大量概念，特别是人们在作上述推断时常常引以为证的那些非感性的（unsinnliche）概念，可以通过不同寻常的、我们所不熟悉的比喻来表达，或者也可以借助婉转的语词来描述。但更为重要的一个事实是：在每个民族，甚至哪怕是不发达民族的概念和语言中，都存在着某种与人类无限发展的能力相吻合的整体性（Totalität），从这一整体性之中，无须借助任何外来的力量，便足以产生出人性所含的一切。所以，在语言形成的初始阶段，满足人类需求无须依赖于外部因素。某些不发达民族的语言，如菲律宾语和墨西哥语，早已由传教士们作了加工整理，它们可以为上述结论提供事实证明。这些语言有表示十分抽象的概念的词，而且并不借助于外来的表达。假如能够知道本地人怎样理解这些词语，那一定是很有趣的。这些词是由本地语言的要素构成的，因此，在这些词与该语言的要素之间必然存在着某种意义上的联系。

前面提到的那种错误观点，主要失误在它过分把语言看作一个仿佛通过从外向内的征服而不断扩展的空间领域，因而忽略了语言的真正本质及其最重要的特点。问题的关键并不在于有多少概念由一种语言用它自己的词来表达。只要语言按照自然为它规定的道路发展，那它就理所当然地会用自己的词来表达概念。所以这不是评判一种语言首先要注意的方面。语言对人的主要影响施及他的思维力量，施及他的思维过程中进行创造的力量，因此，在更深刻的意义上说，语言的作用是内在的（immanent）和构建性的（constitutiv）。

语言是否以及在多大程度上有助于人们对概念进行明晰确当

的编排整理，抑或妨碍人们这样做？人们把观察世界时形成的表象转移到语言上，而语言在多大程度上在这些表象中保持了它们所固有的感性直观形式？语言怎样通过它那优美的音调，既轻松和谐又强劲有力地对感觉和思想产生影响？思维和感知方式的这些以及其他许多方面，包含着一种因素，正是这种因素构成了语言真正的优点，并且决定着语言对精神发展的影响。而这种因素本身则取决于语言原本固有的全部特质，取决于语言的有机结构和特殊形式。当然，后来形成的文明和文化也对语言产生积极的影响：语言被用于表达丰富、崇高的思想，它由此获得了明晰性和准确性；由于发达的想象力的作用，语言获得了直观性，而由于更加敏锐善辨的听觉提出的要求，语言获得了优美和谐的声音。但属于语言高度发展阶段的所有这些进步，只有在原本就有的语言特质所规定的界域内才能够取得。一个民族可以将一种不大完善的语言用作工具，构成它起初并非想到要形成的思想，然而，一个民族不可能超越已经深深扎根于语言之中的内在规约。在这一点上，即使是最发达的教化(Ausbildung)也起不了作用。一种原初的语言，甚至可以控制以后的岁月从外部添加进来的东西，并按照自身的规律予以改造。

从内在精神价值的角度出发，也不应把文明和文化看作人类精神所能达到的顶峰。文明和文化如今已繁荣和普遍到了极点。然而今天，人类本性的内在显示是不是也像我们在古代某些时期可以观察到的那样频繁强盛，甚至以更高级的形式再次发生？对于这一点，我们几乎没有把握断定，至于说到那些在传播文明和某种文化方面起了最主要作用的民族，就更没有根据这样认为了。

文明，也即各个民族在其外在的社会建制、风俗习惯方面，以及在与此有关的内在心态方面的人化过程（Vermenschlichung）。在这种崇高的社会生活的基础上，再加上科学和艺术，就构成了文化。但当我们讲到德语的 Bildung（教养）[①]这个词的时候，我们同时还连带指某种更高级的、更内在的现象，那就是情操（Sinnesart），它建立在对全部精神、道德追求的认识和感受的基础之上，并对情感和个性的形成产生和谐的影响。

文明可以从一个民族的内部产生出来，这个事实足可为并非总是能够予以解释的精神升华现象提供佐证。相反，如果来自异族的文明被移植入一个民族，它可能会比本地文明传播得更快，并且也许会渗透入更多的社会生活领域，但是，它对精神和个性的影响却不像在前一种情况下那样强烈。现代人负有一个美好的使命，要把文明播种到地球上最遥远的角落，他们作了种种尝试，不惜为此而竭尽全力。在这样的努力之中，我们可以看到一种普遍人性的原则在起着主导作用。这种原则是一个进步，只是到了现代，人们才真正上升至这一进步的阶段，而过去一些世纪以来的所有重大发明创造都是为了达到一个目标：使普遍人性的原则成为现实。在这方面，希腊人和罗马人的殖民地只起过很小的作用。原因当然是，古代的人们不具备我们今天所拥有的那么多进行外部联系的手段，没有那么发达的文明。此外，他们还缺少一种内在的原则，只有从这种原则中才会发展起能够真正实现普遍人性的

① Bildung 有多种含义，可指（1）教育、教养，（2）文化、知识，（3）形成、构建，等等。按照作者在这里说的意思，我们把这个词译作“教养”。——译者

生命力。他们明确意识到了发达、崇高的人类个性，这种意识与他们的情感和气质深深地交融在一起；然而，只因一个人是人就尊重他，这样的思想在他们中间还没有成形，更不用说以这一思想为基础的权利和义务之感了。人类一般文明进步的这个重要方面，是希腊人和罗马人过分民族化的发展进程所缺乏的。甚至在他们的殖民地区，他们也往往只是把当地人赶出辖域，而很少与当地人混合起来。但是，从本土迁居出去的希腊人和罗马人的后裔，却在变化了的环境中改变了自身，于是，就像我们在大希腊[①]、西西里岛和伊比利亚所见到的那样，在遥远的地方形成了具有新的性格、新的政治观念和科学成就的民族形象。至于印度人，则特别善于激起并增强与他们发生交往的人民自身所具的精神力量。关于这一点，印度群岛尤其是爪哇岛可以为我们提供一个值得注意的例证：在那里，一方面我们可以发现印度文化的要素，另一方面我们又常常可以看到，本地文化要素控制了印度文化要素，并在其基础上继续发展。印度移民不仅把更完善的外在建制，享受优裕生活的更丰富的方式以及他们的科学和艺术带到了异邦，而且也把一种生命的气息带到了那里，他们自己正是凭借这一生命力，才创造出了这一切成就。在古代，各种具体的社会努力还不像今天这样相互隔绝；古人远不善于像我们那样，在传达精神的创造成果时把精神与之分离开来。我们今天的情况就完全不同了。在我们自己的文明中，有一种强大的力量在越来越确定地朝着普遍精神的方向运

① 大希腊(Gross-Griechen land)，拉丁文为 Magna Graecia，古称意大利半岛南部。——译者

动，所以，处在这种影响之下的人民便获得了一种高度统一的面貌，而原有民族特性的教化常常尚在萌育状态就已遭窒息，甚至在它本来也许有可能发展起来的地方也难免会如此。

第五章　个人和民族的协同作用

8　在以上概观中，我们顺年代而下，考察了人类精神迄今为止走过的发展道路，并指出了起决定性作用的四个主要因素，它们是：人们在世界各地自然条件下的生存和平静的生活；迁徙、战争等活动，这些活动有时受到一定目的支配，或者受到某种热情和内在冲动的驱使，有时则是出于被迫的需要；一系列作为原因和结果而相互联系起来的精神成果；最后是一些精神现象，其起因只能由在它们中自我显示出来的力量来解释。我们接下来要讨论的问题是，在每一代人中间，为一切进步奠定基础的人类精神发展怎样得到实现。

个人的活动迟早是会中断的，然而看起来（在一定程度上也的确如此），他的活动与整个人类活动的方向相一致；因为个人的活动既受到制约，又起着制约作用，这一活动跟过去和将来有着密不可分的联系。但从另一个视角，从更深刻的本质来看，个人的方向与全人类的方向并不一致。与人的内在精神相关联的世界史的网络，事实上是由个人活动和人类活动这两条相互交叉但又相互紧密结合在一起的发展线索构成的。它们的分歧直接表现在，人类的命运不为一代代人的消逝所影响，就我们所知的史实来判断，虽然也有反复变化，人类从整体上说是在不断地走向完善；相反，个人不仅会脱离人类共同的命运，并且常常是在他从事活动的极盛期出人意料地迈出这一步。而且，不论是根据内在的自我意识，还是根据预感或信条，个人都不会相信他正处在生命履程的尽头。在个人看来，他的命运孤立于人类命运的进程。在他身上，在他的生活中，有两个对立的方面：一方面是个性的自我修炼，另一方面是每一个人在自己的活动范围内置身现实时必然要涉足的世界史进程。人类的本性可以确保这一对立既无损于人类的进步，又不影响个性的修炼。显然，唯有在世界发展的进程中，个性才能够塑成。心灵的需求，想象的梦境，亲属间的联盟，对荣名的追求，以及对已播下种子的事物的未来所抱的欢乐和希望——凡此种种都超出了个人生活的领域，把个人与他注定要脱离开的人类命运联结在一起。个人身上的上述对立，其初始的基础是某种内在的灵性(eine Innerlichkeit des Gemüths)[1]，它通过这一对立逐渐发展起来，并生成最强烈、最神圣的感情。这种内在灵性的更深刻的方面在于，我们不仅可以把个人自身的使命，而且也可以把所有个人的使命理解为某种超出生活领域的自我发展，这就意味着，把不同个人的心灵联结起来的人际纽带具有了更高层次的含义。内在灵性既与自我(das Ich)相维系，又把自我与现实世界割绝开来，它的不同程度的作用，它所独具的制约力量，促成了人类发展上的一切重要的差异。在这方面，印度是一个值得注意的例子，它既证实了内在灵性能够达到十分纯粹的状态，又可以告诉我们，内在灵性在衰退过程中会导致多么巨大的差别。而对古代印度文化，主要就

① 参考英译：an inwardness of mind，俄译：душевная глубина。——译者

应该根据这一观点加以解释。上述心灵状态对语言起着特殊的影响。一方面是一个乐意循抽象思考的孤寂道路行进的民族，另一方面是一些主要为了在外部活动中能相互理解才需要语言的民族，它们生成的语言当然是不一样的。前一个民族能够以极其独特的方式把握符号的本质，而在后一些民族中，整个语言的园地实际上都还有待耕耘。语言用它的光辉照亮了一些领域，但语言本身必定是由一种尚处在朦胧未启的状态下的感觉引入这些领域的。个人的存在是非连续的，人类的发展则是连续的，二者是怎样在一个也许不为我们所熟悉的领域里统一起来的呢？这是一个勘不破的秘密。然而，在内在个性的教化过程中，对这个秘密的感觉起着特别重要的作用，它引起人们对某种未知力量的敬畏和恐惧，这种未知的力量在所有已知事物都消逝之后，仍会继续存在。这样的感觉可以同夜晚给人的印象相比：在夜空中，我们熟知的可见星体都已消失殆尽，只余下一些不为我们所知的星体，它们分散在各处，闪烁着光亮。

人类历史的持续演进和一代代人的兴衰也起着重要的作用。对于每一代人来说，过去的形象都有所不同。特别是由于保存以往岁月的讯息的方式得到了改进，后继的一代人仿佛置身于剧院之中，从舞台上可以观赏到比他们自己的生活更为丰富、更加鲜明的场面。此外，历史事件恰似不可阻挡的激流，似乎偶尔也会把一代代的人们带入比较黑暗的、运途多舛的时期或是比较光明的、易于生存的时期。这一差别若从实际存在的个人的角度来看，不如从历史的观点出发看得那么明白。因为，个人缺少许多可供他作比较的可能性，他享受生活，从事活动，在每一时刻只经历着历史发展的一个片段；个人囿于即时的权益，这使得他意识不到历史走过的坎坷道路。一个历史时代就像是隐埋在弥漫的雾气中的云朵一样，只有当我们从远处观察时，才能够看清它具有各方面都确定的形象。也只有在一个时代对后继时代施予的影响之中，才看得出该时代本身从过去的年代接受下来的一切影响。例如，我们的现代文化很大程度上是基于同古希腊罗马文化的对立。要是把属于古典文化范畴的一切排除在外，我们的文化还能剩下多少东西，就很难说了。如果我们从历史细节的各个方面入手，对造就古典文化的民族作一番研究，我们就会发现，这些民族跟我们在心目中保持着的形象其实并不一致。这是因为，我们对这些民族的理解有力地左右着我们自己的看法：我们把这些民族的最伟大、最完美的追求视为核心，我们突出的不是他们建立的现实，而是其精神；我们忽略了他们明显不同于我们的地方，仅仅按照我们从他们那里获取的观念来评判他们的行为。其实，我们这样理解这些民族的特性，并不是任意的。这些民族本身给予了我们这样做的权利，因为，对任何其他历史时期，我们都不可能形成类似的观念。正是对古典文化的本质的深刻感受，赋予了我们理解和接受这一文化的能力。古代希腊人和罗马人总是有可能相当容易地把现实转化为观念和想象，并且以这类观念和想象反作用于现实，所以，我们有理由完全按照他们的观念和想象来理解他们的作为。尽管在他们当中，现实并非时时处处都与理想相符，但他们根据寓于文字作品、艺术作品和积极进取的行为意图中的精神，极其纯真、完整和谐调地描述了人类高度自由地发展的可能范围。这样，他们便留下了一幅理想化的图景，这幅图景如同崇高的人类本性一样对我

们产生着影响。他们与我们的不同,好比晴朗的天空和彤云密布的天空之间的差别。他们的优秀之处并不在于生活的方式,而是在于一种为他们照亮了生活的光辉。至于希腊人本身,虽可能受到过某些更古老的民族很大的影响,但显然没有任何外来的光辉照射到他们中间。他们在某些方面跟荷马笔下以及荷马体史诗中描述的情形类似。古希腊人的独特本性及其创造活动的原因,对我们来说是不可解释的,他们成了我们热衷模仿的典范和汲取大量精神财富的源泉。与此相仿,对古希腊人来说,荷马叙述的黑暗蒙昧的时期以其独一无二的形象为他们照明了道路。而希腊人对罗马人的影响就不同于对我们的影响。对罗马人来说,希腊人只是同时代的一个民族,它享有更高的教育水平,并且拥有自远古流传下来的文献。至于印度,对我们来说它已消融在极其朦胧遥远的过去之中,我们无法对它的史前时期作出判断。印度至少在远古时期就对西方世界产生过影响,这一点我们可以从这种影响留下的部分痕迹看出来;不过,印度并不是通过它的精神产品的独特形式发生作用,而最多只是通过流传至今的一些箴言、发明和神话传说影响了西方。关于民族与民族之间在精神上相互影响的这种差别,我在有关卡维语的著作(本书第一卷,1—2 页)中已作了详细论述。古印度文化对印度人所起的作用,与古希腊文化对希腊人起到的作用,是相仿的。但在中国,由于存在着古典文体的著作和这些著作所记录的哲学思想的影响,以及二者的对立,古代文化的作用表现得更为突出。

语言,或至少语言的要素(这一区别十分重要),是一个一个时期传递至今的,除非我们跨出现有经验的范围,才谈得上新语言的形成。由此可见，过去对现在的影响深深地渗入了语言的结构。在我们已知的一系列时代里，一个时代所在的位置使它处于什么样的境地，这一点即使对已经完全定型的语言来说也是极其重要的；因为，语言是全部思维和感知活动的认识方式（Auffassungsweise），这种活动自古以来就为一个民族代代相承，它在对该民族产生影响的同时，也必然影响到其语言。所以，假定不是希腊罗马文化，而是古印度文化深刻地影响了我们，那么我们如今的语言在许多方面就会获得另外一种形象。

9 个人始终与整体——与他所在的民族，与民族所属的种族，以及与整个人类——联系在一起。不论从哪个角度看，个人的生活都必然与集体相维系。对个人外在的、从属的方面和内在的、更高层次的方面进行考察，可以使我们得出类似前述场合下的结论。个人在地球上的生存仿佛是植物般无意识的，他需要帮助，而这样的需要促使他同别人建立联系，并且要求人们为了从事集体活动而通过语言达到相互理解。精神的发展也同样离不开语言。即使在个人最孤寂的、与世隔绝的心态之下，精神的发展也必须借助语言才可能实现，而语言本身则要求有一个外在的、懂得语言的生物作为其对象。分节音从一个人的胸中迸发出来，为的是在另一个人身上引发反响，并且重新折回到前者的耳中，为他所感觉到。经过这样做，一个人于是发现，在他周围还存在着一些生物，他们与他有着同样的需求，因此能够对包含在他的感觉中的种种欲望作出反应。事实上，关于整体性的预感和对整体性的追求，是同个性感一道产生的，并且随着个性感的增强而增强。作为个体，每一个人都具有人的完整本质，差别只是在于，每个人都择取

了不同的具体发展道路。除了个人意识外，我们根本不会想到还可能有其他的意识存在。然而，人们执著地追求着整体性，他们怀有人性观念栽种下的永恒的欲望，这就充分说明，分离存在的个性其实只不过是精神本质在一定条件限制下的实际存在的表现。

整体能够加强个人的力量和激情。人类的精神组织(die geistige Oekonomie)——如果可以这样表达的话——包含着一个极为重要的因素，那就是个人与整体的相互关系。在此有必要明确指出这个因素的作用。民族之间、部族之间的联系，同时也意味着它们之间的界限，这种联系首先受制于历史事件的进程，并且很大程度上取决于人民的居住环境和迁徙途径。民族与民族之间存在着内在的、甚或仅仅是天性使然的一致或离异，但即使撇开这类一致或离异带来的种种影响不论(我并不是真的主张这么做)，即使不考虑一个民族与外部的联系，我们也可以而且必须把每一个民族理解为一种人类个性，它遵循着一条独特的、内在的精神发展道路。不管具体个人的天分起着多么大的作用，他唯有在民族精神的激励下，唯有从自身的角度出发将新的活力注入民族精神，才能够使他的活动具有深刻持久的内容。对这一点我们看得越清楚，就越会感到有必要用这种民族精神个性来解释我们今天的教养状况。历史在许多地方为我们保存下了可以借之判断一个民族的内在教养状况的材料，从而向我们显示了民族精神个性的确定轮廓。当然，文明和文化的发展会逐渐地消除民族之间的尖锐对立，而对影响更深入、更高尚的教养所具有的一般道德形式的追求，能够更成功地消除这种对立；科学和艺术的进步也起着同样的作用，它们始终在朝着更普遍的、不为民族观念所束缚的理想努力。但是，虽

然所寻求的是同一个目标，这个目标却只有通过不同的精神形式才能够实现。人类特性完备地表现出来的形式是无限多样的，普遍的人类努力能否取得成功，完全取决于这一无限的多样性，因为，普遍的人类努力需要有一种完整的、不可分割的力量，这种统一的力量从整体上说是不可解释的，但它必然作为最鲜明的个性发挥作用。所以，为能卓有成效和强劲有力地主导普遍的教养活动，一个民族不仅要在具体的科学活动中取得成就，而且首先需要倾全力于追求构成人类本质内核的精神，这一精神在哲学、诗歌和艺术中最清晰、最完整地自我显示出来，从而对民族的思维和情操产生影响。

由于存在着此处所说的个人与他所在的群体的关系，所以，个人的每项重要的精神活动同时也属于群体，尽管只是在一定程度上间接地属于群体。不过，语言的实际存在证明，有些精神创造绝非源自个人，再由个人传递给其他的人，而是导源于所有个人同时进行的自主的活动。语言无时无刻不具备民族的形式，民族才是语言真正的和直接的创造者。

但需要注意的是，对上述观点应作一定的界说。语言与人的最内在的本性密不可分地结合在一起。语言宁可说是从人的本性之中独立自主地生成，而不是由人的本性随意创造出来的，因此，民族的智力特性（intellectuelle Eigenthümlichkeit）或许同样可以被视为民族语言的作用结果。事实上，语言和智力特性是从不可企及的心灵深处相互协调地一同产生出来的。这样的语言创造，我们凭经验是无法了解的，因为不论在什么地方，我们都见不到与之类似的现象。当我们把某些语言称作原初语言的时候，只不过是因为我们对它们的早期构成情况一无所知。我们单凭贫乏的知识,便把某个时间点称为最古老的语言时期,殊不知,在此之前的千百年间,连续不断的语言的链锁一直在向前延伸。而且,不仅是那些真正的原初语言的简陋构造,就连后来的语言所具有的派生构造,就其初始的发生而言也是不可释解的,尽管我们十分懂得怎样把这类构造分解为组成部分。自然界中的一切生成过程(Werden),特别是有机的和有生命的生成过程,都不能为我们观察到。通过细致地考察事物的发生状态,我们会发现,在有机的、有生命的生成过程和确定的现象之间始终存在着一道把有(das Etwas)与无(das Nichts)区分开来的鸿沟。从事物消失的时刻来看,也同样如此。人的一切认识活动,都在上述二者之间进行。就语言而言,属于已为人们熟知的历史年代范围的发生时期提供了引人注目的例子。我们可以追溯拉丁语在衰落过程中所经历的一系列复杂变化,还可以指出随着迁入的移民群而出现的语言混合现象,但是,这样做并不能对含有生命力的萌芽的发生作出更好的解释。这一萌芽会以各种不同的形式重新发展成为一些新兴语言的有机体。每一新兴的语言都拥有一种内在的、新生的原则,这种原则以独特的方式把正在崩溃的结构重新组织起来,而我们始终只是接触到这种原则的作用结果,只能根据这类结果察觉到该原则的变化。这样看来,我们也许最好根本不要去涉及语言发生的问题。但要是我们打算描述人类精神的发展过程(哪怕是以最粗线条的轮廓来作这种描述),那么,就不可能不考虑这个问题。因为,语言的形成,包括具体语言的相互产生或汇合,是一个决定着人类精神发展过程的最重要的事实,而个人与个人的协同作用在这个事实

中表现得比在任何其他场合都要突出。显然，语言的发生是一道界限，无论是历史的研究还是自由发挥的思维，都不能助我们跨越过面前的这道界限，尽管如此，我们仍有必要忠实地描述与此有关的事实及其直接促成的结果。

第一个最自然的结果是，前述个人与民族的关系正处在一个中心点上：整个精神力量从这个中心出发，确定着所有的思维、感知和意志。因为，语言与精神力量所包纳的一切，不论是整体还是个别，都密切相关联，语言中没有任何东西与这一切相抵牾。同时，语言不仅只是被动地接受印象，而且还从无限多样的、可能的智力发展途径中选择一条确定的途径，并通过独立自主的内部活动改变每一种加于它之上的外部影响。但我们绝不应该把语言看作与精神特性相隔绝的外在之物。虽然初看起来并非如此，事实却是，语言是不可教授的；语言只能够在心灵中唤醒，人只能递给语言一根它将沿之独立自主地发展的线索。语言是民族的创造（关于这个表达，需要排除种种误解），同时，它也是个人的自我创造，因为，语言的创造只有在每一具体个人的身上才能进行，而另一方面，个人只有在求得所有的人理解，并且所有的人都满足了他的这一要求的情况下，才能创造出语言。所以，我们可以把语言看作一种世界观，也可以把语言看作一种联系起思想的方式，实际上，语言在自身中把这两种作用统一了起来。但不管我们怎么看，语言始终必然依赖于人类的全部力量。人类力量中的任何部分都不容排斥，因为它是无处不在、无所不包的。

无论笼统地看，还是从各个不同的历史时期看，人类精神力量在具体民族中的个别显示都各有不同：它的显示程度不一样，在同

一个普遍的方向之下可能择取的发展途径也不一样。这方面的差异，在人类精神力量所产生的结果即语言中必定会得到表现，并且很自然地首先是通过外在影响的优势或者内在自主性的优势反映出来。当我们比较一系列语言时，有时候可以较为容易地看出一些语言的结构从另一些语言的结构演变而来，但有时候也可以见到这样一些语言，它们与其他语言之间似乎有一条真正的鸿沟。正如个人利用个性的力量，可以将新的活力赋予人类精神，使之朝着尚未开掘的新方向发展，民族对语言的形成也可以起同样的推动作用。在语言结构和所有其他智力活动的成就之间，无疑存在着某种联系。我们在这里只讨论这种联系的一个主要方面：这一联系首先体现在一种充满活力的气息(der begeisternde Hauch)①上。在把世界转变为思想的行动中，创造语言的力量将这种气息注入了语言，并使它在语言的所有领域里协调地散布开来。如果我们可以设想，在一个民族所形成的语言里，从人们对世界的看法(Weltansicht)中产生出了最合理、最直观的词，而这些词又以最纯粹的方式重新表达了人们的世界观，并且依靠其完善的形式而能够极为灵便地参与思想的每一组合，那么，这一语言只要还稍微保存着自身的生命原则，就一定会在每个人身上唤醒朝着同一方向起作用的同一精神力量。所以，这样的语言或者与之相似的语言在历史上的出现必定会在人类发展进程中，并且正是在人类发展最高级、最美妙的创造活动中为一个重要的时期奠定基础。而在这样的语言诞生之前，有些精神发展的道路和推动精神发展的

① 参考英译：the animating breath。——译者

热情是无法想象的。事实上，这些语言在人类内在的发展史上构成了一个真正意义的转折点；它们是语言创造的顶峰，同时也是充满灵感和幻想的文化初始阶段，在这一意义上说，下述论断是完全正确的：民族的产品必定先存于个人的产品，尽管我们已经无可辩驳地证明，民族和个人的创造活动同时又相互交织在一起。

第六章　对语言作更详尽的考察

10 现在我们认识到，语言在人类的初始形成中是第一个必要的阶段，各个民族在这一基础之上才能够追求每一更高级的人类发展方向。语言与精神力量一道成长起来，受到同一些原因的限制，同时，语言构成了激励精神力量的生动原则。语言和精神力量并非先后发生，相互隔绝，相反，二者完全是智能(das intellectuelle Vermögen)的同一不可分割的活动。语言是一个民族从事任何一项人类活动的工具，当一个民族从自身内在的自由之中成功地构建起语言时，就意味着它迈出并完成了关键的一步，即获得了某种新的、更高层次的东西；而当一个民族在诗歌创作和哲学冥想的道路上取得了类似的成就时，便会反过来对语言产生影响。倘若我们可以把人类智力活动最早的、野性尚存的尝试称为文学，那么显然，语言与这种文学是密不可分的，二者始终沿着同一条路径向前发展。

一个民族的精神特性和语言形成这两个方面的关系极为密切，不论我们从哪个方面入手，都可以从中推导出另一个方面。这是因为，智能的形式和语言的形式必须相互适合。语言仿佛是民族精神的外在表现；民族的语言即民族的精神，民族的精神即民族的语言，二者的同一程度超过了人们的任何想象。民族精神和民族语言怎样一起产生自我们的认识所不可企及的同一个源泉，这对我们来说是一个无法破译的谜。不过，虽然我们不想去断定上述二者中哪一方占据主导地位，却有必要把民族的精神力量看作真实的解释原则，看作决定着语言差异的实际原因。因为，唯有这种力量才活生生地、独立自主地存在于我们面前，而语言则仅仅是依赖于这一力量的现象。实际上，当语言也表现出独立自主的创造性的时候，它就脱离了现象的领域，成为一种观念的、精神的存在。当然，历史地看，我们涉及的始终只不过是实际讲话的个人，但我们不应因此而忽视问题的实质。虽然我们可以把知性与语言区分开来，但这样的区别事实上是不存在的。我们有理由认为，语言属于某个更高的层次，它不是类同于其他精神造物的人类产品；然而，假如我们不仅能够观察到人类精神力量的具体显示，而且也能够发现这种力量深不可测的本质，假如我们能够认识到人类个性之间的联系，那么，我们就会改变对语言的这种看法。要知道，语言并不受相互隔绝的个人存在的限制。在实际研究中，特别重要的是注意不要停留在任何较低层次的语言解释原则上，而是要上升至最高层次的、终极的解释原则，并且把下面的论点确定为讨论精神发展对语言形成的影响问题的可靠基础：人类语言的结构之所以会有种种差异，是因为各个民族的精神特性本身有所不同。

我们需要进一步探讨语言结构在具体形成上的差异。在这一探讨中，我们不应把精神特性孤立起来进行研究，然后用这种研究的结果来解释语言的特点。倘若追溯到那些较早的时期，我们就只能通过语言来了解一些民族；我们往往不能准确地断定，从起源和历史联系来看，究竟哪一个民族拥有哪一种语言。比如，拥有禅德语(Zend)的民族对我们来说只能通过推测来确定。在所有可以说明民族精神和民族特性的现象中,只有语言才适合于表述民族精神和民族特性最隐蔽的秘密。所以,如果我们把语言看作解释精神发展过程的依据,那当然就必须把语言的发生归因于民族的智能特性,而这种智能特性则需要到每一种语言的结构中去发现。为能比较成功地完成这里提出的研究,我们必须更详细地考察语言的本质和语言差异对精神发展可能产生的反作用。通过这样做,我们就可以使比较语言研究达到最终的、最高层次的目标。

第七章　语言的形式

11 要想成功地沿着以上确定的道路进行考察，就有必要采纳一种独特的语言研究观点。我们不应把语言视为僵死的制成品（ein todtes Erzeugtes），而是必须在很大程度上将语言看作一种创造（eine Erzeugung）；我们不必去考虑语言作为事物的名称和理解的媒介所起的作用，相反，应该更细致地追溯语言与内在精神活动紧密相联的起源，以及语言与这一活动的相互影响。近几十年来的语言研究所取得的成就，使人们能够较容易地通观语言研究的整个领域。现在人们有可能进一步接近目标，指出语言创造活动在以多种形式分隔、孤立或联合成的人类群体中繁荣起来的具体途径。我们的整个研究对象，即人类语言结构差异的原因和这种差异对精神发展过程的影响，正需要根据上述观点来解释。

但是，一旦我们走上这条研究道路，就立即会遇到一个至关重要的难题：语言向我们展示了无限多的具体事实，如词语、规则、类推以及种种例外，我们会因此陷入令人深感困惑的境地，因为，不管这一大堆事实已得到什么样的分类整理，它们对我们来说仍然显得混乱不堪，我们不知道怎样才能把它们与人类精神力量的统

一形象进行比较。即使我们掌握了两个重要语系，例如梵语系[①]和闪米特语系的全部必要的词汇和语法细节，我们仍无法用十分简洁的轮廓归纳出这两个语系中每一个的特性，因此也就无法对这两个语系进行比较，根据它们与民族精神力量的关系来确定它们在人类普遍的语言创造活动中的应有地位。要达到上述目的，我们尚需要发现各种具体语言特性的共同源流，把孤立分散的特点归纳为一个有机的整体。只有这样，我们才能够把握住所有的具体事实。所以，为了对不同语言的结构特征作有效的比较，必须细心地研究其中每一种语言的形式，从而了解一种语言以何种方式解决所有语言在创造过程中必然面临的主要问题。但是，由于“形式”这个概念在语言研究中有多种不同的含义，我想应当对之作进一步的阐释，说明我在此打算在什么意义上使用这个概念。此外，由于我们在这里讨论的不是一般而言的语言，而是不同民族的具体语言，就更有必要作这样的说明。同时，还需要把一种具体的语言一方面与语系，另一方面与方言明确区别开来，需要确定，当一种语言在发展过程中经历着重大变化的时候，它在多大程度上仍称得上是同一种语言。

12 语言就其真实的本质来看，是某种连续的、每时每刻都在向前发展的事物。即使将语言记录成文字，也只能使它不完善地、木乃伊式地保存下来，而这种文字作品以后仍需要人们重新具体化为生动的言语。语言绝不是产品（Werk〔Ergon〕），而是一种创造活动（Thätigkeit〔Energeia〕）。因此，语言的真正定义只能

① 这里所说的梵语系或梵语型语言，是指印欧语系的语言。——译者

是发生学的定义。语言实际上是精神不断重复的活动，它使分节音得以成为思想的表达。严格地说，这是每一次讲话的定义，然而在真实的、根本的意义上，也只能把这种讲话行为的总和视为语言。因为，在我们习惯于称之为语言的那一大堆散乱的词语和规则之中，现实存在的只有那种通过每一次讲话而产生的个别的东西；这种个别的东西永远是不完整的，我们只有从不断进行的新的活动中才能认识到每一生动的讲话行为的本质，才能观察到活语言的真实图景。语言中最深奥、最微妙的东西，是无法从那些孤立的要素上去认识的，而是只能在连贯的言语中为人感觉到或猜度到（这一点更能够说明，真正意义的语言存在于其现实发生的行为之中）。一切意欲深入至语言的生动本质的研究，都必须把连贯的言语理解为实在的和首要的对象，而把语言分解为词和规则，只不过是经科学剖析得到的僵化的劣作罢了。

语言是一种精神劳动，这个表述单从下述事实来看就称得上是绝对正确和适当的：精神实际上只存在于活动之中，除此而外我们无法想象它的存在。不过，由于在语言研究中必须解析语言的结构，我们不得不把语言看作一种通过一定手段来达到一定目的的运作过程（Verfahren），也就是说，把它看作各个民族构成的产品。关于由此可能会引起的误解，我在前面已详细地讲过①，在此不另赘述。

前面（见第五章）我已强调过，在研究语言时我们不可避免地会置身于历史进程的中心（如果可以这样表达的话），我们会发现，

① 参看第三、第五章。

为我们熟知的任一民族或语言都不能被视为初始的开端。由于每一语言都从生活于不为我们所知的史前时期的先民那里继承了材料，所以，根据上述解释，生成思想表达的精神活动始终跟某种既成的材料有关，它并不完全是在创造，而是在进行改造。

这种精神劳动是以一种恒常不变的、相同的方式进行的。因为，它的源泉是同一种精神力量，这一精神力量仅仅在不十分广的一定界限内发生变异。这种精神活动的目的是相互理解。这意味着，一个人以某种特定的方式与另一个人讲话，而另一个人在同样的条件下也必定以这种特定的方式与他讲话。此外，被继承下来的材料不仅仅是同一的，而且，由于这些材料也同出一源，它们无疑传递了操同一种语言的人们的精神倾向。在把分节音转化为思想表达的精神劳动中，存在着某种恒定不变的、同形的元素，而正是这种元素，就其全部的关系和整个系统而言，构成了语言的形式。

根据上述定义，语言的形式显得是一种科学的抽象。但是，如果仅仅这样来看语言的形式，即把它看成并非真实存在的思维成果，那就完全错了。事实上，更确切地说，语言的形式反映了一种极为独特的追求(Drang)，一个民族正是通过这种追求，才能够在语言中实现其思维和感知活动。只是由于我们无法完整地观察到这种追求的全貌，而只能看到它的每一具体表现，我们才不得不把它的统一的作用归纳为一个僵硬的、一般化的概念。就其本身来说，这种追求是统一的，富有生命力的。

在研究最重要、最精微的语言要素时，经常会遇到一个困难：尽管我们可以从语言给人的总体印象之中明确无误地感觉到语言的具体成分，但却无法足够完整地对之作详尽的描述，也无法用明确的概念予以界定。这个难题，也需要我们在这里努力去解答。语言的独特形式依赖于每一个最小的要素，同时，每一个最小的要素都以某种明显或不明显的方式受到语言形式的确定。另一方面，我们在语言中几乎不可能找到孤立地看对语言形式也具有决定意义的要素。因此，当我们考察任何一种已知的语言时，都会发现，有许多东西在不改变语言形式的实质的同时，可以用另外的方式来表达，所以，为了把握纯粹的语言形式，我们仍需要从语言的总体印象入手。但在这种场合，我们马上可以看到相反的情况。那就是，极其独特的个性鲜明地表现出来，对感觉产生强烈的影响。在这方面，语言可以与人的脸形相类比：个性无疑是存在的，相似性也显而易见，但是，无论孤立地还是相互联系地衡量和描述每一部位，都不能将脸形的独特性综括为一个概念。脸形的独特性取决于所有部位的总和，同时也取决于每一个人的眼光，正因为这样，同一张脸才对每个人都显得不一样。与此类似，不论我们将什么样的形象赋予语言，它始终是一个民族富有个性的生活的精神表现，所以，我们在语言中必定可以看到整体和个别两方面的作用。无论我们怎样追踪、描述、分解和剖析语言中的一切，总是会余下一些不为我们所知，不为我们的研究所能及的东西，而正是这一未知物，蕴涵着语言的统一性和生命力。由于语言具有这种特性，对我们在此所定义的语言形式进行的描述永远不可能作得绝对完美，而是只能达到一定的程度，即能够满足综观整体的需要。然而，形式这一概念无疑为语言研究者设定了一条道路，他应当沿着这条道路去探索语言的秘密，揭示语言的本质。要是忽视了这

条道路，他就肯定会忽略一系列研究的要点，会不加解释地放过许多实际上可以解释的事实，还会把相互生动地联系起来的事实看作孤立存在的东西。

从以上所述可以看出，我们在这里所说的语言形式绝不仅仅是指所谓的语法形式。我们通常把语法跟词汇区分开来，但这种区分只适合于学习语言的实际需要，而并不能为真正的语言研究确定界限和法则。语言形式的概念远不限于指语词接合（Redefügung）的规则，甚至也不限于指构词的规则（如果构词指的是把行为、受动、实体、性质等一般逻辑范畴运用到语根（Wurzeln）和基本词（Grundwörter）上来）。语言形式的概念完全适用于解释基本词本身的构成，事实上，要想认识语言的真正本质，就必须尽可能运用这个概念来作这方面的解释。

毫无疑问，形式与质料（Stoff）相对立。但为了找到与语言形式相对应的质料，我们必须跨出语言的范围。在语言内部，我们只能够看到相对于其他东西而言的质料。例如，对于变格来说，基本词是质料。而从其他角度看，这里所说的质料又可以被看作形式。一种语言可以从另一异族语言借入一些词，把它们当作质料看待。但是，这些词只是对该语言来说是质料，就其自身而言却并不是质料。严格地说，语言内部不存在任何不具备一定形式的质料，因为语言中的一切都是为了一个确定的目标，即表达思想，这种表达活动始自最基本的要素即分节音，而声音正是通过人们赋予它的形式，才获得分节性。语言的真正质料一方面是语音，另一方面则是全部的感觉印象和自主的精神运动，这种精神运动是借助语言外壳构成概念的必要前提。

不言而喻，为了了解一种语言的形式，完全有必要优先考虑语音的属性。对语言形式的研究须从一种语言的字母[1]开始；在语言的所有组成部分中，字母应被视为最基本的成分。形式这一概念的运用绝不会导致从语言中排除掉任何实际存在的、个别的事实，相反，这个概念只包括一切具有历史根据的和最个别化的事实。只要我们采取这里指出的途径，就能保证把所有的细节都置入研究范围，否则它们很容易会被忽略过去。的确，这样的途径会把我们引向非常辛苦并且往往十分琐碎的基础性研究，然而正是这些微不足道的细节，构成了有关语言的完整的印象；仅仅企图在语言研究中发现重大的、精神的、十分突出的因素，是最不可取的态度。为了避免对词作出错误的判断，完全有必要弄清词和构词要素的每一语法细节。另一方面，显而易见，语言形式的概念不应包括任何作为孤立事实的具体细节，而应该根据语言构造的统一方式来概括具体细节。通过对形式的描写，我们应当揭示一条特殊的道路，即一种语言成为思想表达的发展道路和拥有该语言的民族循之而进的道路。要善于发现，一种语言在自身的既定目的方面，以及在它对民族精神活动的反作用方面，与其他语言相比有哪些不同。语言形式的本质就在于把那些具体的、与它相对而言被视为质料的语言要素综合为精神的统一体。在每一语言中，我们都可以发现这样一种形式，通过其综合统一作用，一个民族才得以把前辈传下的语言转化为他们自己的语言。显然，这样的统一性在语言描写中也应该有所反映，我们只有从分散隔绝的要素上

① 当时的语言学者习惯把音素称为字母。——译者

升至这一统一性的高度，才能真正认识语言本身，否则的话，我们就不可能了解这些要素的真实特性，更不可能了解它们相互之间的实际联系。

在此需要提前指出，语言的同一性正如语言的亲属关系一样，必须基于语言形式的同一性和相似性，因为，前者是果，后者是因，结果必定与原因相一致。只有根据形式，才能断定一种语言跟哪些语言有亲属关系。这一点马上可以应用到卡维语上：不管这种语言吸收了多少梵语词，它总归是一种马来语。若干语言的形式可以归结为某一更概括的形式，而如果我们处处单从最普遍的角度着眼，事实上可以把所有语言的形式归为一种形式，比如，可以从以下几个方面来看：表达概念和组成言语所必需的观念之间的联系；相同的发音器官，其规模和性质只允许发出一定数量的分节音；最后是具体辅音、元音与一定的感觉印象之间的关系，这种关系导致了跟语言亲属联系无关的相同的名称。在语言中，个别化和普遍性协调得如此美妙，以至我们可以认为下面两种说法同样正确：一方面，整个人类只有一种语言，另一方面，每个人都拥有一种特殊的语言。但是，在由一系列类似性联系起来的语言当中，最引人注目的是民族亲属关系所导致的语言相似性。这样的相似要达到多么深的程度，取得什么样的属性，才足以证实历史事实不能直接证明的语言亲属关系，这不是我们要讨论的问题。我们在这里只准备指出，怎样把我们刚才提出的语言形式这个概念运用到亲属语言上来。据上所述，显然可以得出结论：各具体亲属语言的形式必然与整个语系的形式相吻合。这些语言的形式不可能包含任何与该语系的普遍形式相冲突的东西；不仅如此，这些形式的每

一特点通常都以某种方式反映在普遍形式之中。在每一个语系里，都会有一种更纯粹、更完整地保存着原初形式的语言。这里，我们讲到的只是一些相互生成的语言，也就是说，某种实存的、既成的质料（按照前面对这个概念的相对定义来理解）以确定的，但又难以准确证实的顺序从一个民族过渡到另一个民族，并且经历了改造。然而，由于观念活动方式的类似和影响着该方式的精神力量在思想倾向上的类似，由于言语器官以及因袭下来的发音习惯的一致，最后，由于相同的外部历史条件的影响，经过改造的质料始终保持着与原有质料的亲属关系。

第八章　语言的一般性质和特点

13 由于语言的差别取决于其形式，而形式与民族的精神禀赋，与那种在创造或改造之际渗入它之中的精神力量关系极为密切，所以，有必要进一步阐述这些概念，至少要更详细地考察语言的某些主要方面。为此，我将选择一些最能说明问题的方面，它们会十分明确地告诉我们，内在的力量怎样对语言产生影响，而语言又怎样反过来影响了这一力量。

在对语言作一般的思考和对相互明显有别的具体语言进行分析时，我们会遇到两个重要的因素：其一是语音形式；其二是语音形式的运用，即用于表达事物的名称和联系思想。语音形式的运用取决于思维对语言提出的要求，由此而形成了语言的一般规律；这些规律就其初始的活动而言，对所有的人来说是共同的，虽然人们的精神禀性或者其日后的发展各有特点。至于语音形式，则与此相反。不论就语音形式本身来看，还是从把它跟内在语言倾向对立起来、起着促进或抑制作用的精神力量来看，语音形式都是构成和主导着语言差异的真正原因。作为与内在精神力量密切相关的人类有机整体的组成部分，语音形式自然也同民族的全部精神禀赋相关联，但这种联系的实质和原因业已湮灭在几乎不可能探明的黑暗之中。在上述两个因素及其相互渗透的基础之上，便形成了每一语言的个别形式。语言分析的目的就在于研究和描述这两个因素之间的关系。最要紧的是,需要树立起一种有关语言和语言深远的源流、广泛的作用范围的正确观点,在这种观点的基础上进行我们的研究。关于这个问题我们还将继续讨论。

14 在此,我从最广的角度来讨论语言的运作(Verfahren),即不仅要涉及语言跟言语、跟作为其直接产品的全部词汇要素有关的方面,而且也要探讨语言与思维—感知能力的关系。语言如何从精神出发,再反作用于精神,这是我要考察的全部过程。

语言是构成思想的器官(das bildende Organ des Gedankens)。智力活动完全是精神的和内在的,一定程度上会不留痕迹地逝去,这种活动通过声音而在言语中得到外部表现,并为感官知觉到。因此,智力活动与语言是一个不可分割的整体。但智力活动本身也有必要与语音建立联系,否则思维就无法明确化,表象就不能上升为概念。思想、发音器官、听觉同语言之间密不可分的联系,无疑出自无法进一步加以解释的人类本性的原始安排。同时,语音与思想的吻合也十分明白易见。思想可比作一道闪电或一声霹雳,它在爆发的瞬间将全部的想象力集于一点,排斥所有其余的对象;同样,语音作为一个统一体,也以断续、明确的形式发出。正如思想控制着整个心灵,语音首先具备一种能够渗透和震撼所有神经的力量。语音的这个特点使它有别于所有其他的感觉印象,这种特点显然跟下述事实有关:听觉(它往往或始终不同于其他感官)获得了一种运动的印象,即通过发出的声音接收到一种实际行为,而这一行为是从一个有生命体的内心深底生成的;进一步看,感觉的生物能发出非分节音,思维的生物则还能发出分节音。正

如最合乎人性的思维在黑暗中渴慕着光明，于囹圄中向往着无限的自由一样，声音从胸腔的深底向外冲出，在空气这种最精微、最易于流动的元素中觅得一种极其合适的媒质，而这一媒质表面上看并不具备实体性，这使得它在感觉上也与精神相一致。语音切分的明确性对于理解事物的知性是不可或缺的。无论外部自然的事物，还是内在心灵的活动，都以大量的特征对人产生着影响，而人则努力进行比较、区分、联系，他的更远大的目标是力求达到日益丰富的统一性。因此，他也要把事物理解为确定的统一体，并要求用一个语音的统一体来代表统一的事物。语音并不排斥事物加于外部感觉和内部意识之上的任何其他印象，而是成为它们的载体；讲话者怎样凭个人感觉把握事物，语音也就怎样以其独特的、与事物属性相关联的性质表达一个特殊的新印象。同时，语音的清晰性这一特点允许它拥有大量变体（Modificationen），这些变体的数量难以确定，但相互间明确区别开来，不会发生混淆。显然，任何其他感觉渠道都不可能达到如此丰富的变异程度。人的智力活动不仅促使头脑思考，而且还促使人的全身活跃，因此，语音对智力活动起着特别重要的推动作用。发音器官发出的声音恰似有生命体的呼气，从人的胸中流出，即使在未使用语言的情况下，声音也可以传达痛苦、欢乐、厌恶和渴望，这意味着，声音源出于生命，并且也把生命注入了接收声音的感官；就像语言本身一样，语音不仅指称事物，而且复现了事物所引起的感觉，通过不断重复的行为把世界与人统一起来，也就是说，语音把人的独立自主性与被动接受性联系了起来。最后，人所独有而不为动物所具的直立行走姿势，也与语音相适应。这种姿势似乎是由语音导致的。因为，

言语不应被压抑在地面上，它期待着自由地从一个人的嘴中发出，传递给另一个人，它伴随有面部表情和手势，换言之，言语与使人成其为人的一切有关。

关于语音对精神运动的适宜性，我们暂时讲到这里。现在，我们可以更详细地来讨论思维与语言的内在联系。主观的活动在思维中构成一个客体。事实上，没有任何一类表象能够被认为是对某个现存事物所作的单纯接受性的观察。感官的活动必须与精神的内部行为综合起来，从这种联系之中便产生了表象；表象成为对立于主观力量的客体，而它作为客体又被重新知觉到，从而回到主观力量上来。对于这个过程，语言的参与是必不可缺的。因为，精神努力要借助语言经由嘴唇而开辟通向外部的道路，同时这一努力的结果又折回讲话者自己的耳朵。这就是说，表象获得了真实的客观性，却并不因此而失去主观性。这一过程唯有借助语言才能完成。语言始终参与了表象的转化，即使在沉默不语的情况下，表象也会借助语言而获得客观性，然后再回到主体上来。没有这种过程，就不可能构成概念，不可能有真正意义的思维。所以，即使不考虑人与人之间交际的需要，讲话也是个人在与世隔绝的寂寞中进行思维的一个必要条件。然而，从表现形式看，语言只能在社会中发展，一个人只有在别人身上试验过他的词语的可理解性，才能够达到自我理解。当一个自己生造的词从别人嘴里说出来时，词的客观性便得到了提高；而它的主观性也丝毫未损，因为人与人的感觉始终是统一的。不仅如此，由于转变为语言的表象不再仅仅属于一个主体，主观性甚至可以说得到了加强。获得了语言表达的观念为他人所接受，于是便成了整个人类共有的财富，而

每一个人都拥有这种观念的变体之一，在他人的观念变体的影响下，这种个人的观念变体会朝着完善化的目标发展。在相同的条件下，集体对一种语言的影响越强烈、越广泛，该语言所获得的东西也就越多。在形成思想的简单行为中，语言是不可或缺的，在人的精神生活中，自始至终也同样需要语言；通过语言进行的社会交往，使人赢得了从事活动的信心和热情。思维的力量需要有某种既与之类似又与之有别的对象：通过与之类似的对象，思维的力量受到了激励，而通过与之有别的对象，思维的力量得以验证自身内在创造的实质。尽管认识永恒真理的基础在于人的内心之中，但人求索真理的精神努力始终有误入歧途的危险。人会清楚地意识到自己的易变性和局限性，他不得不把真理看作某种外在于他的存在，而使他能够衡测他与真理的距离并接近真理的最强有力的手段，便是他同其他个人的社会交往。所有的讲话行为，包括最简单的讲话，都是个人的认识与人类共同本性的结合。

理解也同样如此。理解在心灵中只能借助人本身的活动进行，其实，理解和讲话只不过是同一种语言力量的不同作用。相互间的交谈绝不等于相互之间传递同一种语言材料。理解者必须像讲话者一样，借助自己的内在力量重新把握同一些语言材料；他所知觉到的，只是能够引发相同感受的刺激。由于这个缘故，人会很自然地把刚刚听懂的话马上重新说出来。语言便是以这样的方式整个地存在于每一个人的身上，这就是说，在每个人身上都表现出一种受到某一确定的力量调节、推动或约束的倾向：在外部和内部因素的诱导下，个人逐渐从自身中产生出整个语言，并使其语言为他人所理解。

人类本性是统一的，它只是显示为分离存在的个性。假如在具体个人的差异中并不存在统一的人类本性，那么，理解就不可能像我们上面指出的那样依赖于独立自主的内在力量，共同的言语交往也无法通过唤起听话者的语言能力来进行。对词的理解完全不同于对非分节音的理解，区别在于，前一种理解远不限于仅仅指出声音和所指事物的相互联系。当然，词也可以被当作不能分割的整体，好比我们在读文字作品时，虽说还不清楚词的字母组成关系，却已经能理解一个词组的意思了；也许，儿童的心智在理解力发展的最初阶段就是这样起作用的。但是，如果参与理解活动的不仅有动物式的感觉能力，而且也包括人的语言能力（在儿童身上很可能就已如此，尽管其语言能力还很弱小），那么词就会被知觉为分节的单位。由于具有分节性，词不仅在听者身上唤起相应的意义（分节性显然能使这一过程更加完善），而且作为一个无限的整体——即一种语言——的一部分直接呈现在听者的面前。事实上，分节性使得人们有可能根据一定的感觉和规则，利用一些具体的词的要素构成数量不定的其他的词，从而在所有的词中间建立起一种与概念上的类似性相吻合的类似关系。另一方面，在我们的心灵中必定存在着一种将上述可能性付诸实现的力量，否则，我们甚至不可能猜度到这种人为的构造方式，也不可能意识到分节性的存在，就像盲人分辨不出颜色一样。因为，语言不应被视为一种整体上可以一览无遗的或者可以拆散开来逐渐传递的质料，而应被看作是一种永不停顿地自我创造的质料；创造的规律是确定的，但产品的范围以及一定程度上创造的方式却完全是非确定的。儿童学讲话，并不是接受词语、嵌入记忆和用嘴唇咿呀模仿的过

程，而是语言能力随时间和练习的增长。听到的话不只是告诉我们些什么，而且还有助于心灵更容易理解过去从未听到过的东西；听到的话会使很久以前听到过，但当时似懂非懂或者完全未懂的内容变得清楚明白，因为，经过长期磨砺的精神力量会突然悟识到，很久以前听到的话与刚刚听到的话有相似之处；此外，听到的话还促使听者把词语越来越多、越来越快地转入记忆，同时越来越少地把它们当作空无内容的声音放过去。所以，这样的进步与学习单词不同。学习单词只是通过加强记忆力的训练，以平均的速度增长；而我们在此所说的进步，则是一种始终在自我提高的发展，因为语言能力的提高和语言材料的累积是相互促进的。儿童并不是机械地学习语言，而是发展起语言能力，这就证明了一个事实：由于人最主要的各种能力是在一生的某个确定时期内发展起来的，所以，处在极不同条件下的所有儿童差不多都在同一伸缩性很小的年龄期学会讲话和理解。假如说话人和听话人不具备一种适合于双方，但以个人形式分隔存在的人类共同本质，那么听话人仅仅依靠他自身孤立地发展起来的能力，何以能够驾驭说出来的话？分节音是一种微妙的符号，它正是由人类共同本质最深刻、最实在的特性造就的，借助于这种符号，听说双方才能够以协调一致的方式进行交往。

有人可能会对这种看法提出异议，指出：任何一个民族的儿童如果在开始学讲话前被置于另一个民族的环境之中，都将发展起该民族的语言能力。人们会说，这一无可辩驳的事实清楚地证明，语言只不过是对听到的话语所作的重复；语言只依赖于社会交往，而与人类本质的统一性和不同表现形式无关。但持这种观点的人恐怕未能足够细心地注意到，要战胜本族语的型式（die Stammanlage）[①]有多么困难。或许，在最细微的色彩方面，这种型式终于未被克服而保留了下来。然而，即使不考虑这一点，儿童能获得任一语言的能力这种现象也足以说明，人与人到处是同一的，因此，语言能力在任何个人身上都可以生长起来。而另一方面，语言能力同样可以说是从个人内部发展起来的，只是由于自始至终需要外部刺激，语言能力的发展才必须适应于外部环境的影响，并且在跟人类所有语言的一致关系上都保持着这种适应性。当然，语言受到民族起源的制约，这一点相当明显地反映在语言按民族来划分这个事实上。这种制约是不言而喻的，因为民族起源极其强烈地影响着个性，而每一具体语言则极为紧密地与个性联系在一起。语言产生自人类本质的深底，同时，语言与人的民族起源也建立起了真正的、实质性的联系。假如不是这样，那么，为什么母语无论对于文明人还是对于野蛮人都具有一种远胜过异族语言的强大力量和内在价值？为什么母语能够用一种突如其来的魅力愉悦回归家园者的耳朵，而当他身处远离家园的异邦时，会撩动他的恋乡之情？在这种场合，起决定作用的因素并不是语言的精神方面或语言所表达的思想、情感，而恰恰是语言最不可解释、最具个性的方面，即其语音。每当我们听到母语的声音时，就好像感觉到了我们自身的部分存在。

当我们分析通过语言创造出来的东西时，同样不能证实这样一种看法，即语言似乎仅仅表示已被知觉到的对象。根据这种看

① 参考英译：the native pattern，俄译：врожденные задатки。——译者

法，事实上是不可能穷尽语言深刻和全面的内容的。没有语言，就不会有任何概念，同样，没有语言，我们的心灵就不会有任何对象。因为对心灵来说，每一个外在的对象唯有借助概念才会获得完整的存在。而另一方面，对事物的全部主观知觉都必然在语言的构造和运用上得到体现。要知道，词正是从这种知觉行为中产生的。词不是事物本身的模印，而是事物在心灵中造成的图像的反映。任何客观的知觉都不可避免地混杂有主观成分，所以，撇开语言不谈，我们也可以把每个有个性的人看作世界观的一个独特的出发点。但个人更多的是通过语言而形成世界观，因为正如我们下面还要讲到的那样，词会借助自身附带的意义而重新成为心灵的客观对象，从而带来一种新的特性。在同一语言中，这种特性和语音特性一样，必然受到广泛的类推原则的制约；而由于在同一个民族中，影响着语言的是同一类型的主观性，可见，每一语言都包含着一种独特的世界观。正如个别的音处在事物和人之间，整个语言也处在人与那一从内部和外部向人施加影响的自然之间。人用语音的世界把自己包围起来，以便接受和处理事物的世界。我们的这些表达绝没有超出简单真理的范围。人同事物生活在一起，他主要按照语言传递事物的方式生活，而因为人的感知和行为受制于他自己的表象，我们甚至可以说，他完全是按照语言的引导在生活。人从自身中造出语言，而通过同一种行为，他也把自己束缚在语言之中；每一种语言都在它所隶属的民族周围设下一道樊篱，一个人只有跨过另一种语言的樊篱进入其内，才有可能摆脱母语樊篱的约束。所以，我们或许可以说，学会一种外语就意味着在业已形成的世界观的领域里赢得一个新的立足点。在某种程度上说，这确是事实，因为每一种语言都包含着属于某个人类群体的概念和想象方式的完整体系。掌握外语的成就之所以没有被清楚地意识到，完全是因为人们或多或少总是把自己原有的世界观，甚至原有的语言观(Sprachansicht)，带进了一种陌生的语言。

即使是语言的初始时期，也不像通常认为的那样，只有寥寥可数的一些词。人们习惯上不是到人类自由的群体交往这一原初的使命中去寻找语言的起源，却以为语言的发生主要是由于人与人需要相互提供帮助，结果是把人类置于一种假想的自然状态之中。这样的观点是极其错误的。人绝不会贫困到如此地步，为了相互提供帮助，人也只需要有不分节的声音就足够了。语言从一开始就纯属人类所有，它任意地扩展开来，接触到偶然的感性知觉和内心思考的一切对象。所谓的野蛮人可能比较接近这样一种自然状态，但他们的语言恰恰处处显示了大量超出需要、丰富多样的表达。语词并不是迫于需要和出于一定目的而萌生，而是自由自在地、自动地从胸中涌出的；任何荒原上的游牧人群，恐怕都有自己的歌曲，因为人作为动物的一类，乃是会歌唱的生物，所不同的是他把曲调同思想联系了起来。

语言不仅仅从自然界中提取出数量不定的物质要素植入我们的心灵，而且也把作为一个整体呈现出来的形式赋予了这些要素。大自然无比清晰地向我们展示了一个纷繁综杂、形态万千、富有一切感性特征的现象世界，我们则通过思考，从中发现一种与我们的精神形式相适应的规律。同时，事物的外在之美脱离了其物质实存，如同只对人起作用的魔法一般附着在事物的轮廓上，而正是在这一外在的美里面，我们所发现的规律与感性材料结合了起来；虽然我们受到这种结合的影响和牵制，却无法对之作出解释。在语言中，我们可以看到与以上所述相类似的一切，语言能够反映出这一切。因为，当我们随语言而进入一个声音的世界时，我们并未弃周围的现实世界于不顾；语言结构的规律与自然界的规律相似，语言通过其结构激发人的最高级、最合乎人性的（menschlichste）力量投入活动，从而帮助了人深入认识自然界的形式特征。其实，这类形式特征本身就反映了精神力量不可解释的发展。语音组合具有独特的节律和音乐形式，借助于这种形式，语言把人带入了另一个领域，强化了人对自然中的美的印象，但语言并不依赖于这些印象，它只是通过语声的抑扬顿挫对内心情绪产生影响。

语言不同于每次所讲的话，它是讲话产品的总和。我们在结束本节以前，还要进一步详细讨论这一差别。一种语言的整个范围，包括通过该语言而转化为声音的一切。思维的材料以及思维的联系是永无穷尽的，语言中大量的名称和关系也同样难以穷尽。除了已经形成的要素外，语言最主要的部分也是由方法（Methoden）构成的，这些方法为精神劳动规定下了继续发展的道路和形式。要素的形式一经确定，要素本身在某种意义上说就成了死的物质，然而，这一物质含有生动的、永远无法限定的胚胎。所以，在每个具体的时刻或历史时期，语言正像自然界本身一样，对人来说显得跟他已知的和所想到的一切相反，是一个取之不尽的宝库。精神始终能够不断地从这个宝库中发掘出未知的东西，感觉也始终能够以新的方式从中知觉到以前从未体验过的对象。这个事实反映在真正新型的、伟大的天才人物对语言的每一项处理之中；在永无止境的智力追求和不断扩充的精神生活中，人必须时刻保持不衰的热情，因此，人不能满足于已获成功的领域，他还必须看到一个无限广阔的、逐渐明朗开来的前景。但语言同时在两个方向上包含着模糊不清、未被揭启的深底。因为往回看，语言也是从不为我们所知的财富发展而来，这一财富只能在一定范围内为我们认识到，其余的部分则锁闭起来，只给我们留下了深不可测的印象。语言的这种起始上和终结上的无穷尽性，与人类的整个存在一样，能够被解释清楚的只是一段短短的过去史。然而，人们在语言中可以更明确、更生动地感觉和猜测到，遥远的过去仍与现在的感情相维系，因为语言深深地渗透着历代先人的经验感受，保留着先人的气息。这些先辈与我们的民族联系和亲缘关系，体现在同一种母语的同一些语音上，我们自己就是用这种母语来表达感情。

语言的这种半稳固、半流动的性质，导致了语言和讲话的一代人之间的独特关系。语言累积起词汇，确立起一个规则系统，借助这一切，语言历经千万年而成长为一种独立自主的力量。前面我们曾讲到，语言所吸收的思想转化为心灵的客观对象，在此意义上说，思想是从外部对心灵产生着影响。但在这种场合，我们主要把客体看作是主体的产物，认为客体产生的影响导源于其反作用所施及的主体本身。现在我们则要来讨论另一种相反的观点，根据这一观点，语言的的确确是一个外在的客体，它所产生的影响来自与这种影响施及的对象不同的另一个源泉。事实上，语言必然既属主体，又属客体，它是整个人类的财产。甚至在文字作品中，语言也保存着能够由精神唤醒的潜在思想，所以，语言本身便构成了一种独特的实存，这一实存虽然始终只能在每一次具体的思维行为中得到实现，但整体上并不依赖于思维。这里提出的两种对立的观点，即语言有异于、独立于心灵和语言隶属于、依赖于心灵，实际上可以统一起来，说明语言的本质特性。语言所包含的这种矛盾，我们不应当这样来理解：似乎语言部分是外在和独立的，而部分则并不如此。事实是，语言客观地、独立自主地发挥作用，另一方面它恰恰在同一程度上受到主观的影响和制约。因为，语言在任何场合，哪怕是在文字作品里，都不会停滞不动，那些仿佛僵死的语言成分始终必须在思维中得到重新创造，生动地转变为言语或理解，并最终全部转入主体；而正是通过这同一种创造行为，语言成了客体：语言每次都以这样的方式经受着个人的全部影响，但这种影响却受到语言本身正在造就和业已造就的东西的束缚。上述矛盾对立的真正答案在于人类本性的统一之中。主体与客体、依赖性与独立性的概念，在与自我原本一致的人类本性中相互转化。语言属于我，因为我以我的方式生成语言；另一方面，由于语言的基础同时存在于历代人们的讲话行为和所讲的话之中，它可以一代一代不间断地传递下去，所以，语言本身又对我起着限制作用。然而，语言中限制、确定着我的东西，出自与我有着内在联系的人类本性，因此，语言中的异物只是有异于我瞬时的个人本性，而非有异于我原初的真正本性。

一个民族的语言多少世纪来所经验的一切，对该民族的每一代人起着强有力的影响，而接触这种影响的只不过是单独一代人的力量，更何况这种力量从来就不是纯一的，因为正在成长中的一代人和正在消逝的一代人总是交混生活在一起。如果考虑到这些，就可以看出，面对语言的威力（Macht），个人的力量实在是微不足道的。只有依靠语言的极大可塑性（Bildsamkeit），依靠以许多不同方式把握语言的形式但又无损于一般理解的可能性，以及依靠生动的精神力量对僵死的传统质料所施予的强力(Gewalt)，个人才能保持他与语言的平衡关系。语言始终能使一个人清楚地意识到，他仅仅是整个人类的一分子。但由于每一个人都单独地、连续地反作用于语言，每一代人于是都会在语言中引起一些变化。不过，这些变化常常不为人们所注意，因为它们并不总是发生在词和词的形式上，有时起变化的只是词及其形式的不同用法；后一类变化在缺乏文字和文献的场合更难以察觉。一种语言的个性(按照通常对这个词的理解)只是比较起来才可以说是个性，真正的个性则仅仅包含在每次讲话的具体个人之中。这个事实，在给有关概念下准确的定义时是不可忽略的，我们可以从中更明了地看出具体个人对语言的反作用。只有在个人身上，语言才获得了最终的规定性。运用词语时，每个人都跟别人想得不一样，一个极其微小的个人差异会像一圈波纹那样在整个语言中散播开来。所以，任何理解同时始终又是不理解，思想和情感上的所有一致同时也是一种离异。语言在每一个人身上产生的变异，体现了人对语言所施的强力，这种强力同上面讲到过的语言对人的威力刚好相反。语言的威力(如果用这个表达指精神力量的话)可以被视为一种生理学的作用(ein physiologisches Wirken)，而人对语言的强力则是一种纯动态的作用(ein rein dynamisches Wirken)。语言及其形式的规律性，决定着语言对人的影响，而决定着人对语言的反作用的是一种自由性原则。因为，在人身上可以萌现某种新生的东西，其原因任何知性在先前的状态中都无法找到；否认有发生这种不可解释的现象的可能，就意味着忽略了语言的本性，并且恰恰歪

曲了语言产生和变化的历史事实。另一方面，虽然自由性本身是无法确定、不可解释的，但在它所独享的一定活动范围内，我们也许有可能发见它的界限。语言研究者必须承认和尊重这种自由性原则的作用，同时也要细致地探索其界限。

第九章　语言的语音系统

分节音的特性

15 人受其心灵的驱动，迫使器官发出分节音，这种分节音是一切讲话行为的基础和本质。假使动物受到了同样的心灵的驱策，那么它们也会像人一样，能够发分节音。语言最早和最必需的要素，即已完全与人的精神本性紧密联系在一起；为使动物的叫声转变为分节音，精神本性的积极作用是唯一充足和必不可少的条件。分节音的实质，在于表达意义（不是一般的意义，而是与某个思维对象有关的确定的意义）的意图和能力，这也是分节音一方面有别于动物的叫声，另一方面又有别于音乐之声的最大特点。我们无法根据分节音的属性，而只能根据发音的方式来描写分节音，这倒不是因为我们没有这样做的能力，而是由于分节音具有独特的性质；分节音正是心灵有意识地发出语音的行为，它之所以有物质实体性，似乎完全是出于外部感知的需要。

在一定程度上，我们甚至可以把可听到的语音的这种实体性分离出来，这样就能更清楚地观察到分节音的特性。比如，在聋哑人身上就可以这样做。聋哑人无法通过听觉与正常人交际，但他们可以根据讲话者言语器官的运动，根据建立在分节音的基础之上的文字来学会理解人们讲的话;假定有人能为他们矫正发音器官的位置和动作,那他们是能够开口说话的。这就是说,分节音的能力也为聋哑人所固有,所以他们才能够学会理解;通过自己的思维与言语器官的联系,他们可以从一个正常人的言语器官的运动学会猜测出他的思想。他们通过言语器官的位置和动作、通过文字材料感知到我们所听见的声音。尽管听不到语音,他们可以依靠视觉、通过尽力自言自语而知觉到语音的分节性。这样看来,聋哑人对分节音的分析是很独特的。事实上聋哑人能够理解语言,而不只是会根据符号或图像了解观念,因为他们是在掌握字母的基础上才学习读和写,甚至还学习讲。聋哑人能学习讲话,不仅仅是因为他们跟正常人一样都具有理智,而且也是因为他们同样具有语言能力,因为他们的思维与言语器官相一致;他们努力想使实质上都基于人类本性的思维和言语器官相互协调、共同作用,尽管这一本性在他们身上已受到一定的损害。聋哑人跟正常人的差别在于,前者的言语器官没有被引向模仿一种作为典范的现成的分节音,而是不得不学会以一种欠自然的、人为的迂回方式来表现自己的活动。聋哑人的例子还证明,文字虽然并不依赖听觉,但与语言有极其深刻、紧密的联系。

分节音的基础是精神对言语器官的强大制约作用:精神迫使言语器官发出与精神活动相适应的形式。精神活动的形式与分节音的相互联系的一般特点是,二者的作用范围都可以划分为一些基本的要素,而这些要素构成的整体则又倾向于成为组建一个新整体的要素。此外,思维要求把多样性综合为一个统一体。所以,分节音的必要特征表现为一种明确的听觉统一性,以及表现为一种能够与其他所有可能的分节音建立起一定关系的特性。为了保持语音的明确性，为能发出和谐悦耳的语音，讲话者需要把语音与所有干扰它的嘈杂之声区分开来，但是，语音要成为言语的要素，本身也必须具有区分性(Geschiedenheit)。当言语获得足够的力量，摆脱了含混杂乱的动物叫声，作为纯人类的努力和意图的产物而出现时，真正的分节音便产生了。通过这样的生成方式，分节音成为一个系统的组成部分，在这个系统的范围内，每个分节音都获得了某种特性，从而与其他的分节音一致或者对立起来。事实上，每个具体的音都是根据它与其他音的关系而构成的，所有这些音对于自由、完善的言语来说都必不可缺，尽管对这一切我们无法予以精确的描述。在每个民族中，都按照其语言系统的要求产生出一些必要的、具备一定相互关系的分节音。分节音之间最主要的差别，是由于发音器官形状的不同和发音部位的不同而造成的，此外，语音的某些次要属性，如吐气、丝音、鼻音等等，也可以构成分节音的差别，这类属性并不取决于发音器官的差异，而可以为一个语言系统所特有。但这类次要的属性会妨碍语音明确的区分性，所以，如果有一种字母系统能够根据发音而约束、包括起这些语音属性，使得它们既保存着自己的所有特征，又可以为极其灵敏的听觉清晰无误地感知到，那就充分证明了在这背后存在着正确的语言意识。在这种情况下，这些次要的语音属性必然与作为其基础的分节音结合起来，构成基本语音(Hauptlaut)的一种特殊变异形式，它们的运用完全受制于这种有规律的变异形式。

用辅音方式构成的分节音，只能伴随着发声时产生的气流发出。气流的运动受到发音部位和经由通道的制约，确定着不同的、

处于明确的相互区分关系之中的音,如辅音系列。通过这种同时进行的、双重的发音方式,便构成了音节。一个音节并非像我们的书写形式所显示的那样,包括两个或更多的音,而只是以确定的方式发出的一个音。要是把辅音和元音看作独立的音,我们可以把一个简单的音节划分为一个辅音和一个元音,但这只不过是人为的分析结果。实际上,辅音和元音是相互限定的,对听觉来说二者构成一个不可分割的统一体。要想使文字如实反映音节的这种特性,更为恰当的做法是像一系列亚洲语言的字母系统那样,把元音看作辅音的变异形式而不是独立的字母。严格地说,元音是不能够单独发出来的。构成元音的气流需要遇到某个障碍,才能发出可以听到的元音;即便构成这种障碍的不是清晰地发出的起首辅音,那至少也需要有哪怕是十分微弱的吐气,在有些语言里,这种吐气在每个开首元音之前都有文字标示。这样的吐气会逐渐加强,转变为真正的喉辅音,而语言可以用专门的字母分别表示出这一增强和转变的不同阶段。元音和辅音一样,也需要有清晰的区分性,所以一个音节必须具有双重的区分性。元音系统中的这种区分性更不易于保存,但对于语言的完善性却更加不可缺少。元音不仅与它前面的音,而且也与它后面的音相联系;跟在元音后面的这个音可以是纯粹的辅音,也可以只是一种吐气,例如梵语的wisarga[①]以及某些场合阿拉伯语中结尾的elif。显然,如果元音不是与真正的辅音,而只是与分节音的某个次要属性相联系,那么

① wisarga(visarga)是梵语中的清吐气音,记为:(ḥ),通常用在词的末尾以代替s或r。我国古时译名为"涅槃点"。——译者

对听觉来说,要清晰地分辨语音就要比在以辅音起首的音节的场合更为困难。从这一点来看,有些民族的文字就显得颇多缺陷。辅音系列和元音系列始终相互确定,另一方面,二者又通过听觉和抽象活动区别开来;由于这两个系列的存在,在字母系统中不仅构成了多种多样的新关系,而且也形成了两个系列的相互对立,这种对立在语言中得到了广泛的运用。

所以,在任何字母系统里,分节音都表现出两种独立的特性,其一是字母系统中语音的绝对丰富性,其二是音与音之间的相对关系,以及每个音与完整的、合乎规律的语音系统的相对关系;通过这两种特性,字母系统或多或少对语言起着积极的影响。在自身构造所允许的范围内,这样的语音系统包括了许多类别的字母,也包括了同样多的字母组配方式:分节音按照相似的程度依次排列开来,或者按照差异的程度相互对立起来,而不论是对立还是相似,都取决于分节音之间的关系。因此,在分析一种具体语言时,首先要问的是,该语言语音的多样性是否与体现了相似和对立关系的构造原则完全一致?此外还要问,往往十分丰富多样的语音是按照一种在各方面都与民族语言意识相一致的语音系统的要求,均匀地分布开来,还是使得一些类的音有缺欠,另一些类的音则有赘余?梵语事实上已接近于形成一种真正的规律,这种规律要求,每个发音部位不同的分节音应当在所有的音类中都得到表现,因此也就意味着,每个这样的分节音与听觉在语言中习惯区分的所有语音变异都要有所联系。不难看出,语言的整个这一领域首先取决于良好的听觉组织和发音器官。但是,一个民族的语言拥有丰富优美的语音,还是只有贫乏单调的语音,一个民族的自然

禀性和感知方式使得它的人民能言善语还是沉默寡言，也绝不是无关紧要的。因为，人在以分节的方式发出音时，会感受到一种喜悦，而这种喜悦之情会使语音变得丰富，并获得多种多样的组配可能性。其实，就连非分节音有时也会引起某种自由的、因此也是更崇高的喜悦之感。非分节音常常是被迫产生的，例如可以由不愉快的感受促发；在其他场合，非分节音产生自一定的意图，人们用它呼唤、警告或请求帮助。但非分节音也可以不受任何需要和意图的限制，从实际生存的快乐之感中迸发出来；这种快乐之感不仅包括野性的欲望，而且也包括人对美妙动听的发声的喜好。这样的发声便是诗情，它在动物蒙昧昏暗的生活中不啻于闪亮的火花。在各种动物中，不同类型的声音的分布是很不平均的，总的说来，有些动物不会发声，有些动物则会发许多声音，然而只有很少几种动物才与更高级、更具愉悦性质的声音有缘。弄清这方面的差异是由什么原因造成的，这对于深入了解语言将会很有用，不过也许我们永远无法对此作出解释。为什么只有鸟类才能歌唱？原因大概在于，鸟儿比所有其他的动物都更自由地生活在传递声音的元素之中，更直接地接触到声音的世界。但同是鸟类，许多种鸟却又像地面上的动物一样，只能发出很少且很单调的声音。

在语言中，起决定作用的因素并不是语音的丰富性，而是语言对讲话必需的语音所加的严格限制，以及语音之间的恰当的平衡关系。因此，语言意识必定还包含着某种我们无法详释的东西，即一种类似于直觉的、关于整个系统的前感觉，而对于语言的独特、个别的形式来说，这一完整的系统是必不可缺的。显然，在语言创造的全过程中反复发挥作用的因素，在这里也表现了出来。我们可以把语言比作一幅巨大的织物,其中的每个部分都与其余部分、各个部分都与整体有着或多或少清晰可辨的内在联系。无论从哪个方面观察,人在讲话时始终只能接触到这幅织物的一个孤立的部分,然而他却总是本能地从整体出发去把握这个部分,仿佛在他面前同时呈现着与个别、具体的部分有着必然一致关系的所有组成部分。

语音变化

16 具体的分节音是语言中所有语音联系的基础。语音联系在一定的界限内发生,而这类界限本身又受到某些语音形变(Lautumformung)的进一步制约;大多数语言都有这样的语音形变,它们是在特殊的规律和习惯的基础之上形成的。不论是辅音系列,还是元音系列,都会发生这种变化。有些语言之间的差别表现在更多地运用辅音变化还是元音变化,或表现在将它们用于不同的目的。语音形变有一个重要的益处,那就是,一方面它在绝对意义上增加了语言的财富,使语音更加丰富多样,另一方面,它使已发生变化的要素仍然保持着可识辨的原型。这样,语言便赢得了更大的活动自由,同时也并未失去理解和确定概念的相似性所必需的线索。概念联系或是形成于语音变化之后,或是形成于其前,起着约束作用,语言由此而获得了生动的直观性。在语音形变不完备的语言里,要想根据语音来识辨概念的联系,是很困难的。在汉语的派生词和复合词里,文字上的相似可以起到语音相似性所起的作用,要不是这样的话,上述困难在汉语中会显得愈加突

出。语音形变受到两种往往相互依赖、但在其他场合又相互抵制的规律的支配。一种规律是纯机体性质的，它根源于言语器官及其协同作用，并取决于发音的简便或繁复，因此也就与语音的天然类似性相吻合；另一种规律源自语言的精神原则，它阻止言语器官随意地或者消极地发挥作用，迫使言语器官发出似乎不那么自然的语音组合。上述两种规律在一定程度上保持着相互协调的关系。为了使发音更加容易和流畅，精神原则必须尽可能地向与之相对立的自然原则让步；有时候，为满足命名的需要，精神原则会完全求助于言语器官，以便从一个音转变到另一个音。但在一定的方面这两种规律又尖锐对立，以致当精神原则的作用力削弱时，自然的、机体的原则便会占据上风，这正像在动物机体中所发生的那样：当生命的原则熄灭时，化学作用的原则就占了统治地位。不论是在我们心目中的原初语言形式中，还是在这一形式以后的发展中，上述两种规律的相互作用和矛盾都会促成多种多样的现象，通过详细的语法分析，这些现象将能得到揭示和描述。

我们在这里所说的语音形变，主要是在语言形成的两个阶段（或者也可以认为是三个阶段）上发生的：在语根中，在以语根为基础构成的词中，以及在这些词进一步发展而成的、源自语言本性的各种一般形式中。对它们的描述，必须从每一种语言所具有的独特的系统入手。因为，这个系统就像是一道河床，语言的水流代复一代地从它上面淌过；系统确定了语言的一般发展方向，通过详尽的分析，即使是语言最个别、最独特的表现也可以还原到该系统的基础上来。

语音与概念的配合

17 词也即单个概念的符号。音节是一个语音的统一体，但它只有在获得独立的意义后才成为词，为此常常需要把几个音节结合起来。所以，词始终包含着双重的统一性，即语音的统一性和概念的统一性。词由此而成为真正的言语要素，而不具备意义的音节则不能被视为这样的要素。如果我们把语言看作是人根据真实世界给予的印象从自身中客观地形成的第二个世界，那么，词就是这个世界中的具体事物，它们甚至在形式上也具有独特的个性。言语在持续不断的过程中进行，讲话者在开始用语言思考之前，脑海中存在的只能是一个有待表达的完整的思想。我们无法想象，语言的形成始于用词指称事物，然后才有了词与词的结合。实际上，言语并不是由先于它而存在的词语组成的，相反，应该说是词从完整的言语中产生出来。但是，即使是在最粗糙、最无藻饰的讲话中，也可以不经思索就觉察到词的存在，因为构词（Wortbildung）是讲话的基本需要。词具有一定的界限，语言只能够在这些界限内独立地进行构造。一个简单的词是从语言中萌生的完美无缺的花朵，它包含着语言业已完成的作品。语言只确定句子和言语的规则及形式，允许讲话者自由地构筑具体的句子和言语。在言语中，词常常显得是孤立的，然而，唯有凭借已经相当完善、十分敏锐的语言意识，才能把词从连续的语流中提取出来。这一点恰能明显反映出具体语言的优点或缺陷。

由于词始终针对概念，所以，意义相近的概念很自然地要用相

似的语音来表示。如果人们或多或少清楚地察觉到一些概念有相同的来源,那就想必会把这些概念跟来源相同的语音对应起来,从而使得概念的相似与语音的相似彼此统一。语音相似并不等于语音同一,只有当词的一部分发生了受制于某种规则的变化,而另一部分完全不变或仅仅发生了易于观察到的变化时,才看得出语音的相似性。词和词形(Wortformen)的这些固定不变的部分,被称为根状成分(die wurzelhaften Teile),而如果把它们分离出来描述,则可以视之为语言本身的根,即语根。在有些语言的连贯言语中,这类语根很少以独立的形式出现,在另一些语言中,则绝不以独立的形式出现。要是把概念严格地区分开来,那么,这样的语根在任何情况下都是不可能单独出现的。因为,当语根进入言语时,它们在观念上便择取了一个与它们的联系相对应的范畴,因而也就不再是纯粹的、不具备形式的语根概念(Wurzelbegriff)了。另一方面,我们不应认为,在任何语言里语根都只不过是抽象推理的产物或对词进行分析的最终结果,也就是说,不能只把语根看作语法家人为努力的成果。有些语言拥有确定的派生规律,借之可以产生出丰富多样的语音和表达,在这样的语言里,根状音(die wurzelhaften Laute)在讲话者的想象和记忆中很容易呈现为真正的初始形式,而当它们反复出现在概念的大量不同含义的形式中时,则代表着一般的、基本的概念。这种根状音一旦深深地锲入精神,也就很容易原封不动地进入连贯的言语,并且作为真正的词形在语言中固定下来。况且,在形式尚在生成之中的远古时代,根状音也同样有可能被当作语根来使用,所以,根状音的确可以说是先于派生形式而存在的,是一种后来得到扩展和改造的语言原具的成分。根据这一点,我们可以对下述现象作出解释:为什么从已知的文字材料来判断,梵语中通常只有为数不多的一些语根见于言语。毫无疑问,语言在这方面也受到偶然性的支配。古印度的语法家曾说过,他们所确定的每个语根都可以在言语中使用,但这也许并不是一个从语言中归纳出来的事实,而宁可说是一条强加于语言的规则。在分析形式时,这些语法家似乎也不只是搜集常用的形式,而是力图穷尽每个语根的所有形式;这样的概括系统,我们在梵语语法的其他方面也可以见到。古印度语法家首先关心的是逐一列举出语根,他们的贡献无疑在于系统、完整地把语根排列了出来。[①] 不过,按照我们的理解,有些语言确实没有语根,因为它们缺少派生规律,缺少以更简单的语音联系作为基础的语音形变。例如在汉语里,语根和词相吻合,因为词并不划分为任何形式,也不会扩展,换言之,汉语中所有的词都是语根。也许我们可以认为,在汉语这类语言的基础之上生成了另外一些允许词发生语音形变的语言,因此,在这些新产生的语言里,纯粹的语根实际上代表着一种更为古老的、完全或部分已从言语中消失了的语言的词汇。但我仅仅是认为有这样的可能,至于某一语言是否真的经历了这种变化,只能根据历史的研究来证明。

以上我们是从复杂到简单,把词与语根区分开来。但我们也可以反过来,即向更为复杂的方面寻溯,把词与真正的语法形式区

① 所以,他们在讨论梵语语根的形式时并不顾及声音和谐的规律。流传到今天的梵语语根表,在各方面都带有语法家的研究工作的痕迹,一系列语根的确认要归功于他们的抽象推导。波特(A. F. Pott)的佳作《词源研究》(Etymologische Forschungen,1833)在这方面作了大量阐述,我们期待着他的进一步研究取得更多的成果。

别开来。为了成为言语的构成要素，词必须指出各种不同的状态，而这些状态的表达是借助词本身来完成的。由此便产生了一般说来经过扩展的第三种语音形式，即语法形式。如果在一种语言中，语根、词、语法形式三者的区分一目了然，那么，词就必然要表达这些状态，而由于这些状态需要通过不同的音得到表达，所以，词并不是毫无变化地进入言语，而是只能作为另一些带有状态标记的词的要素在言语中出现。要是在某一语言中可以观察到这种现象，那我们就把这些词称为基本词。在这种场合，语言确实具有一种分三个阶段扩展开来的语音形式；当语言的语音系统高度发达的时候，上述现象便会发生。

18 除了发音器官和听觉的精确性，以及力图使语音更加丰富多样、完美无缺的倾向外，一种语言在语音系统方面的优点还特别表现在语音与意义的关系上。外部事物对人的所有感官同时产生影响，而语言则仅仅通过听觉印象来表现外部事物和心灵的内在运动，这个表现过程在细节方面多半是无法解释的。在语音和它所表示的意义之间存在着一定的联系，这一点看来可以肯定，但对这种联系的特性却难以进行完整的描述；这种联系往往只能为人猜测到，而在更多的场合甚至根本不为人所知。这里我们还谈不上去研究复合词。就简单的词而言，我们会发现，有三个原因促使一定的语音与一定的概念相联系，同时我们也看到，特别是在实际的运用中，有关的原因远不止这三个。由此可以区分出三种指称概念的方式：

(1) 第一种方式是直接的模仿。一个会发声的事物发出的声音在词里面得到模仿，使得分节音能够复现出非分节音。这种指称方式好比是写生:图画表现了事物的视觉形象,语言则描绘了事物的听觉形象。在这种情况下,被模仿的对象始终是非分节音,而分节音与指称方式似乎相矛盾;由于这种矛盾的关系受到分节音的性质或微弱或强烈的影响,结果,要么是在语音中导致过多的非分节的成分,要么使得被模仿的非分节音荡然无存,无法辨认。因此,这种指称方式不论在何种运用场合都显得有些粗野,它很少与纯正有力的语言意识共存,会随着语言的发展和完善逐渐销声匿迹。

(2) 第二种方式是非直接的模仿,即不是直接模仿声音和事物,而是模仿声音和事物所共有的属性。我们可以把它称为象征指称方式,尽管象征(Symbol)这个概念在语言中的含义要广得多。这种方式为需要命名的事物选择出一些或者独立地、或者与其他音相对照地造成某个听觉形象的音,这个听觉形象与事物带给心灵的印象相类似。例如,stehen(站立)、stätig(稳定的)、starr(不动的、不变的)这组德语词可以引起关于稳定性的印象;梵语的lî(融化、解体)会引起关于流散分化的印象;德语的 nicht(不)、nagen(咬、啃)、Neid(忌妒、羡慕)会使人联想到精确、锋利的切割物。通过这样的途径,导致类似印象的事物便获得了大体相似的语音,比如下面一组德语词:wehen([风] 吹、刮)、Wind(风)、Wolke(云)、wirren(使混乱)、Wunsch(希望)。这些词都用 w 这个音表达一种动荡不定、模糊紊乱的运动,而 w 是 u 的硬化形式,u 本身就有混沌沉闷的色彩。这种指称方式基于每个具体字母和一类字母所包含的某种意义,它在原始的词语指称过程中无疑起过巨大的、甚至可能是唯一的主导作用。其必然的结果或许是,人类的所

有语言都具有一定的名称上的相似性,因为事物引发的印象不论在何处都或多或少要与同一些语音发生同样的关系。这方面的例子至今在不同语言中仍可以找到,所以我们有理由认为,意义和语言上的相似并非都可以归因于语源同一。但是,我们在这里所发现的只是一种限制着历史联系的原则,或是一种提醒我们不可急于下结论的原则;倘若我们把它看作一种构造原则,以为能证明这一象征指称方式通用于所有的语言,那就很有可能会误入歧途。即便摈弃所有其他因素,我们也无法断定语言初创时期的语言和词义的面貌,而这恰恰是问题的关键。一个字母往往只是通过发音上的或者甚至是偶然的混淆而取代了另一个字母,例如用 n 代替 l,用 d 代替 r,我们并非总是能够确定这类变化在哪些场合才会发生。由于同样的结果可以归诸各种不同的原因,所以,类似这样的解释方式并不排除相当大的任意性。

(3) 第三种指称方式的根据,是通过所表达概念的类似性而形成的语音相似。像上面谈到的第二种指称方式一样,意义相近的词也获得相似的语音,不同之处在于,语音固有的属性与此并没有关系。为实现明确的表达,这种指称方式要求有一个先决条件,即在语音系统中存在着具有一定规模的词的整体(Wortganze),或者至少说,只有在这样的语音系统里,这种指称方式才能得到较广泛的运用。尽管如此,它是三种指称方式中最成功的一种。它可以借助语言内部类似的完整联系,最清晰明确地表现出智力产品的全部内在联系。根据这种指称方式,概念和语音在各自的领域里得到类推,从而取得二者之间的和谐一致。我们可以将之称为类推指称方式。

一般关系的指称

19 在语言所要指称的全部对象中，可以区分出本质上有别的两大类：其一是具体事物或概念，其二是一般关系。这些关系与许多事物或概念建立起联系，部分是为了指称新的事物或概念，部分则是为了维持言语的连贯性。一般关系很大程度上直接属于思维的形式，它们产生自一种初始的原则，构成了一些封闭的系统。在这些系统的范围内，不论是个别要素之间的关系，还是要素与综合起全部要素的思维形式之间的关系，都取决于智能发展的必要性。如果一种语言除此之外还拥有一个复杂的、丰富多样的语音系统，那么，一般关系的概念和语音就会持续地、相互协调地发生类推。在我们前面提到的三种指称方式中，适用于一般关系的主要是象征方式和类推方式，有关的例子在许多语言里都可以见到，例如在阿拉伯语里，一种很普通的构成集合名词的方式是嵌入长元音，这意味着，事物的总和形式通过语音的长度象征性地得到了表达。但我们可以认为，这已经是更高级、更发达的分节意识(Articulationssinn)带来的结果。在某些不太发达的语言里，表达类似的集合意义是依靠词的音节之间的停顿，或依靠一种接近于身势(Geberde)的方式，从而使表达更加具有模仿实物的直观性。[①] 类似性质的方式还有：简单地重复同一个音节，以表达各种

① 关于这方面的一些很值得注意的例子，我在有关语法形式起源的一篇论文(题为“论语法形式的产生及其对观念发展的影响”。——译者)里已经提到过。见《柏林科学院论文集》，1822—1823年，历史—语文学类，第413页。

含义，例如除了表示集合意义外，还可以表示复数及过去时的含义。值得指出的是，在梵语及部分地在马来语系的语言中我们会发现，上层社会的语言把重复音节的方式吸收进了自己的语音系统，并根据语音和谐规律予以改造，使这种方式摆脱了粗糙的、象征性模仿的语音成分。在阿拉伯语中，不及物动词的表示法既巧妙又合理：它利用弱化的、但仍很清晰的 i 来表示不及物意义，与 i 相对的是 a，表示主动意义；在马来语系的有些语言里，则通过嵌入沉闷的、一定程度上滞留在言语器官内部的鼻音来表达不及物意义。在这种场合，鼻音必须出现在某个元音之后。但对这个元音的选择仍需根据命名的类推方式进行：在 m 之前选择低沉的、发自言语器官深底的 u，从而使插入到词里的音节 um 成为表示不及物性的标记；不过偶尔也有一些例外，比如，由于语音对意义的影响，这个音会同化于后面一个音节的元音。

就一般关系的指称而言，语言的形成是在一个纯智力的领域里发生的，所以，语言为此还出色地发展起了另一种更高层次的原则，那就是纯粹的、仿佛赤裸裸的（如果可以这样表达的话）分节意识。将意义赋予语音的努力决定了分节音的性质，分节音的本质完全取决于这种努力的意图；同时，这种努力也对确定的意义产生影响。尽管人并非总是能够清晰地意识到整个可指称的领域，但这个领域实际上是心灵自身的创造，它越是鲜明地呈现在心灵面前，意义就越是确定。因此，语言在形成过程中会努力通过选择和分辨语音，把概念的类似特征与非类似特征尽可能细微地区分开来。思维对可指称领域的把握越完整、越明确，语言的形成就越广泛地受到分节意识原则的制导；语言能够在这方面取得彻底成功，就意味着这种原则全面发挥了支配作用。所以，如果把言语器官和听觉的灵敏以及对优美动听的声音的感觉看作创造语言的民族所具有的首要优点，那么，他们的第二个优点就是有纯正、强盛的分节意识。显然，语言形成的关键在于使意义真正渗透入语音，使感知言语的听觉完整地从语音中提取出其意义，而摈弃所有与意义无关的东西，并且使语音仅仅根据意义得到限定。要做到这一切，当然需要严格、明确地区分各种关系，我们在此主要谈的就是这类关系；但同时也需要明确地区分语音。语音越确定，所包含的实体性成分越少，它们就越能彼此清晰地区分开来。由于分节意识的强大作用，语言创造力量的接受性和自主性不仅得到了加强，而且获得了唯一正确的发展方向。我在前面已经指出过，语言创造力量在处理每个具体的要素时，总是似乎本能地把要素看作隶属于整幅织物的一个部分；同样，在这里，类似的本能也明显影响着分节意识的力量强弱和纯正程度。

语音形式

20 语音形式是语言为思想造就的表达。但我们也可以把语音形式比作一所房子：语言仿佛把自己也造进了这所房子。真正的、完满的创造只属于发明语言的初始阶段，即发生于一种不为我们所知、只能作为必要假设的状态之下。然而，为语言的内在目的而运用既存的语音形式，这在语言形成的中期是可以想象的。由于内在的顿悟（innere Erleuchtung）和外在的有利条件，一个民族有可能将一种十分不同的形式赋予它所继承的语言，使之成为另一种全新的语言。我们有理由怀疑,这样的过程是否会在具有极不同形式的各种语言中发生,但毫无疑问,依靠内在语言形式更为清晰明确的悟识作用,语言将能够表达更加丰富多样和界限分明的细微色彩,为此语言要使用现有的语音形式,只是要对这种语音形式加以扩展和改进。通过比较各语系的具体语言,我们可以看出哪一种语言在这方面更为发达。例如,把阿拉伯语跟希伯来语作一下比较,可以在前者中发现若干有关的例子。与此相关的一个饶有趣味的问题,我在关于卡维语的著作里将作讨论,那就是,太平洋南部各岛屿上的语言是否能够以及在多大程度上能够被看作一种基本形式,由之产生出了印度群岛和马达加斯加的狭义的马来语。

上述现象整个说来完全可以从语言生成的自然进程中找到解释。语言按照自身本性的要求,以完整的形式呈现在心灵的面前,这就意味着,语言中的每一个别要素都与某个尚未得到明确表现的要素相关联,与通过现象的总和、精神的规律固定下来的或者还大有发展可能的整体相一致。真正的发展是一个逐渐的过程,新出现的成分是根据业已存在的东西类推构成的。这些基本论点应被视为一切语言研究的基础,它们是对语言进行历史分析后得出的可靠结论,所以我们完全可以放心地采用它们。语音形式中的既成事实,一定程度上会迫使新形式就范,不允许新形式沿循另一条本质上不同的道路发展。在马来诸语言中,借助加在基本词之前的音节来表示不同类型的动词。显然,这些音节并不像他加禄语语法家提到的那样,始终数量众多,区别清晰。但是,那些逐渐加入进来的音节总是原封不动地保持着同样的位置。类似的例子也见于阿拉伯语：它试图表达出更为古老的闪米特语未予表达的那些差别。但阿拉伯语并非企图通过附加音节，把一种与本语系的精神相悖的形式强加于词，而是为了构成某些时态而采用助动词。

由此可以得到结论，语言之间的差异主要是通过语音形式构成的。这也是语音形式的本质所在，因为构成语言的只能是物质性的、实际发生的语音；而且，内在语言形式必然会给语言带来更多的相似性，相比之下，语音允许的差异范围要大得多。但语音形式的影响之所以更为有力，其部分原因也是在于它对内在形式本身产生着影响。精神运动努力要表达受到内在语言目的（der innere Sprachzweck）约束的质料，如果我们肯定，语言的形成始终是精神努力和发出适当分节音的行为共同作用的过程（事实上也必须这样认为，关于这一点我们还要作更详细的讨论），那么我们就得承认，已然成型的物质内容很容易就会制缚住唯有通过新的形式才能获得明确表达的观念，至于决定着这一物质内容的多样性的规律，对观念的影响就更大了。

我们应当把语言的形成看作一种创造，在创造的过程中，内在观念为了表现自身而不得不克服某种困难。这个困难就是语音，人们并不总是能够同样成功地战胜这一困难。往往，比较容易的做法是向观念让步，使用同一个音或同一个语音形式来表达实际上不同的观念，例如用同样的方式表达都包含着不确定性这一意义的将来时和虚拟式（参看以下第十章）。在这种情况下，造就语音的观念始终暴露出其不足，因为，语言意识若是真正强劲有力，那它不论在什么情况下就都能够成功地克服语音困难。而语音形式却利用了语言意识的弱点,仿佛控制了新构成的形式。在所有的语言中都有一些例子说明,在选择语音的过程中,内在的努力多多少少会偏离其初始的道路(当然,根据另一种更恰当的观点,我们必须到这种内在的努力中揭示语言的真实本质)。前面(第九章)我们已经讲到过这样一些语言,在它们里面,言语器官片面地发挥着作用,排挤了载有词义的真正的词干音(Stammlaute)。有时,我们可以观察到一种奇特的现象:自内部进行创造的语言意识往往长时间屈从于言语器官的优势地位,然后却在某一个别场合突然开始起作用,它不仅不受语音倾向的左右,反而牢固地保存起某个具体的元音。而在其他场合,虽然形成了语言意识所要求的新的形式,但在语音倾向的影响下,这种新的形式会立即受到限定;在语音倾向与语言意识之间,像似存在着某种起调和作用的协定。总的说来,本质上不同的语音形式对于内在语言目的能否实现是有决定性影响的。例如在汉语里,不可能发生保持言语联系需要的词形变化,因为汉语的语音结构已经固化,它严格地把音节相互区别开来,阻止音节发生形变和组合。然而,导致这类语音上的障碍的初始原因也可以具有完全相反的性质。在汉语中,原因更大程度上似乎是在于,汉民族没有努力去使语音变得丰富多样,去造就能够促进语音和谐一致的交替变化。如果缺少这种努力,如果精神没有意识到有可能借助精确细腻的语音色彩来表达不同的思维关系,那么,精神也就很少会去注意思维关系本身的微细差别。一方面是这样一种倾向,它试图形成大量相互严格明晰地区分开来的分节音,另一方面则是知性的努力,它在语言中造成许多不同的、确定的形式,使语言能够把握游移不定、无限多样的思想——这两个方面其实始终是相互影响的。就语音和内在语言目的的要求来看，我们绝不应认为，在最早的、不可窥见的精神运动中指称的力量和造就所指称对象的力量会分离存在。事实上，普遍的语言能力把这两种力量统一了起来。一方面，思想作为词而接触到外部世界，另一方面，通过既存的语言传统，业已成形的质料会对必须不断独立自主地创造语言的人施加有力的影响，由于存在着这一区别，我们就有必要并且有可能从这两个不同的方面着手研究语言的创造。闪米特诸语言的情况却相反，它们虽拥有人为的、巧妙的语言形式，但并不明确区分必要和主要的语法概念；原因也许是，这些语言既有机地区分丰富多样的语音，又具有一种微妙的、部分受到语音特性约束的分节意识。语言意识一旦择取了一个发展方向，就忽略了另一个发展方向。倘若语言意识没有足够坚定地朝着语言真正的、合乎其本性的目标努力，它便会中途而止，仅仅满足于语音上的成就，即经过合理、精心加工的语音形式。而导致语言意识这样做的因素，正是语音形式本身的自然特性。闪米特语言的根词（Wurzelwörter）通常由两个音节构成，语音有可能发生内部形变，而这种形变发生的首要条件是拥有发达的元音。与辅音相比，元音显然更精巧、更少实体性（körperloser），因此更能够唤醒内在的分节意识，并使其完善起来。①

① 埃瓦尔特（H. von Ewald）在他的《希伯来语语法》（第 144 页，§ 93；第 165 页，§ 95）里不仅明确指出了闪米特语言中根词的双音节性质所起的作用，而且把主导着这种性质的精神成功地贯穿到了他的整个语言学说之中。葆朴（F. Bopp）进一步详细地阐述道，闪米特语言的特点在于几乎完全借助词的内部变化来构成词形及一部分屈折形式；他还以一种深刻的新方式把上述观点运用到了语言分类上（参看他的《比较语法》，第 107—113 页）。

语音系统的技术

21 语音形式确定着语言的性质，我们也可以从另一个方面来观察语音形式的这种优势。我们可以把语言为达到自身目的而运用的所有手段称为语言的技术，并把这种技术再划分为语音的和智力的两类。所谓语音的技术，指的是词和形式的构成，这种构成只涉及语音或者只由语音上的原因引起。语音技术的丰富性体现在两个方面：一是单个的形式更响亮悦耳，伸展余地更大；二是同一个概念或同一种关系可以由不同的语音形式来表达。智力的技术则相反，包括了语言中需要指称和区分的东西。例如，一种语言可以借助时间概念与行为过程等概念的种种可能的联系，来表述性、双数、时态的范畴。

由此看来，语言是服务于一定目的的工具。但是，通过它所反映的观念的有序性、清晰性和明确性，以及通过和谐悦耳的声音和韵律，这一工具显然刺激着纯粹的精神力量和最高级的感性力量，所以，语言的有机结构——即抽象的语言本身，撇开其目的不论——强烈地左右着民族的热情。在这种情况下，技术并不限于为实现语言内在的目的服务。因此，我们可以设想两种可能：语言或是超出了内在目的的需要，或是尚未满足这种需要。要是把英语、波斯语、狭义的马来语与梵语、他加禄语作一下比较，我们便能察觉到语言技术在这方面的丰富程度的差别；不过，直接语言目的的实现，即再现思想，并没有因这类差别而受到妨碍。事实上，前三种语言不仅一般而言已达到了这一直接目的，而且还拥有了丰富多彩的修辞和诗歌的表达。关于语言技术的一般优越性，我在下面还将谈到。在这里，我只是想指出语音技术在哪些方面能够压倒智力技术。不论语音系统有多少优点，如果语音技术和智力技术之间的关系不平衡，便说明语言创造力量不够强大，因为，一种统一的、强大的力量在发挥作用时，必然会完好无损地保存着出自本性的和谐一致。在平衡关系未被完全破坏的场合，语言中丰富的语音可以与绘画中的色彩相比：语音的印象也好，色彩的印象也好，都会引发类似的感觉；当思想只具备一个笼统的轮廓，以纯粹、赤裸的形象出现时，它所起的反作用跟它在获得更多的语言"色彩"时所起到的作用是不一样的。

第十章　内在语言形式

22 同语言有关的思想是无比明晰的。假如这些思想的光辉和温暖未能渗透进语音形式,那么,即使有美妙动听、丰富多样的语音形式,即使这种语音形式的种种优点与最生动活跃的分节意识结合了起来,也并不足以产生出同精神相匹配的语言。语言的这一完全内在的、纯智力的方面,决定了它的本质;这个方面也即语言创造力量对语音形式的运用(Gebrauch),在这种运用的基础之上,语言才有可能把表达赋予现代伟大的思想家在观念形成过程中力图借助语言来表现的一切。语言的这一特性,取决于在它内部得到显示的规律相互之间以及这些规律与直观、思维和感觉的规律之间的协调一致和共同作用。然而精神能力(das geistige Vermögen)只存在于活动之中,表现为一次又一次连续的力量爆发;这种力量是一个整体,它的爆发有确定的、单一的方向。所以,语言的内部规律实际上正是语言创造过程中精神活动所循的轨迹,或者换另一种譬喻的说法,是语言创造力量用以浇铸出语音的模型(die Formen)。心灵的所有力量都投入了语言创造活动;人的内心世界中再精深广博的东西,也都可以转化为语言,在语言中得到表现。因此,语言的智力优点完全取决于一个民族在语言形成或改造时期所具有的秩序井然、稳固明晰的精神组织;语

言的智力优点是这一精神组织的映像，甚至可以说是其直接的模印。

各种语言在智力运作上似乎显得彼此相等。语音形式的多样化是无法估量的，无止境的，这并不难理解：感性的、物质实体的个别产生自许许多多不同的原因，我们根本无法估算其所有可能的变异形式。但是，既然语言的智力运作正如其整个智力方面一样，完全建立在精神的独立自主性之上，既然人们的目的和手段是相同的，这种运作似乎也理应相同；况且，语言在智力方面确实保持着较大的同形性（Gleichförmigkeit）。不过，出于多种原因，即使是语言的智力方面也表现出相当大的差异。一方面，造成这种差异的原因是语言创造力量不同程度的显示；不论一般而言，还是就它与有关的精神活动的相互关系而言，这种力量所发挥的作用都有程度之别。另一方面，导致上述差异的还有另外一些力量，这类力量的创造行为无法借助知性和纯粹的概念来衡量。一个民族通过幻想和感觉构造出个别的形式（individuelle Gestaltungen），而这些形式复又体现出该民族的个性，在这种场合就像在所有个别现象的场合一样，同一内容可以不断获得新的定义，其表达方式是无限多样、不可穷尽的。

其实，即便是在纯观念的、依赖于知性关系的领域里，也存在着差异，只不过这类差异几乎总是起因于不恰当的或者不完善的组合（Combinationen）。我们只需要研究一下语法规则，就可以看出这一点。例如，根据言语的需要，必须对动词结构的不同形式分别给予表达；这样的形式实际上只靠概念的推导就可以构成，因此，各种语言本来可以用同一种方式对这类形式进行系统的描述和正确的区分。然而，如果把梵语与希腊语作一下比较，就马上能发现，梵语中动词式(Modus)的概念不仅明显不发达，而且在语言创造过程中甚至未被真正感觉到，没有明确地区别于时态的概念。所以，式的概念没有与时态的概念建立起适当的联系，也没有完全贯穿到各个时态之中。[①] 同样的现象也见于梵语的动词不定式。不仅如此，不定式还完全忽略了自身的动词特性，转入了名词的行列。虽然梵语受到偏爱，而且这种偏爱不无道理，但人们必须承认，梵语在这方面落后于比它年轻的希腊语。言语的本性助长了这样的不精确性，不过这种不精确性还不至于妨碍基本上实现言语的目的。此外，在言语中允许用一种形式代替另一种形式[②]，或者在缺乏直接、简洁的表达时满足于婉转的表述。尽管如此，上引

① 葆朴在《科学批判年鉴》(Jahrbücher für wissenschaftliche Kritik，1834 年，第 2 卷，第 465 页)中第一个指出，可能式(Potentialis)通常用于表达一般断言命题，而不涉及和不依赖于任何具体的、确定的时间。大量的例子，特别是《西托帕德沙》(Hitôpadêśa)中的道德警句的例子，可以证明他的论述是正确的。但如果我们更细致地思考一下这种乍看来十分特别的时态用法的原因，就会发现，在此类场合这种范畴完全是被当作虚拟式来使用，只不过我们应把整个表达方式看作一种省略。例如用 der Weise würde so handeln(智者会这样做)来代替 der Weise handelt nie anders(智者永远这样做)，前一句省去了“在任何时刻和任何条件下”之类词语。由于存在着这样的用法，我不打算把可能式称为必要式(Nothwendigkeits-Modus)。我认为，可能式宁可说是一种十分纯正和简单的虚拟式，它有别于能够、可能、应该等所有现实性的辅助概念。这种用法的特点在于暗含的省略语，所谓可能式，正是通过主要发生在直陈式之前的省略而构成的。事实上不可否认，虚拟式的运用仿佛排除了所有其他可能性，因此，在这种场合虚拟式比单纯述说事实的直陈式具有更强的效果。我之所以要强调这一点，是想说明保持和维护语法形式的纯正性和惯用意义不无重要性，若非出于被迫，不可去破坏它们。

② 关于一种语法形式混同于另一种语法形式，我在“论语法形式的产生”这篇论文里作了更详细的讨论。见《柏林科学院论文集》，1822—1823 年，历史—语文学类，第 404—407 页。

事例仍然应该说是不完善性的表现，并且恰恰说明了语言在纯智力方面的不足。前面(上一章)我已指出，语言的不完善有时起因于语音形式：语音形式一旦习惯于一定的构造，就会诱使精神把要求具备一定形式的新类型的概念引导向既成的构造方式。但实际情况并非总都是如此。以上我讲到了梵语对动词的式和不定式的处理，对这个问题，从语音形式的角度也许不可能作出任何解释。至少我本人没有在语音形式中发现任何有关的因素。事实上，语音形式拥有丰富的手段，能够确保语言获得足够的表达方式。显然，导致这种欠缺的是某种更为内在的原因，那就是，民族创造精神未能足够清晰地觉识到动词的观念结构，即动词内在的、由不同部分组成的有机整体。而从下述事实来看，梵语的这个缺陷更显得奇特：在其他方面，没有任何一种语言能够像梵语一样，如此真实、如此富于想象地表现出动词的实在本性，表现出存在与概念的高度综合；梵语动词的表达永远处在动态之中，始终指出确定的具体状态。要知道，梵语的根词绝不能被看作动词，甚至也不能被看作动词性概念。不论我们到仿佛外在的语音形式中，还是到内在的观念结构中去寻找造成这种不完善的发展或者对语言概念理解不当的原因，语言智力方面的这类缺陷终究要归因于进行创造的语言能力力量上的不足。一颗子弹如以足够的力量射出，就不会由于反方向的阻力而脱离轨道，与此类似，一种观念材料如由适当的力量加以控制和处理，就能够在各方面均衡地发展起来，直到它那最微小的、只有借助最严密的分析才能分解开来的要素也都构筑得完美无缺。

在语言内在的、智力的方面，正如在语音形式方面一样，需要

注意的两个突出的要点是：概念的指称和词语接合（Redefügung）的规律。就指称而言，也同样有区别：是要寻求单纯个别事物的表达，还是要表述一些关系，这种关系适用于一系列个别事物，可以由某个一般概念以同一种形式概括起来。所以，在这里实际上要区分三种不同的情况。前两种情况属于概念的指称，在语音形式的领域里导致词的构成，而词的构成在智力领域内则与概念的构成相一致。因为，每个概念必须与它本身固有的特征或与其他相关的概念保持内在的联系，同时，分节意识要为每个概念配置表达的语音。甚至对外在的、物质实体的、直接通过感官知觉到的事物来说，也是如此。在这种场合，词也并不是浮现在感觉面前的某个事物的等价品，而是语言创造力量在发明词语的某个特定时刻对这个事物的理解。这正是造成同一事物可以有许多不同表达的主要源泉。比如在梵语里，大象有时叫做"饮两次水的"，有时叫做"双齿的"，有时又叫做"用一只手做事的"动物，[①]尽管指的是同一事物，却表达了各种不同的概念。事实上语言从不指称事物本身，而是指称事物的概念，这种概念是由精神在语言创造过程中独立自主地构成的。我们在这里讨论的正是这样的概念构成，它应当被理解为纯内在的、仿佛先于分节意识而发生的过程。当然，上述区分只对语言分析才有价值，在现实中并不存在。

从另一个角度来看，在上面提出的三种不同的情况中，后两种情况彼此较为接近。不论是具体事物之间可指称的一般关系，还是语法上的词形变化，很大程度上都依赖于一般的直观形式和概

① "饮两次水"指先用鼻子吸水，然后送到嘴里；"一只手"喻指象鼻。——译者

念的逻辑秩序。这就意味着,它们都包含着一个清晰明了的系统。我们可以把取自每一具体语言的系统与该系统作一个比较,这样,就会再次观察到两个引人注目的特点:其一是所指对象的完整性以及对之所作的适当的分隔,其二是从观念上为每个这样的概念选择的名称。这与前此所述完全相符。但在这种情况下,所涉及的始终是非感性概念的名称,并且常常是纯关系的名称,所以,概念在语言中必须经常(倘若不是始终)采取形象比喻的形式。由此我们可以发现深在的语言意识,它与一些最简单的、自始至终制约着语言的概念联系在一起。人称连同代词,以及空间关系,在这方面起了最重要的作用,而且我们常常能够证明它们之间的关系,发现它们通过一种更为简单的感知方式相互联系了起来。在此,显然有一种力量在显示着作用,它以极其独特的、仿佛出自本能的方式在精神中确立起语言。在这种场合,个性的差异恐怕极少有可能形成,导致语言差别的原因很大程度上只不过是,某些语言有时较成功地运用了上述最简单的概念,有时则把更明确的标记赋予了产生自语言意识深底的名称,使这种名称更易于为人知觉到。

内在和外在的具体对象的名称更深刻地渗透到感性直观、想象和情感之中,并通过它们的共同作用对民族性产生影响,因为在这一过程中,自然与人建立起了真正的联系,而部分地具有物质实体性的质料也与造就形式的精神结合了起来。所以,民族特性尤其突出地在这个领域里体现了出来。在认识事物的过程中,人接触到外部自然,他身上的种种精神力量在各方面相互区分开来,与此同时,他独立地发展起了内心的感受;这一切也同样在语言创造中得到了反映:语言创造活动内在地确立起了跟词相对的概念。

在这里，鲜明的分界线仍在于，一个民族是把更多的客观现实还是把更多的主观内在性(subjective Innerlichkeit)赋予语言。虽然这种差别是在持续不断的构造过程中逐渐形成并明朗化的，但是，其内在联系的萌芽无疑已存在于最初的语言禀赋之中，而且语音形式也已带有这一萌芽的印记。语言意识在表述感性事物方面对清晰明确性的要求越高，在表述理性概念方面对纯粹的、非实体的限定性要求越高，所构成的分节音就越加明晰(因为，我们通过思考区分开来的东西，在心灵内部本是一个不可分割的统一体)，而音节也就越能够和谐响亮地组成为词。将希腊语与德语作一番细致的比较，便很容易看出更为清晰明确的客观性和更为深刻内在的主观性之间的这种区别。在语言中，民族特性的类似影响见于两个方面:其一是具体概念的构造，其二是语言所拥有的一定类型概念的相对丰富程度。显然，参与具体指称的有时是受到感性直观支使的想象和情感，有时是善于细致分辨的知性，有时则是果敢地起着联系作用的精神。形形色色、千差万别的事物，其名称由此会获得同一种色调，它反映出一个民族如何理解世界的特点。此外，很明显，与某种精神倾向有关的表达会异常丰富，例如梵语有大量宗教—哲学用语，就这部分财富而论，大概没有任何一种语言堪与梵语相比。还有一点要补充的是，这类概念绝大多数是由简单的原初要素尽可能单纯、直接地构成的，所以，善于深刻抽象思考的民族意识在其中得到了更清晰的表达。梵语由此而获得的特征，我们不仅在古代印度的全部诗歌和精神活动中，而且在其外部的生活和习俗中也都可以发现。语言、文学和社会建制都证明，标志着古印度人民族性的主要特征从内部来看，是认识人类生存的初始原因和最终目标的努力，从外部来看，则是一个特殊环境的存在，这个环境的一切都是为了致力于这种努力，即对神明和僧侣精神的思索和追求。至于次要的特征，在所有这三个方面都表现为一种往往有可能走向虚无，而且确实在朝这个目标下力的苦思冥想(Grübeln)以及一种企图借助惊险离奇的训练超越人类本性限界的幻想。

然而，如果认为民族精神特性和民族性格仅仅在概念构成中才得到显示，那显然是片面的。事实上，这方面的独特性对词语接合起着同样有力的影响，并且在词语接合上明显反映了出来。这是不言而喻的。心灵内部的火焰忽强忽弱，忽明忽暗，时而跃跃欲起，时而隐隐蛰伏，它倾注入每一个完整的思想和每一串涌流而出的感觉的表达，从而使其独特的本性从中直接映射出光辉。在这一点上，梵语和希腊语的比较也很有启发意义。不过，语言在这个方面的独特性只有极少一部分在具体的形式和一定的规律中得到反映，因此，语言分析在这种场合就更加困难，更加吃力。另一方面，观念序列(Ideenreihen)的句法构造方式与我们前面提到过的语法形式的构造十分密切地联系在一起。试想一下，如果形式既贫乏，又含混不清，思想就不可能在广阔的言语领域里自由驰骋，而是不得不接受一种简单的、满足于少数停顿的长句结构(Periodenbau)。即便已经拥有大量区分明晰、表述精确的语法形式，为了使词语的接合完善起来，语言也还需要具有一种内在的、生动的追求(Trieb)，即谋求建立起更长、意思更曲折、更富有激情的句子构造。在梵语获得其形式(也即为我们所知的梵语作品的形式)的历史时期，这种追求并没有起过多大作用，否则的话，它就会像希

腊语的天才精神做到的那样，在一定程度上预先为这类句子构造伏设下可能性。现在我们至少偶尔还可以在梵语的词语接合中观察到这种可能性的实际表现。

但是，长句结构和词语接合中的许多东西并不能归因于规律的作用，而是取决于每次讲话或写作的个人。语言的功能就在于，它保证了言语表述的多样性享有充分的自由和丰富的手段，尽管它所提供的往往只是每时每刻独立地创造这类言语表述的可能性。随着观念的不断发展、思维能力的提高及感知能力的深化，时间常常会把崭新的东西赋予语言，而不改变语言的语音，更不改变语言的形式和规律。于是，同一个外壳获得了另外的意义，同一个标志可表达不同的内容，同一些联系规律显示了不同层次的思维过程。这正是一个民族拥有的文献，特别是其中的诗歌和哲学部分所取得的持久稳固的成果。其他科学的发展供给语言的更多的是个别、具体的材料，而诗歌和哲学则在完全不同的另一意义上触及人的内心深底，因此也就更强烈、更深刻地影响着与人紧密联系在一起的语言。而且，如果在一些语言里，诗歌和哲学的精神至少在某个时期占据过上风，特别是如果这种优势萌发自内在的追求(Trieb)，而不是来自外在的模仿，那么这些语言就最善于在发展中使自身臻于完满。有时候，在整个语系中，例如在闪米特语系和梵语系里，诗歌的精神异常活跃，就好像本语系的一种早期语言的诗歌精神在后来的语言中以新的面貌恢复了生命。感性直观的财富是否也能够以这样的方式在语言中增长，这恐怕不易断定。然而，历经千百年而形成的所有语言的经验事实都证明，在不断发展的运用过程中，智力概念和源自内心感受的概念会把一种更深在、

更富有灵意的(seelenvolleren)内容授予表达它们的语音。才华横溢的作家使词获得了这种崇高的内容,而一个活泼的、敏于接受的民族会采纳这一内容,并把它传递给后人。比喻则不同。语言本身还带有一些痕迹,表明远古时代的人们似乎有过运用比喻的惊人技艺,但经过长时间的日常使用,这类比喻的形象性已经销蚀得差不多感觉不到了。正是在这种进步和退步同时发生的运动之中,语言产生着适合于人类发展进程的影响,这也是语言在人类宏大的精神系统中应当发挥的作用。

第十一章　语音与内在语言形式的联系

23 语言的完善性体现在语音形式与内在语言规律的联系上。这种联系在创造语言的精神力量同时性的行为之中不断得到更新；当这种联系真正彻底地渗透进语言的时候，语言便达到了完善的顶点。自生成第一个要素起，语言的创造就是一种综合的运作过程(ein synthetisches Verfahren)，而且是真正意义上的综合，这意味着，处在相互联系中的任何一个部分，单独说来都不包含各个部分的综合所带来的结果。因此，只有当语音形式的整个结构与内在的形式构造于同一时刻牢固地结合为一体时，综合的目标才告实现。由此带来的有益的结果是，一个要素完全适应于其他要素，每个要素仿佛同所有其他要素都建立了联系。一旦达到了这个目的，内在的语言发展就不致走上脱离语音形式创造的片面的窄路，另一方面，丰富多样的语音也不致超出思想的适当需求而恣意繁衍。相反，促使语言进行创造的内在心灵活动会把语音引向和谐及韵律，语音借助它们而获得了一种能与单纯的音节声响相抗衡的均势，并且通过它们发现了一条新的道路：沿着这条道路，先是思想将生命力注入语音，而后，语音也根据自身的特性，反过来为思想提供了一种激励原则。语言的这两个主要构成部分

之间的稳固联系，特别明显地表现在富于感觉、充满幻想的语言繁荣时期；反之，在语言的智力发展和完善的时期，对语音构造的追求已失去必需的力量，或者这种力量从一开始就只在一个方面起作用，这就必然会导致知性的片面统治，导致表述上的枯燥乏味、平庸无聊。我们在有些语言里可以看到这种现象：它们的某些时态形式就像在阿拉伯语里一样，仅仅是借助分离存在的助动词构成的，因此，这些时态形式的观念已经不再受到对语音形式构造的追求的影响。而在梵语的某些时态形式里，动词“是”(seyn)与相应的动词概念结合成了一个统一的词(Worteinheit)。

不过，不管是上述例子，还是其他很容易举出的类似例子，特别是构词方面的例子，都不足以说明这里所说的综合的重要意义。我们在此讨论的这种完善的综合，并非产生自语言的具体事实，而是导源于语言的总的属性和形式。这种综合是精神力量在创造语言的一瞬间所造就的产品，它准确地标示出了这一力量的强度；它就像是一个铸造得很粗陋的硬币，虽然再现了原有形式的完整轮廓和全部细节，却缺少清晰明确的形式所独具的光辉。整个地看，特别是在这里所说的场合，语言就其最内在、最不可解释的运作而言，往往与艺术相似。雕塑家和画家也把观念与材料联系起来，从他们的作品也可以看出，是真正的天才自由地掌握着观念与材料在相互渗透的内在过程中的联系，或只不过是一些工匠辛辛苦苦、谨小慎微地用斧凿或画笔把抽象的观念抄袭了下来。在此，后者的不足更大程度上也是在于缺乏完满的总体印象，而并不在于具体的缺点。有时候，外在和内在语言形式的必要综合在一种语言里表现得不很成功，关于这一点，我在下面谈到某些具体的语法问

题时将作进一步的说明。事实上，要想追踪这种缺陷，直至语言结构最精细的部分，这不仅难以做到，而且在一定程度上也不可能做到。至于处处都试图在词里面找到这种缺陷，可能性就更微乎其微了。尽管如此，我们可以实实在在地感觉到这种缺陷的存在，并且可以清楚地看到它所产生的影响。真正的综合是受到崇高、强大的力量独到的激励后形成的。不完善的力量缺乏这种激励作用，因此，由之形成的语言在运用中所发挥的影响也同样缺少激励作用。这个事实在此类语言的文学作品中表现了出来：或者是这些作品很少采用与精神的激励作用相适应的体裁，或者是这种激励作用明显不足。导致这方面缺陷的原因是民族精神力量比较弱小，而由于一种不甚完善的语言的影响，这样的民族精神力量便在一代代后人中促成了类似的缺陷。更确切地说，精神力量的弱点自始至终在一个民族的内部显示出来，直到由于某种动因的作用而使得该民族的精神发生新的变革。

第十二章 对语言运作的详细分析

24 这部导论的目的在于指出语言结构的多样性，将语言作为人类精神发展的必要基础来描述，并且详细地阐述语言与人类精神的相互影响。鉴于这一目的，我必须探讨语言的一般性质。在前述观点的基础之上，我还要循同一条路径继续研究。前面我只讨论了语言本质的最一般特征，只不过更详尽地阐发了语言的定义。如果我们到语音形式和观念形式中，以及到它们适当的、有力的相互作用中寻找语言的本质，那么我们就还需要确定无数具体的细节，因为这类细节使得一般定义的运用复杂化了。在此，我的目的是要通过预先进行的考察为个别的历史语言比较开辟一条道路，为此必须进一步分析语言中的一般现象，并且把由此而显现出来的特殊现象重新归纳为一个统一体。语言的本性为实现这个目的提供了帮助。因为，与精神力量直接相联系的语言是一个具有完备构造的有机体，我们在语言中不仅可以区分出具体的组成部分，而且还可以区分出运作的规律(Gesetze des Verfahrens)，或更准确地说，运作的走向或发展倾向(在这里，我始终试图避免选用未经历史研究证实的表达)。要是拿人体这个有机体与之对照，我们可以把语言运作的倾向比作生理规律，因为对生理

规律的科学考察本质上也不同于对具体组成部分的分析和描写。所以，我们在这里并不是要像在语法书里那样逐项讨论语言的具体部分，如语音系统、名词、代词等等，而是要探讨语言的这样一些特点，它们贯穿在构成语言的所有具体部分之中，并对之起着进一步的界定作用。从另一个角度看，也有必要探讨语言的运作。如果想实现上面提出的目标，我们在研究中就必须首先将注意力集中在语言结构的差异上，而这种差异并不能追溯至一个语系最初的统一性。事实上，这样的差异首先要到语言的运作或方法与语言有限的努力之间最紧密的联系之中寻找。于是，我们便以另一种方式重新回到了概念的指称及思想在句子中的联系这个问题上。不论是概念的指称，还是思想的联系，都取决于一个目的，即思想的内在完备和外部理解。同时，一定程度上并不依赖于这个目的，在语言中形成了一种它所独有的艺术创造原则。因为在语言中，概念是由语声承载的，也就是说，各种和谐一致的精神力量与一种音乐要素联系了起来；这种音乐要素进入语言后，只是改变而不是失去了自身的性质。所以，语言的艺术美并不是它的偶然的装饰，恰恰相反，这种艺术的美是语言本质所导致的必然结果，并且是一块可靠的试金石，我们可以用它来检测语言内在的、普遍的完善性。只有当美的感觉深深地渗透到精神的内在活动之中时，这一活动才能够达到辉煌的顶峰。

当然，语言运作的目的不仅仅在于促成一个具体的现象，它还必须使得语言有可能在思想所规定的一切条件下产生出数量不定的一系列具体现象。语言面对着一个无限的、无边无际的领域，即一切可思维对象的总和，因此，语言必须无限地运用有限的手段，而思维力量和语言创造力量的同一性确保了语言能够做到这一点。为此语言有必要在两个方面同时发挥作用：首先，语言对所讲的话产生作用，其次，这种作用又反过来施及创造语言的力量。在每一种具体语言里，这两个方面的作用都通过该语言独有的方法（Methode）相互限制，所以，在描述和评判这种方法时，必须同时考虑到这两个方面的因素。

词的相似性和词形

25 如前所述，词的发明一般说来就意味着根据两个领域的相似性来为类似的概念选择类似的语音，并且把一种明确限定的或者不大确定的形式赋予这些语音。这样，我们的研究便涉及两个对象，即词形（Wortform）和词的相似性。通过进一步的分析，可以看到词的相似性包括三个方面，即语音的相似，概念的逻辑相似，以及由于词对心灵的反作用而导致的相似。逻辑的相似性以观念为基础，所以，说到这种相似性，我们首先想到的是这样一部分词汇，其中一些词根据一般关系的概念而转变为另一些词，换言之，意义具体的词转变为意义抽象的词，指称个别事物的词转变为集合名词，等等。但是，在这里我将不考虑这部分词汇，因为这些词的独特变化十分近似于同一个词在言语中根据不同的关系而发生的变化。在这类场合，词的意义中始终保持不变的部分与另一可变的部分结合了起来。同样的现象其实也见于语言的其他方面。在一个表示不同事物的通称概念中，往往能够识辨出一个词的像似词干的（stammhafter）基本部分，而一种语言的方法可以

促进或妨碍这一识辨，可以突出或掩蔽起词干概念（Stammbegriff）及其与可变形式的关系。借助语音来指称概念，也就是把本质上永远不能真正统一起来的一些事物联系起来。但概念是不能同词分割开来的，这正像人不能脱离开他的面容一样。词是概念的个别形象，如果一个概念脱离了某个词，那它就只有借助其他的词才能重新得到表现。然而，心灵必须不断努力，使自身独立于语言领域，因为对于心灵内在的、日益丰富的感受来说，词毕竟是一种桎梏：要是词音包含过多的物质成分，词的意义过于概括，就往往会妨碍心灵向独特、细微的感知发展。心灵必须更多地把词当作其内在活动的依据，而不是将自己禁锢在词的界域之内。不过，心灵却会把它如此获取并保存下来的东西再添加到词里面，于是，在心灵的这种持续不断的、正向和反向的努力过程中，语言便通过精神力量适当的积极活动而日益完善起来；语言的精神内容逐渐变得丰富，而精神内容的丰富则又提高了对语言的要求，即要求它更好地满足精神力量的需要。我们在所有发达的语言中都可以看到，由于思想和感觉的活动达到了更高的水平，词也就获得了更广泛、更深刻的意义。

性质不同的概念与语音建立起联系；即使完全不考虑语音的物理声响，而只就观念的方面来说，这一联系也需要有某种另外的媒质，使得概念和语音能够经之结合起来。这种媒质始终是感性的，例如，在“理性”（Vernunft）这个词里面存在着“拿、握”（nehmen）的观念，在“知性”（Verstand）一词里存在着“站立”（stehen）的观念，而“开花、繁荣”（Blüthe）一词则含有“流出”的观念。总之，这种媒质与内在或外在的感觉或活动有关。如果派生方式能够正确地揭示这种媒质，那么，经过不断地从具体中进行抽象，我们便可以将这一媒质全部或是部分地——除开其个别属性以外——归简为概念的外延或内涵的变化，或者二者的共同变化，这样，我们便达到了一般的空间、时间和感觉程度的领域。要是以这种方式来研究一种具体语言的词汇，即使会有许多个别事实难以辨明，我们也能够释清词汇的内在联系网络，阐明在语言中得到个别表现的一般方法，至少能勾画出这种方法的主要轮廓。然后，我们可以尝试从具体的词上升到某些似乎类似于语根的直观和感觉；每一种语言正是借助于这样一些直观和感觉，在天才精神的激发下把语音与概念在词里面协调起来。然而，把语言跟它所表述的观念领域作这样的比较，似乎又要求我们从相反的方向进行研究，即从概念出发推溯至词，因为，概念是词的原像（Urbilder），唯独概念才包含着必要的内容，使得我们有可能根据名称的类型和完备程度对词的名称进行评判。不过，这种由概念到词的研究方式会遇到来自内部的障碍：人们用具体的词来标记概念，这种概念所表达的已不仅仅是某种一般的、需要进一步个别化的内容。而如果我们试图通过假设一些范畴来达到目的，那我们就会发现，在最狭义的范畴和借助词实现个别化的概念之间总是存在着一道无法跨越的沟壑。所以，一种语言在多大程度上穷尽了所有要表达的概念，它以多么明确的方法从原初的概念中发展出派生的概念，这在细节上是永远不可能完全说清楚的，因为这一切并不能用概念的分化来解释，而词的派生虽然可以说明既成事实，却无法解释未知现象。

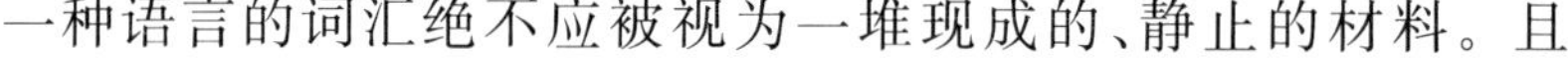

一种语言的词汇绝不应被视为一堆现成的、静止的材料。且

不说新的词和词形会源源不断地产生出来，只要语言存活于人民的口中，它的词汇就是造词能力（das wortbildende Vermögen）连续创造和再创造的产品。这一点首先表现在语言的形式所由产生的基础成分上，其次表现在儿童学话的过程中，最后也表现在日常的言语运用中。一个词在言语中的每一次必要的运用，显然不仅仅是记忆力发挥作用的结果。若不是心灵本身就具有仿佛本能地创造语词的秘诀，依靠任何人类记忆力都是无济于事的。至于要学会一种外语，唯一的途径就是逐渐地——尽管只能通过练习——掌握这种语言的创造性秘诀，而人们能够掌握这种秘诀，靠的完全是语言禀赋（Sprachanlagen）的普遍一致性，以及这类语言禀赋在若干民族中间的特殊亲似性。就连死语言基本上也是如此。虽然死语言的词汇在我们看来是一个封闭的整体，但只有经过成功的探索，才能够揭启深藏在其中的秘密。而且，要想卓有成效地研究这类死语言，首先也必须掌握曾经在它们里面积极活跃地发挥过作用的原则，在这种场合，死语言可以说在片刻之间恢复了真实的生命。事实上，在任何情况下都不应把一种语言当作枯死的植物来研究。语言和生命是两个不可分割的概念，而学习一种语言就意味着进行再创造。

从上述观点出发，可以最清楚不过地证实每一种语言的词汇的统一性。词汇是一个整体，因为创造出词汇的乃是一种统一的力量，而这种创造活动始终不断地在向前发展。概念的相似性制约着所传递的直观与语音之间的内在联系，这种内在联系便是词汇统一性的基础。所以，我们在这里首先要探讨这种内在的联系。

古印度的语法家推出的体系当然有过多矫饰的成分，但整个说来不失为令人赞叹不已的智慧结晶。他们把自己的体系建立在这样一个假设之上：梵语的现有词汇完全可以在自身范围内得到解释。因此，他们便把自己的语言看作最早的语言，并且认为它不可能随着时间的流逝而采纳任何外来词。这样的看法无疑是错误的。因为，撇开一切历史的原因或者来自语言本身的原因不论，我们也绝对无法想象真的会有一种最早的语言把它的原初形式一直保留到今天。兴许，古印度语法家这样做主要是为了方便学习者，即为他们归纳整理出语言中的系统的联系，至于这种联系是否合乎历史事实，并不予关注。但是，在这方面，印度人的情况恐怕也会跟处在精神文化繁荣时期的大多数民族一样。人类总是首先在思想的领域中寻求事物的联系，包括外部世界的现象的联系；而历史的艺术总是很晚才出现，至于纯粹的观察，更不必说实验，只有在观念的或者想象的系统形成之后才得以产生。换言之，人类最初是从观念出发去支配自然。显然，如果承认这一点，那么，关于梵语可以从自身中获得解释的前述假设就恰恰说明，古印度的语法学家正确、深刻地触及到了语言的本质。要知道，一种真正初始的、完全不受外来语言成分影响的语言，在自身中必定保持着整个词汇的内在联系，而这种联系是可以用事实来证明的。不管怎么说，古印度语法家坚韧不拔地探索了造词（Wortbildung）这一所有语言中最深在、最神秘的领地，这种胆略本身就令人钦佩。

词的语音联系的本质在于：整个词汇建立在适当数量的语根音（Wurzellaute）的基础之上，这些语根音通过附加和变化，便可用于表达更加确定、复合程度更高的概念。同一个词干音（Stammlaut)[1]的重复出现，或者根据一定规则识辨同一个词干音的可能性，以及附加词缀或内部变化成分在意义上的规律性，这一切决定了一种语言自身范围内的可解释性。我们可以把它称为机械的或技术的可解释性。

但是，从词的生成来看，在词中间还存在着一个与根词有关的重要差别。迄今为止的研究往往忽略了这个差别。大量的词仿佛具有陈述或描述的性质，它们表达运动、属性和事物本身，而不涉及某个可能存在的个性；相反，对另一部分词来说，恰恰是关于个性的表达或者与个性的间接联系构成了意义的要旨。我相信，在较早的一篇论文[2]里我已正确地指出，在任何语言里代词都应是最早的词，要是把代词看作语言中最晚出现的词类，那就完全错了。这种关于代词是名词的纯语法替身的看法压制了另一种根据语言的深刻本质得出的观点。事实上，最先存在的是讲话者本身的个性：他始终直接与自然发生接触，因此，他必然也会在语言中把他的“我”(Ich)这个表达与自己的个性对应起来。但是，“我”这个概念本身就预设了“你”(Du)的存在，而通过一种新的对立关系，又产生了第三人称。第三人称已经超出了感觉者和讲话者的范围，因此便扩大到可以指称无生命的事物。倘若不考虑具体的特征，人称——特别是“我”——可以说在外部是与空间有关，在内

① 英译为 ancestral sound，俄译 корневой звук；上一句的 Wurzellaute，英译 root-sounds，俄译仍是 корневые звуки。——译者

② “论某些语言中方位副词与代词的相似关系”(Ueber die Verwandtschaft der Ortsadverbien mit dem Pronomen in einigen Sprachen)，见《柏林科学院论文集》，历史—语文学类，1829 年，第 1—6 页。并可参考我的另一篇论文“论双数”(Ueber den Dualis)，也收入该文集，1821 年，第 182—185 页。

部则与感觉有关。正因为此，人称代词与介词、感叹词有一定的联系：介词表达的是空间关系或理解为一段距离的时间的关系，这种时空关系的概念包含着一个确定的界点；感叹词只不过是生动的感情的抒发。真正简单的人称代词甚至有可能是从某种空间或感觉关系发展起来的。

我们在这里所作的区分是很细微的，必须仔细地予以处理。因为一方面，所有表示内部感觉的词就像表示外部事物的词一样，是通过描述、通过基本上客观的方式构造成的。上述区别只是在于，某一特定个性的实际感情抒发决定了指称的本质。另一方面，语言中可以有并且事实上确有这样一些代词和介词，它们源自意义十分具体的形容词。人称可以由某个与人称概念相关联的词来表示，介词也类似，可以由一个与介词概念相关的名词来表示，例如用“背”表示“在……后面”，用“胸”表示“在……前面”，等等。由于年代久远的关系，用这种方式生成的词可能会变得无法辨认，以致难以断定它们究竟是派生的词，还是原初的词。虽则在一些具体的场合时或会有争议，却不能否认，每一种语言最初都应该有一些产生自直接的个性感的词。葆朴对这方面的研究作出了重要贡献，他第一个区分了前述两类不同的根词，并且把以往不为人注意的那一类根词引进了词和词形构造的领域。但下面我们还会讲到，语言为实现自身的目的，会以多么适当的方式（就像葆朴本人首先在梵语的形式中所发现的那样）把两类不同的根词联系起来，同时又使每一类根词保持着自己的功能。

我们在这里区分了语言中的两类语根：客观的语根和主观的语根（为简便起见我采用了这种表达，尽管其含义远不限于此），二

者就性质而言并不完全相等，因此严格地说，对它们并不能采取像对基本音(Grundlaute)那样的研究方式。客观的语根看来是通过分析而产生的：人们把它们与辅助音(Nebenlaute)分离开来，把它们的意义扩大到不确定的范围，从而使它们能够包括所有由之派生的词；于是就构成了一些形式，这样的形式只能被认为是非原生的词。至于主观的语根，显然是语言本身的产物。这类语根的意义不允许有任何扩展，处处都表达了鲜明的个别性；对于讲话者，这种表达是必不可缺的，在一定程度上可以一直保存到语言逐渐丰富完善的过程终了之时。所以，主观语根的概念暗示了一种原初的语言状态。关于这一点我们下面将进一步讨论。而如果我们想根据客观的语根推断初始的语言状态，要是没有一定的历史佐证的话，就必须极其谨慎。

只有那些与所指称的概念直接相联系，而不依靠其他具有独立意义的语音的基本音，才适用作语根的名称。按照这种严格的意义来理解的语根，并不一定需要在实际语言里表现出来；有些语言的形式要求把辅助音添加到语根上，在这类语言里，语根甚至几乎不可能或者只在一定条件下才有可能独立出现。这是因为，真实的语言只有在言语中才得到显示；人们的分析是自下而上地进行的，而要说发明语言的活动会沿同一条道路自上而下地进行，显然是不可思议的。倘若在这样的语言里，一个语根确实作为词而出现，比如梵语里的 yudh(战斗)，或者作为一个复合形式的一部分出现，比如梵语的 dharmawid(有正义感的)，那也只能算是例外，而绝不足以证明在这些语言里似乎也像在汉语里那样，不具备任何形式的语根可以在言语中出现。实际上更有可能的是，由于讲话者的听觉和意识逐渐熟悉了词干音，在个别场合便出现了它们不带任何形式的独立用法。然而，当我们往下分解至词干音的时候，要问的是，是否在所有情况下都可以获得真正的简单形式？就梵语而言，葆朴以及波特（在他的前述重要著作中，该著作无疑为进一步的研究奠定了基础）已经成功地指出，不少所谓的语根其实是复合的或者通过重叠（Reduplication）构成的形式。而且，即使是那些看起来最简单的语根，也存在疑问。在这里我指的特别是这样一些语根，它们在结构上既不同于简单的音节，也不同于辅音与元音融合成一体，二者难以分隔开的音节。在这类语根里，也会隐藏着一些由于语音缩合、元音脱落或其他原因而变得无法辨认的复合形式。我之所以要提到这一点，并不是想以缺乏根据的推测代替事实，而是想提醒人们，历史的研究不应随意排斥尚未得到适当勘探的语言状态。因为，我们在此讨论的语言与造词能力的内在联系这个问题，要求我们去寻找语言结构的发生可能会择取的所有途径。

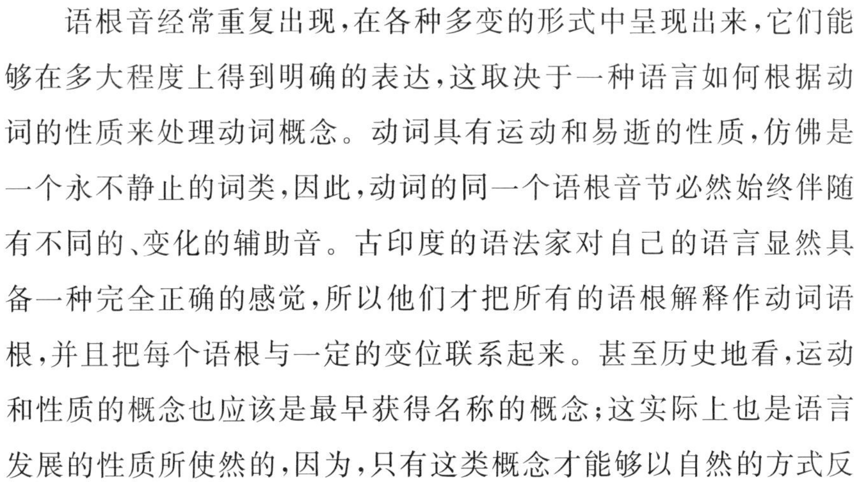

语根音经常重复出现，在各种多变的形式中呈现出来，它们能够在多大程度上得到明确的表达，这取决于一种语言如何根据动词的性质来处理动词概念。动词具有运动和易逝的性质，仿佛是一个永不静止的词类，因此，动词的同一个语根音节必然始终伴随有不同的、变化的辅助音。古印度的语法家对自己的语言显然具备一种完全正确的感觉，所以他们才把所有的语根解释作动词语根，并且把每个语根与一定的变位联系起来。甚至历史地看，运动和性质的概念也应该是最早获得名称的概念；这实际上也是语言发展的性质所使然的，因为，只有这类概念才能够以自然的方式反复和经常地参与表达那些作为简单词出现的对象。运动和属性这两个概念本来就十分接近，一种积极生动的语言意识往往会把后一个概念统一进前一个概念。古印度语法家区分了两种类型的后缀，即 krit 和 unâdi[①]，这证明他们也察觉到了运动、属性的概念与指称独立事物的词之间的这种重大差别。借助这两类后缀，词从语根音直接派生出来。但是，krit 型后缀只能构成这样一些词，它们的语根概念本身只具备一些同时适用于若干派生概念的一般变化形式。这类后缀很少跟真正的实体意义搭配，除非实体意义的名称也属于运动、属性的范畴。Unâdi 型后缀则正好相反，只适合于具体事物的名称；在由这种后缀构成的词里面，意义最含混不清的部分恰恰是后缀本身，它包含着一个意义更笼统的、对语根音起限定作用的概念。不可否认，很大一部分这样的结构是人为构成的，因此显然并非语言历史发生的事实。我们可以十分清楚地看出，这类结构是根据某种原则有目的地生成的；这种原则要求，语言中所有的词应当无一例外地派生自一些假定的语根。在表示具体事物的名称当中，有一些借入梵语的外来词，但也有一些是词源关系已变得模糊不清的复合词（Zusammensetzungen）。事实上现在已经证明，在用 unâdi 构成的词里面存在着这样的复合词。这个问题显然涉及各种语言最朦胧不清的构造部分，所以，最近人们倾向于把大量以unâdi为后缀的词归为来源不明的独立的一类

① krit（kṛt）即“更规则的后缀”，unâdi 即“欠规则的后缀”。西方梵语学者把这两种后缀称为一级后缀，它们直接加于词根上；而把 taddhita 型后缀称为二级后缀，这种后缀加于派生词干之上。见 William Dwight Whitney 著 *A Sanskrit Grammar*，第三版，莱比锡，1896 年，第 418—419 页。——译者

词，应该说是有道理的。

语音联系的本质在于词干音节（Stammsylbe）的可识辨性。由于各种语言的有机体所达到的适当程度不同，处理语音的细致程度不同，这种可识辨性在各语言中也就有所不同。在那些结构十分完善的语言里，在具体指称概念的词干音之上附加了具有一般意义的、起限定作用的辅助音。通常，每个词的发音只带一个主重音，非重读音节的音调要比重读音节低（参看以下第十四章（3）重音），所以，在周密恰当地组织起来的语言里，辅助音在简单的、派生的词里面也只占有较小的位置，尽管其作用十分重要。对知性来说，辅助音仿佛是简短、鲜明的标志，它必须把这些标志赋予具有更多、更明确的感性成分的词干音节。这种根据感觉来配置辅助音的规律与词的韵律结构也有联系，在那些高度有机化的语言里，这一规律似乎在形式上同样起着一般的主导作用，而并不需要词语本身的配合。古印度语法家正是根据这一规律来处理梵语中所有的词，这样的努力至少能证明，他们对本族语的精神有正确的理解。早期的印度语法家好像并没有区分出 unâdi 型的后缀，它的发现恐怕是较晚的事。事实上，大多数表示具体事物的梵语词都具有这样的结构，即除了一个主要的词干音节外，还附有一个次要的、短促的词尾，这跟前面我们关于有可能存在着词源关系已无法辨认的复合词的论述完全可以一致起来。同一种因素既影响了词的派生，又影响了词的复合，既保存起一部分具有意义更具体确定的名称的成分，又逐渐舍弃了另一部分成分的意义和语音。我们在语言中可以发现，一方面，有些音在时间进程中会令人难以置信地消失或变化，另一方面，语言虽历经许多世纪，仍会顽强地

保存起一些零散的、简单的语音。这种现象的发生，主要是由于受到一定目的驱使的内在语言意识进行了努力或者放弃了努力。由于内在语言意识有意或无意的作用，一个音会随着时间的流逝而销声匿迹。

第十三章 词的孤立、屈折和黏着

26 在开始转而讨论词在连贯言语中的相互关系之前，我必须提一下语言的一个特性，这种特性既涉及词的相互关系，又部分涉及词的构造。我在前面（第十二章）已经提到过两种类似的情况。一种情况是，把一个适用于整个一类词的一般概念附加到语根上，就可以派生出一个词；另一种情况是，根据一个词在言语中的位置对这个词加以表述。在此，起着积极促进作用或消极阻碍作用的语言特性，就是人们通常所说的词的孤立、屈折和黏着。这种特性决定着语言有机体的完善程度，因此，我们必须对这种特性作逐步的分析，弄清它在心灵中产生自什么样的内在需求，怎样在语音上表达出来，而心灵的内在需求又怎样通过这一表达得到或者未能得到满足。同时，我们在研究中应该遵循对语言中的上述作用方式所作的分类。

在这里所分析的各种情况下，词的内在名称都包含着必须细致地加以区分的极不同的两个方面：一方面是对概念进行指称的行为，另一方面，还存在着一种独特的精神劳动，它把概念转化为一定的思维范畴或言语范畴，而词的完整意义是由这两个方面共同决定的。这两个方面，即概念的指称和概念的范畴标记，属于完

全不同的领域。概念的指称与语言意识(der Sprachsinn)的日益客观化的运作有关,而概念转化为一定的思维范畴则是语言自觉悟识(das sprachliche Selbstbewusstseyn)的一种创新行为,通过这种创新行为,每一个孤立的单位——即个别的词——与语言或言语中所有可能的单位联系了起来。这种与语言的本质密切相关的操作(Operation),在语言中得到了尽可能深入彻底的贯彻,只有借助这种操作,语言才能够通过适当的综合和分析把两种活动统一起来:一种是独立自主的、源自思维的语言活动,另一种则是更多涉及外部印象的、单独接受性的语言活动。

当然,不同的语言在不同程度上都满足了这种概念范畴化的需要,因为就内在的构造来讲,没有一种语言会置这一需要于不顾。但即使是那些已使该需要获得外部表达的语言,它们虽然都形成了一些基本的思维范畴,并且在这些范畴之间建立起了联系,其操作的深刻、生动的程度仍各不相同。原因是这些范畴本身又构成了一个相互联系的整体,这个整体的系统性、完整性对各种语言所产生的影响的强烈程度是不一样的。然而,对概念进行分类的倾向,以及借助类属概念来确定个别概念的倾向,也可以是由人们在把类属概念与个别概念联系起来时的区分和指称的需要造成的。所以,出于这种需要,或者出于精神对清晰明确的逻辑秩序的需要,概念分类的倾向本身就允许有不同程度的表现。有些语言把类属概念有规律地附加到生命体的名称上,其中有的语言还把这种类属概念的名称变成了真正意义的后缀,我们只有经过分析才能识别出这类后缀。这样的个例显然始终跟概念的分类有关,我们在其中也可以发现两种相关的原则:客观的指称原则和主观的逻辑分类原则。不过另一方面，这些个例又表现出完全不同的特点，因为名称已不再涉及思维的形式和言语的形式，而是仅仅涉及不同类别的实际事物。以这种方式构成的词，十分类似于那些用两个要素组成一个复合概念的词。相反，内在形式中相当于屈折概念的成分，其特点恰恰在于并非用两个要素，而是只用转变为某一确定范畴的一个要素来体现两种相关联的原则。详细的分析表明，我们在界定屈折概念时借以为出发点的这两种原则并不相等，而是具有不同的性质，属于不同的领域，这一点正是事情的关键。只有通过这两种不同原则的作用，高度有机的语言才能够把自主性与接受性紧密结合起来，这一结合使得语言有可能构成无穷多的思想联系，其中的每一种联系都带有能够完美地满足语言需要的形式标记。自然，这一切实际上并不排除这样一种可能：以上述方式构成的词不仅仅包含着纯粹由经验造成的差别。但在把这部分结构建立在正确的精神原则基础之上的语言里，经验所导致的差别获得了更一般的性质，并且借助语言的整个运作体系而上升到更高的层次。例如，不作实际观察，就不可能形成关于性的差别的概念，但同时，这一概念仿佛通过自主性和接受性的一般观念而反映了自然力量的原始差异。有些语言完全采纳了关于性的差别的概念，并且就像对待基于概念的纯逻辑差异的词那样赋予它名称，正是在这类语言里，这个概念才真正发展到了上述高度。这就是说，人们并不是把两个概念联结起来，而是通过某种内在的精神努力把一个概念归入某个类别；一个代表该类别的一般概念囊括了许多自然事物，但人们无须依赖于个别、具体的观察，就能认识到这个一般概念体现着相互作用的力量之间的差异。

在各个民族的语言创造时期，精神每一次生动地感觉到的东西都会在相应的语音中得到反映。人们先是内在地感到，有必要根据变化不定的言语的需要把具有两重性质的表达赋予词，而不改变词的惯常意义和简单性。正是这种内在的动机在语言中导致了屈折形式的产生。但是，我们在研究中只能从相反的方向来讨论这个问题，即从语音和语音的分析出发深入至内在的语言意识。于是，我们在已经具备屈折特性的语言里可以发现一种真正的双重性——一方面是概念的名称，另一方面是从概念转变来的范畴的标记(Andeutung)。通过这样的研究，我们也许能够把语言中同一种努力的两个方面极为明确地区分开来：语言既要指称概念，同时又要把某种标志授予概念，这种标志会告诉人们应当如何去理解概念。上述努力的两重性无疑根源于对语音本身的处理。

词只能以两种方式发生形变：要么通过内部的变化，要么通过外部的增生(Zuwachs)。但是，如果语言把所有的词限制在语根形式的范围内，使词失去了外部增生的可能和内部变化的余地，那么这两种变化方式也就不可能存在了。相反，如果内部变化有可能发生，而且词的结构也有利于其发生，那么，语言就容易正确地把标记与名称(让我们仍使用这两个术语)区分开来。语言作这种区分的意图在于，既保持词的同一性，又把不同的形式赋予词，而借助词的内部变化，这个意图便可以得到最成功的实施。外部增生则完全不同。从更广的意义上说，外部增生始终是复合形式，但它并不破坏词的简单性，它不是把两个概念联结起来，构成第三个概念，而是要用一个概念来包括某个确定的思想领域。因此，在这种场合需要有一种从表面看来更具人为色彩的处理方法，但实际上这种方法是自动地在语音中形成的，它是受到精神激励的语言意识积极作用的结果。词的标记部分必须依靠其语音特性与占有优势的名称部分相抗衡，二者所处的层次不同；增生形式最初的名称意义（如果它有过这种意义的话）会由于人们只把它当作标记使用而逐渐消亡，至于增生形式本身，由于同词联系在一起，应该被视为词的必要的、从属的部分，而不是能够进行独立活动的词。要是确实发生了这种变化，那么，除了内部变化和复合形式外，会产生出第三种词的形变方式，即附生（Anbildung）。由此便有了真正意义上的“后缀”这一概念。由于精神对语音的持续影响，复合形式会很自然地转变为附生形式。复合形式的原则和附生形式的原则是相对立的，前者要把若干词干音节连同其有意义的语音保存下来，后者则力图消除这类意义。语言正是通过这两种对立的作用，即通过保持或破坏语音的可识辨性，来达到自己的双重目的。正如我们在前面说过的那样，只有当语言遵循另一种感觉，把复合形式当作附生形式来处理时，复合形式才会变得难以识辨。但我在这里提及复合形式，主要是因为附生形式有可能会被错误地混同于复合形式，就好像二者真的同属一类。而其实这始终只不过是表现现象。我们绝不能用机械的眼光看待附生形式，把它看作孤立要素的有意图的结合，或者以为它反映了词的统一性原则所导致的要素之间联系的消失。借助附生而发生屈折变化的词，如同盛开的花朵的各个部分一样，是一个整体，也就是说，语言中的这种变化具有地地道道的有机性质。虽然代词可以直接连接到动词的人称形式上，但在真正的屈折语言里，代词与动词之间并不存在这样的联系。动词在这类语言里不是被理解为一些孤立要素的

结合，而是作为个别的、独特的形式展示在心灵之前；同样，从嘴中发出的语音也是一个不可分割的统一体。语言独立自主的活动是深不可测的，通过这种活动，后缀从语根之中产生了出来，而只要语言具有足够的创造潜能，这个过程就会持续不断地发生。只有当语言的创造潜能不再发挥作用时，机械的黏附（Anfügung）形式才有可能出现。为避免损害真实的发生过程，避免把语言降格为一种单纯的知性方法，我们必须始终牢记我们在这里所阐述的要点，即语言独立自主的创造活动。但我们不得不承认，正因为语言的这种自主性和创造性是无法解释的，所以我们实际上不可能靠它作出任何解释；真实的过程只存在于全部思维对象的绝对统一之中，存在于内部观念与外部语音的同时发生及其象征一致性之中。语言深在的、不可揭启的创造活动，会被形象的表述掩盖起来。虽然语根的音经常使后缀发生变化，但后缀并非在任何情况下都受制于语根的音，只有在形象比喻的意义上我们才可以说，后缀是从语根的内部产生出来的。这只能意味着，精神始终是把语根和后缀知觉为一个不可分割的整体，而语音则根据这种统一的观念把语根和后缀塑造为一个听觉上的整体。这就是为什么我要强调语言的自主性和创造性，强调附生形式的整体性和有机性，并且在下面的讨论中也将坚持这个看法。只要我们谨慎从事，不把附生形式混同于机械的方法，就不至于引起误解。当然，对于实际存在的语言来说，把附生与词的统一体（Worteinheit）区分开来，是比较适当的，因为语言拥有相应的两类技术手段，特别又是因为，在某些语言中附生形式与真正的复合形式的区别不是绝对的，而是相对的。“附生”这个术语只适用于借助外部增生而发生真正的屈折变化的语言，与术语“黏附”相比，“附生”正确地把握了语言的有机过程。

附生形式的真正特性首先表现在后缀与词的融合上，因此，屈折语言显然具有构成统一的词的有力手段。屈折语言表现出两种互相促进的不同倾向，即，一方面要通过音节之间内在的稳固联系而把一种明确限定的外部形式赋予词，另一方面则要把附生方式与复合方式区分开来。关于这一点，以上我只讲了后缀、词后尾的外部增生，而没有讲到一般而言的词缀。在此，决定着词的统一性的因素不论在语音还是在意义上都只能以词干音节（即词的名称部分）为基础发挥作用，其影响在语音上主要只施及词干音节后面的音。而附于词干音节前面的音节与词相融合的可能性总是比较小；同样，在语言对重音和韵律的处理中，无关紧要的音节主要是那些起首的音节，对韵律的真正需求首先跟决定着韵律特征的重音音节（Tactsylbe）有关。我觉得，要对那些通常把增生的音节置于词首的语言予以评价，以上所述便具有特别重要的意义。这类语言运用得更多的是复合形式而不是附生形式，它们对真正成功的屈折变化缺乏感觉。相比之下，梵语出色地体现了敏锐的语言意识与语音之间的种种细微的联系，为后缀化词尾和前缀化介词的添加确立了不同的谐音规则。在梵语里，前缀化介词是被当作复合词的要素来处理的。

后缀指出一个词与另一些词的关系，在这一意义上说，后缀绝不是没有意义的。词的内部变化，以及一般而言的屈折变化，也同样如此。但是，内部变化和词缀有一个重要的差别，那就是内部变化从一开始就不可能有任何其他意义，而外部增生的音节却大都可以有另外的意义。所以，内部变化始终具有象征性质（symbolisch），尽管我们并不总是能够觉察到这种性质。从比较明晰的音过渡到比较含混的音，从较短的音过渡到较长的音，从这样的转变中可以看出内部变化与外部增生的类似之处。后缀同样有可能发生这种变化。最初，后缀可能只具象征性，而且这种象征性质可能只在语音上表现出来。但情况绝非总是如此。如果我们只把那些从未有过独立的意义，只是由于有屈折的倾向才得以存在于语言中的增生音节视为屈折音节，那就错误地理解了语言在形成过程中可择取的道路的自由性和多样性。我深信，把知性的意图看作语言中直接的创造因素，这种看法是绝对站不住脚的。当然，我们始终必须到精神中去寻找语言的原动力，这意味着，语言中的一切，甚至包括分节音的发音，都应当被视为有意图的行为结果。但是，语言的活动途径是多种多样的，它的构造产生自外部印象与内部感觉的相互作用，并且跟某种一般的语言目的（Sprachzweck）相关联，这种语言目的就是：把主观性与客观性联系起来，以便创造出一个既非完全内在亦非完全外在的理想世界。所以，那种本身不是只具有象征性或标记性，而是具有真正的指称性质的要素，如果语言需要的话，在一般情况下就会失去其名称的性质。我们只要把独立的代词与动词人称形式中的附生成分比较一下，就能够看出这一点。语言意识正确地把代词与人称形式区分开来，不是把人称看作独立的实体，而是把它看作一种关系，变位动词的基本概念必然在这种关系中体现出来。实际上，语言意识是把人称形式视为动词的一部分，并且允许该形式的语音随时间的流逝而蜕变销蚀；通过对这类标记形式的固定意义所作的一系列处理，语言意识能够保证标记的识辨不受语音变化的影响。无论发生了音变，还是黏附的代词形式基本上保持不变，对于标记的识辨来说结果都是一样的。在这种情况下，象征性并非建立在直接的语音类似之上，而是根源于一种以更巧妙的方式来处理语音的语言观(die Ansicht der Sprache)。毫无疑问，附生音节不仅在梵语里，而且在其他语言里或多或少也是从前面提到过的同讲话者直接有关的语根基础(Wurzelstämme)发展而来的，而象征性质即体现在这个事实之中。只有在那种直接把行为主体当作意义的发源或归宿的语音中，附生音节所标记的与思维范畴、言语范畴的联系才能得到更有意义的表达。此外，导致附生音节产生的因素也可以是声音的类似，关于这一点，葆朴已经以梵语的主格和宾格的词尾为例作了出色的说明。梵语的第三人称代词显然包含着象征性的表达：比较清晰明确的 s 音与生物性相联系，比较含混的 m 音则与中性相联系。词尾的这种字母交替把行为的主体(即主格)与行为的对象(即宾格)区分了开来。

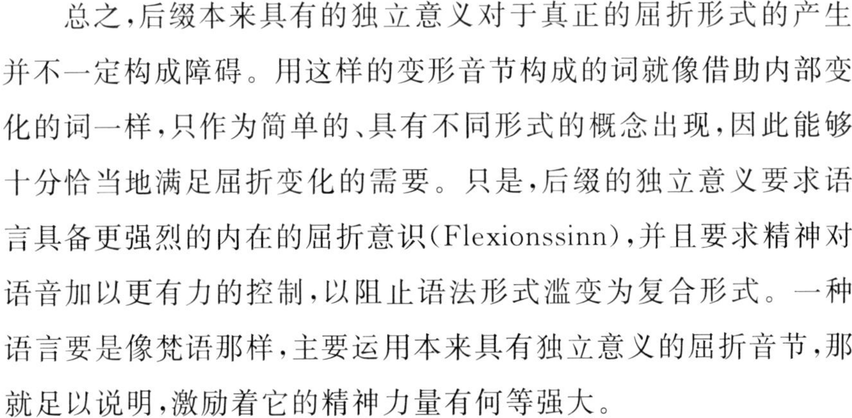

总之，后缀本来具有的独立意义对于真正的屈折形式的产生并不一定构成障碍。用这样的变形音节构成的词就像借助内部变化的词一样，只作为简单的、具有不同形式的概念出现，因此能够十分恰当地满足屈折变化的需要。只是，后缀的独立意义要求语言具备更强烈的内在的屈折意识(Flexionssinn)，并且要求精神对语音加以更有力的控制，以阻止语法形式滥变为复合形式。一种语言要是像梵语那样，主要运用本来具有独立意义的屈折音节，那就足以说明，激励着它的精神力量有何等强大。

但是，在语言的这个领域里，各个民族的语音能力以及与之相维系的语音习惯也起着重要的作用。人们倾向于把言语的要素相互联系起来，在语音性质允许的范围内把音与音结合起来，或者把一个音融合入另一个音，总之，倾向于根据语音的属性使语音在相互接触中发生变化。这样的倾向有利于屈折意识的统一发展。而在有些语言里，对语音的严格区分妨碍了屈折形式的形成。如果语音能力有助于满足内在的语言需求，那么，原初的分节意识就会积极地活跃起来，于是，语音便会发生意义重大的分裂，由于这种分裂，即使是一个具体的音也可以成为一种形式关系的载体。这一点在此比在语言的任何其他部分都更为关键，因为在这种场合，语言需要标示出某个精神方向，而不是为一个概念提供名称。由此可见，敏锐的分节能力（Articulationsvermögen）和纯粹的屈折意识之间存在着一种相互强化的关系。

在有些语言如汉语里，词缺少任何范畴标记，在这样的语言状态和真正的屈折变化之间，并不存在与完善的语言有机组织相一致的任何第三种状态。唯一可以设想的中间状态，便是当作词形变化形式来运用的复合形式，也即具有屈折的意图、但尚未臻于完善的屈折形式，这种形式或多或少只能算是机械的黏附，而不是高度有机的附生。这一并非总是易于识别的两可状态，近来被人们称为“黏着”（Agglutination）。起限定作用的从属概念的这种联系方式，其产生一方面固然应当归因于缺乏足够有力的、内在和有机的语言意识，或者忽略了语言意识的实际发展方向，但另一方面也说明了语言的一种努力，那就是，语言既把语音表达赋予概念范畴，同时又不完全像对待概念的名称那样来处理这些范畴。类似这样的语言尽管也使用语法标记，却未能达到完满的程度，反而曲解了语法标记的本质。因此，这类语言似乎可以拥有（在一定意义上也确实拥有）大量的语法形式，然而并没有为这种形式造就任何真正的概念表达。此外，这类语言在某些情况下可以具备真正的、借助内部词形变化的屈折形式，而时间的流逝可能会使得该语言本来的复合形式在表面上变得接近于屈折形式，以致人们难以甚至有时不可能就每一个例作出正确的判断。不过，对于整体的评判来说，真正具有决定性意义的是所有相关个例的总和。通过对这一总和的一般考察，我们便能够看清，内在语言意识的屈折倾向是强还是弱，在多大程度上影响了语音结构。只有这样做，我们才能够把黏着与屈折区分开来。其实，所谓黏着语言与屈折语言之间并不存在质的区别，前者并不完全排斥借助词形变化的语法范畴标记；相反，二者只有程度之别：在盲目地向屈折形式靠拢的努力过程中，黏着语言或多或少遭到了失败。

只要清晰、敏锐的语言意识在语言形成时期选定了正确的道路（事实上，这样的语言意识也不可能选择错误的道路），那么，内在的明晰性和确定性就会渗透整个语言结构，而这一结构的种种基本表现形式也会建立起不可分割的相互联系。于是我们会发现，屈折意识与追求词的统一性的努力，以及与根据意义来解析语音的分节能力有着极其密切的联系。显然，倘若精神的努力仅仅迸发出一些零星的火花，就不可能产生这样的结果，在这种情况下，语言意识通常会选择一条偏离正确方向的道路（关于这一点下面我们将作讨论），尽管这种道路常常可以证实同样敏锐的意识和同样细微的感觉的存在。而且，语言意识在这种情况下往往只限于在个别方面施展作用。由于这个缘故，在我们没有理由归入屈折型的那些语言里，所谓内部词形变化大都是属于这样一种情况，即仿佛借助粗糙的语音模仿来处理内在的范畴标记。例如，复数和过去时的范畴可以借助声音的物理延续或者有力的吐气来表达。诸如闪米特语之类高度发达的语言通过元音的符号性变化而显示出了极其敏锐的分节意识（虽然不是在复数和过去时方面，而是在其他语法形式上），但正是这样一些语言利用了自然的声音，结果几乎越出了分节音的领域。根据我的经验，没有一种语言是纯属黏着型的；在一些具体的场合，往往无法断定屈折意识在表面看来像是后缀的形式中发挥了多大的作用。事实上，在所有倾向于语音融合或者并不完全排斥语音融合的语言里，个别场合也都可以观察到向屈折形式靠拢的努力。然而，只有从这样一种语言的整个有机结构出发，才能够对这类现象的总体作出可靠的判断。

第十四章　对词的统一性的进一步考察

语言的复综型系统(Einverleibungssystem)

27 根源于内在语言观念(die innere Auffassung der Sprache)的每一种语言特性,都深深地影响了语言的有机体。这个事实在屈折变化上表现得尤为明显。屈折形式与看起来彼此对立,实则有机地相互作用的两个方面紧密联系在一起,其一是词的统一性,其二是句子组成部分的适当区别,通过这种区别,才能够对句子进行划分。屈折形式与词的统一性的联系是不言而喻的,因为屈折变化本身即倾向于构成一个统一体(eine Einheit),而不仅仅满足于构成一个缺乏统一性的整体(ein Ganzes)。但同时,屈折形式也有助于适当地划分句子和自由地构造句子,因为它在对词进行语法处理时把一些标志赋予了词,凭借这些标志,人们就有把握重新识辨出词与整个句子的关系。因此,屈折形式可以避免把整个句子黏合为一个词,增强人们把句子分析为组成部分的信心。更重要的是,屈折形式与涉及语言的思维形式相关联,因而能促使人更正确、更直观地认识内在思维的联系。实际上,这里所说的三种语言特性,即屈折变化、词的统一性和句子的适当划分,

都同出一源，即导源于对言语(Rede)与语言的相关关系的明确认识。所以，在语言研究中，上述三种语言特性永远不应该分隔开来。只有在另外两个特性同时并存的情况下，屈折形式才会发挥真正有效的作用。

言语运用的可能性是无限的，在任何时刻都无法准确地测度。言语所需的要素必须与这样的可能性相适配；言语所处的层次越高，它对要素的要求内涵就越深，外延也越广。而在最高的层次上，言语本身即成了创造观念和发展思维的活动。这也正是人类语言要达到的最终目的，尽管实际的语言发展会遇到许许多多的障碍。因此，言语总是力求找到能够最生动地表达思维形式的语言要素，而对言语来说，最合适的要素首先便是屈折形式，因为屈折形式的特点恰恰就在于，它始终同时从外在的关系和内在的关系两个方面来处理概念。通过这种合乎规律的途径，屈折形式促进了思维的发展。自由驰骋的思想是无边无垠的，言语借助于屈折要素，就可以对丰富的思想进行无限的组合。所有这些组合联系的表达都建立在句子结构的基础之上，只有当简单句子的组成部分按照句子本质的要求结合起来或区别开来，而不是或多或少随意地这样做的时候，思维活动才有可能自由地进行。

观念的发展需要具备双重的方法：一种方法用于表达具体的概念，另一种方法用于建立概念与思想的联系。这两种方法也见于言语之中。一个概念被包括在一些相互关联的、若要分隔开来就会破坏意义的音里面，并且获得一定的标志，以指明它与句子结构的关系。这样构成的词作为一个整体从嘴里说出来，它一方面区别于其他与之有思想联系的词，另一方面又有可能与同时出现在句子中的所有的词发生联系。从最直接的意义上说，这正是词的统一性的特点：每一个词都被看作一个个体，该个体在保存着独立自主性的前提下，可以在不同程度上与其他的词发生接触。我们在前面已经看到，同一个概念（因此也即同一个词）有时也会包含一些相互关联的不同成分，这就导致了另一种类型的词的统一性，我们可以把它称为词的内部统一性，以别于前述词的外部统一性。词的内部统一性本身又可以有较广或者较窄的意义，这要视词所包含的不同成分的相互关系而定：一方面，这些不同的成分可以同属一类，只是相互关联而组成一个复合的整体；另一方面，这些成分也可以不属一类（即名称和范畴标记），在这种情况下，概念就带有一定的标志。

词的统一性在语言中具有双重的源泉：它既根源于内在的、与思想发展的需求相关联的语言意识，又根源于语音。一切思维的本质都在于区分和联系，因此，语言意识必须主动地在言语中对种种不同类型的概念统一体进行符号表述，在语言中充分体现出自身的积极活跃、井然有序的特性。另一方面，语音则试图找到一种适宜于发音和听觉的关系，把各种不同的、相互接触的语音变异形式置于这一关系之中。通过这样做，语音常常只是减轻了发音和听觉上的困难，或者循守了言语器官方面的既成习惯。但语音也可以起更大的作用，比如构成带韵律的音段（Rhythmusabschnitte），并使之成为一个听觉上的整体。这两个因素——即内在语言意识和语音——一同发挥着作用，其中后者为前者的要求所制约；通过这种共同的作用，语音统一体便转变为一定的概念统一体的符号。概念统一体在语音上确定下来后，作为精神的原则渗透进了整个言语，而经过韵律和节奏的人为处理的语音形式则反过来影响着心灵，在心灵中把有序的知性力量与生动的、创造性的想象力更紧密地联系起来。于是，向外部和向内部发展的力量、以精神和以自然为目标的力量相互交织在一起，创造出了一种高级的生命及一种和谐的运动。

词的统一性的表达手段

词的统一性在言语中的表达手段有停顿、字母变化和重音。

（1）停顿

停顿只能用来标示词的外部统一性；在一个词的内部，恰恰相反，停顿只会破坏其统一性。但是，在言语中，语声很自然地会在词的末尾产生一种短暂的、只有训练有素的听觉才能辨别的停歇，为的是使思想的要素明确地区分开来。除了对概念统一体进行表达的倾向外，还存在着另一种同样必要的组构完整句子的倾向，也就是说，除了已获得语音表达的概念统一体外，还存在着与之相对立的思想统一体。在那些为一种正确、敏锐的语言意识所主导的语言里，上述两种倾向都得到了发展，同时，借助于其他的手段，语言能够平衡两种倾向之间的对立，但也常常使这种对立变得更加突出。我在这里也将始终引用取自梵语的例证[①]，因为这种语言

① 在我的这部著作里，有关梵语结构的具体材料，包括未一一注明详细出处的材料，均引自葆朴的《梵语语法》(1827)。我承认，我能够对梵语的结构有比较清晰的了解，完全要归功于葆朴的这部经典著作，因为以往的任何语言学说都未能（接下页）

比任何其他语言都更成功、更完善地处理了词的统一性；此外，它拥有一种不为我们的语言所具的字母系统，这种类型的字母不仅对听觉来说更准确地描述了发音，而且也用更准确的视觉图形记录下了发音。在梵语中，并不是每个字母都有可能在词的末尾出现，这就意味着词具有独立的个性；同时，在词首、词尾的位置和在词的中间，相互接触的字母按照不同的规则发生变化，这样便保证了词在言语中的界限。另一方面，梵语不同于印欧语系其他语言的地方在于，错综复杂的思想更多地由语音的融合来体现，所以初看起来，词的统一性似乎由于思想统一性的存在而遭到了破坏。当前一个词的尾元音和后一个词的首元音发生融合而产生出另一个元音时，显然便出现了由两个词构成的语音统一体。当然，要是一个词的尾辅音在另一个词的起首元音之前发生变化，就不会形成这种语音统一体，因为在梵语里，辅音和在同一个音节内紧随于其后的元音构成了一个不可分割的统一体，而总是伴随有轻微吐气的词首元首与尾辅音的结合就不那么紧密。这类辅音变化难免会影响到单个的词之间明确的区分性，不过，这种干扰是很微弱

(接上页)向人们提供同样有用的知识，尽管其中的某些学说在另外一些方面确实作出了贡献。葆朴的《梵语语法》出了几种不同的版本，后来他又出版了比较语言研究的著作(指《梵语、古波斯语、希腊语、拉丁语、立陶宛语、哥特语和德语的比较语法》，1833年起分卷出版。——译者)和一些科学院论文，对梵语及其亲属语言作了卓有成效的比较。葆朴的所有这些著作，对于深刻、成功地观察语法形式，以及常常对于大胆地推测语法形式的类似性来说，都将永远是真正的楷模。目前的语言研究在一个一定程度上是新开辟的领地里已取得重大进步，而其中最主要的进步便应归功于葆朴的著作。早在1816年，葆朴在研究印度人语言的变位系统时(葆朴的论文“梵语动词变位与希腊、拉丁、波斯、日耳曼等语言动词变位的比较”写成于1816年。——译者)，就为以后的探索奠定了基础，后来他一直沿同一条道路成功地进行着研究。

的，绝不至于在听话人的意念中导致词与词的界限的消失，也不会明显妨碍听话人对词的识别。因为，一方面，相互接触的词发生变化的两条主要规则——一是元音融合，二是清辅音在元音前变为浊辅音——是不会在同一个词里面起作用的；另一方面，梵语中词的内部统一性得到了十分明确的表达，无论言语中的语音多么纷繁综杂，我们总能够看出词是独立的语音统一体，只是由于相互接触才产生变化。言语中语音的交织融合显然证明，梵语具有敏锐的听觉特性，也证明梵语努力要用符号来标记思想的统一性。但奇怪的是，其他印度语言特别是泰卢固语（die Telingische Sprache）虽然并没有从自身中孕育出任何伟大的文化，却同样具有上述语音特性，这种特性与一个民族最内在的语音习惯密切关联，似乎不会轻易从一种语言转移到另一种语言。在语言尚处于蒙昧状态的时期，言语中所有的语音发生交织融合应该说是很自然的，因为词还只是刚刚从言语中分离出来；然而在梵语里，语音的交织融合成了言语的内在和外在的美饰，这样的美饰看起来于思想好像是一种不必要的奢侈，但其价值却不可低估。很明显，除了具体的表达以外，语言还拥有对生成思想的精神施予反作用的其他手段。语言的各种优点虽然单独地看似乎可有可无，但对精神都会产生一定的反作用。

（2）字母变化

有些语言把一些伴随意义赋予概念，从而扩大了语音的结构，使之具有若干个音节，并且在这些音节的范围内允许字母发生多种多样的变化。只有在这样的语言里，词才有可能真正获得内部统一性。同时，为了造成语音上的美感，语言意识要根据语音和谐悦耳的一般规则和特殊规则来处理词的内部构造。然而，分节意识在此也起着作用，而且主要是对这种经过扩展的语音构造产生影响，或者改变语音，使之具备不同的意义，或者将那些有独立意义的语音只用来表示伴随意义，从而使之成为屈折形式。结果是这些音原有的实物意义变成了一种象征意义；至于语音本身，常常会由于从属于某个主要概念而蜕变为一个简单的要素。所以，虽则起源有所不同，语音也变成了同那些由分节意识实际构成的纯符号相类似的形式。分节意识越是频繁和越是积极地参与概念与语音的结合，语音的这种类似化过程就发生得越快。

由于上述各种原因的共同作用，便形成了这样一种词的结构，它能够同时满足知性和美感两者的需要。在这一结构中，精确的分析必须从根词开始，从意义或语音的角度出发来努力阐释每一个附加的、省略的或者起了变化的字母。至少在一定程度上，这种分析是能够达到目的的，因为它可以举出语言中类似的例子，对每一个这样的变化加以解释。在有些语言中，词的原初形式没有任何统一规定的标志，为了标记伴随的意义，主要使用附生方式，而不是利用纯象征性质的内部字母变化。而正是在这类语言里，对于知性和听觉来说，上面说到的那种词的结构才具有最丰富的多样性，并能发挥最适宜的作用。附生方式若不与机械的黏附区别开来，从起源上看似乎既粗糙又原始，但是，当附生方式由于受到强烈的屈折意识的驱策而发展到较高层次时，与那种更加精微巧妙的内部变化方式相比，无疑是有一定优越性的。在闪米特语言中，屈折意识和分节意识十分发达，其表现形式多种多样，蕴涵丰

富。尽管如此,就词的结构来看闪米特语言远远比不上梵语,后者更加灵活多变,规律性更强,能够更好地满足全部语言目的。毫无疑问,这主要是因为在闪米特语言里面,语根是由两个音节构成的,而且复合形式不受欢迎。

梵语通过语音来表示词的不同程度的统一性,因为内在的语言意识感到有必要作出这种区分。为此,梵语首先运用各种方式来处理那些作为不同的概念要素出现在同一个词里面的音节,以及处在音节之间相互接触的位置上的单个音素。我在前面曾经讲到,这样的处理方式在两种不同的场合,即在两个独立的词之间和在一个词的内部,是不一样的。我们看到,梵语正是沿着这条区分的道路继续发展。我们可以把适合于上述两种情况的规则划分作相互对立的两大类,然后会发现,梵语就按照以下从较松散直至较紧密的联系这种次第来标示词的不同程度的统一性:

(1) 复合词;

(2) 带前缀的词,主要是动词;

(3) 由语言中既存的基本词借助后缀(即 taddhita 型后缀[①])构成的词;

(4) 由语根——即实际上并不存在于语言中的词——借助后缀派生而成的词(即 kridanta 型词);

(5) 具有变格变位的语法形式的词。

前两类词整个说来受制于独立词的黏附规则,后面三类则受制于词的内部规则。当然,我们也会看到一些例外的情况。以上

① 见第126页注①。——译者

提出的划分次第，其基础绝不是每一类形式具有绝对不同于其他类别的规则，而是各个类别或多或少都明显地倾向于分属两上对立的大类。其实，所谓例外也常常显得倾向于更紧密的结合关系。除了表面看来属于例外的情况以外，当两个独立的词相互接触时，前一个词的尾辅音永远不会导致后一个词的起首字母发生变化；相反，有些复合词和带前缀的词却会发生这样的变化，而且变化有时会扩及第二个起首辅音，例如 agni（火）和 stôma（祭品）结合起来构成了 agnishṭôma（燔祭，烧香）。不采用独立词的黏附规则，说明语言显然感觉到了保持词的统一性的必要。然而不可否认，梵语的复合词与独立词十分相似，原因是梵语对那些在复合词里相接触的尾字母和首字母作了更一般化的处理，此外，梵语缺少像希腊语在类似场合始终运用的那种起联系作用的音。对重音我们虽然还不了解，但我想，它恐怕不会使上述情形有所改变。要是复合词的前一个成分保留了自身的语法形变，那么，两个成分之间的联系事实上就完全取决于语言运用：语言运用或是把两个成分永远系结在一起，或是绝不允许后一个成分单独使用。况且，即使前一个成分不发生语法形变，两个成分之间的统一性更多也是在思维中得到确认，而不会具有发生语音融合时的那种听觉效果。当词的基本形式和变格词尾在语音上相重合时，语言并不会用某种明确的表达手段来指出一个词是独立的词，或只不过是复合词的要素。所以，从语法标记的明确性来看，一个很长的梵语复合词（Compositum）与其说是一个独立的词，倒不如说是一串没有语法形变的、相互联系在一起的词；相比之下，希腊语则有一种正确的感觉，绝不允许复合词因过于冗长而失去明确的语法标记。不过，

梵语中另外一些独特的例子证明，它有时候也能够恰当地标示出复合词的各个组成部分的统一性。例如，两个或两个以上的名词，不管它们的性属如何，可以组成为一个中性的名词。

在遵循词内部的黏附规则的三类词当中，kridanta 型的词和具有语法屈折变化的词最相接近；如果说，在这两类词之间还存在着更为内在的联系，那我们首先要到变格词尾和动词词尾的差别中去寻找这种联系的痕迹。krit 型后缀的作用与动词词尾完全相同。事实上，正是这种类型的后缀最先直接与语根相结合，使语根成为语言中的词，而在这方面类似于 taddhita 型后缀的变格词尾，则是连接在语言中已有的基本词之上。在动词的屈折形变中，语音融合达到了最紧密最稳固的程度，这是因为，即使从意义上看，动词概念也极不可能与它的伴随意义分割开来。

在字母相接触时起作用的语音和谐规则，反映出词的内部统一程度。在这里我只是想指出这些规则之间的区别。然而我们必须谨慎行事，避免在这种场合寻找某种特定的意图。当我们把"意图"(Absicht)这个词用于语言时，需要格外小心。倘若把这个词理解为似乎是指先定的规约(Verabredung)，或者指一种受到意志的驱使并针对某个确定目标的努力，那么，应当说语言是没有意图的。这一点需要反复予以强调。语言的意图始终只体现在一种最初近乎直觉的感觉(instinctartiges Gefühl)之中。我深信，在我们所探讨的例子里，一种关于概念统一性的感觉渗透到了语音中，而正因为这仅仅是一种感觉，所以它在语音中并非都以同样的程度和同样的一致性表现出来。有时候，在相同的情况下采用了一些不同的黏附规则，这在语音上取决于字母本身的特性。由于在所有带语法形式的词里面，构词要素的起首字母和收尾字母都以同样的方式联系起来，而在独立词甚至复合词当中，要素之间的接触则缺乏系统性和规律性，因此，带语法形式的词自然就容易形成一种独特的发音，使得所含要素更紧密地融合为一体。就此看来，对词的统一性的感觉似乎是由于语音上的原因，而不是由于内在的直觉产生的。然而，内在的统一感所产生的影响毕竟是第一性的，正是靠了这种内在感觉的作用，语法黏附成分才得以与词干结合起来，避免了像在某些语言中那样分离存在。不论是变格词尾，还是后缀，都只以确定的辅音起首，因此也只能构成一定数量的联系，这一点对语音过程有重要的影响；这类联系在变格词尾中最为有限，在 krit 型后缀和动词词尾中较多一些，在 taddhita 型后缀中则为数最多。

如上所述，辅音在词的内部发生接触时，有各种不同的黏附规则。除此以外，语言还拥有另一种处理词的语音形式的手段，借之可以更明确地指出词的内部统一性。这种手段使得词的整个结构有可能对具体字母(特别是元音)的变化施加影响。我们可以在以下几种场合观察到这样的影响：比较重要或不大重要的音节在黏合时对一个词中已有的元音产生了影响；词首的增生导致了词尾语音的缩简或脱落；一个词的附加音节的元音同化于该词的元音，或是后者为前者所同化；由于语音的加强或变化，一个音节在词里面取得了听觉上的优势。以上列举的任一种情况，只要不从纯属语音的角度来理解，都可以被视为词的内部统一性的符号表现。在梵语里，这样的语音处理手段有各种各样的实现方式，并且始终巧妙地顾及逻辑形式的清晰性和美学形式的优美性。所以，梵语并没有让词干音节同化于词尾，保持了词干音节的稳固性；但另一方面，梵语允许词干元音扩展，而由于经过扩展的形式在语言中有规律地反复出现，听觉就能够很容易地识辨出基础形式。葆朴注意到了这一现象，这证明他对梵语有相当精微的语感。他十分正确地指出，这里所说的梵语中词干元音的变化是量变而非质变[①]。质的同化是由于发音疏忽或者喜欢把一些音节读得一样而引起的；而音节长度、格律的量的变异则反映出一种更高级、更微妙的语音和谐感。在发生质变时，为顾及声音效果而损害了重要的词干元音；而在发生量变时，词干元音虽然得到扩展，但不论听起来还是理解起来它都仍旧是原来的样子。

Guṇa 和 wṛiddhi[②] 是梵语处理语音的两种手段，借之可以使词的一个音节获得凌驾于其他音节之上的发音优势。这两种手段的构造十分巧妙，跟有关的其他语音的联系极为紧密，从这两个方面来看它们都称得上是梵语独一无二的特点。梵语系统地掌握了这种语音变化，获得了其精神实质，而梵语的任何其他亲属语言都未做到这一点。某些语言只是借用了梵语音变系统的个别方式，把它们当作现成的结果来用。Guna 和 wriddhi 使元音 a 变长，用

---

① 见《科学批判年鉴》，1827 年，第 281 页。葆朴的这一看法只是就直接黏附的屈折变化而言。但我觉得，这一规律具有普遍的意义。甚至表面看来最有说服力的反证，即元音 r 在动词 kṛi(kurutas)的非 guna 式变位中转变为 ur，也可以有另外一种解释，因此也就显得不那么令人信服了。

② Guna(意即“第二形式”)指通过前加一个 a 音而使单元音得到强化；例如，单元音 i 或 ī 的 guna 形式是 e(＝a＋i)。Wriddhi(更常拼作 vrddhi，意即“增加”)指在 guna 化元音之前再添加上元音 a，进一步增强该 guna 化元音；例如 e 的相应的 wriddhi 形式是 āi(＝a＋e)。——译者

i 和 u 构成双元音 ê 和 ô，把元音 r 变为 ar 和 âr[①]，并且通过再次双元音化而把 ê 和 ô 强化为 âi 和 âu。如果在借助 guna 和 wriddhi 方式形成的 ê 和 âi，ô 和 âu 之后还跟随着一个元音，那么，这些双元音就会分化为 ay 和 ây，aw 和 âw。于是，便产生了一个包括五种语音变异的二重系列[②]，通过一定的语言规则和重复的运用，这个系列可以被还原为同一些基础音(Urlaute)。语言因此而获得了多种多样、和谐悦耳的语音联系，同时又不给理解带来任何哪怕是极微小的损害。在 guna 和 wriddhi 的变化中，每一次都有一个音代替了另一个音。但我们不能因此就把这仅仅看作一种元音的交替，以为这是许多语言里都有的普普通通的现象。关键性的区别在于，当发生元音交替时，一个替代元音的基础部分或多或少总是不同于起了变化的音节原有的音，我们有时要到区分语法意义的努力中，有时则要到同化规则或者其他某个起因中去发现这种替代元音的基础部分，所以，新的音可以根据不同的环境条件发生交替。然而在 guna 和 wriddhi 的过程中，这个新的音总是以同样

① 莱普修斯(R. Lepsius)博士恰当地扩展了关于这类语音变异的类推性的概念，把 ar 和 âr 解释为元音 r 的双元音。请参看他的著作《古文字学作为语言研究的手段》(Paläographie als Mittel für die Sprachforschung)，第 46—49 页，第 36—39 节。这部著作对有关的语言现象作了大量独到的分析，为语言研究开辟了一条新的道路。

② 这个系列如下：

单元音	a ā	i ī	u ū	ṛ ḷ
guna 元音	a ā	e	o	ar al
wriddhi 元音	ā	āi	āu	ār

ā 没有 wriddhi 式变化。a 在 guna 形式时不变，ā 则始终不变。整个这一系列的变化在梵语中是最规则、最频繁的元音变化，既见于屈折形式，也见于派生形式。见第 126 页注①引 W. D. Whitney 所著 *A Sanskrit Grammar*，第 81—82 页。——译者

的形式从已变化音节本身的基础音(Urlaut)中产生出来,并且只依附于这个音节。要是我们把带 guna 式变化的元音的 wêdmi 跟葆朴认为通过同化作用产生的 tênima 比较一下,就能看出,在 wêdmi 中 ê 是从已变化音节的 i 转变来的,而在 tênima 中,ê 则由后一个音节的 i 转变而来。

通过 guna 和 wriddhi 这种变化方式,词的基本音(Grundlaut)得到了加强。此外,guna 和 wriddhi 像似比较级和最高级,也是着眼于量的差别,不仅增强了简单的元音,而且也使已经强化的元音再度得到加强。这种语音增强听起来便是所发出的音的明显扩展,另一方面,它在意义上也有所反映,一个十分典型的例子就是借助附加的 ya 构成的将来时被动态分词。实际上,简单的概念只需要 guna 式,而已经强化的、含有必要性意义的概念才须用 wriddhi 式,例如 stawya(值得赞扬的人),stâwya(理应予以高度赞扬的人)。但是,这类语音变化的特性不仅仅限于增强意义。在此,应该排除由元音 a 构成的 wriddhi 式,因为这个形式其实只是在一定程度上根据语法运用来判断才属于同一类变化,而从语音上来看就完全是另一回事。除此以外,对所有其他的元音和双元音来说,这种语音增强的特点在于:通过不同类型的元音或双元音的联系,语音发生了不同程度的速变(Umbeugung)。事实上,所有 guna 和 wriddhi 式变化都以元音 a 与其他元音或双元音的联系为基础。我们可以认为,在 guna 式中,在简单元音前出现的是短 a,而在 wriddhi 式中,同样情况下出现的是长 a;或者可以认为,在 guna 式中,在简单元音前始终出现短 a,而在 wriddhi 式中,则是在已经通过guna式变化得到了强化的元音之前始终出现短

a。[①] 据我所知，就连古印度的语法家也没有把由于同类元音的结合而发生的元音延长看作 wriddhi，元音 a 是唯一的例外。由于 guna 和 wriddhi 这种变化始终包含一个可以产生十分不同的听觉效果的音，我们只能到音节本身原有的音中去寻找这个音的根基，所以，这个音是从音节自身的内在深底生成的，其生成的方式虽无法用言辞描述，却可以凭听觉清晰地感觉到。Guna 使动词的词干音节相当频繁地发生变化，假若 guna 是某些语法形式所具有的一种确定的特征，那么，即使根据感性印象，我们似乎也可以把这些语法形式视为地地道道从语根内部发展出来的形式；这样的语法形式要比闪米特语言里的语法形式含义更为确切，因为闪米特语言只有象征性的元音交替。[②] 然而事实绝非如此：guna 只不

① 葆朴在《拉丁文梵语语法》(Lateinische Sanskrit-Grammatik)第 33 节中为第一种看法作了辩解。但是，如果读者允许我向这位细致认真的研究者提出异议，那我想表示赞同第二种看法。要是按照葆朴的解释，guna 和 wriddhi 式变化跟语言的一般语音规律之间就几乎谈不上有任何紧密的联系，须知在梵语里，不同的简单元音不论是长还是短，一律都要向 guna 式中较弱的双元音过渡。双元音的基本特征就在于音响的异质性(die Ungleichartigkeit der Töne)，所以不难理解，为什么长音与短音的区别在新的音里面会不复存在。而只有当某种新的异质性形成时，才会发生双元音的强化。因此，我不相信 guna 式中的双元音最早一定是短元音相融合的结果。至于这类双元音在分化时与 wriddhi 式的双元音不同，采取了短 a(即分化为 ay，aw 而不是 ây，âw)，这可以有另外一种解释：由于上述两种语言扩展方式之间的区别并没有在半元音上反映出来，所以，这一区别必然要在一个新音节的元音的音长上得到表现。元音 r 也是如此。

② 对这个问题的思考，也许是促使施勒格尔(Friedrich Schlegel)提出一种语言分类理论(见其著作《论印度人的语言和智慧》〔Ueber die Sprache und Weisheit der Indier〕，第 50 页)的主要原因。这一理论当然并不值得赞赏，但有一点需要指出：我觉得，人们还远未认识到，这位见地深刻的思想家、才智过人的作家是第一个使我们注意到梵语中的奇特现象的德国人；还在人们尚不具备研究这种语言所需的大量现代手段的时候，施勒格尔就已经在这方面取得了重大进展。甚至连维尔金斯(C. Wilkins)的《语法》，也是在施勒格尔的上述著作问世的同一年里出版的。

过是辅助形式之一，它在梵语里是通过一定的规则被赋予另具特征的动词形式的。就其性质而言，guna 是一种纯语音的现象，我们能够在一定范围内探究它的原因，所以它也是一种完全可以只从语音上予以解释的现象；单独说来，guna 既没有意义，也没有象征作用。这里有必要视作例外的唯一事实，是语意强化动词（Intensivverben）中的重叠元音的 guna 式变化：在这种情况下，语言以不同寻常的方式把强化的表达赋予了动词形式，因为一般说来，重叠的长元音是要缩短的，此外，guna 与语根中的长元音并存，这在一般情况下也是见不到的。

相反，在许多场合我们可以看到 guna 和 wriddhi 被用来标示词的内部统一性。这类语音变化在元音领域里逐级发生，比起相互接触的辅音所发生的变化来，它们促成的词的融合更加抽象、明确，联系也更加紧密。就这一点看，guna 和 wriddhi 跟重音有些相似：无论是同重音有关的音高，还是 guna 和 wriddhi 式中的语音扩展及变化，都可以产生同样的结果，使一个突出的音节取得优势地位。因此，虽然 guna 和 wriddhi 只是在一定的场合表示词的内部统一性，但它们始终是语言用来标示这种统一性的不同表达方式之一。语言绝不会总是沿着同一条路径发展。在梵语里，第十类动词以及与之有联系的使役动词的形式很长，由许多音节构成，而这类形式之所以跟 guna 和 wriddhi 有特殊的联系，其原因大概也在于此。当然，guna 和 wriddhi 也出现在很短的形式里，但我们不能否认，它们在较长的形式中起到了防止音节分裂的作用，使得发出的音成为一个整体。在这方面，十分重要的一点是，guna 在那些具有极稳固的内部统一性的词里面，以及在 kridanta

型的词和动词词尾中出现得最多，并且通常见于语根音节，而从不出现在变格形式的词干音节或者借助 taddhita 型后缀构成的词里面。

Wriddhi 的用法有两种。一方面，它像 guna 一样，是纯语音的现象；它或是出于表达的需要，或是根据讲话者的主观意愿增加 guna 的强度。另一方面，它具有意义和纯象征性质。就第一个方面来说，wriddhi 主要见于尾元音，而 guna 也一样，遇到长元音时只能出现在词尾。这是因为，一个尾元音的延长不会受到任何限制。在这里，起作用的原则跟爪哇语在类似场合所循的原则是一样的：在爪哇语里，与辅音合并起来的元音 a 在词尾可以变为低沉的(dunkles)o。Wriddhi 的意义尤其明显地表现在 taddhita 型的后缀中，而且最初似乎是用于表示性的区别、集合名词和抽象名词。在所有这些场合，原有的简单、具体的概念都得到了扩大。在其他一些场合，也发生了类似的意义扩大，尽管并非在所有情况下都会如此。因此，借助 taddhita 型后缀构成的形容词有时会采取 wriddhi 的形式，有时则保留原有的元音不变。事实上，形容词既可以被视为一种具体的属性，又可以被视为所有具备该属性的事物的集合。

在语法形式受到严格限定的情况下，动词中 guna 的有无导致了 guna 化和非 guna 化变位形式的对立。有时候，时而必要、时而任意地运用 wriddhi 而不是 guna，也会造成类似的对立，不过这样的情况很难得发生。虽然葆朴忽视了某些情况，以为它们属于例外，但整个说来，他无疑是第一个相当令人满意地解释了上述对立的学者。他认为，导致这种对立形成的原因在于，词尾音的轻重影响了语根元音。也就是说，滞重的词尾音妨碍了语根元音的扩展，而轻捷的词尾音则似乎诱发了语根元音的扩展；凡是在词尾直接系结在语根上的场合，或者在词尾和语根之间夹入了一个能够起guna变化的元音的场合，上述两种情况都会发生。但如果屈折音节的影响由于另一个插入元音或者一个辅音的存在而受到阻碍，使得语根元音不再依赖于屈折变化，在这种情况下guna的运用与否虽然在一定场合是有规律可循的，但我们却无法从语音上加以解释，也不可能把语根音节的变化归诸语言中的某个一般规律。在我看来，用还是不用guna的真正原因，只能到动词变位形式的历史中去寻找。然而，这在目前几乎仍是一个未经勘探的领域，我们只能够就此作一些零星的、个别的揣测。也许，在不同的方言里或者在不同的时期，曾经存在过两种变位类型，其中一种带guna，另一种则不带，由于这两种变位类型的混合，才产生出了梵语后来拥有的那种变位类型。我们似乎的确可以找到若干类符合以上假设的语根，它们在大多数情况下不改变意义，变位时可以带guna，也可以不带；而在语言的其他类推原则要求guna化和非guna化变位形式相对立的情况下，这些语根会采取一种普遍的guna形式。属于后一种情况的只是一些例外；前一种情况则见于所有同时隶属于第一和第六变位法的动词，以及一部分第一变位动词——这些动词完全像构成增音式过去时（Augment-Praeteritum）那样按照第六变位法来构成混合式过去时，甚至也同样不带guna。这种第六变位法对应于希腊语里的第二不定过去时，它完全有可能是一种非guna化变位的增音式过去时；同时，还并存着一种带guna的变位（这便是如今第一变位动词语根的增音式过去时）。我觉得，严格说来，梵语里很可能只有两种而不是人们现在认为的三种过去时形式，所谓第三种过去时即混合式过去时只不过是梵语在其他时期遗留下来的次要形式。

如果我们接受上述假定，即认为梵语中最初存在着 guna 化和非 guna 化两种变位类型，那么自然需要回答一个问题：在词尾音的轻重导致了对立的场合，guna 形式是受到排斥，还是为语言所纳？毫无疑问，我们应当赞同前一个回答。诸如 guna 和 wriddhi 一类的语音变化是不可能从外部强加到一种语言之上的，按照格里姆关于德语里元音交替的恰当的论述，这类语音变化根源于语言的深底，可以认为，它们是从一些低沉、缓长的双元音发展来的，我们在其他语言里也能够发现这样的双元音。语音和谐的感觉可以使这些双元音变得柔和，并使它们具备有规律的、定量的相互关系。但在一个得天独厚的民族当中，言语器官向元音扩展形式发展的这种倾向也有可能以协调、规律的形式直接表现出来。很明显，把发达语言的每一种优越性都想象为分阶段逐渐形成的结果，是既没有必要也没有多少益处的。

进一步看，粗陋、自然的语音和井然有序的发音之间的差别还更清楚地表现在另一种语音形式上，那就是对词的内部构造有重要意义的重叠。重复一个词的起首音节，或者重复整个词，这是许多不发达民族的语言特有的现象；这类重复有时是为了在表达各种概念时加强意思，有时则纯粹是一种发音习惯。在另一些语言例如马来语系的某些语言里，重叠证明了来自语音感觉的影响：语根元音并不总是发生重复，有时候，发生重复的是与语根元音相关联的元音。但在梵语里，重叠与词的每一内部结构类型严格、恰当地联系了起来;以这样的方式分布在梵语中的重叠形式,可以列举出五到六种。所有这些重叠都产生自一种具有双重作用的规律,即,这一规律一方面使一个词的前加音节(Vorschlagssylbe)适应于词的特殊形式,另一方面则促进了词的内部统一。此外,其中有些重叠被用来表示一定的语法形式。前加音节的适应变化有时候很不自然,结果是本来应该置于一个词之前的音节导致了该词的分裂,插入在起首元音和尾辅音之间;造成这种情形的原因可能是,发生重叠的形式还要求有另一种以增音形式出现的前加成分,而在以元音开始的语根之前,很难看出这两种前加音节有什么区别。在希腊语里,增音和重叠在类似的场合确实结合起来构成了"增音时态形式"(augmentum temporale),为此还发展起了一些类似的形式。[①] 这是一个值得注意的例子,它说明,由于生动活跃的分节意识的影响,语音构造活动能够开辟一条独特的、奇妙的道路,以便满足语言意识的内部组织活动在各个发展方向上的需要,并且使每个发展方向都获得明确的表达。

把词与前加成分牢固地联结起来,这种语言意图在梵语的辅音语根上的表现是,元音重叠形式即使当语根音很长时也变得简短了,这样,一个词在语音上便压倒了它的前加成分。这种元音简缩规则仅有的两个例外,同样有其特殊的原因:对语意强化动词来

① 1828年我曾在法兰西科学院宣读过一篇论文,题为"论希腊语的过去完成时、重叠式不定过去时、阿提卡式完成时与梵语时态构造的亲缘联系"(Über die Verwandtschaft des Griechischen Plusquamperfectum, der reduplicirenden Aoriste und der Attischen Perfecta mit einer Sanskritischen Tempusbildung)。在该文中,我详细讨论了希腊语和梵语在这些时态形式方面的一致和差异,并作了寻溯这种差异的初始原因的尝试。

说，原因在于有必要标明意思的加强，而对于使役动词的混合式过去时来说，原因则在于根据语音和谐的要求保持重叠元音与语根元音的平衡。在以元音开始的语根当中，要是重叠通过起首元音的延长表现出来，那么起首音节就获得了语音优势，这样一来，正如我们在 guna 形式上看到的那样，也就促进了与起首音节紧密结合在一起的其他音节之间的密切联系。在绝大多数场合，重叠是一定的语法形式的真正标志，或者是一定的语法形式所特有的语音变异。只有在一小部分动词（即一部分第三变位动词）里，重叠才是词的必要组成部分。然而，在这里跟前面谈到 guna 时一样，也可以假定：在某个较早的语言时期，动词的变位可以带重叠形式，但也可以不带，无论带还是不带，变位形式或意义都不会发生变化。事实上，某些第三变位动词的增音式过去时和混合式过去时的区别仅仅在于是否运用重叠。与带或者不带 guna 的形式相比，这种带或不带重叠的平行形式显得更自然。因为，借助重叠从语音上加强陈述，这在一开始完全是个人的生动感觉导致的结果，这样的语音强化虽然会变得更加普遍，更有规律性，但仍很容易引起运用上的摇摆不定。

增音作为过去时的标记，与重叠相关联；在以元音起首的语根当中，增音同样是加强词的统一性的手段，在这方面它跟具有相同的语音、表示否定的前加成分有显著的区别。否定前缀（das Alpha privativum）必须借助嵌入的 n 音加到这些语根之前，而增音形式则与语根的起首元音融合了起来，这一点充分证明，增音作为一种动词形式具有确定的、更强的内部联系功能。而且，在这样的融合中，增音形式越过了经同样的融合而产生的 guna 形式，扩展成为 wriddhi;发生这一变化的原因显然是,一种对词的内部统一性的感觉试图把尽可能多的优势赋予将整个词结成一体的起首音节。确实,在某些语根的另一种动词形式即重叠式过去时中,我们也可以见到嵌入的 n 音,但这在梵语里只能说是零散的现象,增音形式的黏附仍与前加元音的延长相联系。

除开以上简述的手段外,语音丰富的语言还拥有一系列其他手段来表达一种必要的感觉:语言需要把一种有机的结构赋予词,借助这种结构,词的内在的丰富含义与和谐的语音能够统一起来。梵语里这样的手段,我们可以列举出下面几种:元音延长;元音交替;元音转化为半元音;一个半元音由于另一个紧随在其后的半元音的影响而扩展成为音节;以及一定意义上,鼻音的嵌入。当然也包括这样一种语音变化,那就是语言普遍规律在词内部相互接触的字母中间导致的结果。在所有上述场合,语音的最终形式都既取决于语根的属性,又取决于语法黏附的特性。具体字母的独立性和稳固性,相似和对立,以及其相对的音重,这一切有时候在语言初始的和谐一致性中获得表现,有时候则表现在一种矛盾对立之中,由于语言意识积极的组织作用,这种矛盾对立得到了美的修饰。而语言对构成完整的词的关心,在"补偿规则"(das Compensationsgesetz)中更清楚地反映了出来。根据这个规则,在词的一个部分发生的语音增强或减弱会引起词的另一部分发生相反的变化,从而建立起新的平衡关系。这里,在词的最终形成中,语言并不考虑字母的质的属性。相反,语言意识只突出了非实体的量的语音特性,仿佛把词看作一个韵律序列。在这方面,梵语有一些在其他语言里难以见到的奇特的形式。使役动词的混合式过去时

(根据葆朴的划分,属第七种结构类型)同时具有增音和重叠两种手段,不论从哪个方面看,它都可以说是一个值得注意的例子。在这种时态形式里,以辅音起首的语根所具有的增音总是很短,在增音的后面依次紧紧跟随着重叠音节和语根音节,所以,语言力图把一种确定的韵律关系赋予这两个音节的元音。在个别场合,这两个音节听起来是抑抑格(如 ajagadam, ∨ ∨ ∨ ∨ ,来自 gad[讲话])或者扬扬格(如 adadhrâḍam, ∨ - - ∨ ,来自 dhrâd[掉落,凋谢]),但除开这类例外的情况,一般说来它们要么升为抑扬格(如 adudûsham, ∨ ∨ - ∨ ,来自 dush[犯罪,堕落]),要么像更为常见的那样,降至扬抑格(如 achîkalam, ∨ - ∨ ∨ ,来自 kal[掷,扔,挥]),因此,就同一些语根来说,发音很少有可能在这两种元音节律之间进行选择。乍一看来,上述各种形式之间的量的关系十分错综复杂,但只要我们作一番细致的考察,就会发现,在这类场合梵语采用了一种再简单不过的方法:它力求使语根音节发生变化,为此运用了语音补偿规则。在缩短了语根音节之后,梵语通过重叠音节的延长而重新建立起平衡关系;从这一新的平衡之中,便产生了扬抑格式的下降型节律,看来梵语特别喜欢用这种节律。语根音节的音量变化似乎会破坏一种更高层次的、目的在于保持词干音节稳固性的原则。但详细的研究可以证明,事实绝非如此。因为上述过去时形式并不是直接产生自使役动词的原始语根,而是由这种语根的语法变异形式构成的。因此,音长的缩短通常只是使役动词语根特有的现象。要是在这样的结构形式中出现了一个像似原始词干的长音(eine primitiv stammhafte Länge)甚至双元音,那么,梵语就会改变意图,使语根音节保持不变,并且不去延长通常

较短的重叠音节。这种情形会给上述过去时形式原有的处理方法带来困难,结果是导致了抑扬格式的出现,它反映了一种自然的、恒定不变的音长关系。同时,梵语也留意到,在有些场合,音节的长度并不取决于元音的性质,而是取决于元音在两个并联辅音之前的位置。在这种情况下,语言并没有去发展另一种延长语音的手段,即使是在扬抑格式的下降型节律中,位于语根的两个起首辅音之前的重叠元音也没有延长。值得指出的是,狭义的马来语也通过语根音节的音量升降(Quantitäts-Versetzung)[①],像梵语一样关注和维护词在发生语法黏附时的统一性,把词看作一个和谐一致的语音整体。我们在前面举出的梵语形式,就其音节的丰富和语音的和谐来看,是一些极好的例子。一种语言可以把丰富的字母体系(Alphabet)与一个稳固的语音系统结合起来,该语音系统借助敏锐的听觉,能够使字母获得种种柔和悦耳的音响效果;同时,这种语言可以有一些确定的规则,它们导源于多种多样、区别细微的语法需求,根据这样一些规则,语言生成了附加的形式和内部的语音变化。前引梵语形式的例子充分证明,这样的一种语言能够以单音节的语根为基础,发展起十分丰富的词的形式[②]。

① Versetzung 是音乐上的一个术语,指音的升高或降低。洪堡特试图从诗韵、乐感的角度描述梵语类语言的语音优点,故借用了这个术语。——译者

② 我在此就使役动词的过去时形式所作的论述,取自一些年前我写的一篇详细讨论时态形式的论文。在该论文中,我研究了梵语的全部语根,尝试将各种不同的构造归诸一些基本的形式,并且指出了个别例外。我利用了福斯特(H. R. Forster)的《语法》,这是一部十分适合于这类研究目的的著作。但是,我一直没有公开发表这篇论文,因为我觉得,对罕见形式所作的这种专门研究恐怕只能吸引很少一部分读者。

(3) 重音

28 还有一种巩固词的统一性的手段是重音。重音就其实质而言,是所有语言共有的,不过在死语言里,只有当稍纵即逝的发音被可理解的符号记录下来后,我们才知道有重音存在。一般可以在音节中区分出三种语音属性:语音本身固有的音值(Geltung)、节拍(Zeitmass)、重音。前二者取决于音节本身的特性,仿佛构成了音节的实体形象;相反,重音(我在这里始终是指讲话的重音,而不是指韵律上的节奏强弱[die metrische Arsis])则取决于讲话者的自由意志。重音是讲话者施予音节的一种力量,它好比是一股从外部吹入音节的精神气息。跟语言的物质方面相比,重音是一种更富有灵意的因素;重音飘浮在言语之上,讲话者欲使言语及其每个组成部分获得一定的功效,而重音便是这种功效的直接表达。单独来看,每个音节都可以带重音。但如果在若干音节里面,事实上只有一个音节须带重音,那么,其余音节就会因此而失去获得重音的可能(除非讲话者还想要强调重音音节之前的音节);这样,失却重音的音节与占优势的重音音节之间便建立起了一种联系。重音的丧失和音节间的联系这两种现象是相互限定、相互牵制的。由此就产生了词重音(Wortaccent),这种词重音促成了词的统一性。任何独立的词都必须有重音,另一方面,每一个词又只能有一个主重音。一个词要是有了两个重音,就会分裂为两个独立的整体,从而成为两个词。当然,一个词还可以带一个次重音,这个次重音可能是由词的韵律特性引起的,也可能是产生

自表达细微意义的需要。①

比起语言的其他部分来,重音更易于受到两种因素的影响:其一是言语的意义,其二是语音的韵律属性。本来,就其真正的性质而言,重音无疑是言语意义的产物。然而,一个民族的语言意识对言语的韵律美和音乐美关心得越多,它在这方面的需要对重音的影响也就越大。语言对重音的追求——如果我们可以这样表达的话——远不限于对理解所具有的重要意义。在这一追求中,特别体现出了一种远远超越单纯言语需求的努力,其目的在于表达出思想及其组成部分所包含的智能力量(die intellectuelle Stärke)。这一点在英语里比在任何其他语言中都更加明显。英语词的重音往往影响和改变了音节的长度甚至音节本有的音值。要是我们把

① 我认为,希腊语中所谓无重音的词与这里得出的结论并不矛盾。这些词的后面大都跟随着另一个词的重音音节,因此,它们紧贴在后面的词的重音音节上;而在不能用上述原因来解释无重音现象的场合(例如索福克勒斯(Sophocles)的《俄狄浦斯王》中出现的 οὐκ,参见布伦斯基(Brunskii)编辑的 Oedipus Rex,V. 334—336),这些词在发音时实际上带有微弱的重音,尽管从文字上看不出来。不过,我不想在这方面谈得太多,否则未免要偏离我所要探讨的主要对象。关于每个词只能够有一个主重音,罗马语法学者作过明确的论述。比如西塞罗在《演讲录》(*Orator*)第 18 节里说:natura, quasi modularetur hominum orationem, in omni verbo posuit acutam vocem necuna plus.(大自然仿佛对人类语言作了一番整理,使每个词获得响亮的重音,而且不多不少只有一个重音。)在希腊语法家看来,重音与其说是词的属性,倒不如说是音节的属性。我没有发现希腊语法家在哪篇著作里曾把词的重音统一性(die Accent-Einheit)视作一般规则。在有些场合,一个词由于它后面有附接音节(enklitische Sylben)而获得了两个重音标号,或许是这样的例子把希腊语法家弄糊涂了。其实,他们没有考虑到,属于附接成分的重音始终是次要的、较弱的。但他们有时候也注意到并且指出了词的必要的重音统一性。例如,阿卡迪乌斯(Arcadius)在谈到阿里斯托芬(Aristophanes)时说:τὸγ μὲν ὁζύν τόνον ἐ ν απαντι μέρει καθαρῷ τόνου ἅπαξ ἐ μφάινεδθαι δοκιμαόασ.(“他认为,在每一个纯粹的词类里面,响亮的重音应该只出现一次。”见《关于重音》(περὶ τόνων),巴克利(Barkeri)版,190 页)

这种现象看作是缺乏语音和谐感的表现，那对英语就太不公道了。恰恰相反，在这类场合，一种与英格兰民族性相维系的智力潜能在起着作用，它有时反映在思维的迅捷和果断上，有时则体现在严肃的热情之中；正是这种智力潜能努力要使在意义上得到强调的要素在语音上也获得压倒所有其他要素的优势地位。由于具有这样的智力特点，再加上有一些经常得到十分全面、准确的把握的语音和谐规律，英语便构造出了从重音和发音上看奇妙无比的词的结构。语言需要强有力的重音，需要精确地区分重音的细微色彩，这种需要无疑在英格兰人的民族性中深深地扎下了根，所以，英格兰人才会特别关心语言的这个方面。对重音的这种关注，是不能单以公开演讲和雄辩术的需要来解释的。语言的所有其他方面可以说更多是与一个民族的智力特点相关联，而重音则以更密切、更内在的方式与民族个性联系在一起。

在连贯的言语中，有时候会碰到这样的情况：一些不大重要的词连接到了另一些由于重音的作用而变得更重要的词上，然而二者并不融合为一个整体。这就是所谓附接（Anlehnung），希腊语称ἔνκλυσις[①]。在这种情况下，不大重要的词虽然依赖于后一个词，却保留了作为单个言语要素的独立性；它失去了重音，落入更重要的词即重读词的重音辖制范围。但要是这一重音辖制范围由于前一个词的附接而扩大了，以致同语言规律发生冲突，那么，重读词就会获得第二个重音，将自己无重音的尾音节转变为一个带清晰

① 英语 enclisis（附读，与前词连接发音）和 enclitic（重读词后词，前接成分）即由此而来。——译者

重音的音节，从而把不大重要的词合并到自身上来。[①] 当然，词的自然界限不应该由于这样的合并而受到损害，关于这一点，在某些特殊场合对附接词重音(die enklitische Betonung)的处理提供了很好的说明。当两个附接词相连在一起时，后一个附接词不会像前一个那样落入重读词的重音辖制范围，相反，前一个附接词会代替后一个获得清晰的重音。所以，附接词在发音上并没有遭到忽略，而是被视为一个独立的词，它可以使另一个附接词与自己连接起来。更能说明问题的是，一个这样的附接词所具有的特殊性质甚至会对重音的类型产生影响。如果，两个相连的附接词中的前一个带长音符，那么，由于长音符不能够转变为尖音符，整个附接方式就会中断，而后一个附接词将保留原有的重音。[②] 我举出这些细节，只是想说明，有些民族的精神发展导致了相当高级、相当精巧的语言构造，而正是这样的民族十分细心地逐层逐级描述了词的不同程度的统一性，并且说明了不完全属于词的划分和融合范围的现象。

① 希腊语法学家把这种现象描述为“唤醒音节中沉睡着的重音”。他们也运用了“重音后移”(ἀναβιβάζειν τον τόνον)这个表达。但后一种说法不太成功。从希腊语的整个重音系统来看，在这种场合真正发生的变化跟我们的描写结果相一致。

② 例如《伊利亚特》卷Ⅰ，第178行：θεός που σοὶ τόγ’ ἔδωκεν。

第十五章　语言的复综型系统

句子的划分

29a 至此，我们一直从构词要素的结合和词的统一性方面来研究词，把词看作一个整体。但是，具备语法形式的词本身又作为要素进入句子。所以，除了词的统一性外，语言必须形成另一种更高层次的统一性；这种统一性之所以属于更高的层次，不只是因为它的范围更广，而且也是因为它不受语音的直接影响，即没有任何直接的语音标志，几乎完全依赖于语言意识的内部形式来对它进行整理。有些语言像梵语一样，在词的统一性之中已指明了词与句子的关系，使句子有可能被划分为一些组成部分；通过这些成分，句子的真实特性才为知性所认识。这类语言仿佛是从这些成分中建立起了句子的统一性。在有些语言如汉语里，不发生任何变化的词干词（Stammwort）组成了句子，这样的词完全是分离、独立的单位，因此可以在更严格的意义上说，句子的统一性是由词构成的。但是，这类语言在确立句子的统一性时，只为知性提供了非语音的手段，比如词序，或某些特殊的、被分离出来的词，即虚词。要是把上述两类语言表达句子统一性的两种方式总括起来看，那我们还可以列举出第三种与之相对立的方式。在此我们

最好把它看作第三种方式。这种方式不是把句子及其必要的成分当作一个由词构成的整体,而是把句子视为一个单独存在的词。

每一个陈述,哪怕是不那么完整的陈述,从讲话者的角度来看都构成一个完整的思想,因此可以说,讲话者的出发点始终是句子。而如果我们肯定这一点,那么,那些运用上述第三种方式的语言绝不会破坏句子的统一性,相反,它们会不断努力巩固和增强这种结构统一性。显然,这类语言变动了词的统一性的界限,把这一界限推移到了句子统一性的领地。我们知道,句子统一性的感觉在汉语里极其微弱,只有真正的屈折语言才对词的统一性和句子的统一性作出了正确的区分。一方面,语言发展了表达词的统一性的完善形式;另一方面,语言把词的统一性限制在词本身的适当范围内,先把句子划分为一些必要的部分,然后再从这些部分中构成句子的统一性;只有做到这两点,一种语言才能够使其整个本质为真正意义的屈折变化所渗透。所以,屈折变化、词的统一性和句子的划分三者是十分紧密地联系在一起的,要是这三种方式中有一种不够发达,那就势必意味着,所有三种方式都不可能在语言构造上得到纯粹、完善的实现。总之,用词构成句子的语言方法(Verfahren)可以概括为这样三种:其一,词具有区别细微的语法标志,这些标志指出了句子中词与词的联系;其二,以完全间接的、大都非语音的手段来标记这种联系;其三,尽可能紧密地把整个句子结成一体,使之成为一个完整地说出来的形式。在大多数语言里或多或少都可以见到上述三种方法(Methoden)的痕迹。但有时候,其中的一种方法占了明显的优势,成为语言有机体的关键部分,在这种情况下,这种方法就会以一定的规律性支配整个语言结

构。一种方法占绝对优势的语言，可举梵语和汉语为例，另外，我觉得墨西哥语也是典型的例子。

为了把一个简单的句子联结成一个统一的语音形式，墨西哥语①把动词确立为句子的真正中心，把起支配作用的句子成分和受支配的句子成分尽可能多地黏合到动词上，并通过语音构造手段使这种结合体现为一个有联系的整体：

　1　2　3　　1　3　2
ni-naca-qua.　（我　吃　肉。）

① 在这里，我想解释一下 Mexico 这个名称的发音。按照大多数欧洲语言的发音习惯来读该词中的 x 一音，显然是不对的。但要是像西班牙语那样（在西班牙语里，该词不很理想的最新写法 Mejico 已完全固定下来），把它读作喉音 ch，那就更加偏离本地人的实际发音了。墨西哥城的名称是从战神 Mexitli 的名字演变来的，而按照本地人的发音，这个名字的第三个字母 x 是一个强咝音，尽管我无法确切地断定，它在多大程度上接近于我们德语里的 sch。首先使我产生上述想法的是这样一个事实：地名 Castilien（卡斯蒂利亚）按墨西哥语的习惯写作 Caxtil，而在与之有亲属关系的科拉语（Corasprache）里，西班牙语的 pesar（称、量）写作 pexuvi。古里（F. S. Gilij）用意大利语的 sc 来转写墨西哥语里的 x（见其作《美洲史随笔》（*Saggio di storia Americana*），Ⅲ，第 343 页），这就更证实了我的猜测。在其他一些美洲语言里我也发现，西班牙语法家都把同一个或者近似的咝音写作 x，因此，我认为可以用西班牙语中缺少 sch 音来解释这种特别的现象。由于西班牙语法家在他们自己的字母表里找不到一个与这个咝音相当的音，他们便选择了西班牙语里没有的、意思模棱两可的 x 来表示这个音。后来我得知，已故耶稣会会士卡马诺（Camaño）对上述字母替代现象也作了同样的解释。卡马诺把南美洲内陆的齐奎提语（die Chiquitische Sprache）中用字母 x 来表示的音与德语的 sch、法语的 ch 作了比较，得出了跟我相同的结论。卡马诺的有关论述见于他的十分系统和完整的齐奎提语语法手稿。国务参事冯·施洛则（von Schlözer）将他父亲的这部分遗稿作为礼物送给了我。最后，布施曼（E. Buschmann）通过身临实地调查而搜集到的许多词也证实，西班牙人的 x 在美洲语言里代替了这样一个音。布施曼还说，西班牙人不仅用 x 表示德语的 sch 和法语的 j 之间的音，而且也用 x 表示 sch 和 j 这两个音本身。法语的 j 音在西班牙语里也是没有的。所以，要想接近本地人的发音，也许我们就得像意大利人那样来发新西班牙（Neuspanien）首都的名称，更准确地说，得使发出的音介于 Messico 和 Meschico 之间。

看起来，我们似乎可以把名词与动词的这种联系视为一个合成动词，类似于希腊语的 κρεωφαγέω[1]。但墨西哥语的情况显然不同。如果由于某个原因，名词本身没有被综合，那么它就会为第三人称代词所代替，这表明，语言要求动词包括起整个句子结构：

1 2 3 4 5 1 3 2 4 5
ni-c-qua in nacatl.（我 吃 它，这 肉。）

就形式来看，这个句子在动词里已显得很完整，之后只是似乎通过同位语而得到进一步的说明。按照墨西哥语的范畴来理解，要是没有这类起补充说明作用的辅助限定语，便无从设想动词的存在。所以，当没有确定的行为对象时，墨西哥语就会把动词跟一个特殊的不定代词联系起来，这个不定代词具有表人和表物两种形式：

1 2 3 1 3 2
ni-tla-qua.（我 吃 某物。）

1 2 3 4 1 4 2 3
ni-te-tla-maca.（我 给 某人 某物。）

在这里，墨西哥语极明显地表现出了它的意图，即把这种组合当作一个整体。一个这样的动词把整个句子或仿佛把句子的脉络(Schema)综括了起来。当该动词以过去时的形式出现，获得增音 o 时，这个增音是添加到动词组合形式的开头位置上的，这就清楚地表明，前面所说的辅助限定语始终必须隶属于动词，而增音则只是间或作为过去时的标记加于动词之上。所以，从 ni-nemi(我生活、居住)这个不能带任何其他代词的不及物动词产生出了完成时形式 o-ni-nen(我曾生活、居住)；同样，从 maca(给)而有了 o-ni-c-

---

① κρεωφαγεω(食肉)，构自名词 κρεαs(肉)和动词 φαγεῖν(吃)。——译者

te-maca-c(我已经把它给了某人)。但更重要的是,在用于复综方法的词当中,语言细致地区分了绝对形式和复综形式。这一区分是整个复综方法的基础,如果不预先进行这种区分,复综方法就会难以理解。在复综形式中,名词就像在复合词里面一样失去了词尾,而在绝对形式中,名词始终保持着词尾,它们是名词词性的标志。在前引复综式的例子里,“肉”这个词以 naca 的形式出现,但它的绝对形式是 nacatl①;在被包括进复综式的代词中,没有任何一个能够以同样的形式单独运用;两个不定代词(即 te［某人］和

① 该词的尾音频繁地重复出现,一定程度上成了墨西哥语的特征之一。西班牙语法家们总是把这个尾音转写为 tl。塔比亚·陈德诺(Tapia Zenteno)在《墨西哥语新语法》(Arte novissima de lengua Mexicana,1753 年,第 2—3 页)一书中仅仅提到,虽然这两个辅音在词首和词内时跟在西班牙语里发音一样,但在词尾时只构成一个音,而且是极难发的音。在作了很含糊的描述之后,他断然指责道,把 tlatlacolli(罪恶)和 tlamantli(层)发成 claclacolli 和 clamancli 是错误的。我曾通过我弟弟的帮助和介绍,就这个问题去信向阿拉曼(Alaman)先生和卡斯托雷那(Caotorcna)先生请教,后者是墨西哥本地人。他们回答说,tl 如今在所有的场合都发作 cl。此外,西班牙语借入的 claco(一种铜币,值半个夸提罗［quartillo］,也即八分之一个里亚尔［Real］)一词也可以证明这一点。Claco 即墨西哥语的 tlaco(一半),这个词在墨西哥很通用。科拉语里没有 l 音,因此,在它借用的墨西哥语词汇里,只保留了 tl 的第一个音。在这种情况下,西班牙语法家也总是只写下 t,而从不写成 c,于是,tlatoami(总督)就发成了 tatoami。我从布施曼那里得知,墨西哥的西那罗阿省(Sinaloa)的卡希塔语(Cahíta-Sprache)也同样用 t 代替墨西哥语的 tl。这种语言与墨西哥语有明显的亲缘关系。卡希塔语这个名称我以前还从未听说过,是通过布施曼才了解到的。上面提到的 tlatlacolli 一词,在卡希塔语里的形式是 tatacoli。(见 Manual para administrar a los lndios del idioma Cahíta los santos sacramentos,墨西哥,1740 年,第 63 页。)后来,我又一次写信给阿拉曼先生和卡斯托雷那先生,向他们提出了科拉语里的反证。然而他们的回答同前一次是一样的。所以,没有必要再怀疑今天的发音。尚未澄清的问题只是这样的音变是由于发音随时间的流逝而改变了,从 t 过渡到了 k,还是由于处在 l 之前的音是一个低沉含混的、漂移于 t 与 k 之间的音?我曾亲自验证过塔希提岛和桑威治群岛本地居民的发音,他们发的 t 和k这两个音几乎没有区别。我认为,以上提出的后一种解释才是正确的。那些(接下页)

tla[某物])在语言中从不作为绝对形式出现；而确指特定事物的代词的形式或多或少不同于它的独立形式。从上述我们对复综方法所作的描述中可以看出，复综的代词形式应该有两种，一种用于施事代词，另一种用于受事代词。虽然独立的人称代词可以加到这类形式之前，达到强调意义的目的，但是，与之有关的复综代词形式并不会因此而受到排斥。由一个专门的词来表示的句子主语不会被综合，但该主语的存在在形式上得到了反映：在第三人称的场合，缺少一个施事代词来表达主语。

任何一个句子，哪怕是一个简单的句子，也有不同的表述方式。概观一下这些方式，我们不难看出，严格意义的复综系统并非在所有不同的场合都能得到贯彻。所以，如果具体词语所包含的语法概念不能为一个形式所囊括，语言就往往必须在这个形式的范围外强调指出一些语法概念。当然，语言在这种情况下也始终循守着它所选定的发展道路，发明出新的、人为的辅助手段，以克服遇到的困难。例如，如果需要表示为另一个人做某件事或者做某件反对他的事，而受事确指代词由于指称了两个不同的宾语，有可能造成意义混淆，那么，语言就会通过增添一个词尾来构成一类特殊的动词，在其余方面则保持不变。这样，句子的整个结构便又重新建立起了形式上的联系，行为所及的事物在受事代词中获得了标记，与另一个人的关系则在词尾上得到了表达。语言于是可

(接上页)最早开始认真地研究墨西哥语的西班牙人似乎把这个低沉含混的音听成了t，而由于他们用文字记录下了这个音，以后人们也许便不再愿意去作改动。其实，塔比亚·陈诺德也不大能肯定，这究竟是个什么样的音。他只是不想按照西班牙式的发音习惯把它发成清晰的cl。

以把这两个宾语在句子里排列起来，虽然没有用专门的标志指出二者的关系，但能够确保它们的意义清晰明确，无碍理解：chihua（做），chihui-lia（为某人做或做反对某人的事）——其中的 a 因受同化规则的影响变成了 i。例句如下：

1 2　3　4 5 6　7　8　9
ni-c-chihui-lia in no-piltzin ce calli.

1　3　2　4　5　　　　　6　　7
（我　做　它　为了　这［定冠词］　我的　儿子

8　　9
一所　房子。）

即“我为我的儿子盖一所房子”。

墨西哥语的复综方法证明了一种对句子构造的正确的感觉，因为在这种语言里，句法关系的标志直接与动词——也就是说，与句子的统一性所围绕的中心成分——联系了起来。由此可以看出墨西哥语区别于汉语的本质特点和优点。汉语缺少语法标记，我们没有把握根据词序识辨出动词，而是往往只能根据意思去做。但是，在更为复杂的句子中，如果一些句子成分处在动词之外，那么墨西哥语与汉语却又完全相同了。因为，墨西哥语把它的全部形式标记赋予了动词，没有让名词发生任何格变。的确，墨西哥语指明了把句子各部分联系起来的线索，在这一点上它的方法与梵语运用的方法相近，不过，在其他方面它跟梵语明显有别。梵语以极其简便和自然的方式把每个词标示为句子的构成部分，而复综方法则不这样做。复综方法力图把句子的所有成分组合为一个形式，如不能做到这一点，它就会用一些标志说明句子的中心成分，这些标志就像是箭头一样暗示人们应该从哪些方向入手去寻索句子整体的各个组成部分。在这种情况下，人们难免需要作这样那样的猜测；不仅如此，复综方法的上述特点给人的印象是，它与它所对立的那种缺乏标记的方法并无二致。这样看来，复综方法与另外两种方法是有共同之处的，但是，我们不应把复综方法看作这两种方法的混合，或以为它是内在语言意识因力量不足而未能将标记系统（Andeutungssystem）贯穿到语言的所有组成部分中去的表现。这样看待复综方法，就忽略了它的本质。在墨西哥语的句子构造中，显然存在着一种独特的认识方式（Vorstellungsweise）。墨西哥语的句子并非是构建的结果，也就是说，句子不是由各个部分一步步地构筑起来，而是作为一个完整、统一的形式一下子生成的。

倘若我们勇于深入探索语言的初创时期，我们将会看到，在一开始，人总是把每一个作为语言发出的音与一种完整的意义——即一个完整的句子——在心灵中系结起来；就人本身的意图来说，他绝不会仅仅发出一个孤立存在的词，尽管在我们看来，他的陈述也许只包含一个这样的词。不过，我们不能因为这个事实就这样来理解句子对词的关系：似乎句子本身已是完整和详尽的，只是通过后来的抽象活动而被划分成了词。如果我们以最合乎自然本性的方式来理解语言的形成，即把它看作一个连续的过程，那就必须像对待自然万物的发生一样，把语言形成的基础看作一个演化系统。在语音中反映出来的语言感觉包含着一切要素的萌芽，然而，并不是所有的要素都会同时在语音上得到表现。除非感觉发展得更加敏锐，发音变得自由灵活、清楚明确，交谈双方对成功的相互理解充满信心，起初混沌一团的组成要素才会有可能渐渐变得清晰可辨，并且在具体的语音中显示出来。墨西哥语的方法在一定程度上便类似于这种渐变的过程：一开始，显现出一个有联系的整体，其特点是形式上的完整和自足；尚未获得具体规定性的内容先是由代词表达为非确定的某物，但后来得到了个别、具体的描述。由此我们可以很自然地对这样一种现象作出解释：为什么被综合的词没有词尾，但在独立的形式中它们却有词尾。这并不意味着，在真实的语言发明过程中为达到复综的目的而牺牲了词尾，相反，词尾应该被理解为词在独立状态下所获得的添补部分。当然，我的意思并不是说，墨西哥语的结构更接近于语言的初创阶段。语言是人类独有的现象，它完全根源于不可估测的、原始的心智能力(Seelenvermögen)；若要用时间的概念来衡度语言的发展，我们总是会遇到相当棘手的困难。墨西哥语的句子结构显然已十分富有艺术性，经过了反复的加工处理；它只保留下语言初始结构的普遍原型，而在其余方面，单是从不同类型的代词有规律地相互区分开来这一点来看，它也应当属于这样一个发展时期，当时更为明确的语法观念在语言中起着主导的作用。事实上，这种把句子要素统统黏合到动词上的方法已经达到高度和谐的水平，其发达的程度与注重词的统一性和动词屈折变位的方法不相上下。在语言的初创时期，句子就好像是一颗闭锁的、尚未萌发的芽苞。差别只是在于，在墨西哥语中，句子已发展成为一个完整地、不可分割地组合起来的整体；而在汉语里，完全要靠听话人自己努力去寻找几乎没有语音标志的语法关系；至于更加灵巧、更具独创性的梵语，则一下子把握住了要素与句子整体的关系，并且生动明确地表达出了这种关系。

马来诸语言虽然并不属复综系统，但与这种系统有类似之处：

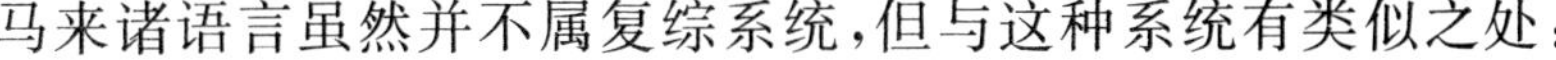

通过细腻地表称动词的不及物性、及物性和因果性，马来诸语言指明了句子内部的关系，并试图以这种办法来弥补句子缺少屈折形变的不足。有些马来语言把种种限定形式堆积到动词上，甚至用专门的标志指出动词是单数还是复数。所以，根据动词所带的标记可以确定，应该怎样把句子的其他部分与动词联系起来。其实，在复综型语言里，动词也并非毫无屈折变化。拿墨西哥语来说，它借助一些尾字母的变化，包括明确的符号手段来表达动词的时态。可见，墨西哥语是有屈折变化的，它在一定程度上像梵语一样追求词的统一性。

有时候，我们可以看到一种复综程度似乎不太高的系统：语言没有把所有名词性的词(Nomina)都纳入动词的屈折变位之中，但在动词形式里不仅表达了施事代词，而且也表达了受事代词。在这方面，当然也会有种种细微的意义差别，这取决于复综方法在语言中扎下的根有多么深，取决于在明确的行为对象独立出现于动词之后的情况下，语言是否仍要求标示出受事代词。如果动词的屈折变位方式以及被综合进动词的各类代词像在某些北美语言和巴斯克语里那样，发展起了完善的构造，那么，语言就会繁衍出大量的、难以详计的动词变位形式。但同时，语言十分周密地保持着这类形式的结构相似性，这样，理解力就可以通过一条易于辨认的线索来把握这类形式。由于在这些形式中，代词的同一人称频繁地重复出现，体现着不同的关系，或作行为主体，或充当行为的直接对象或间接对象，况且，这类语言大都缺少格的变化，所以，语言在这种情况下就必须作出选择：要么构成语音不同的代词词缀，要么以某种另外的方式避免可能造成的误解。于是，常常便形成了一种构思巧妙的动词结构。新英格兰的马萨诸塞语(die Massachusetts-Sprache)是一个突出的例子,它属于大德拉瓦热语系(der grosse Delaware-Stamm)的一支。马萨诸塞语也有同样的一些代词词缀,但它不像墨西哥语那样从语音上予以区分;借助这些词缀,马萨诸塞语确定了在复杂的变位系统中可能出现的所有形式。为此,这种语言主要采用了这样的手段,即在一定的场合把前缀加到受事人称代词上;掌握了这条规则,我们往往从起首字母上就马上可以看出一个代词形式所属的类型。不过,单靠这种手段是不够的,因此马萨诸塞语又采用了另一种手段,那就是增添尾音:当前两个人称代词为受事时,尾音标志着第三个人称代词是行为主体。我总觉得,这种通过代词在动词形式中的位置来标志出代词的不同意义的方法十分奇特。对这种方法只能有两种解释:我们可以假定,在一个民族的精神之中存在着某种确定的认识方式;或是假设整个变位系统仿佛一团混沌地飘忽在语言意识之中,而语言意识则任意地选用了要素的次序作为区分意义的手段。我以为,前一种解释远较后一种有说服力。下列现象初看起来确乎是语言任意造成的:当第二人称充当行为主体时,表示行为客体的第一人称代词出现在动词之后,但要是第三人称作行为主体,那么,作为行为客体的第一人称代词就出现在动词之前了。所以,必须始终按照固定的顺序说出句子[①]:

du　　　greifst mich.　　(你抓住我。)

你(主语)抓住　我(宾语)

① 作者没有举出马萨诸塞语的句例。——译者

mich　　greift er.　　　（他抓住我。）

我（宾语）抓住　他（主语）

然而，这里面的原因可能是，第一、第二人称由于民族想象力的作用而获得了更积极生动的特性，而且，这些人称形式的本质就建立在有关受事和被动人称的观念之上。在第一和第二两个人称中，则似乎是后者更占优势。第三人称作行为客体，从不加在动词前面，相反，换了第二人称，就只出现在动词之前。即使当表示行为主体的第一人称与充当行为客体的第二人称一同出现在句子里时，第二人称也仍旧保持着优先地位，在这种情况下，语言采用了别的办法，以避免引起意义混淆。在属于德拉瓦热语系主要语支之一的列尼—列那普语（die Leni Lenape-Sprache）里，代词的位序同样如此，这也证实了我们的看法。此外，因库泊（Cooper）妙趣横生的小说而为我们所知的莫希干人（更确切地说是穆希坎努人）[①]，他们的语言在这方面与上述语言也极相近。不论怎么说，这类语言的变位系统构造得堪称精巧绝顶，这种系统正像我们在前面就语言的一般性质指出过的那样，其每一组成部分的形成都跟一个被隐约地感觉到的整体有关。语法书当然只限于列出词形变化表，并不包含任何对句子结构的分析。但我利用埃略特的词形变化表[②]制成

① 莫希干人（Mohegans），穆希坎努人（Muhekaneew），或拼成 Mohikaner，为北美印第安人的一支，已消亡。——译者

② 见约翰·埃略特（John Eliot）著《马萨诸塞语语法》，John Pickering 版，波士顿，1822 年。也可参见戴维·蔡斯贝格（David Zeisberger）的《德拉瓦热语语法》，由 Duponceau 翻译，费拉德尔菲亚，1827 年；以及乔纳森·爱德渥兹（J. Edwards）的《穆希坎努印第安人语言观察记述》（*Observations on the Language of the Muhekaneew Indians*），John Pickering 版，1823 年。

了详尽的表格，借之分析了马萨诸塞语的句子结构。这一研究的结果使我深信，在表面看来混乱无序的现象背后藏匿着起制约作用的规律。由于缺乏足够的材料，我们并非总是有可能对一个形式的所有部分作出透彻的分析；尤其困难的是，如何把语法学家所谓的谐音字母（Wohllautsbuchstaben）与所有具备意义的要素区别开来。然而在大多数形式中，词形变化都受制于已知的规则，而在少数仍有疑问的场合，我们也始终能够找到一些明确的原因来说明，一个形式为什么只能有某个特定的意义。不过，倘若一个民族的内在精神组织与外部环境联系起来，把自身的语言结构导向了这样一条发展道路，我们总不能认为这是特别成功的表现。在这类语言结构中，不论在意义上还是在语音上，语法形式都组合成了一些笨拙的庞然大物。如此堆砌起来的语法形式限制了言语的自由性，因为，言语已无法从具体要素中概括起经常变化的思想，在多数情况下不得不运用带有永久性固定标志的表达，尽管其中的某些标志并非为言语每时每刻所必需。此外，这类复合形式的内部联系过于松散，其具体的要素无法相互融合起来，以构成真正的词的统一性。

由此看来，如果句子未能得到有机的、恰当的划分，句子要素之间的联系就会受到损害。这是针对整个复综方法而言的。墨西哥语较少通过代词把限定语综合进动词的变化形式，也从不以这种方式表示两个确定的行为对象，相反，它是在直接行为对象与间接行为对象同时并存的情况下，用动词词尾表达了间接行为对象的关系。因此，墨西哥语可以说又以这样的方式重新加强了词的统一性。但另一方面，也正是这种语言把按理讲最好分离存在的东西始终联结在一起。在那些更清楚地悟识到词的统一性的语言里，受事代词的标记有时也出现在动词形式中；例如在希伯来语中，受事代词作为动词的后缀出现。但在这种场合，语言明确区分了受事代词和施事代词，后者从根本上说与动词的本性有关。语言把施事代词与动词词干极其紧密地联系起来，而把受事代词不太牢固地黏附到动词上，有时甚至把受事代词跟动词完全分离开来，让它独立存在。

那些混淆了词的结构和句子结构的界限的语言通常缺少变格系统，要么不具备任何格的形式，要么像巴斯克语那样，并不总是在语音上把主格和宾格区别开来。但我们不应认为，是这方面的缺陷导致了受事宾语被黏合进动词形式，似乎这类语言企图以此来避免由于缺乏格变而发生的意义含混。其实，倒不如说，缺乏格变是复综方法带来的结果。句子的成分和句子整体这二者之间应有的界限所以会被混淆，是因为精神在语言的构造过程中没有悟认到如何恰当地把握各个具体词类。否则，精神就能够既产生出名词的变格系统，又对动词形式加以限制，使之只包括一些基本的限定语。倘若语言从一开始就试图把本质上属于句子结构的联系在词里面体现出来，那么，名词自然就不大再有必要发展。人们会以为，名词并不是主要的句子成分之一，而仅仅是起补充解释作用的概念。显然，梵语完全避免了这种把受事代词综合进动词的做法。

到目前为止，我还没有提到代词的另一种联系，即物主代词与名词的联系。这种联系并不一定需要十分紧密，它与前述情形不同，另有某个主要的起因。墨西哥语有一种独特的缩简物主代词，代词经过缩简后，以两种分离的形式围绕起语言的两个主要部分。在墨西哥语以及其他某些语言里，第三人称代词与名词的结合在句法上也得到了反映，所以跟我们讨论的题目直接有关。确切地说，这一结合被用作属格关系的标记，且属格意义的名词排列在后，例如说“他的房子，园丁”，而不是说“园丁的房子”。很明显，这种方法跟那种让动词支配一个后置名词的方法是一样的。

按照我们的思维方式来评判，墨西哥语中名词与物主代词的联系不仅比实际需要的要多得多，而且，这类代词似乎与一定的概念不可分离地交织在一起，例如表示亲属等级和人体四肢的概念。如果所属人称不确定，那么，亲属称谓之前就被加上非确指人称代词，四肢的名称之前则被冠以第一人称复数代词。比如，通常不说 mantli（母亲），而要说 te-nan（某人的母亲），不说 maitl（手），而要说成 to-ma（我们的手）。在其他许多美洲语言里，这类概念与物主代词的联系看来也极为紧密，不可分离。造成这种现象的原因显然并不在于句法的需要，而是在十一个民族的认识方式。当精神尚未习惯进行抽象活动时，它会把它经常联想到一块的东西理解为一个事物，而思维难以区分或者根本不能区分的事物，可以由语言统一为一个词（只要语言有这样做的意图）。这样的词作为一劳永逸地固定下来的印记逐渐在运用中流行开来，讲话者不再会想到去区分它们的构成要素。此外，事物与人称之间持久稳固的关系根源于人类的原始观念，只是随着文化的发展，这种关系才仅仅限于在一些确属必要的场合反映出来。因此，在所有明显保存着早期状态遗迹的语言里，人称代词都起着更为重要的作用。另外一些现象也证实了我的这一看法。在墨西哥语里，物主代词对

一个词的控制如此之强，以致这个词的词尾通常会发生变化，而要是在复数的情况下，物主代词与这个词的结合形式就会有独特的复数词尾。这种整个词的改变显然表明，物主代词与一个词的结合应该被看作一个独立的新概念，而不是两个不同的概念在言语中临时发生的接触。在希伯来语里，概念联系的稳固程度对语词结合的影响表现得尤其突出和细腻。正如前面已指出的那样，最牢固、最紧密地黏合到动词词干上的是施事人称代词，因为缺少了这类代词，就无法想象还会有动词形式；其次，物主代词与动词词干的联系也比较稳固；作动词宾语的代词与动词词干的联系则最松散。假如从纯逻辑的角度考虑，在后两种场合（一般说可以把它们区别开来）受动词支配的宾语理应获得更加稳固的联系，因为及物动词对宾语的需要明显超过了名词通常对物主代词的需要。然而事实上，语言却选择了相反的道路，其原因只能是，物主代词与名词的关系在最频繁的运用中被人们看作了一个专门的统一体。

构成一个独立句子的要素，可以缩合进一个词形。按照严格的要求，我们应当把所有这类缩合现象都划归复综系统。然而，即使在对立于这种系统的语言里，我们也可以见到复综的例子。而且，这样的例子通常见于复合句中，即利用复综方法来避免插入句的形成。在简单句中，复综方法与名词缺乏词形变化相关联，而在复合句里，复综方法的运用或者与缺少关系代词及相应的连接词有关，或者与不习惯使用这种联系手段有关。闪米特语系诸语言一般说仍有复综的倾向，所以，它们在这类场合运用了“结构态”(status constructus)，这并不怎么叫人奇怪。甚至就连梵语也有复综的例子，如以 twâ 和 ya 为尾成分的所谓非变格分词，以及一些包含着整个关系从句的复合词，例如 bahuwrîhi 型的复合词[1]。这种类型的复合词只有很少一部分进入了希腊语，总的说来，希腊语较少运用这样的复综方式，而更多地利用连接词来构成从属句。希腊语甚至宁愿让某些结构缺乏联系的形式标志，因此加重了理解力的负担，而没有采用过分庞杂的缩合（Zusammenziehungen），以免使长句的结构变得笨拙僵硬。相比之下，梵语的长句有时候就显得不那么灵便。这里所说的情形，跟某些语言中作为一个整体的词形分解成句子的情形是一样的。只不过，使用这种分解方法，其原因并非总是在于语言创造力量的削弱导致了形式的退化。实际上，即使未发生这类退化，由于人们逐渐习惯于对概念进行更恰当、更严谨的区分，一个浑然一团的观念同样可以被分解开来；这样的观念尽管生动形象，却不大适合于表达灵活多变的思想联系。要想确定一个形式应具备什么样的构成要素以及多少要素，就需要有一种精细敏锐的语法意识，而在所有的民族当中，这种语法意识最早也许主要为希腊人所独有。由于希腊人爱好、擅长并讲究运用语言，语法意识在他们身上便得到了极其完善的发展。

① 即"所有格复合词"，由一个形容词和一个名词合成。Bahu-vrîhi 原意是"许多稻米"，作为复合词意即"有许多稻米的"。古印度的语法家用这个词概称同一类型的复合词。——译者

第十六章　语言的语音形式与语法需求的一致关系

29b 语法形式的构成受制于以语言为媒介的思维活动的规律，并且以语音形式与这些规律的一致关系为基础。这样的一致关系必然以一定的方式存在于每一语言之中，区别只是在于一致的程度不同；此外，一致关系的欠缺或不完善可能是由于思维活动的规律没有被足够清晰地意识到，也可能是由于语音系统未能达到足够灵活的程度。而一个方面的不足总会影响到另一个方面。语言的完善性标准要求，每一个词都应带有某个确定词类的标记，并具有一些特定的属性，通过对语言进行哲学分析，能够在该词类的范畴中辨别出这些属性。可见，语言的完善性是以屈折变化为前提的。问题是一个民族的精神会怎样构想一种完善的语言结构所具的最简单的要素，即怎样借助屈折变化使一个词获得某个词类的特征？一个民族的语言意识如何进行思考，这从语言起源上是无法推断的，而且，语言意识本身恐怕也并不具备构成语音所必需的创造力量。一种语言的有机体在这些至关重要的方面所拥有的每一个优点，最初都导源于生动具体的、感性的世界观。由于最崇高、最接近真理的创造力量源出于所有精神能力高度和谐的共同作用，而语言正是这些精神能力最最完美的花朵

(idealischste Blüthe),因此,感性世界观所造就的一切很自然地会对语言产生反作用。屈折形式便是这样构成的。无论是外部直观的对象,还是内部感觉的对象,都以两种方式呈现在我们面前:一种是特殊的、质的属性,这种属性把对象作为个体相互区别开来;另一种是一般的、类的范畴,对于相当生动灵活的直观认识来说,这种范畴始终也表现在可观察和可感觉的事物之中。例如,鸟儿的飞翔可以被看作一种带羽翼的物体进行的具体运动,同时也可以被视为一种一般的、一掠而过的行为,只不过在现有场合跟鸟儿的飞翔有关。类似这样的分析也适用于所有其他的场合。总之,从最积极活跃、和谐一致的精神力量的活动之中,生成了一种直观的认识,它一无遗漏地囊括起被观察事物的所有方面,并且把事物的各个具体环节明确地区别开来,而不是把它们混淆起来。由于精神认识到了事物的个别性和一般性两个方面,并正确地知觉到了它们的相互关系,又由于这两个方面造成了生动的感觉印象,屈折形式作为被观察、被感知的事物的语言表达便仿佛自动地生成了。

值得注意的是,精神在此如何以不同的途径完成句子的构造。精神并不是从现成的句子观念出发煞费苦心地去组织句子,而是似乎在不知不觉之中就构造出了句子。事实上,精神只把语音形式赋予那些被明确完整地知觉到的事物的印象。如果精神的这种行为每一次都以恰当的方式发生,并为同一种感觉所主导,那么,通过运用屈折方法构成的词,思想便能够井然有序地组织起来。这里所说的精神行为,就其真正的内在的本质而言,是人类原本固有的强大纯正的语言能力直接生成的结果。直观和感觉仿佛只是可供精神认识外部现象的支点，很明显，精神的内蕴远远超过了我们能够直接观察到的它的表现。严格说来，复综方法本质上是与屈折方法相对立的，因为屈折方法的出发点是具体的要素，而复综方法的出发点则是整体。只有在一定程度上，依靠内在语言意识的有力影响，复综方法才能够像屈折方法一样发挥作用。如果语言意识不够强盛，复综方法便不能以直观的形式足够清晰地把事物表现出来，也无法把事物对感觉产生影响的各个方面区别开来。但如果复综方法采取另一种更灵活的新观点，就可以重新获得独特的力量和清晰的思想联系。事物最一般的类属范畴与词类相对应，而类属范畴与事物的关系是一种观念的关系，这种关系在人称的范畴中得到了最一般和最纯粹的象征表达；即便从感性的角度来看，人称也是上述关系最自然的体现。这个结论跟我们在前面讲到过的一点，即代词词干（Pronominalstämme）与语法形式在意义上交织起来，意思是一样的。

一旦屈折变化在一种语言里真正占据了优势地位，屈折系统就会自然而然地按照语法完善性的要求进一步向精细化发展。前面我们已经指出，一种语言在这方面的继续发展中有时会创造出新的形式，有时则利用和改造了原有的形式，这类原有的形式此前无论是在该语言里还是在同一语系的其他语言里，都未曾被用于不同的意义。这里我只举希腊语的过去完成时为例。这个时态是从一种类似于梵语中不定过去时的变体形式发展而来的。语音形式对语法范畴起着不可忽略的影响，但在评价这种影响时，我们不应混淆以下两种不同的情况：是语音形式妨碍了各种语法概念的区分，还是语音形式没有完全表达出各种语法概念。在语言形成的早期阶段，即便已有最恰当的语言观，感性形式的创造活动仍会占领上风，使得同一个语法概念可以与许多语音形式相对应。在这个较早的时期，人的内在创造精神完全投入到了语言领域之中；词似乎就是具体的事物，通过其音响控制着想象力，词的特殊性质在多种多样的语音形式中体现出来。只是到了后来，语法概念的确定性和一般性才逐渐成为一股强大的力量，这股力量开始支配词，使词的语音形式趋于同一。在希腊语特别是荷马时代的希腊语里，还保存着上述语言早期状态的明显遗迹。但是整个说来，正是在这个方面暴露出了希腊语与梵语之间突出的差别：希腊语严格地根据语法概念配置语音形式，更加精心地利用了丰富多样的语音形式，以表达语法概念的细微差别；相反，梵语更强调技术性的表达手段，一方面，它更多地运用了这类手段，另一方面，它更好地保持了语音形式的统一性，使语音形式更加简单，较少例外。

第十七章　语言之间的主要区别：以语言构造原则的纯正程度为评判标准

30 正如以上所述，语言始终只是人们头脑和精神中的一种理想的实存（ein ideales Daseyn），即或刻于金石，语言也从不具有物质的存在；而且，如果说我们尚能感觉到一种死语言的力量，那么这种力量多半也是取决于我们自己使该语言恢复生命的精神能力。所以，语言和持续不断地进行着的人类思想活动一样，不可能有片刻真正的静止。语言是一个连续发展的过程，它处在每个讲话者的精神力量的影响之下。这便是语言的本性所在。在语言发展过程中，很自然地会出现两个不同的、应当明确区别开来的时期。在一个时期，语言的语音创造倾向尚在增长，促使语音构造活动充满生气地进行；在另一个时期，至少外部的语言形式已然成型，于是呈现出一种表面的静态，随之而来的是语言的感性创造倾向明显地减弱。当然，即使在后一个时期，语言中也有可能萌现新的生命原则，因此就有可能成功地再度改造语言，关于这一点我在下面将详细地论述。

在语言的发展过程中，有两个因素在相互约束、相互影响。一个因素是从一开始就决定着语言发展方向的原则，另一个因素是已经积累起来的材料所产生的影响，这种材料的力量始终与上述原则的制约力量成反比。在每一语言中，都存在着这样的一种原则，这是无可怀疑的事实。一个民族或者一种普遍的人类思维力量若要采纳一定的语言要素，自然也就必须把这些要素联系起来，使成一体，尽管它或许是不自觉地、无意识地在这样做。因为，缺少了这种操作，就既不可能有个人借助语言进行的思维，也不可能有个人之间的相互理解。假如我们能够上溯至一种语言最早的萌发时刻，似乎就有必要把上述操作设为前提。然而，语言要素的统一性只能是一种享有绝对优势的原则的统一性。如果这一原则接近于人类普遍的语言创造原则，同时又在后者允许的范围内保持着必要的个别性，并且以其长盛不衰的全部力量渗透到语言之中，那么，在语言成长的所有各个阶段上，一种力量若是削弱了，就必定会有另一种适合于进一步发展的新生力量取而代之。这是因为，任何精神发展都有一个特点，即它的力量实际上绝不会荡然无存，而是仅仅变换了其功能（Functionen），或只是用一部分有机组织替换了另一部分有机组织（Organe）。反之，倘使某些不为语言形式所必需的成分干扰了前一种原则的作用，或是该原则未能真正渗透进整个语音系统，或者只跟一种有机程度不高的材料发生联系，结果使得本来已遭歪曲的结构更趋偏颇，那么，自然的发展进程就会面临一股强大的异己力量，语言也就无法像智能力量的每一适当的发展那样，通过追求自身的道路而获取新的能量。在这种场合，正如在表达多种多样的思想联系时一样，语言也需要享有充分的自由。我们可以认为，最纯粹、最成功的语言结构有这样

一个明确的特征：语言结构必须把自由性同规律性结合起来，也即需要通过一定的限制来确保自由的存在，正是在这个意义上，词和词组的构成才受到了限制。语言恰当的发展进程与人类智能的发展进程有一种天然的谐和关系。思维的需要在人身上唤醒了语言，因此，从语言内部生成的一切也必然促进思维顺利地进行。而且，一个具有完善语言的民族如果由于某些另外的原因而陷于怠惰疲弱的精神状态，就能够借其语言的力量比较容易地从中摆脱出来。反之，如果一个民族拥有的是一种偏离适当、自然的发展进程的语言，智能力量就不得不在自身中寻找进一步飞跃的杠杆。在这种情况下，智能会利用自身的手段对语言施加影响，在语言中进行构造，把新的意义赋予语言的形式，把新的用法引入言语。不过，智能这样做并不意味着是在创造语言，因为语言中的任何创造只能是语言本身的生命力所生成的结果。

由此，我们可以在许许多多现存的和已消亡的语言当中作出一种区分，这一区分从人类进步和发展的角度来看，有极其重要的意义。具体地说，语言可以分为两大类：一类语言从纯粹的原则出发，享有合乎规律的自由，充满活力和生机，经历了始终如一的发展过程；另一类语言则不具备这一系列优点。前一类语言是人类的语言本能(Sprachtrieb)在各方面成功地进行了创造的果实；后一类语言具有一种偏离常规的形式，这种形式表现出两个方面的缺陷：一是为人原本所有的纯粹的语言意识显得力量不足；二是语言结构受到损害，只得到片面的发展，原因是生成了并非语言必需的语音形式，并且把其他一些语音形式人为地合并到它上面。

以上所述为我们提供了一条重要的线索。初看起来，现实的语言似乎是一大堆纷乱芜杂的具体事实，然而借助这条线索，我们就能够探索和简扼地描述语言的结构差异。我们已试图指出，有哪些因素跟最高层次的原则相关联，语言分析应该进行到哪一步。在这方面无疑还有许多问题需要加以阐释，但我们显然有可能在每一语言中找到一种决定着该语言的结构属性的形式，有可能根据以上所述确立起评判语言优缺点的标准。

只有屈折方法才能够一方面使词获得意义上和语音上的名副其实的内在稳固性，另一方面则按照思想联系的需要把句子的组成部分可靠地分离开来。如果我对屈折方法的这种描述是完整和全面的，那就意味着，只有该方法才具备纯正的语言结构原则。屈折方法顾及每一言语要素的两个方面，即要素的客观意义和要素跟思想、语言的主观联系，并且根据这两个方面的相关程度，借助专门的语音形式予以表达。因此，屈折方法能够最好地体现出语言的原初本质，也即语言的分节性和象征性。剩下的问题只是，哪些语言将屈折方法最一贯、最完整和最自由地保存了下来。也许，任何一种实际语言都未能达到发展的顶峰。前面我们谈到过梵语型语言与闪米特语言之间的程度差别：闪米特语言确有真正的、明显可识的屈折形式，而且把这种屈折形式与十分细微的象征表达联系了起来，但是，这一形式没有贯穿语言的所有部分，因为它受到了或多或少带有偶然性的规律以及下述因素的限制：一个词形不能超过两个音节；只用元音表示屈折；排斥复合词。相反，在梵语型语言里，由于词的统一性被固定了下来，屈折形式不仅避免了混同于黏着形式的可能，而且在语言的所有领域中都能够高度自由地发挥作用。

与复综方法以及与缺乏真正的词的统一性，仅仅把要素松散地黏合起来的方法相比，屈折方法看来是一种富有独创性的、源自真实语言直觉(Intuition)的原则。拥有前两种方法的语言不得不谨慎地把若干单个要素统一成句子，或是把句子作为一个统一体一下子表述出来。而屈折方法则根据要素的每一概念联系把标记直接授予要素，从本质上说，屈折语言不允许要素在言语运用中脱离其概念联系而存在。在汉语一类语言里，语言创造力量的减弱使得屈折方法无法得到语音表现，而在那些仅仅使用复综方法的语言里，同样的原因使得屈折方法不能自由地发挥主导作用。此外，如果某个具体的构造形式(例如马来语里借助变化的前缀作动词的限定语)占了绝对优势，以致所有其他形式都遭到忽视，在这种情况下，结构的片面、畸形的发展也会阻碍纯粹的语言原则产生作用。

一种语言再怎样偏离纯粹的原则，我们根据下列三个方面也总是能够对这种语言的结构特征进行描述：第一，语言是否缺乏表示关系的标记；第二，它是否努力创制这类标记，并使之提高为形态变化；第三，它是否拥有一种辅助手段，可以把在言语中应作为句子出现的结构用一个词的形式表达出来。每一种语言的本质，都取决于上述三个方面的原则交混作用的程度，但一般情况下，这些原则在运用中的相互影响会导致形成一种更具独特个性的形式。因为，倘若一种主导原则的力量不足，致使语言不能保持适当的平衡，那么语言的一个方面就很容易会压倒其余方面，促成一种不恰当、不协调的结构。由于以上原因及其他一些原因，有的语言虽然从某些方面看算不上是十分适合于思维的工具(Organe)，但也可以形成具体的优点。例如,没有人能否认,古典语体的汉语具有独到的长处,那就是把重要的概念相互直接系接起来;这种语言在简朴之中包含着伟大,因为它仿佛摈弃了所有多余的次要关系,力图直接反映纯粹的思想。严格意义的马来语为人称道的特点在于,词与词可以十分灵便和简单地结合为词组。闪语言拥有一种令人叫绝的艺术,即通过大量的元音交替来精细地区分意义。巴斯克语在词的构造和搭配方面具有一种特殊的力量,这种力量来自表达的简洁性和独创性。德拉瓦热语以及其他一些美洲语言只需要用一个词,就可以把我们的语言须用许多词分别表达的一系列概念综括起来。以上举出的各种语言的例子证明,不论人类精神朝哪个单一的方向行进,它始终能够孕生出某种伟大的果实,而这种果实本身又会对精神施予有益的、激励进步的影响。然而,单凭这些例子却不能断定一些语言是否就比另一些语言更优越。一种语言的真正的优越性只能是体现在这样一个方面:语言从纯粹的原则出发,充分自由地发展起来,这使得它能够确保人的各种智能力量生动积极地发挥作用,成为这些力量的有效工具;此外,语言保持着丰富的感性特征和精神规律,因而自始至终激励、推动着智能力量向前发展。显然,一种语言对精神所能产生的一切有益的影响,都应当归因于上述形式的属性。语言好比是一道河床,精神可以放心地沿着它驾起波涛向前奔流,因为对精神来说,语言的源泉是永远不会枯竭的。精神飘浮在语言之上,语言于精神就像是一个不可企及的深底:精神从这个深底中获得的东西越多,它能够进一步从中汲取的东西也就越多。所以,只有当我们尝试对各种语言作了一般的比较之后,才能够把上述形式标准付诸运用。

第十八章　各种语言的特性

31 以上我们大致考察了语法结构，但语言的本质远不仅仅在于其语法结构以及整个外部结构。语言真正的特性还取决于某种更微妙、更深奥亦且更难以分析的东西。不过，我们在前面着重探讨过的内容是一个必要和可靠的基础，那种更微妙、更深层的东西便根源于这个基础。为了更明确地说明这一点，有必要再次回顾一下语言的一般发展过程。在构造形式（Formenbildung）的时期，各个民族更多地顾及语言本身，而不是顾及语言的用途，即他们应该表达些什么。各个民族致力于表达思想，这种努力与业已取得的成就对人们产生的激励作用结合起来，造就并培育了语言的创造力量。我想，我们可以打一个比方，把语言的发生比作物理自然界中晶体与晶体的联结。这种过程虽说是逐渐发生的，但遵循着一定的规律。语言是精神的生动创造，所以一开始，一个民族很自然地会优先发展语言；这种倾向在具体语言本身中也有所反映：有些语言在远古时期曾有过异常丰富的形式，然而随着时间的推移逐渐失去了形式。在某些语言里，形式过于丰富，明显超过了思想的需要，因此形式便通过一些变化受到节制；这样的形变平行地发生在属于同一语系的各语言内，受到了更趋成熟的精神教养的影响。当这种结晶化的过程（Krystallisation）告成后，可以

说语言也就成型了。这意味着,工具已准备就绪,现在精神要做的是掌握和运用这一工具。精神以不同的方式通过语言得到表达,与此相应,语言也以不同的方式获得一定的色彩和个性。

但是,如果有人以为,我在这里为了分析的目的而严格区别开来的两个方面在自然中也如此分隔存在,那就错了。在连续不断的语言使用过程中,精神活动对语言的结构和形式构造也产生着持续、确定的影响,只不过这种影响更加精微,难以把握,有时不为观察者注意到。此外,我们也不应该认为,人类或者一个民族在某个历史时期的唯一意图和所作所为便是发展语言。语言是通过讲话构成的,而讲话则是思想或感觉的表达。刚才我说过,语言通过一个民族的思维—感觉方式(die Denk-und Sinnesart)而获得一定的色彩和个性,事实上,这种思维—感觉方式从一开始就影响着语言。但同时,一种语言在语法结构的形成上向前迈进得越远,语言中需要用新的途径来解决的问题显然也就越少。于是,创造思想表达的努力减弱了;精神越是仅仅满足于运用现成的手段,它的创造本能和创造力量就越是趋于泯灭。另一方面,语言积累起了大量语音材料,这些外在的材料对精神产生着反作用,要求精神遵从其独特的规律,并且阻碍着智力自由、独立地发挥作用。这两个方面的因素合起来,便构成了我们在前述区分中涉及的一个事实,即语言对精神的客观影响,这个事实反映了事物的真实本质,而不取决于主观意识。所以,为了更细致地探索精神与语言的交织关系,我们需要把语法和词汇结构看作语言的仿佛固定和外在的特性,将之与语言的内在特性区别开来;这种内在的特性如同灵魂寓于肉体中一样存在于语言之中并产生作用,而每一语言正是通过其

内在特性的作用，从我们开始掌握语言之时起就以独特的方式把我们控制了起来。但我的意思绝不是说，语言内在特性的这种作用与语言的外在结构格格不入。一种语言所具的独特的生命力存在于它的各个组成部分之中，渗透进了所有的语音要素。应当注意的一点只是，形式领域并非语言研究者要探讨的唯一领域。语言研究者至少不应忘记，语言中还存在着某种更深层、更接近原始开端的东西，即使他无法认识这种东西，也必须对此有所察觉。在那些属于一个分布辽阔、支族繁多的语系的语言里，我们可以很容易地找到一些例子来证明上述论点。拿梵语、希腊语和拉丁语来说，它们在词的构造和句法上有相近的组织方法，许多部分彼此类似。但是，谁都可以感觉到，这三种语言各有个性特点，这种特点不仅仅意味着明显映射在语言中的民族性的差异，而且根源于语言的深底，决定着每一语言的独特结构。因此，我还要用少许篇幅来讨论语言本身的特性与前述决定着语言结构发展的原则之间的区别。我希望，我能够确切地说明，这种区别一方面不应被看得过于严格，另一方面也不应被当作纯粹主观的推想而遭到忽视。

如上所述，语言的特性与语言有机体在一定程度上相对立。为了进一步探讨语言的特性，我们必须考察一下结构成型以后的语言状态。起初，人们对每时每刻都在被创新的语言感到欣悦和惊奇，然而，一旦结构定型，这种欣悦、惊奇的感觉便逐渐变弱了。一个民族的活动从创造语言更多地转向了运用语言，而语言由独特的民族精神伴随着，开始走上一条确定的历史发展道路；在这条发展道路上，语言和精神相互依赖，同时并存，每一方都需要另一方提供激励和帮助。于是，人们便只把热情和爱好投诸具体的、成功的表达。歌曲、祈祷、格言、故事等等撩拨起一种欲望，促使人们把语言从倏忽而逝的交谈讲话中抢夺出来，加以保存、改进和模仿。如此形成的一切为文学奠定了基础。精神和语言的这一产物会逐渐地由整个民族的财富转化为个人的属物，因此，语言便落入了诗人和启蒙导师的手中，他们与人民渐渐对立起来。其结果是使语言获得了双重的语体。不过，只要文学语体与大众语体的对立保持着适当的关系，对立的双方就可以成为两个相互补充的源泉，向语言供输力量并确保语言的纯洁性。

上面提到的语言塑造大师在他们的作品中把生动的形象赋予了语言。随后，语法家也加入了他们的行列，为语言有机体的构成作出了最后的贡献。语法家的任务不是创造，如果语言本来就没有屈折变化，没有收尾音和起首音的融合，单靠他们的努力是不可能使这类形式在民众的语言中普及开来的。但是，语法家摈弃了多余的东西，进行必要的概括，铲除不合规则的现象，填补了余留的空白。我们有理由认为，屈折语言的变格变位体系应当归功于语法家的劳动，正是他们最先把与此有关的用例明确地综合成了系统。在这个领域里，尽管语法家的知识也取自展现在他们面前的用之不尽的语言宝库，但他们堪称是立法者。他们首先使讲话者意识到了变格、变位的存在，因此，那些已丧失了自身原有意义的形式通过在体系中占据一定的位置，就可以重新获得意义。在同一语言里，对形式的这类处理在各个不同的时期可以相继发生；但是，语言一方面需要保持通俗性，另一方面又应具有发达的教养内涵，为此语言必须有规律地从民众流向作家和语法家，再从他们手中返回到民众当中，如此循环反复，永不歇止。

只要一个民族的精神以生动、独特的方式持续存在，并对语言产生影响，语言便会不断丰富完善起来，而语言的发展反过来也激励和影响了精神。但随着时光的流逝，也有可能出现这样一个时期，当时语言的发展仿佛超过了精神的成长：精神陷于松弛怠惰的状态，不再从事独立的创造，它虽拥有产生自实际运用的语词和形式，却只利用它们进行越来越空洞的游戏。我们可以把这看作是语言的第二次衰落，而把中止外在形式的创造活动看作语言的初次衰落。在这第二次衰落的过程中，语言个性的鲜明性受到了磨损，不过，个别伟大的人物凭借其天赋才能，能够重新唤醒语言和民族，使之摆脱懈怠状态。

语言的特性主要是在文学时期以及此前的准备时期发展而成的。正是在这个时候，语言更多地超越了日常物质生活的需要，上升到纯思想的阐发和自由表述的高度。有一个事实显得很奇特，那就是，除了外在有机体所赋予的特性以外，语言还应当具有独特的个性，因为一种语言的使命就是充当极不同的个性的工具。实际上，即使不考虑性别和年龄方面的差异，一个民族可以说也包含着人类特性的所有微细差别。即使是具有同一精神气质、从事同样活动的一群人，他们对事物的理解和反应也有所不同。至于谈到语言，差别就更大了，因为语言渗透到了精神和情感的最最隐秘的深底。每一个人都使用同一种语言来表达他的特殊个性，所以，语言始终出自具体的个人，每个人运用语言首先是为了自身的目的。但只要难免会有缺陷的语词总的来说适合于表达最内在的感情，语言就能够满足所有人的需要。此外，我们也不应认为，语言作为一般的工具会抹煞个性的差异。的确，语言在一个人和另一个人之间架起了一座桥梁，使他们得以相互理解，但同时语言又扩大了个性的差异，因为它通过阐释和提炼概念而使人更清楚地意识到，个人的特性深深地根源于原初的精神禀赋（die ursprüngliche Geistesanlage）。这样看来，语言之所以能够被用来表现极不同的个性，似乎宁可说是由于语言本身并不具备任何个性。这并不意味着语言自身有什么缺点。事实上，语言包含着两种相对立的属性：一方面，它是一种语言，在同一个民族的内部划分为无限多的个人语言；另一方面，这许许多多个人的语言保持着统一性，使得这种统一的语言在跟其他民族的语言相比较时具有界定的性质。人们以十分不同的方式理解和运用同一种母语，这一点我们从日常生活中就能够看出。比较一下优秀作家的创作，我们也可以发现，他们中的每一个都为自己造就了特殊的语言。当然，各种民族语言的个性差异更是一望便可知的，例如，通过比较梵语、希腊语和拉丁语，我们可以了解到它们各自的特性。

如果进一步详细探讨语言如何把上述两种对立的属性统一起来，我们会看到，正是语言的深刻本质决定了它作为极不同个性的表达工具的可能性。词是语言的要素（为简单起见我们在这里只谈词），它并不像一个物质实体那样传递某种现成的东西，也并非包孕着一个已定型的、封闭的概念，而是要起刺激的作用，促使听者以确定的方式独立自主地构成概念。人们能够相互理解，并不是因为他们完全依靠符号表达事物，也不是因为他们相互制约，准确、完整地产生出同样的概念，而是因为他们互相都在对方的身上触动了感性表象和内在概念活动的链锁上的同一个环节，击中了各自的精神乐器的同一个键钮。所以，各人形成的其实不是同一个概念，而是相对应的概念。只有在这一允许差异存在的界域内，人们对一个词的意义才会形成相一致的看法。在称谓一个最普通的事物如一匹马的时候，人们指的是同一种动物，但每个人都把独特的想象塞进了马的名称，这种想象可能更富有感性成分或更合于理性，更生动形象或者更接近于无生命的符号。由于这个缘故，在某些语言的形成时期出现了大量表示同一个事物的名称。而有多少名称，也就会有同样多的属性，人们通过这些属性来思考一个事物，并用它们的表达来代称事物。另一方面，只要表象—概念链的一个环节、精神乐器的一个键钮以上述方式受到触动，整个链锁和乐器都会振动起来，而产生自心灵的概念便会与一个环节或键钮周围的一切发生和谐的共鸣。总之，词在不同的个人中间唤起表象，这种表象带有每一个人的独特个性的印记，但由所有的人用同一个音来表示。

然而，属于同一个民族的所有个人保持着民族同形性，这种民族同形性把每一具体的认识倾向（Sinnesart）与其他民族的类似的认识倾向区别了开来。从这样的民族同形性之中，从每一语言所特有的内在动力之中，便形成了语言的个性。每一种语言都通过民族性而获得确定的特性，并且也以同样确定的方式对民族性产生反作用。共同的居住地域和共同的活动可以维持、增强民族性，在一定程度上甚至也能够造就民族性，但就本质而言，民族性的基础是相同的自然禀性（Naturanlage），也即通常所说的同出一源。肉体和精神力量可以有成千上万种不同的结合方式，以此决定每一个人类个体的本质，这种结合是一个难以揭破的谜，其答案显然也要到自然禀性的差异中去寻找。问题只是关于自然禀性的相同性，还有没有别的解释？在回答这个问题时，我们绝不应把语言排斥在外。因为在语言中，语音与意义的联系也像自然禀性的差异一样深不可究。我们可以把概念解析开来，把词分析成更小的要素，但这样做并不能使我们更接近上述奥秘，即思想究竟怎样才与词联系了起来。所以，从它们与个性本质的最初始的关系来看，语言和民族性的基础是十分相似的。只不过，语言的影响更明显、更强烈，要给一个民族下定义，首先就必须从这个民族的语言出发。人所具有的人类本性的发展取决于语言的发展，因此，民族的定义应当直接通过语言给出：民族，也即一个以确定的方式构成语言的人类群体。

语言又具有使人们疏远开来或同化起来的力量，即使在起源不同的人类群体当中，语言也起着传导民族性的作用。从这一点特别可以看出家庭和民族的区别。在一个家庭里，成员之间存在着确凿可证的亲缘关系；同一个家庭即便分居在两个不同的民族中，也能够继续生存繁衍。至于民族，问题则不那么简单。在拥有众多宗族、支系的民族当中，有必要区分两种可能的情况：一种可能是，讲同一种语言的人来自同一个民族；另一种可能是，人们的同形性根源于同一种原初的自然禀性、同样的生活环境以及同一些外部原因的影响。无论民族同形性跟我们无法探究的初始原因有什么联系，有一点是可以肯定的，那就是随着语言的发展，民族差异才成为一种受人注意的精神现象。由于语言的存在，民族差异才为人们意识到，通过语言，不同的民族才得以把握事物的领域；不同的民族需要在事物的世界中体现自身，而这个世界更容易为具有明确意识的民族所把握，同时，民族差异本身在事物上也表现得更加细微、更加确定。语言使人逐渐上升到他所能企及的智力高度，与此同时，蒙昧的、不发达的感觉领域便渐渐趋向明朗。作为这一发展过程的工具，语言自身也获得了十分确定的性质，与风俗、习惯、行为、活动相比，语言的特性能够更好地说明民族的特性。由于这个原因，有些缺少文字作品、对其语言运用我们没有深入研究过的人民，在我们看来往往具有很大的民族同形性，而事实却并不如此。我们无法识辨出把这些人民相互区别开来的特征，因为他们缺乏一种可供认识和分辨这类特征的媒介。

一种确定的语言不能没有外部形式。如果我们把语言的特性与它的外部形式区别开来，对二者作一番对比，便会发现，语言的特性是由思想与语音的结合方式决定的。在这个意义上说，语言的特性与精神相仿：精神在语言中生下了根，并把生命赋予了语言，就好像把灵魂赋予了它所造就的肉体。语言的特性是民族精神特性对语言不断施予影响的自然结果。一个民族的人民总是以同样的独特方式理解词的一般意义，把同样的附带意义和情感色彩添加到词上，朝同一个方向联结观念、组织思想，并且在民族智力独创性与理解力相协调的范围内同样自由地构造言语，于是，这个民族便逐步地使其语言获得了一种独一无二的色彩和情调，而语言则把它所获得的这类特征固定了下来，并以此对该民族产生反作用。所以，我们从每一种语言都可以推知与它相关联的民族性。即使是野蛮的、未开化的人民，他们的语言也带有这方面的痕迹，使我们常常可以经之观察到他们的智能特性。要是不看他们的语言，我们往往会以为处在如此低级的文明发展阶段上的人民达不到这样的智力水平。美洲土著居民的语言在这方面可以提供

丰富的例证，比如：独特的比喻；正确的但又出乎意料的概念组合；通过深刻地理解对想象力产生影响的事物本质，把某些无生命的事物归入生命体的范畴，等等。这些语言在语法上并不作性的区分，却在相当广的意义上区分了有生命性和无生命性，我们从这种语法范畴的运用就可以推知使用这些语言的人对有关事物的看法。例如，他们把星辰与人、动物归为一个语法类别，这就意味着，他们显然是把星辰看作自行运动的、具有个性的物体，认为它们可能在天上操纵着尘世的命运。在上述意义上研究美洲土著人语言的词汇，可以给我们带来一种特殊的享受，同时也将引导我们去作种种不同的思考；此外，正如我们在前面说过的那样，通过认真细致地分析这些语言的形式，能够揭示产生出这类语言结构的精神组织。所以，这样的语言研究可以避免枯燥乏味，流于平庸。无论从哪个方面看，这一研究都有助于我们认识内在的精神形式，这种精神形式贯穿着人类发展的各个时期，承载着最深刻的观点、最丰富的思想和最崇高的情感。

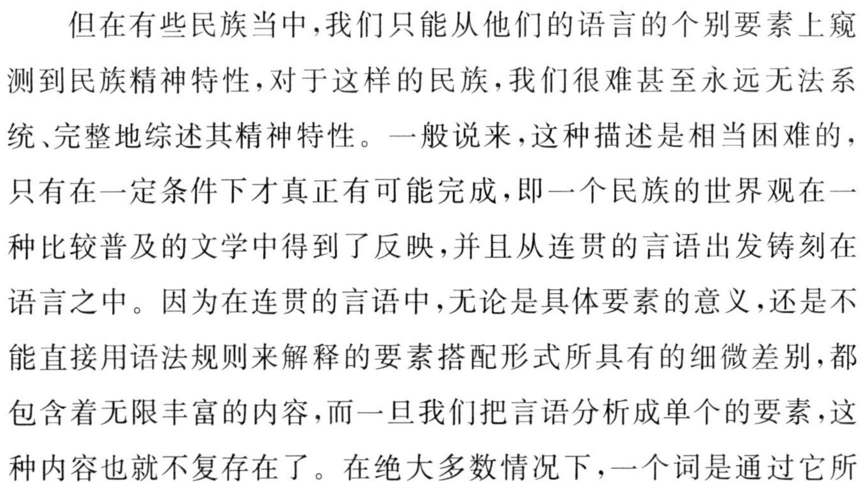

但在有些民族当中，我们只能从他们的语言的个别要素上窥测到民族精神特性，对于这样的民族，我们很难甚至永远无法系统、完整地综述其精神特性。一般说来，这种描述是相当困难的，只有在一定条件下才真正有可能完成，即一个民族的世界观在一种比较普及的文学中得到了反映，并且从连贯的言语出发铸刻在语言之中。因为在连贯的言语中，无论是具体要素的意义，还是不能直接用语法规则来解释的要素搭配形式所具有的细微差别，都包含着无限丰富的内容，而一旦我们把言语分析成单个的要素，这种内容也就不复存在了。在绝大多数情况下，一个词是通过它所出现的上下文的联系才获得完整的意义。所以，上面提到的那种语言研究要求我们对一种语言拥有的书面文献进行严格的、精神的分析处理；事实上，希腊和罗马的作家对古文献所作的语文学研究已经为这种语言研究准备下了极好的材料。当然，语文学的终极目的也是对整个语言本身进行研究，不过语文学主要是从流传迄今的文献出发，尽可能准确和忠实地恢复它们的原貌并把它们保存起来，同时利用它们获取有关古代文化的可靠知识。对一种语言进行分析，确定一种语言与亲属语言的关系，在此基础上才能够对有关的语言结构作出解释；而所有这一切都必须同语言文献的加工处理联系起来。但不论这一联系多么密切，它们毕竟属于两种明显不同的语言研究倾向，因此要求研究者具备不同的才能，而且直接导致不同的结果。由此，我们也许可以恰当地把语言学与语文学区别开来。语文学迄今为止一直具有更窄的含义，不过近年来，特别是在法国和英国，人们已经把语文学的范围扩展到了对任一语言进行的任何研究上。至少有一点是毫无疑问的，那就是，我们在这里所说的语言研究依赖于上述真正意义的语文学研究，即对语言文献的语文学处理。在过去的若干世纪里，一些了不起的人士使语文学这一学术领域出了名，他们认真细致地考察了每个作家的语言运用，甚至不放过最微小的语音变异；人们发现，被研究的语言本身一直处在占主导地位的精神个性的影响之下，从语言中可以看出它与精神个性的联系，以及这种联系的具体表现。人们还认识到，语言运用方面的差别有哪些跟时代有关，哪些跟地理环境有关，哪些又跟个人有关，而适用于所有人的语言则囊括了所有这些差别。显然，对个别、具体部分的认识始终离不开一种关于整体的意识，而对一种现象进行分析也不会抹煞该现象的独特性。

除了初始的、独特的民族精神禀赋以外，明显影响着语言的因素还包括随时间流逝而发生的内在精神倾向的种种变化，激励或压抑民族心灵和精神活动的任何外部事件，特别是天才人物的灵感。语言是精神和自然之间的永恒的媒体，它根据精神的每一微小的进步改造自身，只不过在个别、具体的事实中我们总是难以发现语言变化的痕迹，而唯有从整体上才能感觉到语言变化的存在。一个民族若是从它所固有的精神出发，去活跃、丰富另一个民族的语言，那它必定会把这种语言改造成另一种不同的语言。然而，我们在前面就一切个性所得出的结论，在此也同样适用。每一种语言都沿着**一条**确定的道路向前发展，因此它排斥所有其他的语言，但是，若干种不同的语言却会由于追求一个共同的目标而相互接近。所以，语言特性的差别并非必定意味着一种语言绝对优越于别的语言。要了解一种语言特性形成的可能性，还必须更详细地探讨这样一个问题：为使自己的语言铸成独特的个性，一个民族应该怎样对语言作内在的处理。

假如一种语言仅仅被用于满足日常生活需要的目的，那么，词就只不过是人所表达的意志或愿望的代表，因此也就谈不上语言中会有一种决定着个性差异的可能性的内在认识(innere Auffassung)。在这种情况下，词在讲话者和听话者的头脑中便直接体现为具体的物质实体或行为。然而，值得庆幸的是，对于始终不断地思维和感觉着的人来说，这样的语言实际上并不存在。我们最多只能勉强举出语言交混现象作为例证。导致这类现象的原因是不同民族和操不同语言的人们在一些地方（主要是在海港城市）的相互交往，比如地中海沿岸地区的混合语（lingua franca）。除开这种情形以外，一个民族对世界的独特的感觉和看法总是要求通过语言得到表达。倘若我们能够溯源至语言的初创时期，也许会发现最早的语言运用纯粹是感觉的表达。我在前面已经说过（参见第八章），我不赞成把个人需要他人的帮助解释作语言的起因。要知道，生物个体的孤立无援绝不可能成为群体交往的动力。像是最强大的动物，同时也是最喜好群体交往的动物。在自然界里，一切生命和活动都源自内在的自由，我们再怎样到现象的领域中去找寻这种内在自由的原始起源，也难免要枉费工夫。当然，在任何一种语言，包括最发达的语言里，时而也会出现单纯为实用目的服务的语言运用。一个人命令别人把一棵树砍倒，他想到的只能是“树”这个词指称的具体的树干；但同一个词要是出现在一段关于自然的描述或者一首诗里面，即使不带形容词和说明语，意思也就完全不一样了。理解者的不同情绪和感受会把各种特别的意义赋予同一个语音形式，于是，每一个表达似乎都不受语音形式的绝对限制，获得了某种额外添加的意思。

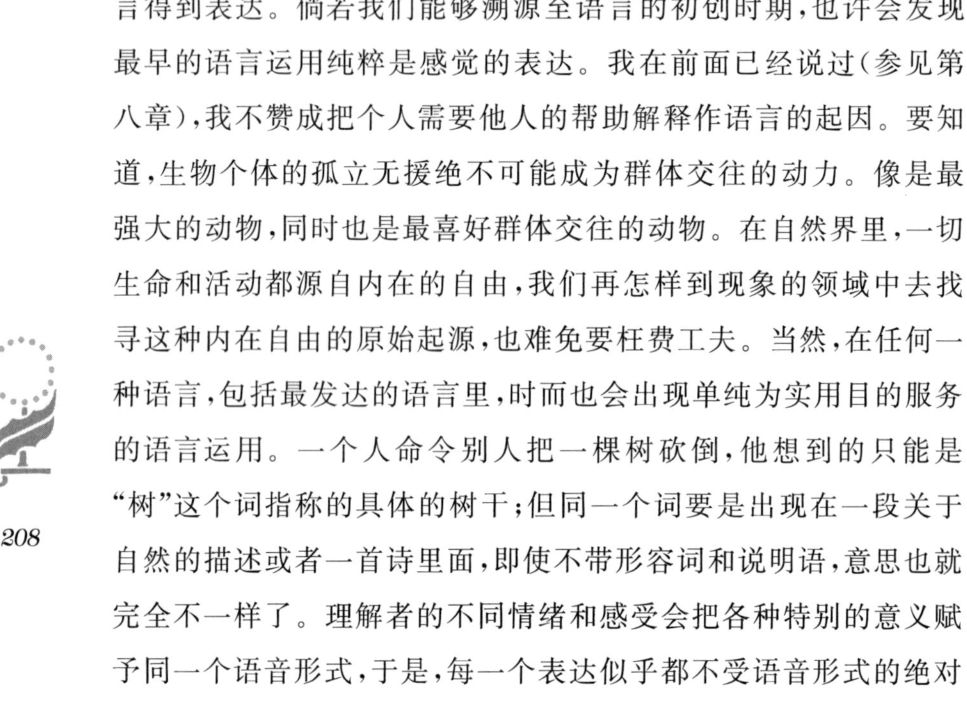

上述差别显然意味着，语言是跟一个思想联系和感觉的内在整体发生关系，还是只跟一些分散、孤立的精神活动有关，片面地服务于某个有限的目的。就第二种情况来看，如果优秀的思想未能产生强大的影响，那么，为纯科学的目的运用语言便和出于日常生活的需要运用语言一样，也会给语言带来限制；而且，仅仅用于科学目的，语言受到的限制会更大，因为日常的运用毕竟还卷入了感觉和热情。当然，无论是在概念里面，还是在语言中，都不存在任何分散、孤立的东西。但是,只有当精神在内部统一起来并发挥作用,完整的主观性在得到完整把握的客观性中反映出来时,概念才会形成真正的联系。也只有这样,事物对人产生影响的各个方面才会一无遗漏地受到重视,每一种影响才都有可能在语言中留下不易识辨的痕迹。一旦人在心灵中真正感觉到,语言不仅仅是实现相互理解的交流渠道,而且也是一个实在的世界,即一个精神必须通过内部创造活动在自身和事物之间建立起来的世界,他便走上了一条恰当的道路,能够不断地从语言中汲取到新的东西,不断地把新的东西赋予语言。

一方面,语言被包纳在确定的语音之中;另一方面,语言本质上具有一种内在的、日益扩展和充实的认识。语言的这两个方面若能积极生动地协同作用,就意味着精神不是把语言看作某种封闭的产物,而是永不歇止地将新的东西努力注入语言,使之在语言中固定下来并反过来对精神本身产生影响。事实上,精神在永恒的创造活动中正是以这种方式操纵着语言。但语言对精神的反作用需要有两个前提:第一,人必须感觉到,有许多东西是语言无法直接包括的,而要由精神在语言的激励之下予以补充;第二,人必须有一种本能,促使他努力把心灵所感知的一切再与语音联结起来。这种感觉和本能同人的一种生动的意识有关。人的本质决定了他能够潜在地意识到一个既超越语言,又受到语言限制的领域的存在,意识到唯一能被用来发掘和利用这个领域的手段便是语言,而语言正是依靠其技术的、感性的完美形式,才能够把这一领域越来越多的部分化为己有。这样的精神状态,是各种语言中表达个性的基础,它越是生动活跃地同时在两个方面——即既在语

言的感性形式上，又在精神的深底之中——产生作用，语言的个性就越能清晰明确地表现出来。语言仿佛由此而增加了透明度，我们透过它可以窥测到讲话者的内在思想。

经上述方式在语言中反映出来的一切，当然不可能只是表示某种具体的、具有特定属性的客体。事实上，任何一种语言都必须能够表达一切事物和现象，否则，拥有一种语言的民族就无法顺利地走过自身的各个发展阶段。但每一种语言都包含着某个尚未揭启的领地，而如果一种语言尚未得到全面发展就走向了衰亡，那么这个领地便永远不会为我们所解。任何一种语言都如同人类本身一样，是一个在时间中逐渐发展的无限的存在。所以，语言的特性在于，所有的名称是在主观上而不是在客观上，在量的方面而不是在质的方面产生变异。语言的特性又表现在，它并不是一种结果(Wirkung)，而是一种积极作用的力量(die wirkende Kraft)，它以独特的、难以捉摸的方式产生作用，仿佛将自身的生命之息注入了全部作用的结果。人总是作为一个统一体与世界相对峙。他总是在同一个方向上，朝着同一个目标，并且在同样的活动范围内认识和处理事物。而他的个性便建立在这种统一性的基础之上。但这种统一性包含着两个相互制约的方面，即，一方面是积极作用的力量本身具有的属性，另一方面是这一力量的活动所具有的属性；这两个方面的区别，类似于实在世界中自行运动的物体与推动力(Impuls)之间的区别，后者决定着物体运动的力度、速度和持续程度。当我们讲到，一个民族具有更生动的直观能力，更富有创造性的想象力，更倾向于进行抽象的思维或者从事更具体的实践活动，我们指的是上述第一个方面的属性；而当我们认为，跟其他民族相

比某个民族的思维更有力、更灵活敏捷，感觉更加持久稳定，我们指的则是上述第二个方面的属性。在这里，我们把存在与作用区别了开来，前者是不可见的原因，它不同于具有可见表现的思想、感觉和行为。当然，我们所说的存在不是这一或那一个人的具体的存在，而是一般的存在，它体现在每一个别的存在之中，并决定着个别的存在。要想对个性作出详尽的描述，就必须把这种一般的存在视为研究的终极目的。

如果对人的全部内在和外在的活动作一番考察，直至这一活动的最简单的终极目的，我们便可以在人对待现实的方式中发现这一活动的特点：人或是把现实当作客观对象来认识，或是把现实当作材料来构筑；或是与现实联系起来，或是独立于现实，开辟一条自己的道路。人以何种方式以及在多么深的程度上扎根于现实之中，这正反映了他的个性的原初特征。人与现实的联系方式可以是无限多样的，其差别取决于，人的内在本性是否力图摆脱现实（尽管它与现实相互依赖，不可分割），如何与现实建立起不同程度、不同方向的联系。

然而我们不应认为，这样的衡量标准仅仅适用于已具备发达的智能文化的民族。我们可以断定，即使是野蛮人发自喜悦的叫喊，也有别于单纯满足欲望的表达；这种喜悦的激情是真正的人类感觉，它好比一颗天赐的火花（Götterfunke），从内在的精神之中迸发出来，并注定要在某个适当的时机发展成为歌和诗。毫无疑问，一个民族的个性在所有的方面都显示出其真实特征，但这类特征首先是通过语言而得到表现。语言与精神的全部表达交融在一起，仅仅由于这个原因，语言比之其他精神活动就能够更频繁地把始终以同一形式出现的个性特征表现出来。而且,为达到成功的理解,讲话者的个性必须通过语言反复与听话者的心灵相接触,所以,语言本身也就同个性建立了紧密的联系。这就是说,语言把讲话者的个性传递给了听话者。讲话者并未因此而失却个性,语言的目的是要使他的个性与别人的个性结合起来,构成一种新的、有效的呼应关系。

心灵接纳质料,同时也创造质料。这种质料不同于在这一双重的精神活动中起着推动和协调作用的力量,或者说,作用的结果不同于积极作用的存在。对于以上两个方面的区别,特性有别的各个民族并非都能够同样清楚地感觉到,也并非都能够对两个方面作均衡妥帖的处理,并且意识到其中一个更高层次的方面所具的优势。经过更深入的探索,我们可以发现导致上述区别的原因。个人在一生实存中的所有思想、感觉有着必然的联系,他对自然现象的种种预感、需求也必然相互关联,关于这一点人们或许看得比较清楚,或许只是很朦胧地觉察到。心灵所能生成的任何东西,都不外乎是一个片段,但是,心灵的活动越是机智敏捷,倍有生气,以不同方式与已生成的片段相关联的一切也就越加兴奋活跃。所以,每一个别总是具有某种超出自身界限的、不甚确定的含义,或更确切地说,一个片段本身虽然并不直接包含某种内容,却要求人们进一步描述和扩展这种内容;这一要求通过语言表达由说话者传递给听话者,于是,听话者仿佛受到了催请,按照他自己的理解把所听到的片段中欠缺的部分谐调地补充进去。人们在这方面的感觉若是很发达,就说明其语言有所不足,缺乏完整的表达,因为情况如果相反,人们就几乎不会想到给定的片段还有什么需要补

充。自然，在以上两个极端之间存在着许多中间状态，这些中间状态无疑取决于占优势的倾向，即，或是向内在精神发展，或是以外部现实为目标。

在整个上述领域里，希腊人可以为我们提供最有说服力的范例。他们在自己的诗特别是抒情诗里面，把歌唱、器乐、舞蹈、身势(Geberde)与词联系了起来。但希腊人这样做并不只是为了增强和丰富感性的印象，因为很明显，他们把同样的特性赋予了上列种种具体的表达手段：音乐、舞蹈和对话必须受制于同一种原初的民族特性，换言之，它们或是陶立克式的，或者是爱奥尼亚式的，或者与某种另外的音调和方言相维系。所以，希腊人试图在心灵中找到一种起推动和协调作用的原则(das Treibende und Stimmende)，以便使歌曲所载的思想保持确定的轨道，并且通过非观念的心灵活动使思想沿着这条轨道丰富活跃起来。在诗和歌里面，词及其思想内容占据主导位置，伴随的韵调和激情只起次要的作用，而在音乐中则正好相反。音乐只是在心灵中燃起火花，激励心灵投入思维、感知和行动。也就是说，在音乐的激励之下，思想、感觉和行为必须依靠本身的力量自由地生成，它们只是在这样一种意义上说才受到乐调的限定，即，乐调把精神活动引向一定的轨道，循沿这条轨道，思想、感觉和行为只能发展起确定的特性。但希腊人的例子说明，如果人们感觉到了心灵中起推动和协调作用的原则，那就必然也会感觉到已获表达或者需要表达的个性，因为，贯穿着全部心灵活动的精神力量只能是一种确定的力量，而且只能够朝着一个确定的方向发挥作用。

我在前面讲过，一个表达可以携带某种它本身不具备的、超出

其界域的内容。这种内容绝不应被理解为某种不确定的东西。恰恰相反,这种内容是绝对确定的,因为正是它使个性获得了最终的规定性,而这一点是词无法做到的。词依赖于客体,必须具有一般的意义,因此它总是缺乏个性化的力量。虽然有关个性的感觉需要以一种更为内在的、不受现实世界限制的精神状态为前提,而且只能是从这一精神状态之中发展起来,但这种感觉并不一定会导致生动的直观转变成抽象的思维。相反,由于其出发点是主体本身独特的个性,这种感觉激发了将事物高度个性化的要求,而这一个性化的目标只有通过深入把握感性认识的所有细节,借助表述的高度直观性才能够达到。这一点在希腊人当中也同样可以观察到。他们首先注意到的是事物的实质和表现形式,而不是仅仅片面地看到事物的实际运用中的功效。可见,希腊人的认识倾向从一开始就是内在的和理性的。他们的全部个人生活和社会生活都可以为此作证:在他们的生活中,事物要么带有伦理道德的色彩,要么被赋予了艺术的形式,而在大多数情况下,伦理道德的成分被交织进了艺术本身之中。所以,希腊人构成的每一外在的形式差不多都会使人联想到某个内在的形式,尽管这种外在的形式经常会影响甚至损害实际运用的适当性。正因为此,希腊人力求在精神活动的所有领域里把握和描述事物的特性,并且意识到只有完全依靠直观的方式才能认识和描写这类特性,意识到不可能把这一切表达得尽善尽美,完整的形象只能在要素有序联系的基础之上构成,而这种联系的形成则得益于恰当的、以表达的统一性为目标的节奏(Tact)。由于这个缘故,希腊人的早期诗歌,特别是荷马的诗歌,具有极为生动形象的特点。这些诗歌把自然的画面逼真地展示在我们的眼前，对哪怕是最微不足道的行为，例如盔甲的披戴，也作了细腻的铺叙；而且，描述始终针对事物的特性，而不是仅仅限于罗列所发生的事件。这样的描述能够取得成功，并不是由于对所描述的对象作了细致的挑选，而是由于歌手深深地感觉到了个性的存在并力求达到个性化的目标，他将天才和力量融化进了自己的诗歌作品，从而也使听者受到了感染。正是这样的精神特性，促使希腊人从理性出发投入到生动形象、丰富多彩的感性世界之中，然后复又回到理性上来，因为他们毕竟是要在这个感性的世界里面寻找某种只属于观念领域的东西。他们的目标始终是事物的特性（der Charakter），而不单纯是事物的某个特征（das Charakteristische），显然，对前者的猜测完全不同于对后者的关注。同时，这种对真实个性的追求也把希腊人引入了理念的领域，因为所有个性的共同作用会把人们导向认识的最高阶段，即视个性为局限性并努力消除个性的差别，只是在一定的范围内才允许个性得到保存，那就是把个性看作确定的形式必须具有的细微的区分限界。在这样的认识和努力的基础之上，便产生了完美的希腊艺术，它把注意力集中在客观对象活生生的有机组织上，模拟、再现了自然的面貌。对艺术家来说，这种模拟和再现的成功不仅取决于深入透彻地了解现实，而且也取决于他们是否努力追求至高无上的理想统一性（Einheit des Ideals）。

不过，应该看到，在希腊族人民的历史进程中也有过促使他们主要发展起某些具体特征的因素，那便是他们划分为若干操不同的方言、具有不同气质的部族，这些部族由于其固有的敏悟和频繁的辗转迁徙而发生了地理上的混合。普遍的希腊文化精神把所有

的希腊人部族统一了起来，另一方面，这些部族在每一个活动领域里，从国家建制一直到吹笛手的乐调，都各有各的独特之处。历史地看，还有另外一个条件也有利于希腊各部族形成各自的特点：任何一个部族都不压制其他部族，所有的部族都在同样的程度上致力于自身的繁荣昌盛；希腊语的任何一种方言都没有降格为民间方言（Volksdialekt），但也没有升级为一般通用的希腊语；各部族的独特性同样成功地发展起来，而希腊语言和希腊民族生气勃勃的形成时期，恰恰也就是各个部族倾全力于培植自身独特性的关键时期。所以，由此而形成的希腊民族意识，其终极目标是通过最确定的个性化而达到发展的顶点。类似的意识在任何其他人民当中都没有得到如此强烈的显示。出于这种意识，希腊人把各部族的原初特性当作艺术类型加以表现，使之在建筑、音乐、诗歌等领域乃至更崇高的语言运用领域里反映出来。[①] 这些部族渐渐失去了纯属民间的色彩，语音和语法形式在每一种方言里都得到精心的锤炼，服从美感及和谐感的需要。经过这样的改造，各种方言在

① 关于各个希腊部族的独特性与其诗歌、音乐、舞蹈、身势艺术甚至建筑术之间的密切联系，伯克（A. Böckh）在他为出版平达（Pindar）的著作而撰写的论文里作了详尽明晰的阐述。在这些论文里，作者井井有条地向读者展示了丰富、全面的学识，叫人耳目一新。伯克不满足于对音调（Tonarten）的特性作一般的描述，而是深入研究了节律和音乐的具体细节，这类细节与音调的差异有关。在他之前，还没有人以如此彻底的历史方式和如此精确的科学方式对同一类问题作过研究。作为语文学家，伯克既具备极为广博的语言知识，又对古希腊文化的各个方面了如指掌。我们十分希望他很快下决心撰著专作，从最广泛的角度来讨论希腊人各部族的个性和习俗对他们的音乐、诗歌、艺术所产生的影响。可参阅伯克编辑出版的平达著作第 1 卷《关于平达的诗律》（De metri Pindari），第 253 页，注解 14，特别是第 279 页。伯克在这几处提到，他有意从事此项研究。

文学和诗歌的风格方面获得了独特的个性，并且既相互对立，又相互补充，构成一个观念的统一体。当然，就方言和诗歌的关系而言，我在这里指的只是不同的音调和方言在抒情诗中的运用，以及合唱和对话在悲剧诗中的差别，而不是指类似喜剧里面使人物嘴上挂着不同的方言表达这样的现象。我想，关于这一点没有必要多加解释。最后一类现象在所有民族的文学作品里或多或少都有反映，跟前两种情况毫无共同之处。

罗马人的独特性在语言和文学上也得到表现，但是，他们难得感觉到有必要借助起推动、协调作用的精神力量的直接影响来构成心灵的表达。他们以另外一种途径发展起完善伟大的内在品性，这种途径与他们在外部历史活动中所循的道路相同。相反，在德意志人的认识中，这方面的感觉也许不亚于希腊人，只不过希腊人更多地倾向于把外在的直观个性化，而我们德意志人则更多地试图把内在的感觉个性化。

我觉得，心灵所创造的一切都是一种统一的内在力量的产物，构成了一个巨大的整体，而每一个别、具体的东西犹如这种力量的一股气息，必须携带表示它与整体有一定联系的标志。迄今为止，人们对这个整体的探讨更多地是从它对各种具体表现形式所施的影响入手。但是，这个整体对内在力量——即一切精神创造活动的第一原因——如何自行觉醒的方式也起着同样重要的影响。人所独具的原初力量，其状貌对于人来说仅仅表现为一种路线确定的努力，而这种努力本身只能以一个目标为前提，那就是人类理想(das menschliche Ideal)。在人类理想这面镜子里，我们看到了各个民族对自身的认识。如果一个民族不是把人类理想局限在为一定目的服务的实用价值这一狭窄的范围内来理解，而是把人类理想看作一个必须通过自我完善达到自身目的的过程，也即一种逐渐的、永无止境的繁荣和发展，那么，我们就有了首要的根据，可以认为这个民族已经拥有相当高级的智力和深刻的内在精神。一个民族内在的自由和多种多样的发展可能性，即根源于人类理想。不过，即使各个民族同样都具备人类理想这个第一性的条件，由于每个民族在感性直观、内在知觉和抽象思维方面都有独特的趋向，这个条件在不同的民族中也就得到了不同的表现。在每一种这样的表现形式中，世界把人包围起来，人则从不同的方面认识世界，于是，世界便以不同的形式在人身上发生折射。从感性直观的视角看，外部自然中的所有现象构成一个连续的系列，于同一时刻全部显现在人们的眼前，一个接一个地从一种状态发展至另一种状态。在造型艺术上就是如此。希腊人有一种天赋，他们始终能够从感性的、外在的直观中抽象出最完整、最细腻的意义，就精神活动而言，他们最典型的特征是弃绝一切过度的、过分夸张的东西；他们的想象力极其自由活跃，感觉似乎不受任何限制，情绪经常变化，思维灵活敏捷，善于从一些决定转向另一些决定，尽管如此，他们具有一种天赋的倾向，要把他们所造就的一切保持在和谐均衡的限度之内。同任何其他民族相比，希腊人的节奏感和审美力都要高出一等，此外，希腊人的这种特点在他们的所有作品中首先表现在，他们尽可能避免损害感觉的细微性，同时绝不以牺牲感觉的力量或自然真实性作为达到这一目的的代价。内在的感觉使得他们有可能在作品中形成更鲜明的对立，更急剧的转变和不可调和的心灵冲突，同时绝不偏离恰当、适度的方向。所有这些现象在罗马人当中，以及在罗马人以后的人们当中得到了继承。

精神特性的差异所及的领域不仅无比广袤，而且深不可测。但是，我在这里从事的研究不允许我对这个领域完全置之不顾。的确，人们也许会认为，我在研究民族性的时候过分强调了内在的精神状态，而事实上，民族性更多地是以生动直观的形式在现实生活中显示出来。除了在语言和语言作品中以外，民族性也表现在脸容、形体特征、服饰、习俗、生活方式、家庭和公民社会的建制等许多方面，特别是表现在千百年来各民族人民赋予他们的造物和行动的独特印记上。如果我们到上述种种生动的表现形式所由发展的精神状态之中去寻找民族性的成因，那么，这样一幅活生生的、直观的图景就似乎化为了一片朦胧不清的阴影。然而，为了说明民族性对语言的影响，我不得不从精神出发。我们不可能把语言时时处处都直接同民族性的上述实际表现联系起来。所以，我们必须找到一种能够把语言和民族性的外在表现这二者统一起来的媒质，二者实际上产生自同一个源泉，而后走上了不同的道路。这样的媒质或源泉，当然只能是精神本身最最内在的深底。

32 与确定精神个性同样困难的问题是：精神个性怎样在语言中扎下根基？从哪些方面可以看出语言的特性？一个民族的精神特性明显地反映在该民族所运用的语言的各个历史时期之中。由于民族精神特性的影响，各个语系才有不同的语言，同一个语系才会有若干种不同的语言，一种语言内才会形成种种方言，最后，同一种表面看来稳固不变的方言因时代或作家风格的不同，也才会发生变异。在最后一种情况下，语言的特性与风格的特性交混在一起，但语言仍旧始终保持着自身的特性。正是由于这个原因，每一种语言才会很容易、很自然地获得一定类型的风格。我们可以把上面举出的种种语言差异分为两种情况。一种情况是，两种语言的词和屈折形式在语音上有所不同；从不同语系的语言直到同一语言的方言，我们都可以发现这类差异，只是程度由强而逐渐变弱。另一种情况是，语言的外在形式完全或基本保持不变，民族性的影响只表现在词和词组形式的运用上。显然，在后一种情况下，由于语言已经达到了相当高的智能发展水平，精神的作用更加明显可见，同时更加细致入微，而在前一种情况下，精神的作用更强有力，但也更加晦暗不明，因为语音与心灵活动的联系只有在少数场合才可能被明确、清晰地辨识和描述。例如，即使就方言来看，人们把微不足道的、很少改变语言整体面貌的单个元音变异与一个民族的性情特点联系起来，应该说也是有一定道理的。希腊语法家就曾经讲到过，陶立克方言的 a 比较刚硬（männlicher），爱奥尼亚方言的 ae(ŋ)则比较柔弱。

用我们今人的眼光看，在语言初创时期应该存在着一些分属不同语系的语言，它们相互之间没有任何派生关系。在这个时期，人们首先致力于在精神活动的基础之上构筑起真正意义的语言，使语言既具有直观的表达，又能为听话者所理解，也就是说，人们似乎想要创造一种技术性的表达手段。这一努力完全占据了上风，结果或多或少削弱了精神个性的影响，只是在后来的语言运用中，这种精神个性才开始更稳定、更明确地发挥作用。然而毫无疑问，正是在造就表达技术的过程中，一个民族的原初精神特性产生了最强有力的影响。这一点我们同时可以从两个方面看出，这两个方面是一个民族的智能禀赋的总体特征，因此决定着一系列其他的特征。前面我们讲过，各种语言试图以不同的方式建立起要素在句子中的联系，这类方式构成了语言表达技术最重要的部分。这里，正是这类方式的差别揭示了上述两个方面的事实：首先是逻辑排列的清晰性和确定性，这是思想得以自由发展的唯一可靠的基础，而且体现了智能活动的规律性和广泛性；其次是对丰富的感性形象及和谐感的需求，换言之，心灵要求人们把一切内在的感受和体验到的内容用语音的外衣包括起来。当然，语言的技术形式还包含着另外一些特征，它们证明了某些更特别的民族精神个性的存在，尽管这些个性不大容易被从语言特征中推导出来。拿闪米特语系的语言来说，它们细致地区分和精心地运用了大量元音变异形式以及元音在词里面的不同位置，并且只限于使用这种方法，排斥复合形式。这样的特点不正说明，该语系的人民特别是阿拉伯人具有一种精确、严格地进行区分的知性吗？而且不正能够促进这种知性发展吗？的确，阿拉伯语富于形象的表达，这跟上述结论似乎相矛盾。但是，阿拉伯语丰富的形象表达也许同样可以归因于对概念的精细划分，而且，我认为实际上阿拉伯语的这类表达只与已经构成的词有关。同梵语、希腊语相比，阿拉伯语只拥有少量能够无穷尽地创造出每一种体裁的文学作品的手段。我觉得，至少有一点是毫无疑问的，即我们必须把语言的两种状态区分开来：在一种状态下，语言忠实地反映了精神创造形式的时期，具备许多富有诗意地组织起来的质料；在另一种状态下，精神在语言有机体本身之中，在它的语音、形式、可以自由进行的句法联系以及语词接合等各方面播下了不可摧毁的种子，使得文学从这一种子中不断地发展、繁荣起来。我们看到，在前一种状态下，过去某

个时期构成的形式逐渐冷凝成型，其诗歌的内蕴不再激起人们热烈的感觉；而在后一种状态下，语言的诗歌形式始终保持着新兴的活力，按照时代的精神文化和天才诗人的指引去掌握自身所创造的质料。所以，我们在前面就屈折系统得出的结论，在此也得到了证实。一种语言的真正的优越性，在于促使人类精神在整个发展过程中有规律地进行活动，并且培育起各种具体的精神能力；如果从精神对语言的影响这一角度来看，语言的优越性则表现在，它反映了一种纯粹的、合乎规律的、生动的力量(Energie)。

有时候若干种语言的形式系统从整体上看是一样的，例如梵语、希腊语、拉丁语和德语就是如此。在这些语言里，屈折变化一般通过附加词缀的方法来表达，而较少借助元音交替。然而，即使在这种情况下，由于受到民族精神特性的影响，这些语言对同一种形式系统的运用也会表现出重大的差别。最重要的差别之一是语法概念明确、恰当和完整的程度，以及不同的语音形式在语法概念中间的配置。我们已经讲过，一个民族如果在处理其语言的形式方面已达到很高的水平，它的注意力就会从感性语音材料的丰富性和形式的多样性转向实际运用中语音和形式的明确性及其区分的细微性。甚至在同一种语言的不同历史时期，我们也可以观察到上述差别。希腊语十分细致地把形式跟语法概念配合起来，而要是考虑到某些希腊语方言之间的差异，我们便会发现，希腊语同时还具有一种倾向，即不使过分响亮的形式所包含的语音过于繁复，缩简这类语音或者用更简短的音来代替它们。一种语言若在感性表现方面尚处于青春活跃时期，就会更多地关注表达内在思想的适当性。对此，时间的因素起着双重的作用：一方面，精神在

不断进步的发展过程中越来越倾向于内在的活动；另一方面，在运用的过程中，倘若精神特性未能完好地保存起原来有意义的语音，语言就会逐渐消损或简化。把希腊语与梵语比较一下，我们便可以看出希腊语里存在着这种消损、简化现象，只不过单是这种现象还不足以提供完满的解释。如果在希腊语的形式运用中确实像我感觉到的那样，存在着一种更为成熟的智力倾向，那么这一倾向的源泉必定是希腊民族的天赋意识，这种意识能够促使思想迅捷、细腻、严密地发展。相反，德意志人是在德语发展到连一些重要的语音也已经销蚀殆尽的时期，才进入较高级的文明阶段，这至少是我们德意志人为什么很少运用感性直观形式，更加依赖内心感受的原因之一。在拉丁语里面，极为丰富的语音和十分自由的想象力从未在语音形式的构造上发挥过作用；罗马民族有一种更刚健、更严肃的意识，这种意识首先是针对现实以及同现实直接关联的智力领域，因此不允许语音极度丰富自由地繁衍。希腊语的语法形式反映了希腊民族相当灵活的想象力和细腻的美感，如果把希腊语与同一语系的其他语言作比较，我们兴许有把握认为希腊语更为灵巧柔韧，也更富于魅力。

各种语言在多大的范围内运用技术手段，也因民族精神特性的不同而异。在这里我只举复合词这种结构为例。梵语在一种语言所能允许的最广的范围里运用复合词，但这一结构的运用在希腊语里面只局限于很小的范围，并且随方言、语体的不同而有程度之别。在拉丁语文献中，复合词主要见于早期作家的作品，随着该语言文化的进一步发展，这种结构日益受到排斥。

唯有通过更细致的分析，我们才能够清楚地看到，拥有不同世界观的民族的特性在词的意义上映现了出来。我在前面(本章开始时)讲过,一个词即使是被当作单纯表示概念的物质符号在具体的场合来使用,它在不同个人的头脑中也难以引起相同的表象。因此,我们可以断定,每个词都包含着某种无法再用词进一步区分的内容;虽然总的来看,一些不同语言的词可以表示相同的概念,但它们绝不会是真正的同义词。严格地说,我们不可能用一种定义把这些词包括起来,而是往往似乎只能指出它们在所属义域里占据的位置。另外我还讲到过,这种情况甚至在词被用作物质实体的名称时也会发生。不过,真正的词义差别应该说是表现在精神概念的名称上。就这类名称而言,两种语言中的相应的词很少有可能不带明显意义差别地表达同一个概念。有的时候,比如在研究不发达的、未开化的民族的语言时,我们不了解词的微细含义,因此会形成相反的印象,以为不同语言的词表达了同样的意义。但只要我们把注意力集中到另一些拥有高度发达的文明的语言上,就可以避免得出这种草率的看法。我们或许可以成功地比较同一类型的概念表达,比照具体语言中的同义现象为某些语言确立起同义词关系。然而,在精神生活十分活跃的民族当中,精神概念的意义即便是在最细微的色彩方面也仿佛处于持续不停的流变状态。每个时代的每一位独立创作的作家,都会不自觉地使词带上附加的意义或者改变词的意义,因为他无法避免把自己的个性带入他所使用的语言,他的个性要求语言提供新的表达。在这类场合,下列比较会有助于说明问题:一方面是属于不同语言的一些词,它们大体上表示同样的概念;另一方面是同一语言中的一些词,它们隶属于同一个范畴。在后一类词里面,精神特性表现出同形性和统一性，它在渗透进客观概念时始终保持着个性。而在前一类词里面我们看到，同一个概念——例如心灵的概念——可以从不同的角度来理解，我们似乎以历史的途径了解到了人类观念活动的种种可能的方式。具体的语言，甚或具体的作家，都有可能导致这类方式的范围进一步扩大，而不论是个别的语言还是个人所造成的差异，其原因或是在于精神活动发挥了不同强度的协调的作用，或是在于精神为概念建立了不同的、多种多样的联系，事实上，精神内部不可能有任何孤立的东西存在。要知道，我们在这里讨论的是从丰富的精神生活中涌流而出的表达，而不是要讨论概念如何通过科学的训练而形成，这样的训练只不过确定了概念的必要特征。对概念及其符号作系统、精确的划分和界定，是科学术语得以产生的基础；在梵语里，我们在哲学思想发展的各个阶段上以及所有知识领域中都可以见到这类科学术语，因为印度民族精神的首要目标就是细致地区分并且逐一列出概念。我们在前面提出的比较可以使我们清楚地看到，主观因素与客观因素之间存在着明确、细微的区别，二者始终相互交替影响，此外，精神创造力量的提高与人类认识的和谐发展保持着一致的步伐。

以上我们指出了关于概念的一些错误的或者不全面的看法。在此，我们涉及的只是一种对概念表达的努力追求以及对概念的认识。人们对概念表达的追求是普遍的、有规律可循的，但采取了不同的途径，至于对概念的认识，则以无限多样的形式在精神个性中反映出来。自然，当我们试图在语言中寻找精神特性的表现时，首先会碰到怎样正确地划分概念这个问题。比方说，如果有一种语言用一个词来总括两个经常但不是必须联系在一起的概念，那么，在这种语言里就可以没有分别表达每一个概念的单义的词。某些语言中表达“意愿”、“希望”、“将要（发生）”这类概念的词，便可以援为例证。概念的相关性由相同的语音来表达，而精神即根据概念的相关程度对概念的指称方式产生影响，并且也影响到指称概念时使用的比喻。关于这一点，在这里已经没有必要详加论述。

然而，各个民族的智力差异远非仅仅体现在具体的词语中。在组织言语的方式上，在语言赋予句子的伸缩余地上，以及在这类界限所许可的表达的丰富多样性上，民族智力的差异更为明显地反映了出来。从这里我们可以看到一幅思维发展和思想联系的真实图景，语言若不具备组成言语所必需的丰富手段和充分自由，就难以使言语与思想真正结合起来。精神劳动在形式上所具的一切特征，都在语言的上述方面得到了表现，同时又反过来对内在心灵产生影响。精神的这种表现和影响可以有无限多的差异，我们并不总是有可能用精确界定的词语来描述精神作用在语言中引起的每一具体事实。但是，由此而形成的精神个性犹如一层轻柔的灵气，飘浮在整个语言之上。

第十九章　诗歌和散文

33 以上我已经讨论了民族性与语言相互影响的一些具体细节。但在语言中还存在着另外两种现象，即诗歌和散文，它们不仅极其突出地汇集了民族性与语言相互影响的全部细节，而且显示出一种整体的强烈影响，以致个别、具体的概念会失去其意义。我们必须把诗歌和散文看作语言的表现形式，因为语言从一开始就选择了朝着诗歌或散文一个方面优先发展的方向，或者，如果语言具备真正发达的形式，诗歌和散文就会依据一定的规律同时成长起来；此外，语言在自身的发展过程中也不断地向诗歌和散文施加着影响。不过事实上，诗歌和散文首先是智力本身的发展道路，只要智力的天赋并无缺陷，发展未遇阻碍，诗歌和散文就必然会在其基础上萌生。所以，对于诗歌和散文，我们不仅要极为细致地研究它们之间的一般关系，而且特别要研究同它们产生的时代背景有关的一切。

倘若我们从最具体的方面和观念的方面同时入手探讨诗歌和散文，就会发现它们是在沿着不同的道路走向近似的目标。实际上二者都从现实出发，向某种不属于现实的东西靠拢：诗歌从感性现象的角度把握现实，知觉到了现实世界的外在和内在的表现，但它非但不关心现实的本质特性，反而故意无视这种特性；于是，诗

歌通过想象力把感性的现象联系起来,并使之成为一个艺术—观念整体的直观形象。散文则恰恰要在现实中寻找实际存在(Daseyn)的源流,以及现实与实际存在的联系。因此,散文通过智力活动的途径把事实与事实、概念与概念联系起来,力图用一种统一的思想体现出它们之间的客观关系。在这里,我们是根据诗歌与散文在精神上的实质区别,来描述二者的不同。如果单就诗歌和散文在语言中的可能表现而言,并且在语言中也只就其形式的一面来看(这个形式的方面在与内容相结合时极为重要,但孤立地说却无足轻重),内在的散文倾向应当会发展成为带格律的言语,而内在的诗歌倾向也可以发展成为自由的言语。然而,诗歌和散文多半都会因此而受损,其结果是,以诗的形式表达出来的散文内容既不完全具备散文的性质,也不完全具备诗歌的性质。以散文形式出现的诗歌,也同样如此。此外,诗歌的内容也强烈要求为其配备诗歌的外衣,有不少例子可以证明,当一个诗人感觉到这种强烈的要求时,他会用韵文(Versen)的形式来结束以散文形式开始的内容。从本质上看,诗歌和散文都需要全部心灵力量的努力作用,这种作用是将以下两个方面结合起来的必要条件:一方面,必须深入和完整地把握现实;另一方面,必须从无穷的多样性之中建立起一种抽象的内在联系。同时,诗歌和散文也都需要整个心灵始终如一地循求一条确定的道路。不过,这种始终如一的活动应当这样来理解,即它不仅不排斥民族精神朝着相反方向进行的另一种追求,而且对之起着促进作用。诗歌的倾向和散文的倾向必须相互补充,共同协助人深入扎根现实,但其唯一的目的是使人能够愉快地超越现实,得到更自由的发展。倘若一个民族的诗歌在全面、自由和灵活地成长起来的同时,没有能够为散文的相应发展创造下可能性,就不会达到登峰造极的高度。人类精神的强大力量和充分自由决定着它必须同样成功地形成诗歌和散文,正因为此,我们从诗歌可以推知散文的存在,反之亦然。这跟我们看到一件雕塑作品的残片,就可以知道它是一个整体的组成部分,道理是一样的。

但是,散文也可以只被用于单纯描述现实,即只满足于纯粹外在的目的,在这种情况下,散文只不过起了报道某些事物的作用,并不激发思想或感觉,它无异于普通的言语,未达到自身本质所要求的高度。这样的散文称不上是智力发展的途径,它只具备物的关系,而不具备任何形式的关系。事实上,散文若要走上一条更发达的道路,攀上发展的顶峰,就需要拥有一种能够更深刻地触动心灵的手段,需要上升为一种崇高的言语。显然,除非我们把散文看作诗歌在各民族的智力发展进程中的一个伴侣,否则根本就谈不上会有这样一种崇高的言语。散文要求各种精神力量统一起来,以认识客观对象,由此便产生了一种描述,它说明了客观对象的影响所施及的各个方面。在散文中,除了进行区分甄别的知性以外,其他各种精神力量也一同参与了作用;这些力量造就的世界观,再加上完善的表达,便构成了一种具有丰富精神内容的散文。作为这样一种统一的力量,精神在散文中不仅对事物进行描述,而且也将自身的独特情调带入了言语。通过积极的思维活动,语言得到了提高,充分施展出自己的优点,同时又使其优点隶从于散文要达到的最高目标。此外,语言也受到道德情感的影响,从语言的风格之中反射出了人类心灵的光芒。散文借助于句子之间的从属关

系和对立关系，以独有的方式体现出一种与思想发展相呼应的逻辑和谐，其实，任何散文式的言语在普遍提高的过程中，都会由于自身的特殊目的的要求而获得这种逻辑的和谐性。而如果一个诗人过分追求逻辑和谐，他写出的诗歌就会类似于雄辩体的散文。由于具有丰富精神内容的散文汇集了以上述及的各个优点，它能够反映思想生动地形成的全过程，以及精神为认识事物所付出的努力。在客观事物允许的限度内，思想会像自由迸发的灵感一样生成，并且在追求真理的同时仿效诗歌所独具的美。

所有这一切说明，诗歌和散文受到同样的一些普遍要求的制约。二者都必须通过一种产生自内心的激情，使精神得到发展和升华。人所独具的全部特性决定了他必须通过思维活动深入外在和内在的世界，他需要把握住每一个别的事物，赋予它一种与整体相关联的形式。但是，就二者的发展方向和作用手段而言，诗歌与散文是不同的，事实上不可能相混。从语言的角度看，特别重要的是诗歌本质上与音乐密不可分，相反，散文则只同语言有关。众所周知，希腊人的诗歌与器乐的关系极为密切，希伯来人的抒情诗也同样如此。至于各种不同的音调对诗歌的影响，我们在前面已经讲过。如果缺乏音乐要素，那么，不论思想和语言多么富有诗意，我们也不会觉得自己是处在真正的诗歌领域之中。这便是为什么伟大的诗人与作曲家之间存在着天然的联系。当然，从另一方面来看，倘若人们独立地、不受任何约束地发展对音乐的爱好，也许就会故意冷落诗歌。

在严格的意义上，绝不能说散文导源于诗歌。的确，在希腊文学史上[①]，诗歌先于散文而出现，但对这个事实的正确的解释只能是：千百年来，最古老、最丰富多彩的诗歌培植起了一种精神，同时也滋润了一种语言，而散文正是在这一精神和语言的基础之上萌生的。散文和诗歌本质上是两回事。希腊人的散文如同他们的诗歌一样，其萌芽自一开始就潜藏在希腊民族精神之中，由于这种精神个性的作用，诗歌和散文在不损害自身本质、保持着自身独特面貌的前提下，才相互一致地成长起来。在希腊人的诗歌里面，我们已经可以看到希腊民族精神在广泛、自由地发扬光大，这正是促使散文萌发的必要因素。诗歌和散文是极其自然地从一个共同的来源，从一种同时包括起它们二者的智力倾向之中发展起来的，这种倾向只有在受到外部条件的阻碍时，才会中止发展。我们更没有理由认为，发达的散文是言语中混入了诗歌成分的结果，特定的说话目的和细腻的鉴赏力可以削弱诗歌成分的影响，促使散文形成。诗歌和散文的根本差别当然也在语言里表现了出来，二者在表达方式、语法形式和语词搭配上都各具特点。然而，诗歌和散文的区别很大程度并不是在于上述具体特点，而是在于二者的深刻本质所决定的整体性差别。诗歌就其内在的方面而言是无限的、永无穷尽的，但它始终是一个封闭的领域，它不会接受所有的认识对象，也不会允许所接受的认识对象全都保存起原始特质；另一方面，无论是在对个别事物的把握还是在一般观念的形成上，不受任何外在形式束缚的思想可以朝着所有的方向自由发展。所以，是

① 本哈迪(G. Bernhardi)在为《希腊语科学句法》一书写的导论中，通过阅读和分析大量古文献，从语词搭配和风格的角度对希腊文学的发展过程作了出色的概述。

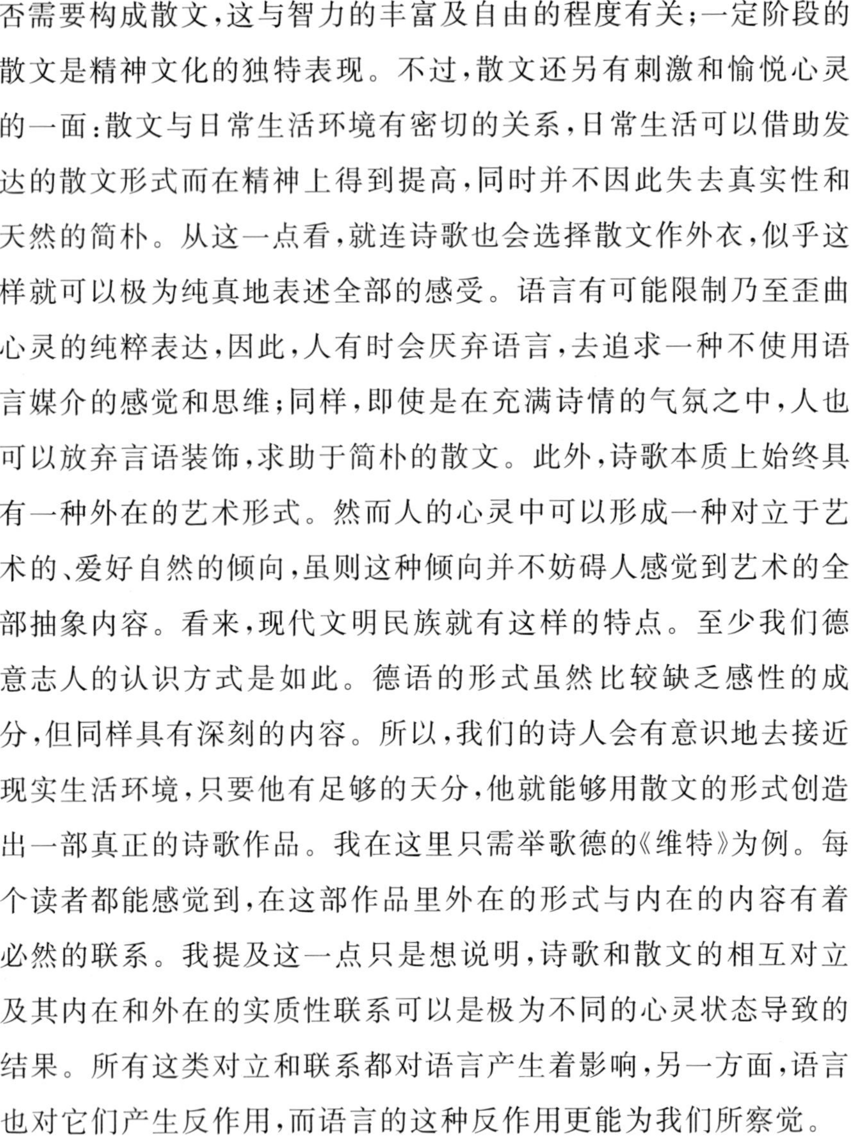

否需要构成散文，这与智力的丰富及自由的程度有关；一定阶段的散文是精神文化的独特表现。不过，散文还另有刺激和愉悦心灵的一面：散文与日常生活环境有密切的关系，日常生活可以借助发达的散文形式而在精神上得到提高，同时并不因此失去真实性和天然的简朴。从这一点看，就连诗歌也会选择散文作外衣，似乎这样就可以极为纯真地表述全部的感受。语言有可能限制乃至歪曲心灵的纯粹表达，因此，人有时会厌弃语言，去追求一种不使用语言媒介的感觉和思维；同样，即使是在充满诗情的气氛之中，人也可以放弃言语装饰，求助于简朴的散文。此外，诗歌本质上始终具有一种外在的艺术形式。然而人的心灵中可以形成一种对立于艺术的、爱好自然的倾向，虽则这种倾向并不妨碍人感觉到艺术的全部抽象内容。看来，现代文明民族就有这样的特点。至少我们德意志人的认识方式是如此。德语的形式虽然比较缺乏感性的成分，但同样具有深刻的内容。所以，我们的诗人会有意识地去接近现实生活环境，只要他有足够的天分，他就能够用散文的形式创造出一部真正的诗歌作品。我在这里只需举歌德的《维特》为例。每个读者都能感觉到，在这部作品里外在的形式与内在的内容有着必然的联系。我提及这一点只是想说明，诗歌和散文的相互对立及其内在和外在的实质性联系可以是极为不同的心灵状态导致的结果。所有这类对立和联系都对语言产生着影响，另一方面，语言也对它们产生反作用，而语言的这种反作用更能为我们所察觉。

但是，诗歌和散文各自又都获得了独特的色彩。在希腊诗歌中，一种与普遍智力特性相关的外在艺术形式压倒了所有其他形式。这是因为，希腊诗歌与音乐有着深入紧密的联系，特别是因为希腊人有精微的节奏感，他们善于利用节奏来调整和平衡诗歌形式对心灵的内在影响。因此，就连他们古老的喜剧也披上了极其丰富多彩的韵律的装束。喜剧越是经常地运用日常生活的、甚至粗俗的描述和表达，就越有必要通过外在形式的约束而确立自身的地位和作用。在阿里斯托芬的作品中，既有高昂的诗歌情调，又有内容丰富的插曲（Parabasen）[①]，这种插曲基于简朴的习俗和公民德行，带有十分实际的和老式的色彩。我们在欣赏他的作品时可以生动地感觉到，诗歌情调与这样的插曲的结合在心灵中构成了对立，但对立的两个方面最终又在内心深底统一了起来。印度人和莎士比亚把散文掺入了诗歌，这种情形在希腊人当中是绝对看不到的。希腊人意识到有必要使舞台言语接近对话，并且正确地感觉到，从一个人物嘴里说出的哪怕是最详细的叙述，也应该有别于吟诵史诗（Rhapsodie）的那种叙事诗体似的朗诵，尽管这样的叙述与吟诵史诗的朗诵总是很相像。因此，他们为戏剧的这个部分配备了独特的格律（Sylbenmasse），这种格律仿佛起了中介的作用，把诗歌的艺术形式与散文的自然简朴联系了起来。当然，同一种普遍的精神倾向也对散文产生着影响，使得散文也具有了艺术性更强的外在形式。希腊人的民族特性尤其表现在他们的文学批评观以及他们对散文大师的评价上。希腊人认为，伟大的散文家之所以卓尔不群，主要是因为他们运用了精巧的节拍、优美的修辞手段和一目了然的长句结构。这跟我们如今的看法完全不同。在

① 希腊语 παραβαδις，指古希腊喜剧中的插入部分：诗人打断表演，通过合唱对观众表述。——译者

希腊人的文学批评作品中，例如在哈里卡那斯（Halikarnass）的狄奥尼修斯（Dionysius）具有开创意义的著作里面，似乎根本就没有提到诸如整体内各部分的协同作用、内在思想发展的表现（风格只不过是这一发展的反映）等散文的特点。虽然希腊人的这种文学批评观有片面性，而且过于讲究细节，但我们不能否认，散文大师的典范作品所具的美除了其他方面的特点外，与节拍、修辞手段等具体的特点也是分不开的。所以，通过更细致地研究希腊人的文学批评观，我们能够更深刻地认识到他们的精神特性。归根到底，天才的创作始终只按照一个民族对之进行理解的方式产生影响，而我们在此讨论的这类创作对语言的影响，主要正是取决于这种理解的方式。

在连续不断的活动和进步中，精神会发展至这样一个阶段：它仿佛中止了预感和猜度，力图巩固已累积起的知识，并将全部的知识综合为一体。就在这个时期，诞生了科学，并且从科学中发展出了学术思想，而这一切必然会对语言产生极大的影响。我在前面已经讲到过经科学训练而构成的术语。但关于这个时期的一般影响，在这里还要加以讨论，因为在严格的意义上说，科学需要具备散文的外壳，至于诗歌的外壳，则只能偶尔适其所用。在科学的领域里，精神仅仅与客观事物发生关系，只是在必要的时候才涉及主观的东西；精神努力寻求着真理，试图摈弃一切外在及内在的假象。唯有通过科学的加工，语言才能够高度明晰地区分和界定概念，才能够最恰当地把握目的在于构成一个统一体的句子及其组成部分。一旦一种科学的形式包括起所有的知识领域，而且知识与认识能力的关系也得到确定，精神将会悟识到某个崭新的、超越一切个别的领地，于是，语言也会因此受到影响，获得更重要的性质以及促使概念高度明确化的强大力量。另一方面，科学领域中的运用要求语言具备严肃冷静的表达，要求在构造句子时避免任何错综复杂的结构，因为这样的结构虽然相当巧妙，却有损于理解，不适合直截了当地表述客观对象这个目的。由此可见，散文的科学风格跟迄今为止人们所描绘的完全不同。在科学的散文中，语言应该约束起自身的独立性，不使其自由地发挥作用，同时尽可能紧密地与思想相联结，陪伴并表述思想。就我们所了解的人类精神发展进程来看，有理由把亚里士多德称为科学和科学意识的奠基人。尽管早在亚里士多德之前很久就已存在发展科学的趋向，尽管科学的进步是逐渐的过程，科学的概念是自他开始才完善地确立起来的。在亚里士多德的头脑中，科学概念仿佛突然以前所未有的明确方式产生了出来，他的学术演讲风格和研究方法完全不同于前一代人，他与前人在这方面的区别是绝对的、本质的而不是渐变的差别。他寻觅和搜集事实，努力把事实提高到普遍观念的层次；他对前人建立的各种知识系统进行检验，指出它们的漏洞，并力图通过深入探索人类认识能力而构建起他自己的系统。他以超人的智慧综括起了大量的知识，同时，他依据概念的划分，用一种统一的关系把所有这些知识贯穿起来。他的这一方法既深入至事物的本质，又广泛地包括了事物的各个方面，不论是对认识的材料还是对认识的形式都提出严格的要求；在寻求真理的努力过程中，这种方法的特点首先在于明辨种种扑朔迷离的假象。由于亚里士多德运用了这样一种方法，他就必定会形成一种独特风格的语言，它明显不同于前人的语言，也不同于同时代人柏拉图的

语言。事实上，亚里士多德的语言和柏拉图的语言不是同一个历史时期的产物，我们应当把柏拉图的风格看作一个以后不会再重现的旧时期的顶峰，而把亚里士多德的风格看作一个新时期的开端。这里，我们可以观察到引人注目的一点，即独特的哲学认识方式的影响。亚里士多德的语言不大讲究外在的美，缺乏雕琢藻饰，而且无疑往往相当生硬，但如果我们把这归因于他的生性冷漠或精神贫乏，那就完全错了。音乐和诗歌在亚里士多德的研习中占了很大的比重。他关于这方面的论述保存下来的不多，从中可以看出，音乐和诗歌对他有极深的影响，只有一种与生俱来的爱好或倾向才会使他对文学的这个分支产生如此强烈的兴趣。我们现在仍能读到亚里士多德的一首充满诗歌激情的赞歌（Hymnus），倘若他的通俗作品特别是对话体的作品得以保留到今天，那么，关于他的写作风格的多样性我们也许就会得出全然不同的结论。在亚里士多德的已知著作尤其是讨论伦理学的著作中，有些章节或语句表明，他在风格上达到了相当的高度。真正深刻和抽象的哲学能够通过一些独特的途径而登上一种伟大的表达风格的峰巅。科学学说若是源出于真正的创造精神，其概念的纯正性（Gediegenheit）和完备性（Abgeschlossenheit）就会使语言也获得一种适合于内在心灵的崇高性质。

现代人在寻索抽象概念的过程中，也可以形成一种具有独特的美的哲学语体。这样的哲学语体见于费希特和谢林的著作之中，在康德的著作里虽然只见于个别地方，但也给人以极深的印象。优秀的散文离不开对整个自然进行深入全面的观察。但这样的散文并非只有依靠具体科学研究的成果才能形成，事实上，科学研究本身就对散文的形成起着促进作用。科学研究激励精神积极地活动，而唯有精神才能够把人们引向科学领域中的伟大发现。在此可以举出我的弟弟在这方面的著作为例，我相信，我的看法与人们通常对他所持的评价是相合的。

在构筑知识系统时，人们可以从任一角度出发上升至一般，这个上升的过程与人们对基本事实的十分精确、全面的处理有极为密切的关系。倘若真正的精神未能渗透入科学知识和追求科学知识的努力之中，语言就会受到损害，同时散文也会面临衰落的威胁，比如有可能从有教养的、思想丰富的对话降低为日常生活的言谈或者约定俗成的套话。精神不断地自我发展和提高，把整个世界与自身的本质联系起来，而只有当精神活动携同语言一道向前发展的时候，语言的作品才可能繁荣起来。精神的这种活动以千差万别的形式表现出来，但归根到底总是从天性出发努力建立起与世界的重要联系，尽管个人对此往往无所识察。如果一个民族的智能特性不够有力，不足以上升至这一高度，或者，如果一个文明民族在智力方面走上了下坡路，其语言脱离了精神，即脱离了它的强大力量和旺盛生命的唯一源泉，那就绝不可能构造出任何出色的散文；而如果精神创造变成了一大堆平淡无奇的学问，优秀的散文就会濒于崩溃。

诗歌只能够在生活的个别时刻和在精神的个别状态之下萌生，散文则时时处处陪伴着人，在人的精神活动的所有表现形式中出现。散文与每个思想、每一感觉相维系。在一种语言里，散文利用自身的准确性、明晰性、灵活性、生动性以及和谐悦耳的语音，一方面能够从每一个角度出发充分自由地发展起来，另一方面则获得了一种精微的感觉，从而能够在每一个别场合决定自由发展的适当程度。有了这样一种散文，精神就能够得到同样自由、从容和审慎的发展。这便是一种语言在个性形成上所能达到的顶峰，而这个最高的目标从语言外在形式的萌芽状态开始，就需要建立在最广泛、最可靠的基础之上。

与这样形成的散文相比较，诗歌并不至于逊色，因为散文和诗歌本来就产生自同一个源泉。当然，即使散文在语言中没有同样成功地发展起来，诗歌也可以取得高度的完美。但语言终究只有通过散文和诗歌的同时发展，才能够完善起来。希腊文学虽有不少令人遗憾的重大空白，但是它在这方面却要比任何其他民族文学都更加完整和纯粹地揭示了语言的发展过程。异族语言作品没有对希腊文学产生明显的影响（不过这并不排除异族思想的可能影响），从荷马一直到拜占廷时期的作家，希腊文学都是依靠自身的力量，依靠民族精神在内外历史变迁的影响之下发生的变革和进步，走过了各个发展阶段。希腊各部族人民的精神特性在于一种全民族固有的机敏性（Beweglichkeit）：希腊人既努力追求自由，又竭力想夺取霸权，虽说这种霸权一般总是倾向于让臣服者保留至少是表面上的自由。大海把希腊人包围起来，但大海本身又为陆地所封闭，[①]而希腊人的上述特性犹如大海的波浪，在适度的界域内引起连续不断的变化，导致居住地的更换、领土的伸缩、统治权的更替，并且把永久新鲜的养分和动力注入精神，使精神得以在

① “大海”指地中海，所以作者说它“为陆地所封闭”（eingeschlossen）；因其并非漫无边际，下面才有“适度的界域”之说。——译者

各种类型的活动中发挥作用。当希腊人通过开拓殖民城市而向远方扩张势力时，同样的希腊民族精神也在起着支配作用。这样的精神状态若是持续存在，内在的民族特性就会渗透入语言及语言作品。我们可以生动地感觉到，在这个时期一切精神产品都有着内在的发展联系，各种体裁的诗歌和散文之间都存在着相互积极影响的关系。然而，自亚历山大王起，希腊语和希腊文学由于军事征服而传播开来，以后，希腊人又沦为被征服者，于是其语言和文学与统治世界的胜利者即罗马人的语言和文学混合了起来。这个时候的希腊语言和文学虽然仍不乏名人大家、诗歌天才，但其生命的原则已经死亡，由这一原则独有的力量所进行的生动的创造也随之熄灭了。也正是在这样一个时期，世界的大部分才真正为人们所认识，同时，由于亚里士多德的说教和示范，人类精神才有可能对整个知识领域进行科学的观察和系统的处理。这个伟大的人把实践与丰富的思想结合了起来，他的活动在世界历史进程中具有极其重要的意义。主观的创造活动面对着力量无比强大的客观世界，而且还受到原有文学的束缚：先前的文学已失去生命的原则及其自由的源泉，因此似乎成了一股强劲的势力，人们虽然也曾一再尝试进行模仿，但这股势力已经不会遇到真正敢于与之竞争的敌手。所以，从这个时期起，希腊语言和文学便开始逐渐衰落。不过，希腊语言和文学毕竟保留下了高度繁华时期的一些特点，科学活动便在此基础上对语言和文学进行加工处理，这样，该黄金时期的很大一部分作品就流传到了今天。此外，我们还得以了解到，这些作品以什么样的方式在以后的希腊人针对它们进行的有意识的思考之中反映出来。希腊人民虽然一再受到外部境遇的压抑，但

始终保持着民族同形性。

关于在梵语中散文的发达程度和使用范围，根据我们所掌握的文献尚无把握断定。印度人与希腊人不同，其市民生活和社会状况几乎没有为散文的发展提供类似的动力。同其他民族相比，希腊人的精神和个性本身也许就更多地倾向于构成一种虽不以交谈(das Gespräch)为唯一目的，但却以它为最大乐趣的人际联系。此外，在法庭上和民众集会上进行辩论演讲，也要求希腊人具备使人信服、沁人心脾的口才。由于这些原因以及其他类似的原因，也许我们今后也无法在流传下来的梵语文献中找到能够在风格上与希腊史学家、演说家和哲学家的创作相提并论的作品。但梵语是一种丰富多彩、灵活善变的语言，拥有能够使言语变得纯正、庄严和优美的一切手段，它显然蕴涵着形成优秀的散文所必需的完整胚芽，而在对散文进行修炼琢磨的过程中，它或许已经在自身中发展起了我们现在还全然不了解的另外一些特性。关于这一点，《西托帕德沙》(Hitôpadêša)[①]里的故事所体现的风格可以作证。这种风格既朴实又优美；既讲究忠实、细腻的描绘，又具有极其独特的敏锐性。

跟希腊人比较起来，罗马人的散文与诗歌完全是另外一种关系。罗马人一方面积极地模仿希腊人的典范作品，另一方面又时时处处表现出他们自己的独创性。事实上，罗马人的语言和风格明显带有内在和外在的政治发展的痕迹。他们的文学属于另一个时期，因此不再有可能经历我们在希腊人那里观察到的那种初始

① 这是一部古印度寓言集，由 A. W. 史勒格尔搜集出版(波恩，两卷本，1829—1831)。——译者

的、自然而然的发展；从荷马时代起，希腊文学就一直受到早期歌唱艺术(Gesänge)的持续影响。伟大的、独具一格的拉丁语散文，是从罗马人的心灵和个性之中，从他们严肃认真的丈夫气概、凛厉的风俗习惯和对祖国的无上热爱之中直接产生出来的。拉丁语散文包含的纯智力色彩淡薄得多，而由于以上列举的各种原因，这种散文也必定缺乏某些希腊作家固有的那种天真无邪的优雅；对于罗马人来说，这样的优雅只见于诗歌体裁的作品，因为诗歌能够激发起心灵的任何一种情调。无论我们怎样来比较希腊作家和罗马作家，前者几乎总是显得较少庄严肃穆的色彩，更为简朴和自然。这两个民族的散文之间的重大区别，就在于此。所以，就连塔西佗(Tacitus)这样的罗马作家，也难以真正打动同时代的希腊人的心。罗马人的散文一定是以另一种专门的方式对其语言产生影响，因为他们的散文和语言无疑受到同一种民族特性的驱动。希腊人固有一种仿佛不受任何限制的灵活性，他们善于表达每一个思想，能够轻松地追求每一条精神发展道路，而他们的真实个性就在这种精神活动的全面性和无所不向的机敏性之中反映了出来。这样的灵活性当然既不可能出自罗马人的散文，也不可能造就这样一种散文。如果我们再比较一下现代欧洲民族的散文，就会看到更加复杂的情况。现代人凡是在缺乏独创精神的场合，难免会在不同程度上为希腊人和罗马人的典范作品所吸引，然而另一方面，彻底变化了的历史条件又把一种崭新的独创性赋予了他们的文学。在这里我只是要指出，散文和诗歌处于一定的相关关系之中并通过这种关系对精神施加反作用，这种关系可以多种多样，但在一个民族和一种语言的范围内始终保持不变。在属于同一语系

的各语言里，我们可以观察到散文与诗歌之间的种种不同的关系；各种具体语言在这方面的差异，随着千百年来文明的不断进步而以有机发展的阶段形式显示出来。这种发展有一个统一的基础，那就是整个语系所特有的外部形式，以及各民族的智力特性朝着一个共同目标的努力。在这个统一的范围内，具体民族的特性导致了差异；此外，不同的时代也促成了差异：每个民族都在某个时代达到精神成熟的高度，从而发展起诗歌和散文。关于这个问题，我现在就要来讨论。

但首先我得提一下前面没有谈到的诗歌与散文的另一个差别，即它们二者与文字的关系。自从沃尔夫(F. A. Wolf)对荷马史诗的起源作了出色的研究以来，人们大概已经普遍接受了这样一种看法：一个民族的诗歌在文字发明后的很长一段时间内仍可以不被记录下来，文字产生的时期和诗歌记于文字的时期并不一定相吻合。诗歌的任务是抒发和颂扬瞬间的感觉，造成节庆场合的庄严气氛；在远古时，诗歌与人们的生活极其紧密地联系在一起，它是诗人的想象力和听话人的理解力二者十分自然的产物，所以，有意图地用毫无生气的文字来记录诗歌，这同诗歌的本性是相逆的。诗歌从诗人的嘴中涌流而出，或者由一批接受了诗人的创作精神的歌手唱出，它是一种伴有歌唱和器乐的朗诵。而词语只是其中的一个组成部分，与之密不可分。所有这些朗诵由后人继承了下来，他们绝不会想到要把如此紧密地交织在一起的词语和歌唱区分开来。在整个这一时期内，诗歌深深地扎根于人民的精神生活之中，人们根本不会产生将诗歌付诸文字记录的念头。这样的文字记录实际上需要有两个前提：其一是内省(Reflexion)，人们通过长时间的、纯自然的艺术活动，才培养起了内省的习惯；其二是相当兴旺发达的市民生活，人们于是意识到需要区分不同类型的艺术活动，并且使艺术活动的成果保持着持续不断地相互影响、协同作用的关系。只有在这两个前提的基础上，诗歌才有可能与朗诵以及直接的生活享受疏远开来。此外，在诗歌中运用了必要的词序和韵律，从而减轻了凭记忆传递作品的困难，这在很大程度上也使得借助文字的传递成为多余的事。

至于散文，情况就全然不同了。人不大可能记住很长的、没有用韵律联系起来的言语，但我相信，主要的困难并不在于此。无疑，每个民族都有纯属本族的、通过口耳相传保存下来的散文，这种散文的外壳和表达形式当然不是偶然形成的。在那些尚无任何文字的民族拥有的故事里面，我们可以发现一种特别的语言运用或风格，那就是，这些故事在从一个讲述者传至另一个讲述者的过程中只会发生很微小的变化。儿童在重复他们听到的故事时，通常也是认真地使用了同样的一些表达。汤加群岛上的坦加罗阿人(Tangaloa)的故事，就是很好的例子。[①] 在巴斯克人中，至今仍流传着没有文字记录的童话。本地人深信，这些童话被翻译成西班牙语后，就失去了所有的魅力和天然的韵味。这显然表明，本地人在传递童话时除了注意到其他方面以外，还特别关注它们的外在

① 见马利那(W. Mariner)原书，第 2 卷，第 377 页。(指马利那于 1817 年在伦敦出版的《南太平洋汤加群岛上的本地语言描述》〔*An Account of the Native Tongues of the Tonga, Islands in the South Pacific Ocean*〕一书。1828 年 1 月，洪堡特在皇家科学院作了题为“关于南太平洋诸岛屿上的语言”〔Über die Sprachen der Südseeinseln〕的报告，专门讨论了汤加语言。——译者)

形式。巴斯克人十分喜欢和重视这些童话，甚至还根据内容把童话划分为不同的类型。我自己就亲耳听到过一个同我们关于哈墨恩的捕鼠人（der Hamelnsche Rattenfänger）[①]的传说极为相似的巴斯克童话。其他巴斯克童话只是以不同的方式叙述了类似赫拉克勒斯（Hercules）的神话；在一个属于巴斯克人的小岛上[②]，流传着与赫罗（Hero）和勒昂德尔（Leander）[③]的传说雷同的故事，主人公是一个僧侣和他的情人。在最早的诗歌时期，人们根本不会想到要发明文字，然而，早在散文成长为一种真正的艺术之前，文字就已经是散文发挥原始功用所必需的成分了。人们需要探索和描述事实，发展和联结概念，也就是说，要发现客观真理。而能够引导人们这样去做的只能是一种冷静、审慎的精神倾向，其目的在于从假象中分辨出真理，让知性成为认识活动的主宰。因此，这种精神倾向首先就排斥韵律。这与其说是因为韵律的束缚会带来不便，不如说是因为并不需要韵律；更确切地说，像韵律这样一种以确定的感觉来制缚语言的形式，对于无处不在进行探索和联系的知性是不适用的。这一切以及整个科学活动使得文字记录成为理

① 这个童话说的是：有个捕鼠人来到哈墨恩城，声称如能得到一笔赏金，他将使该城永远免受鼠害。在市政会和全体市民作出允诺后，捕鼠人取出一管笛子，沿街走巷吹起来，这时，只见从一座座房子里老鼠成窝地跑出来，跟在他后面，一直跟到城外，跳进河里淹死。然而他的所为被市民们视为邪术，他们只肯付给许诺钱数的一半，还威胁要把他投进监狱。捕鼠人愤然而去，但不久后的一天，他又回来了。随着他的笛声，所有的孩子都跟随他出了城，再也没有回来。——译者

② 即坐落在贝尔梅奥（Bermeo）海湾的依萨罗岛（Isaro）。

③ 希腊神话中的人物。特洛伊少年勒昂德尔爱上海峡对岸的女祭司赫罗，夜夜渡海同她相会。赫罗则点燃灯塔以助。一个暴风雨之夜，灯火为风所灭，勒昂德尔不幸淹死，赫罗亦投海自尽。——译者

想的，甚至必不可缺的手段。研究的对象，乃至研究的过程本身，在所有细节方面都必须被牢固和可靠地记录下来。散文的功用即在于使认识成果尽可能持久地存在：史书应该把随时间推移而流逝的一切保存起来，理论和学说应该把一代人与另一代人联系起来，使人类能够持续不停地前进。此外，创造精神产品的个人从群众中独立和突出出来，首先也得力于散文的作用。科学研究要求人们亲自从事调查勘探，游历异国他域，并且建立自己的系统的方法；真理需要由权威来掌舵，在缺乏事实证明的年代尤其是如此；而一个史学家当然与诗人不同，不能指望从奥林匹斯圣山取得支持自己的论断的实证。所以，一个民族发展散文的精神倾向必定会寻求文字作为辅助手段，而如果已经有了文字，这一精神倾向就会因此而受到激励。

在各个民族自然的文明进程中，缺乏文字或者使用文字会导致产生两种不同类型的诗歌[①]：一种诗歌仿佛主要是自然的，它来源于激情，不具任何艺术的目的和意识；另一种诗歌则较晚形成，更富有艺术性，但并不因此而失去最深邃、最真实的诗歌精神。然而在散文中，更不用说在同一些时期的散文中，我们就不可能发现这样的区别。不过，类似的区别确实以另一种方式存在于散文之中。如果一个民族具有散文和诗歌两方面的有利禀赋，并且具备

① 在《罗摩衍那》（*Râmâyana*）一书的前言里，A. W. v. 史勒格尔凭一个诗人的感觉成功地指出了希腊人的早期诗歌与印度人的早期诗歌的区别。这位作家比任何他人都更具备这方面的钻研才干。如果史勒格尔发愿写一部印度文学史，或者哪怕是只作一些具体的描述，例如探讨一下印度人的戏剧诗，并且正像他天才地处理其他民族的戏剧那样予以恰当的评论，他就能对希腊文学和印度文学领域的哲学—美学批评以及对诗歌史的研究作出重大贡献。

自由自在地发挥口才所必需的条件和机会，那就意味着，在散文和人民的生活之间也保持着一种类似于我们前面在诗歌中发现的那种联系，只是方式有所不同。因此，散文若不是作为有意识、有目的的艺术而存在，也同样会排斥毫无生气的、僵死的文字记录。在波斯战争和伯罗奔尼撒战争之间的伟大的雅典时期，以及更晚一些时候，希腊散文的情况大概就是如此。地米斯托克利（Themistokles）、伯里克利（Perikles）和阿尔基比阿德（Alkibiades）等演说家无疑练就了卓越的演讲才华；特别是后二者，在这方面表现得更突出。然而，他们的讲演未能保存到今天。史书里援引了他们的言辞，但那当然只是史学家自己的话。即使在古代，看来也没有过能够肯定是属于这些演说家的作品。在阿尔基比阿德生活的时代，已经可以见到书面的讲演辞，而且这类讲演辞有时甚至是由别人而不是由作者本人来朗读；可是，那个时代的整个政治生活状况决定了这些真正执掌国事大权的人没有任何必要在讲演之前或之后把自己的言辞写下来。他们的这种天生的能言善辩正如未记于纸上的诗歌一样，不仅包含着后来更具艺术性的散文形式的萌芽，而且在许多方面也是这一散文形式无与伦比的典范。在此，当我们讲到两种不同类型的诗歌或散文对语言的影响时，恐怕需要进一步详细讨论两种类型之间的关系。在某个历史时期，遣词造句和创作诗文的艺术达到了高度完美的境界，从而激发起演说家的天赋，培养起人民的鉴赏力，这时候的语言，便获得了前所未有的、既丰富又细腻的表达力量。后来的演说家正是继承了这样一个时期的语言遗产。哲学家们采用的生动的对话，也应该有十分类似于此的特点。

第二十章　语言成功地相互生成的能力

34 假定我们可以为每一个语系设定一种原始母语。我们会不无惊讶地看到，被确定为梵语系源头的那一原始母语产生出了一长列的语言，这些语言具有同样成功的结构，对精神起着同样有力的激励作用。若从最直接的方面入手，我们首先可以发现，禅德语和梵语有十分密切的亲属关系，虽然它们的差别也很引人注目；在词和形式的构造上，这两种语言都贯穿着一个极为生动的原则，即能产性和规律性。然后我们看到，从同一个原始基础也产生出了我们的经典文化拥有的两种语言，即希腊语和拉丁语，以及整个日耳曼语族，当然，日耳曼语族在科学上较晚才开始发展。最后，当拉丁语因遭歪曲和滥用而失去原有的纯正性时，罗曼诸语言以新生的活力在拉丁语的根基之上繁荣起来，我们今天的文明成就在许多方面都要归功于这些罗曼语言。所以，梵语系的原始终语保持着一种生命原则，至少三千年来，这一生命原则使得人类智力发展的线索始终延续不断，并且能够从已经衰退的、支离破碎的材料之中生成新的语言构造。

在研究民族史的时候，人们兴许会提出这样一个问题：倘若迦太基人战胜了罗马人，进而统治了欧洲，世界历史的进程会是什么

样子？人们还可以问：假如阿拉伯人像历史上曾经发生过的那样，始终是唯一握有科学的人民，并且在西方世界分布开来，我们今天的文化会处在什么样的状态之中？我想，这两种情况都会给西方带来不利的结局。罗马人曾统治世界，这对我们的社会建制、法律、语言和文化产生了巨大的影响，但这种影响并不能归因于外在的、更多带有偶然性的历史条件，而是根源于使罗马人得以成为世界统治者的同一个原因，也即罗马人的民族精神和个性。由于保持了同样的精神和文化发展倾向，由于有内在的亲缘关系，我们能够真实地认识和把握希腊人的民族精神和语言。相比之下，阿拉伯人主要只接受了希腊人的科学研究成果。所以，即使是在同一个古代文化基础上，阿拉伯人也不可能建造起我们如今有理由深感自豪的科学和艺术的大厦。

如果以上所述合乎事实，我们就要问，梵语系各民族的这种优越性的原因何在？应该到他们的智力禀赋中，还是到他们的语言中，或是到更为有利的历史条件中去寻找这个原因？显然，上列几种因素并不能单独发挥作用。语言与智力禀赋始终相互影响，不可分割；至于历史条件，是几乎不可能独立于民族和个人的内在本质而起作用的，尽管对于历史条件之间的联系我们还很不了解。然而，上述优越性必定会在语言的某些特征上反映出来，因此我们在这里需要再一次从梵语系的例子出发来探讨这样一个问题：是什么因素决定了一种语言具有比其他语言更强有力和更丰富多样的、从自身内部进行创造的生命原则？很明显，其原因在于两个方面。一是语系的特性，我们在此所说的是整个语系，而不是任何单个语言；二是语言结构本身的独特属性。下面我首先要谈第二个方面的原因，至于构成一个语系的诸语言之间的特殊关系，只能等到以后再回过头来讨论。

毫无疑问，要是一种语言的结构最适合于精神并且能够最生动地激励精神活动，这种语言就必定具有一种永恒的力量，能够从自身中生成一切由时间的进程和民族的历史命运所引发的新构造。但是，这样回答我们提出的问题牵涉到整个语言形式，因此过于一般化，严格讲只不过是以另一种提法重复了同一个问题。在此，需要一个可以把我们引向语言具体事实的答案，我觉得这样的答案是有可能找到的。无论在单个的词里面，还是在连贯的言语中，语言都是一种精神行为(ein Act)，是一种真正的精神创造活动；而在每一语言中，这种精神行为都具有独特性，它的作用方式是确定的，在所有的方面都受到制约。概念和语音按照自身本质的要求十分具体地相互联系起来，它们作为词和言语出现，在外部世界和精神之间造就了某个既不同于前者也不同于后者的领域。语言的完善性及其所有具体的优点，取决于上述精神行为的强大力量和规律性，此外，语言中生气勃勃、持续不断地进行创造的原则也以其为基础。其实，这一精神行为的规律性是不言而喻的，因为强大的力量这个概念本身就已经包含着有规律的意思。一种力量若是足够强盛，就必然始终沿着适当的道路向前发展。反之，任何不恰当的道路都会给力量带来妨碍它完善起来的桎梏。所以，如果说有证据表明，梵语系诸语言至少三千年来一直具有用之不竭的生成活力(zeugende Kraft)，那就意味着，这种活力正是该语系各民族的语言创造行为所拥有的强大力量发挥了作用的结果。

我们在前面(第十一章)曾经详细讲过内在思想形式与语音的

结合。在这一结合中,我们看到了一种综合(Synthesis),它只有通过真正的精神创造行为才可能形成。这种综合从两个相联系的要素之中构成了第三个要素,使之不包括前二者的个别特质。我们在此所说的正是这样一种综合所具的强大力量。在各个民族创造语言的活动中,一个民族如能以最生动的方式将综合的原则持久不衰地贯彻到底,就会取得成功。而在所有语言不甚完善的民族中,综合的力量自一开始就很弱小,或是由于某些外部条件的影响而受到阻碍,失去了活力。当然,对于可以用事实来证明的具体语言现象,这样的分析仍是过于一般化的。

语言中自发的设定行为
(Act des selbstthätigen Setzens)①

在语言的语法结构中的某些环节,综合以及促成综合的力量仿佛赤裸裸地直接表现了出来,而语言结构的所有其余部分也必然与这些环节极为紧密地联系在一起。这里所说的综合并不是一种状态,严格讲甚至也不是一种作为(ein Handlung),而是一种真实的、每时每刻都在运行的活动(ein Handeln),因此,它不可能在词里面获得任何特别的标志。事实上,企图寻找这样的标志,这本身就意味着没有能够正确地把握综合的本性,会削弱综合行为的强大力量。真实存在的综合必须以仿佛无形的、非物质的方式在语言中显示出来。我们应该懂得,综合犹如一道闪电,转瞬之间即照亮

① 参考英译:act of spontaneous positing。——译者

了整个语言;综合又像是来自未知领域的一股烈焰,刹那间便将有待联系的材料融合为一体。关于综合的这一重要特性,我们有必要举例来说明。如果在某种语言里,一个语根借助后缀而被确定为名词,那么,这个后缀就是该名词概念与实体范畴的关系的有形标志。当讲话者说出一个词的时候,这个词在他的头脑中便通过综合而直接转入了一定的范畴,但是,这种综合行为在词本身里面并没有任何专门的标志,而是通过后缀与语很融合后形成的相互统一、相互依赖的关系显示了自身的存在。换言之,综合的标志是一种特殊的、间接的标志,虽然它与词的范畴标志产生自同样的精神努力。

根据上述例子的分析,我们一般可以把这种行为称作借助综括(综合)的自发设定行为。这种行为在语言中随处可见。它首先最明显地表现在句子的构造中,其次是表现在通过屈折或附加词缀构成的派生词中,最后,也普遍地反映在概念与语音的所有联系之中。在上列每一种情况下,都经由联系而创造出某种新的东西,也即设定了某种真正(理想化地)独立存在的东西。精神从事着创造,但通过同一创造行为,精神的创造物与精神本身对立了起来,并且作为客体对精神产生反作用。于是,从反映在人身上的世界之中生成了语言,它处在人与世界之间,把人与世界系结起来,并使人能够卓有成效地影响世界。由此可见,这种自发设定行为的强大力量决定着贯穿在一种语言的各个发展阶段中的整个生命原则。

我在本书的讨论中从未忽略过一个目的,即对语言作历史的、实践的检验和评价。如果我们从这个角度出发,探讨自发设定行为的强大力量在语言结构中表现在哪些方面,就会发现跟综合有关的三个主要因素;我们还会发现,倘若综合的力量从一开始就不

够强大，语言便会寻求其他的途径以补偿其缺陷。关于这个问题，我们在前面其实已经多次谈到，那就是，精神对语言始终提出恰当的要求（例如在汉语里，也要求不同的词类相互区别开来），只不过这种要求并非总是十分强烈和持久，能够在语音上也得到表达。于是，在外部语法结构中，出现了需要由精神来填补的漏洞，或者发生了不适当的、起补偿作用的类推。所以，我们的任务是要揭示语言结构里面的综合行为，它不只表现在精神上，而且也在精神向语音形式的实际转化中发挥了作用。上面提到的三个因素，即动词、连词、关系代词。以下我们要花少量篇幅分别讨论这三个因素。

（1）动词

首先讨论动词。动词完全不同于名词以及在简单句中可能出现的其他词类：只有动词才具有综合设定行为这样一种语法功能。和变格的名词一样，动词也是通过综合设定行为从要素与词根词的融合之中构成的，但同时，动词还获得了一定的形式，从而能够并且必须在句子的范围内重新执行综合设定行为。因此，动词与简单句包含的其他词有根本的区别，它们不属同一个范畴。句子中所有其他的词犹如一堆僵死的、有待联系的材料，只有动词才是蕴涵着生命、散播着生命的中心环节。通过同一种综合行为，动词利用"是"（das Seyn）[1]这一概念把谓语与主语联系了起来：主语被赋予了存在的属性，同时，一个强有力的谓语连同"是"的概念转化为一种活动（ein Handeln）。于是，只不过有可能发生联系的思维

① 印欧语言的动词"是"兼有"存在"之义。——译者

对象转变成了实在的状态或过程。所以，说到闪电，人们不单是产生了关于倏忽而逝的闪电的观念，而且还看到了闪电本身划过夜空；说到永恒的精神，人们不只是在思想上把精神与永恒联系起来，而且知道精神即是永恒。形象地说，思想仿佛通过动词而抛弃了自身内在的寓所，从而转化为现实。

如果说动词区别于其他词类的性质和独特功能就在于此，那么我们应该可以从每一具体语言中动词的语法形式看出，动词的特殊功能是否得到表示以及以怎样的方式得到表示。为了说明语言的属性和特点，人们通常要描述动词有多少时态、式以及变位形式，列举出不同类型的动词等等。这一切当然都很重要，但是并没有能够点出动词的真正本质，即动词在整个语言中的核心作用。关键在于，使一个动词成其为动词的那种功能——即动词所具的综合力量——是否以及如何在一种语言的动词上表现出来[①]。这一点往往完全被忽略了。因此，人们无法深入认识语言创造的内在倾向，只注意到语言结构的表面特征，而没有意识到这些表面特征只有同更深层的内在倾向联系起来，才会获得意义。

在梵语中，动词的综合力量所具的标记只建立在一个基础之上，那就是对动词这个词类进行的语法处理。这种标记与动词的本性完全相符，因此能够全面、彻底地发挥作用。如前所述，动词本质上有别于简单句中的其他词类，所以在梵语里，动词与名词没有任何共同之处，二者独立存在，界限分明。的确，在某些场合从

① 我曾在柏林科学院的一次分组会议上宣读过一篇论文，试图根据语法已为我们熟悉的美洲语言的材料来解答这个问题。

已具形式的名词中可以构成派生动词，但这仅仅意味着把名词当作根词使用，而不考虑名词本身的特殊性质。在这种情况下，名词的词尾——也即它的语法标记部分——会发生各种变化。通常，除了变位的一般动词形式外，还可以附加一个音节或一个字母，从而把行为意义加到名词概念上面。例如，音节 kâmy 是从 kâma（期望）变化来的。y，sy 等是属于另一种类型的嵌入成分，它们虽然不具实际意义，但在形式上表达了与动词的关系；它们也被运用于基本的、由真正的语根构成的动词。只要研究一下具体的例子，我们就会发现，以上两种类型的嵌入成分在用法上是十分相似的。名词不带这样的附加成分就转变为动词，极为罕见。不过，总的来看早期梵语很少使用这种将名词转变为动词的方式。

其次，就这里指出的动词功能而言，动词绝不可能具有静止不动的实体性，而是始终表现为一种具体的、在各方面都受到界定的活动。事实上，梵语也绝不允许动词静止不动。在构成动词时，梵语并不像构成名词那样先产生出一个基础形式，然后把表示关系的标记加到这个基础形式上面。甚至梵语的不定式可以说也不具备动词的性质：这种不定式显然应被视为名词，它并不是从动词的一个部分，而是从语根本身中派生出来的。这似乎意味着梵语有所欠缺，未能把握不定式的独特性质，但另一方面却也愈加表明，梵语作了十分认真的努力，企图把任何具有名词性的现象从动词里面剔除出去。名词也即事物，名词作为事物可以承建关系，取得关系的标志。而动词作为瞬息即逝的行为，则是关系的本质所在（ein Inbegriff von Beziehungen）。梵语实际上正是这样来处理名词和动词。梵语动词的特殊时态有一些音节作为标记，毫无疑问，没有人会把这些音节看作名词的基本形式。如果不考虑第四和第十类动词(下面我们马上要讲到这两类动词),那就只剩下带或不带嵌入鼻音的元音了,也就是说,只剩下一些附加到转化为动词形式的语根上面的语音成分。

最后,第三,一个词类的内在形式在语言中并不借助直接的语音标记,而是通过语法形式的象征性语音统一显示出来,因此我们有理由认为,这种语音统一性在梵语的动词形式里面要比在名词形式中紧密得多。我在前面已经指出过,名词在变格时从不通过guna式变化来增强一个语根元音,而动词在变位时就常常这样做。由此看来,梵语显然还允许语根与后缀在名词中分离开来,但在动词中已完全没有这种可能。除开人称词尾里的代词后缀这样的例外,我们很难发现动词结构中的非单纯语音要素所具有的意义,相反,想了解名词结构中的类似要素的意义,至少在某些场合要容易得多。有些语言掌握了关于语法形式的真实概念(即屈折语),另一些语言只表现出试图掌握这类概念的趋向(即黏着语),我们可以根据下面两条原则把这两类语言区别开来:一种原则是从形式中构成一个单独来说完全不可理解的标记,另一种原则是把两个有意义的概念紧密地联系起来。据此来观察梵语,可以看出动词形式在整个语言中极为明确地遵循着以上第一条原则。其结果是,每一种具体关系并非由同一个标记,而是由若干经类推产生的相似的标记共同来表达;对每一种具体的情况,都根据标记手段及语根的不同语音而给予特殊的处理,同时又保留了一般类推的规则。所以,具体的标记手段有各种不同的、始终只适用于确定场合的特性,这一点我在前面讲到增音和重叠时已经提到过。梵

语以如此简单的手段产生出了如此丰富多彩的动词形式,真叫人赞叹不已。然而,动词形式只有在下述条件下才有可能相互区分开来,那就是所有的语音变化,不论是纯语音的还是涉及意义的变化,都要以不同的方式彼此联系起来,而在这些多种多样的组合当中,只有一种特定的组合才表示一个具体的变位形式。至于一种具体的变位形式,只是由于它在变位系统中占据着一定的位置,才会有独特的标记意义;正因为此,即使在相应的语音随时间的流逝而销蚀后,一个变位形式仍能保持着原有的意义。人称词尾,借助增音和重叠的象征性标记,以及可能只起和谐悦耳的作用、标示出动词类型的附加音,这些是构成动词形式的主要要素。除此以外,只有两个音,即 i 和 s(倘若从起源上看它们是有意义的音),可以被看作动词的类型、时态和式的真正标记。我认为,这两个音是本来有独立意义的词的语法标记,具有特殊的意义和特别巧妙的用法,所以下面我还要来谈一下这个问题。

葆朴通过深刻的观察和可靠的论证首先指出,梵语的第一将来时和多式增音过去时的一种形式是由一个语根词加上动词 as(是)合成的。霍顿(G. C. Haughton)也很有道理地提出,被动态的标记 ya 跟动词 i 或 yâ(走)有关。有时候,当后缀 s 或 sy 出现时,动词 as 的现在时变位形式不像上面提到的时态形式那样清晰可辨,尽管如此,这两个音仍可以被看作是从 as 演变来的,关于这一点葆朴也已作过一些解释。了解了这个事实,并且顾及 i 及其派生音在动词形式中的所有表示意义的例子,我们在动词里就可以看到某种类似于前面在名词中见到的现象。在名词中,代词以不同的形式构成屈折格变,与此类似,在动词中由两个含有最一般意义的动词构成变位形式。选择这样两个动词，无论从它们的意义还是从语音上看，都暗示了梵语的一个意图：梵语并不是要利用复合方式把两个确定的动词概念真正联系起来（其他一些语言便是如此，它们通过添加上“做”这个概念来标明动词性），它很少依靠附加动词本身的意义，而只利用它的语音作为标记手段，指出一个说出来的具体形式应属于哪一个动词范畴。“走”这个动词可以运用于数量不定的概念关系。朝着一个物体的运动，从运动自身的原因来看可以是任意的，也可以是非任意的，可以是一种主动的意愿，也可以是一种被动的过程，而从作用的结果出发，这一运动可以被视为行为的发生，也可以被视为行为的完成，等等。但从语音的角度看，元音 i 最适合于充当后缀，并且发挥意义和符号的双重作用，使得作为语音基础的意义跟语音相比完全处于劣势。其实，元音 i 本来就经常作为中介音出现在动词里面，它的谐音变体 y 和 ay 扩大了构成形式时的语音变异范围。比较起来，元音 a 就没有这个优点，而元音 u 由于特有一种迟滞的发音，不适于常用作抽象的符号。至于动词 as（是，存在）包含的 s 这个音，与元音 i 的情况虽不完全相同，但有类似之处：s 也部分用于语音的目的，并根据它前面的元音改变自身的音。①

梵语语法的被动态是一个很好的例子，它可以证明，在语言中一种新的现象如何从另一现象发展而来，使得原先的现象因此受

① 我在这里尝试进一步阐释霍顿的看法（见他已出版的译作《摩奴法典》，第一部分，第 329 页），是因为我觉得，这位优秀的学者自己想必也会这样做。而他所以没有这样做，是由于他在著作中较少作词源推测，更多地从逻辑角度来确定中动态和被动态的动词。我们得承认，概念“走”并非直接与被动态相对应，除非把被动态看作一（接下页）

到限定，以及这类发展的线索如何主要通过语音形式而延续下去。按照正确的语法概念来理解，被动态只不过是主动态的相关态，事实上也即主动态的反面。从意义上看，是行为主体转变为行为客体，但从语法形式上看，行为客体应该是动词的主语，它支配着行

(接上页)个与中动态动词的概念相联系的发展过程，“走”在一定程度上才会同被动态一致起来。根据霍顿引用的例子，在兴都斯坦语(das Hindostanische)中也是如此，即被动态与存在相对而言。在有些现代语言里，缺少一个不用比喻方式而直接表达向存在转化的过程的词(例如希腊语的 γίνεδδαι，拉丁语的 fieri，以及德语的 werden)，这些语言求助于形象的表达“走”，但似乎使这一表达指出了运动的目的，比较合理地将它理解为“来临、到来”，如：意大利语 diventare，divenire，法语 devenir，英语 to become。所以，在梵语里，即使前述词源关系确定无疑，被动态的主要力量应当说也始终是包含在中动态的变位(即 Atmanêpadam 式变位)之中；而且，这种中动态变位与概念“走”的结合首先应当是指行进这一运动本身，也即一种内在的、跟外部目的无关的变化。关于这个问题，有一个事实值得注意，或许可以被看作有利于霍顿观点的佐证：语意强化动词(Intensiva)只有在中动态变位时才采用中介音节 ya，这就说明，ya 与这种变位形式有特殊的联系。不论在被动态中，还是在语意强化动词中，标记 ya 都不出现在无所谓动词类型区别的一般时态里面。这一点初看起来有些奇怪，但我觉得，这恰恰是一个新的证据，表明梵语的被动态是从第四类动词的中动态发展而来的，此外，也表明梵语基本上循守着形式的规律，不愿意使取自该类动词的标记音节在更广的范围内得到运用。不论愿望态(Desiderativa)的标记 sy 本来有什么样的意义，这个标记在一般时态中也同样保持着自身的形式，它跟那些区分动词类型的时态并没有联系，所以不受其限制。“走”的概念运用到借助附加 y 构成的源自名词的动词(Denominativa)上，要比运用于被动态自然得多。这类源于名词的动词通常表示期望、掌握或者模仿某个事物。概念“走”也可以用于使役动词。印度语法家把 i 看作使役动词的标记，认为 ay 只是 i 的语音变异，这种看法也许非但不该受到指责，反而应予肯定，因为他们的描述可能反映了该形式的真实起源(参看葆朴用拉丁文写的梵语语法，第 142 页，注释 233)。与完全以规则的方式构成的源于名词的动词作一下比较，更能够证实上述结论的可靠性。在借助后缀 kâmy 从名词中构成的动词里面，kâmy 这个附加音节看来是 kâma(渴望，热望)和 i(走)的复合形式，也就是说，kâmy 本身就是一个完整的源于名词的动词。如能进一步推测，我们还可以把愿望态动词的标记 sy 理解为朝向某种状态的行进，这个推测可以直接用于解释第二将来时的词源。葆朴第一个正确地指出了可能式与第二将来时的联系(见他所著《论梵语动词的变位系统》，第 29—33 页，载《东方文学年刊》[*Annals of Oriental Literature*]，第 45—50 页)，他的论述与我们的推论相当一致。带有标记 sya 和 asya 的源于名词的动词，似乎是按照愿望态的模式构成的。

为主体。在构造语法形式时，梵语没有从这个唯一正确的角度出发去处理被动态，这一点我们从需要用被动不定式这种表达上看得尤其清楚。然而，被动态还表达了某种伴随着主体、与主体的内在特性（而不是其所作所为）有关的内容。我们看到，梵语直接采取了这样一种办法，即在整个动词变位系统中把外向的行为与内在的感受区别开来，因此，它也从这一区分出发对被动态进行形式处理。大概就是由于这个原因，那些主要用于表达内在感受的动词类型同样导致了被动态变位形式的产生。意义和形式是始终相互矛盾的两个方面，而被动态似乎是从这两个方面的统一之中形成的。缺乏对被动态含义的这种正确的理解，语言就不可能恰当地把握被动态与主体本身的行为意义的关系，或不可能把被动态同次要的概念区别开来。属于前一种情况的有马来诸语言，特别是他加禄语，这些语言竭尽全力想构成某种被动态。属于后一种情况的如早期梵语。文献证实，晚期梵语正确掌握了关于被动态的纯粹概念，而早期梵语则完全不具备这样的概念。早期梵语没有把一种在所有时态条件下都相同或类似的表达赋予被动态，而是把被动态跟第四类动词联系起来；被动态的标记只出现在第四类动词的界域内，而在不属该界域的形式中，被动态只有零星的、很不完备的标记。

让我们回到主要的讨论对象上来。显然，一种对动词综合力量的感觉贯穿在整个梵语之中。这种感觉在梵语里获得了不仅十分明确，而且也是唯一适合于动词的纯象征性表达，从而显示了自身强大的力量和生命力。在本书中我已多次指出，只要精神生动、清晰地把握了语言形式，语言形式就会渗透入通常主导着外部语言构造的外在发展活动并发挥其作用，要求在自由、连续的语言进程中构成纯正的形式，而不是满足于某种类似形式的替代品。我们注意到，梵语提供了成功和失败两个方面的例子：一方面动词的功能在梵语中得到了纯粹和明确的表达，另一方面在被动态的表达上，梵语选择了一条浮于外表的歧路。

名词与动词之间的界限模糊不清，这是在心灵中忽视（更确切地说，是没有完整地意识到）动词功能所导致的最自然、最常见的后果。其表现是：同一个词可分属两个词类；每个名词都可以转变为动词；动词的标记更多地是限定动词的意义，而不是表示动词的功能；动词的时态和式的标记保持着自己的独立性；动词与代词的联系过于松散，以致人们不得不在意识中把动词“是”填补在代词与一个所谓的动词（不如说是一个带动词意义的名词形式）之间。于是，真正的动词性关系便很自然地被归诸名词性关系，两种关系以极为多样的方式相互转化。以上所述的一切对马来语系恐怕是最适用不过了。除了少数例外，马来语系跟汉语一样没有屈折变化，但是这个语系不像汉语那样不屑一顾地排弃语法形式，而是努力追求着语法形式，并且朝一个单一的方向构造起了丰富多样得叫人吃惊的语法形式。语法家们以为贯穿在整个动词变位系统之中的某些形式，其实是真正的名词性形式；虽说任何语言都离不开动词，但是，如果我们试图在马来语言里寻找动词词类的真正表达，就难免会产生一种感觉，似乎马来语言中并不存在动词。不仅在结构上比其他马来语言还要简单的马六甲语言是如此，而且在马来语系里面算得上形式十分丰富的他加禄语也是如此。值得注意的是，在爪哇语里，名词形式和动词形式仅仅通过把起首字母变

为另一个同类字母而相互转化。初看起来，这确实是一种象征性的标记方式，不过，我在下面（本书第二卷）要说明，这样的字母变化只是一个前缀随着时间的流淌而消损的结果。这里我不准备更详细地展开论述，因为在本书第二和第三卷的适当地方我会细致地讨论这个问题。

有些语言的动词没有任何标记或只有极不完善的标记来表达它的真正功能，在这样的语言里，动词很自然地会跟定语——即一个名词性的词——或多或少发生重合，在这种情况下，那些指出了实际综合过程的真正意义的动词像动词"是"一样，应该被添加到主语和定语上面。在只需要描述事物的某种性质时省去动词，这种现象对高度发达的语言来说也并不陌生。例如在梵语和拉丁语里，这种现象很常见，不过在希腊语里比较少见。当然，要是动词形式十分发达，把动词省略掉对动词本身的特性就没有什么影响，而只不过是构造句子的一种方式。相反，某些语言在形成动词表达时遇到了困难，于是将一种特殊的形式赋予了这类构造方式，并且在一定程度上把这类构造方式植入了动词的结构。比如在墨西哥语里，"我爱"既可以表达为 ni-tlazotla，又可以表达为 ni-tlazotlani。前者是动词性代词与动词词干的结合形式；后者则是动词性代词与分词结合而构成的形式：墨西哥语的某些动词性形容词虽然没有表达出行为过程的概念（在这一概念与三个时间阶段相联系的基础上，才产生了时态范畴），[①]但我们也可以把它们称为

① 我所依据的是希腊语法家的理论，我觉得，他们的理论往往受到令人不公正的冷遇。这种理论认为，一个时态是由三种时间中的一种与行为过程三阶段之（接下页）

分词，因为它们具有主动、被动和反身的意义。维坦库特（A. de Vetancourt）在他的《墨西哥语语法》[①]一书中，把上述第二种表达形式看作表示习惯行为的时态。这个看法显然是错误的，因为这样的形式不会是动词的一种时态，而本应该随各种时态发生屈折变化（虽然墨西哥语的事实并非如此）。不过，我们从维坦库特对上述表达形式的意义作出的精确定义中可以看出，这种表达形式其实就是代词和名词借助一个被省略的动词“是”相结合而构成的。“我爱”是一个纯动词性表达；“我是一个爱着的人”（即“我通常、习惯于爱”）严格说绝不是动词形式，而是一个句子。但墨西哥语在一定程度上把这一结构归入了动词，因为在这种结构里面只允许使用动词性代词。此外，墨西哥语也把定语当作动词，做法是使定语带上所支配的一些词，例如：ni-te-tla-namaca-ni，“我（是）一个把某物卖给某人的人”，即“我通常出售物品，是一个商人”。

同样属于新西班牙的密西特加语（die Mixteca-Sprache）利用两个词类的位置变换区分开两种情况。一种情况是定语只跟名词相联系，另一种情况是，定语只通过动词性表达而加到名词上面。在前一种场合，定语必须跟在名词后面，在后一种场合，定语则处在名词之前，如：naha quadza“凶恶的妇人”，quadza naha“这妇人

（接上页）一相结合而构成的。哈里斯（J. Harris）在《海尔梅斯》（*Hermes*）一作中，以及莱茨（F. W. Reitz）在他那些可惜很少为人所知的科学院论文里，对此都作了极好的解释。沃尔夫通过精确地界定三种不定过去时（Aoriste），进一步扩展了这方面的理论。动词是一个强有力的定语（不仅是性质定语）与“是”相综合的产物。强有力的定语决定着行为的阶段，“是”则决定着时间的阶段。关于这一点，我相信本哈迪已作了正确的阐述和论证。

① Arte de lengua Mexicana，墨西哥，1673 年，第 6 页。

凶恶”。[1]

在上述例子里，完全没有一种动词形式来直接表达起综合联系作用的“是”这个概念，因为语言缺乏这方面的能力。另一方面，缺乏这种能力也可能引起相反的结果，导致类似的动词表达十分具体地出现在本不该出现的地方。当“是”作为一个助动词加到一个真正的定语性动词（如 er geht[他走]、er fliegt[他飞]）上面时，就会发生这样的情况，例如 er ist gehend（他是在走着）、er ist fliegend（他是在飞着）。当然，这种权宜之计并不能真正帮助语言创造精神摆脱困境。由于该助动词本身也必须具备动词的形式，并且只能体现为动词“是”与一个强有力的定语的联系，因此，上述问题仍会重复出现。所不同的只是，这种联系在其他场合见于每个动词，而在这里则固定在一个动词上。语言能够感觉到这样一个助动词的必要性，这至少说明，语言创造精神虽不具备为真正的动词功能造就适当表达的力量，但仍然能够意识到动词的功能。这里所说的现象是相当常见的，在各种语言里或是见于整个动词构造中，或是见于具体变位形式中，所以没有必要举例说明。相反，我倒想来讨论一下一种更有趣也更少见的现象，那就是助动词的功能（即动词“是”的附加并不属于动词本身，而是以十分类似的方式属于另外一个词类——代词）。

在居住于卡萨那雷（Casanare）[2]和奥里诺科河（Orinoco）[3]下游一带的雅鲁拉人（Yarura）的语言里，整个变位系统以极为简单

① 见 *Arte Mixteca*，Fr. Antonio de los Reyes 编写。

② 今哥伦比亚卡萨那雷州。——译者

③ 在今天的委内瑞拉境内，有一段为委内瑞拉与哥伦比亚间的界河。——译者

的方式通过代词与时态语助词的联系构筑起来。这些联系本身构成了动词“是”,而如果作为后缀加到一个词上面,则构成这个词的变位音节。动词“是”并没有一个独立的、不与代词或者时态语助词发生联系的语根音;由于现在时缺少专门的语助词,该时态的人称意义就完全由代词的人称形式来表示,这种代词人称形式与独立的代词比较起来,差别只在于前者是后者的缩简形式。[1] 动词“是”的单数形式的三个人称为:que,mé,di,[2]按字面意义翻译也就是“我,你,他”。如果是未完成时,就在这些人称形式前加上 ri,例如 ri-que(我曾是);跟一个名词相结合的例子如 ui ri-di(曾有水);但 jura-ri-di(他吃[按指过去])则是真正的动词形式。由此看来,que 的意思是“我是”,这种代词形式实际上表达了动词的功能。不过,代词与时态语助词的这种联系方式绝不能单独运用,而是必须与不论属于哪个词类的另一个词相配合,以便构成句子。

① 独立的代词 coddé(我)与相应的动词性标志 que 表面看起来有较大的区别。但是,比较一下 coddé 的宾格形式 qua,再把 coddé 跟指示代词 oddé 作一下比较,我们就可以明显地看出,第一人称的语根音仅仅是 k-这个音,而 coddé 只不过是一个复合形式。

② 我们能够了解到这种语言的材料,要感谢可敬的赫尔伐斯(Sr. Hervas)先生付出的辛勤劳动。我们知道,那些被从美洲和西班牙驱逐出来、后来定居在意大利的耶稣会会士,曾经在当地土著人中间当过传教士。赫尔伐斯的想法是值得赞赏的。他让这些耶稣会会士叙述他们对当地语言的印象,把他们的报道汇集起来,进行必要的加工整理,这样,就产生了一系列手抄的语法书。其中的一部分记录是我们了解某些当地语言的唯一材料来源。我在担任驻罗马公使期间,就已经抄录下了这批材料。后来,在普鲁士现任驻罗马公使彭森(C. K. J. Bunsen)先生的友好协助下,我又再次把自己抄下的东西同赫尔伐斯的原始材料仔细作了对照(赫尔伐斯谢世后,他所搜集的语法材料便存放在罗马寄宿学校)。有关雅鲁拉语的报道是前耶稣会会士福纳利(Fr. Forneri)提供的。

孤立地看,que,di 绝不是“我是”、“他是”的意思。这种意思只有在句子里才可能出现,例如 ui di(这是水),jura-n-di(他吃),后一句里的 n 是谐音。所以,通过仔细的分析可以看出,这类表达的语法形式不同于我在这里讨论的形式,即把“是”的概念综合进代词,而是像我们在前面指出过的情况一样,在代词与另一个词同现的时候省去或者添进动词“是”。此外,上面提到的时态语助词 ri 其实就是一个指过去的词;与 ri 相对立的是语助词 re,它是虚拟式的标志。但这个 re 在不少美洲语言里意思相当于我们的介词 in(在……里面,在……期间),用法也与 in 类似。由 re 构成的形式类似于动名词,例如 jura-re。即“在吃饭时”,相当于拉丁语动词“吃”的夺格形式 edendo;要是在这种动名词的前面加上一个独立的代词,它就变成了虚拟式或希求式(Optativ),相当于德语的 wenn ich ässe(假如我吃过)或者 dass ich ässe(希望我吃过)。在这里,“是”这一概念与虚拟式的标志联系了起来,于是,通常不发生变化地跟这个概念相联系的动词人称后缀脱落了,出现了前加的独立代词。福纳利在列举雅鲁拉语动词“是”的变位表时,就把 re,ri-re 看作现在时和过去时的动名词,并把它们译为 wenn ich wäre(假如我是)和 wenn ich gewesen wäre(假如我曾是)。

由此可见,雅鲁拉语虽然有一种专门的代词形式,它始终并且仅仅与“是”的概念相维系,但是,在这种语言里,“是”的概念并没有在代词本身中完全体现出来。在流行于新西班牙的一个地区的乌阿斯特卡语(die Huasteka-Sprache)里,情况也是如此,只不过表现方式有所不同:代词同样与一个时态语助词相结合,起着动词“是”的作用,但它必须是独立的代词。从意义来看,乌阿斯特卡语的代词更加接近于动词“是”，因为代词与时态语助词完全可以分离存在，例如 nânâ-itz（我曾是），tâtâ-itz（你曾是），等等，这种现象在雅鲁拉语里面是见不到的。在使用定语性动词时，则借助其他一些与物主代词十分相似的代词形式来表示人称。然而，我们不知道与代词相联系的语助词 itz 从何而来，因此也就无法断定这个语助词本身是否包含着一个动词语根。在现代乌阿斯特卡语里，这个语助词用作过去时态的标志；如果是未完成时，它无一例外地始终出现，如果是其他过去时，它的出现则由一定的规则制约。不过，据说那些也许保留了最古老的语言特征的山民扩展了这个语助词的使用范围，把它用到了现在时和将来时上。有时候，这个语助词也被加在一个动词上面，表示行为的强烈程度，在这种意义上，作为强化语势的标志（正像在许多语言中，完成体伴随有加强语势的重叠形式一样），它可以逐渐转变为各种过去时态的唯一标志。①

反之，在尤卡坦半岛（Yucatan）上的居民讲的玛雅语里，“是”的概念却在代词中得到了完整和纯粹的表达。② 这种语言有一个在单独运用时可以代替动词“是”的代词，并且极为注重动词功能的表达，始终利用一个独特的、用途专一的要素来标示动词的真正

---

① 见卡洛斯·德·塔比亚·陈德诺《乌阿斯特卡语笔记》（*Noticia de la lengua Huesteca que dà Carlos de Tapia Zenteno*），墨西哥，1767 年，第 18 页。

② 有关该语言的材料我是在赫尔伐斯的手抄语法书里面找到的。他编写这部语法书，部分是根据前耶稣会会士多明哥·罗迪格茨（Domingo Rodriguez）的书面报道，部分则是根据他在罗马寄宿学校的图书馆里找到的一部语法书，即圣芳济会牧师加布里尔·德·斯·布艾那梵杜拉（Gabriel de S. Buenaventura）出版的语法（墨西哥，1684 年）。我曾经试图从该图书馆里再找出布艾那梵杜拉的语法书，但没有成功。此书恐怕已经失落。

功能。显然，代词在这种场合分成了两大类型：一类代词携有“是”的概念；另一类代词没有这一特点，但也可以跟动词结合。其中，前一类代词又可以划分为两小类：第一小类只是通过与另一个词的联系才附带上“是”的意义，第二小类则本身就包含着这个意义。以上第二小类代词同时态语助词也有联系（虽然在玛雅语的现在时和完成体形式中没有这类语助词），因此完整地构成了动词“是”。如果是单、复数第一、第二人称，第一小类代词的形式是：Pedro en（我是彼得），以及 ech（你是），on（我们是），ex（你们是）；另一方面则有第二小类：ten（我是），tech（你是），toon（我们是），teex（你们是）。除了这里所说的三类代词外，并不存在其他独立的代词，而要表达代词意义，就得运用同时又当作动词“是”使用的代词（即 ten 一类），因为，那些不带“是”这个意义的代词总是以词缀的形式出现，而属于 en 一类的代词只能用于上面举出的搭配。动词如果与第一类代词无关，就会同第二类代词建立起有规律的联系。于是，在动词形式中，我们可以看到一个具有 cah 和 ah 两种形式，并且根据确定的规则发生交替的要素，当我们把通常伴随着动词的种种要素（人称、时态、式，等等）区分出来后，这个要素就显示了出来。所以，en，ten，cah 和 ah 出现在所有的动词形式中，只是这些音节中的每一个都始终排斥其余的音节，也就是说这些音节全都表达了动词的功能，一个动词必须包含其中的一个音节，同时，一个音节的存在使得其他音节成为多余。它们的运用受制于一定的规则：en 只用于不及物动词，且只限于现在时和未完成时以外的各种时态；ah 只用于及物动词，并且也只出现在现在时和未完成时以外的其他时态中；cah 可以跟所有的动词结合，但只

用于现在时和未完成时。至于 ten,则只出现在一种似乎不合常规的变位形式中:经过更细致的观察可以看出,ten 带有一种习惯或一种延续状态的意义,在抛开 cah 和 ah 以后,这种变位的动词形式获得了一些有时被用来构成所谓动名词的词尾。看来,在这类场合发生了动词形式向名词形式的转化,而这种名词形式要求有真正的动词"是",以便重新成为动词。在这方面,上述形式同前面提及的墨西哥语中的惯常时态完全一致。还应该指出,按照以上理解,只有那些真正支配着一个外在对象的动词,才称得上是及物动词。而那些不一定明确针对哪个外在对象的主动动词,如"爱"、"杀(死)",以及像希腊语的 οἰκοδομέω[①](建造)那样在自身中包含着受支配对象的动词,则被看作不及物动词。

读者也许已经注意到,前述第一类代词的两个小类只是借助于一个前置的 t 相互区别开来。由于 t 恰好出现在本身就有动词意义的代词中,人们自然会认为,这个辅音构成了一个动词的语根音;如果这样看,严格说在玛雅语中就不是代词被当作动词"是"来用,而是相反,该动词被用作了代词。这种情况下,存在与人称仍然密不可分地联系在一起,但视角已有所不同。的确,ten 以及其他类似形式也用作独立的代词,这一点我们从玛雅语的主祷文中可找到例子来证明。[②] 事实上,我也认为这个 t 是一个词干音(Stammlaut),但我想它不是动词的词干音,而是代词本身的词干

① 这个动词的本义是"造房子",它由两部分构成:οἶκος(房子、住所)和 δομέω(建造)。——译者

② 见阿德隆(J. G. Adelung)的《语言大全》,第三卷,第三篇,第 20 页。不过,从事翻译的神父没有恰当地把握代词,德译文的词语未能与玛雅语原文的词语正确(接下页)

音。第三人称形式的表达便可以为此作证。这种人称形式完全不同于第一、第二人称，在单数情况下表示动词“是”的两种类型的形式是 lai-lo，在复数时则用 ob 表示不作动词使用的类型，而用 loob 表示另一种类型。假如 t 真的是一个动词的语根音，就无法解释上述事实。许多语言在把握纯粹的第三人称概念时遇到了困难，不能把第三人称与指示代词区分开来，所以，第一、第二人称共有一个独特的词干音，这并不令人感到惊讶。在玛雅语中，确乎有一个所谓的关系代词 lai，其他美洲语言也有一些出现在几个或者所有代词人称形式里的词干音。在麦普尔人(Maipuren)的语言里，第三人称形式带着各种不同的附加成分出现在第一、第二人称之中：比方说，如果第三人称最初的意思是“人”，那么第一、第二人称的相应的意思就是“我一人”，“你一人”。在阿恰瓜人(Achaguas)的语言里，所有三个人称的代词都具有一个相同的尾音节。以上两个部落的人民，麦普尔人和阿恰瓜人，居住在里奥-内格罗(Rio Negro)和奥里诺科河上游之间的地区。玛雅语代词的两个主要类别只是在一些人称中表现出语音上的相似，在另一些人称中则有很大差别。辅音 t 从不出现在带词缀的代词里；音节 ex 和 ob 出现在有“是”意义的代词的第二、第三人称复数形式之中，但这两个音节也被没有“是”一义的代词的同一些人称形式采用了。

(接上页)地对应起来。(阿德隆此书的全名是《语言大全或普通语言学，附“主祷文”约五百种语言和方言的样品》[Mithridates oder allgemeine Sprachenkunde mit dem “Vater Unser” als Sprachprobe in beynahe fünfhundert Sprachen und Mundarten]，出版于1806—1817 年，柏林。全书分四卷，其中第一卷及第二卷的一部分由阿德隆亲自编订。——译者)

由于这两个音节只是被当作词尾添加到第二、第三人称的单数形式上，我们可以看出，它们在此仅仅是用作复数的标志，而失去了它们在其他可能更古老的代词里曾经起过的作用。

Cah 和 ah 也只借助一个添加的辅音相互区分开来。我觉得这个辅音是一个真正的动词语根音，它与 ah 结合后构成助动词“是”。Cah 加到动词上的时候，带有强烈程度的意义，因此，语言有可能利用它来表示所有的行为，因为每一行为都基于一定的力量和可变性。但是，由于受到一种微妙的感觉的约束，cah 实际上只用于那些指出了延续行为的生动性的时态，即现在时和未完成时。在具有 cah 和 ah 的形式中，带词缀的代词所处的位置是不同的，这就证明 cah 的确是一个动词词干。如果是 cah，带词缀的代词总是直接出现在 cah 之前；如果是 ah，则该代词并不是在 ah 之前，而是在定语性动词之前出现。由于这个代词总是作为前缀出现在一个词干词（可以是名词，也可以是动词）的前面，看得出来，ah 既不是动词词干也不是名词词干，它与 cah 的情况不同。例如，动词 canan（守卫）的第一人称单数现在时形式是 canan-in-cah，如果是完成式，则是 in-canan-t-ah，其中的 in 为第一人称单数代词，嵌入的 t 是谐音。作为前缀，ah 在玛雅语中有多种意义，或表示阳性，或表示哪个地方的人，或用作由主动动词构成的名词的标志。因此，前缀 ah 可能是先从一个名词变成指示代词，然后又转变为词缀。就起源看，ah 不大适合于表现动词灵活有力的特性，所以，它只限于用来表示跟直接发生的事件关系较远的时态。不及物动词的同一些时态要求“是”的概念在动词形式中得到更明确的体现，因此运用了在意义上始终与“是”的概念相维系的代词。

总之，玛雅语表达了事物和现象的不同程度的生动性，在这一基础上，玛雅语以一种比高度发达的语言更巧妙的方式构成了变位形式，但是，玛雅语没有能够选择一条既简单又自然的发展途径，没有适当地界定不同词类的功能。这意味着，玛雅语的动词结构终究有所缺欠。尽管如此，玛雅语显然感觉到了动词的真正功能，甚至可以说作了种种努力，以求为这一功能找到表达。

属于第二种主要类型的带词缀代词，也可以用作适于名词的物主代词。把一个物主代词跟动词搭配起来，混淆“我们的饭食”和“我们吃”这两种表达，这似乎表明语言从根本上忽略了名词与动词的区别。然而我认为，语言的这个特点倒不如说是由于没有适当地分辨不同类型的代词而造成的。很明显，如果只是没有准确地把握物主代词的概念，语言的失误就算不上很严重。我想上面所讨论的情况正是如此。我们在探讨所有美洲语言的结构时，几乎都要先从代词入手，把它们划分为两大类：一类是围绕着名词的物主代词，另一类是围绕着动词的支配或受支配的代词。在大多数情况下，名词和动词这两个词类总是与代词联系在一起。一般说来，语言有不同的代词形式来表达这种联系，但在有些场合，语言缺少这类代词形式，于是人称概念与名词或动词的联系便会摇摆不定。在这种情况下，语言虽说感觉到了代词与名词、动词之间的联系方式的区别，然而这种感觉缺乏形式上的严密性和明确性，因此也就无法使上述区别在语音上反映出来。有时候语言不是靠精确地区分两类代词，而是利用其他办法来表达这种区别。例如，在同样生活在卡萨那勒地区和奥里诺科河下游一带的贝托依人（Betoi）的语言里，利用了词序：跟动词相联系的施事代词与

修饰名词的物主代词在句子中的位置不同。物主代词出现在名词之前,表达动词人称意义的代词则出现在动词之后;物主代词与代词的语音差别只表现为一种由黏附引起的缩简。例如,ran tucu的意思是“我的房子”,但 humasoi-rrù 表示“人是我”(即“我是人”),ajoi-rru“我是”(后一个词的语根音节的意义我不清楚)。然而,只有当代词在不定过去时的意义上与另一个词联系起来,而不指出确定的时间时,这个代词才会成为后缀。在这种场合,代词与它所附着的另一个词构成了一个完整的词音(Ein Wortlaut),从而产生出一个真正的动词形式,因为重音从另一个词转移到了代词上。这种重音的移动仿佛是行为灵活可变的象征性符号,正像在英语里那样,同一个双音节词既可作名词又可作动词使用,而尾重音是动词形式的标志。在汉语中,名词转变为动词或者动词转变为名词也有重音标志,但这种标志跟动词的本性没有象征关系,因为同一个不变的重音表达了两个相反的转化过程,只不过是指出一个词转入了与它的意义和通常用法相对立的词类。[①]

在以上关于玛雅语变位系统的讨论中,我没有来得及提到一个例外。这里,我想简单地补述一下。实际上,玛雅语的将来时在构造上完全不同于其他时态。将来时的标记虽然跟 ten 相联系,但从来不带语助词 cah 或 ah;这个时态有专门的后缀,但在某些形式变化中却不带任何后缀。将来时跟音节 ah 的对立尤其尖锐:即使在 ah 确实用作语根动词词尾的场合,将来时也排斥 ah。这

① 见我的文章“致阿贝尔-雷缪萨先生的信”(Lettre à Monsieur Abel-Rémusat),第 23 页。

一不合常规的现象是根源于将来时后缀的独特性，还是另有原因呢？在此讨论这个问题，恐怕会离题太远。其实，将来时这个例外同前述结论并不矛盾。相反，排斥语助词 ah 的倾向恰能证实我们在前面对 ah 所作的解释，因为将来是非确定的，它与实际发生的事件不同，并不要求一个代词具有生动性。

通过动词不断交替变化的形式与语根的更紧密的联系，语言可以象征性地标示出动词的功能。一旦语言开始朝这个方向努力，并且主要利用代词来表达这种联系，就说明语言正确地感觉到了动词的功能，尽管它未必能够完善地表达这一功能。于是，语言会越来越倾向于使代词转变为人称形式，以便确立起真正的动词形式。这种动词形式最重要的特征就是人称的形式标记，而仅仅依靠把独立的代词置于动词之前，是无法取得这类形式标记的。动词的所有其他变化形式，除了式以外（式在更大程度上属于句法的范畴），也都可以表示动词中更接近于名词的成分，这种成分只有借助动词功能，才能获得运动的特性。马来诸语言之所以在一定程度上像汉语那样，很少明确表达出动词的本性，主要的原因也就在于此。美洲语言倾向于以一定的方式使代词成为词缀，正是这种倾向把美洲语言引上了一条更为适当的道路。如果动词的所有变化形式都与语根音节相联系，那么，动词形式完善与否就完全取决于这种联系的紧密程度，也即取决于动词所具的设定力量是以更灵活有力的屈折方式还是以更怠惰迟缓的黏着方式发挥作用。

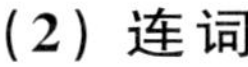

（2）连词

在语言中，恰当的、能够满足语言要求的连词结构像动词一样,其基础也是我们在这里所说的语言创造精神的同一种力量进行的活动。就连词这个术语的本义而言,它指的是两个子句相互之间的关系,也就是说,连词包含着双重的联系方式,体现了一种更为复杂的综合。每个子句都必须被看作一个统一体,而几个子句的统一体必须再联系起来,构成一个更大的统一体;只要后面的子句尚未结束整段话,前面的子句意思就不会完整。于是,子句结构扩展成了长句(Periode),连词也因此而划分为比较简单的和比较复杂的两类:前一类只起联系和分隔子句的作用,后一类则使一个子句依赖于另一个子句。在长句中,子句有时仿佛笔直地铺展开来,有时则相互交织,错综复杂。这两种不同的特点,早在古希腊时就被语法家们看作是简朴语体和高雅语体的标志。子句若是仅仅相互串接,一个个直接排列起来,并不能构成一个首尾呼应的整体;反之,真正联结成为一个长句的子句犹如筑起拱形屋顶的石块,是相互支撑、相互依赖的[①]。在不甚发达的语言中,通常缺少足够的连词,或者只采用一些间接适用的,并非专门起联句作用的词,结果往往使得句子毫无联系地排列开来。即使是相互依赖的子句,也可能被变成直线式展开的序列,甚至在发达的语言里我们也还可以见到这种现象的痕迹。例如,用德语说"ich sehe,daβ du fertig bist"(我注意到,你已完成了),这等于是说"ich sehe das:du bist fertig"(我注意到了这一点:你已完成了)。显然,一种正确的语法感觉后来利用动词的位置变换,象征性地标示出了从属句的依赖关系。

① 参看德梅鸠斯(Demetrius)的《论雄辩术》(de elocutione),第 11—13 章。

(3) 关系代词

对于语法研究来说,最大的难题莫过于弄清在关系代词中体现出来的综合设定。两个子句应该相互联系起来,使得一个子句能够表达出另一个子句中的某个名词的属性。因此,一个起着这种联系作用的词必须既是代词又是连词,它通过替代方式来表达名词,并且支配着子句。在这样的一个词里面,两个结合在一起的词类必然相互限定,不可分割,否则,这个词的本质特点就会不复存在。最后,两个子句的相互关系决定着这个连词兼代词(即关系代词)的格,它按照关系从句动词的要求发生格变,但是,不论格的形式如何,这个词总是处在关系从句的句首并支配着整个从句。很明显,这里面有许多难点有待澄清。事实上,我们只有通过另一个子句,才能完整地理解一个带关系代词的子句。唯独那些名词变格的语言,才拥有真正意义上的关系代词,然而,对于大多数不怎么发达的语言来说,即便名词有格变,也不可能为关系句找到恰当的表达,它们实际上没有关系代词。这些语言尽可能避免使用关系代词,而在非用不可的场合,就采用一定程度上可以代替关系代词灵活作用的结构。

关于这样的结构,我们在通用于秘鲁的奎楚阿语(die Quichua Sprache)里面可以看到一个很有意思的例子。子句的顺序反了过来,关系从句作为独立和简单的陈述出现在前,主句则跟随在后。但在关系从句里,关系所涉及的词被省略了,这个词连同先行于它的指示代词出现在主句的句首,并且根据主句动词的要求变格。例如,不说:“der Mensch, welcher auf Gottes Gnade vertraut,erlangt dieselbe"(相信神的仁慈的人,必将得到神的仁慈);"dasjenige,was du jetzt glaubst,wirst du künftig im Himmel offenbart sehen"(你现在相信的事,将来你在天堂里会看到);或者"ich werde den Weg gehen,welchen du mich führst"(我将走你带领我走的路),而是说成:"er vertraut auf Gottes Gnade,dieser Mensch erlangt dieselbe"(他相信神的慈悲,这个人必将得到神的慈悲);"du glaubst jetzt,dieses wirst du künftig im Himmel offenbart sehen"(你现在相信,这事你将来在天堂里会看到);"du führst mich,diesen Weg werde ich gehen"(你带我走,这条路我将要走)。关系从句的要旨在于,一个词只应当根据从句所包含的定义来理解,而在上列句子结构中,这一要旨不仅得到了维护,而且也在一定程度上获得了符号表达。关系从句需要首先引起听话人的注意,因此它排列在前;由于同样的原因,由关系从句限定的名词也处在主句的开首位置,虽然一般讲,主句的结构是允许这个名词在其他位置上出现的。这样的结构只是回避了连接子句时的所有语法困难,并未表达出两个子句之间的相互依赖关系;我们在这些结构中根本看不到那种自始至终利用代词来支配关系从句(尽管代词本身又受关系从句动词的支配)的人为方法。总之,这类句子联系方式不具备任何关系代词。不过,名词可以跟一个普通的、易于理解的指示代词相配合,这就说明语言隐约感觉到了关系代词与指示代词的相关关系,并且用更容易的方式表达了这种关系。在这方面,墨西哥语表现得还要简单,但距离真正把握关系从句的要旨也更远。在墨西哥语里,关系从句前面的引导词 in 同时起着指示代词和冠词的作用,从句便通过这样一个词与主句联系起来。

对发展中的屈折语言的考察

一个民族若能使其语言充分保持综合设定的力量，使综合方法在语言结构中获得充足和适当的表达，它的语言有机体自然也就会在各个方面都得到顺利的发展。所以，如果动词的构造是正确的，那么其他词类也需要按照动词辖制句子的方式恰当地构建起来。综合的力量在思想和表达之间建立起适当的、最有效的关系，并且渗透进了语言的所有组成部分，既然这种力量能够解决句子综合构造上的重大难题，它肯定也能够成功地处理其他不那么棘手的问题。毫无疑问，只有真正的屈折语言，甚至只有那些词形变化极为发达的屈折语言，才能够使综合力量得到真实的表达。事物和关系必须获得适当的、相互协调的表达；词的统一体必须依靠韵律的作用，以具备高度的稳固性；而句子则必须维持词与词的界限，以确保自身的独立性。这样一种成功的、完善的有机体，是综合力量带给语言的必然结果。

在心灵的深底，综合力量使得不断推进的思想同伴随思想的语言完全一致了起来。思维和语言始终相互促进、相互完善，二者的这种恰当的运动保证了它们能够持续不断地向前发展。语言具有物质的一面，它受到外部世界的影响，据此看，语言有可能成为作用于它的内在形式的障碍，或者是内在形式未能充分发挥主导语言的作用，因此语言便按照自己特别的类推方式缓慢地成长起来。然而，一旦强大的内在力量渗入语言，其推动作用为语言感觉到，语言就会作出积极的反应，利用自身的物质独立性对内在力量产生反作用。只有当语言被一代又一代新人当作激励精神的工具来运用的时候，它那永恒的、独立的本性才会获得有益的发扬，关于这一点，那些得天独厚的语言有机体显然是很好的例子。在科学和文学的领域里，精神活动的成就一方面有赖于内在的民族精神禀赋及语言的特性，另一方面也取决于形形色色、时有时无的外部影响。但是，语言结构的持续演进并不依赖于这类外部影响，所以，拥有一种语言的民族只需要某个有利时机的推动，就能够意识到它的语言是一种适合于独一无二的精神活动的工具。于是，民族精神禀赋开始觉醒，它与语言开始进入一个共同作用的新的繁荣时期。比较一下各个民族的历史，我们会发现，同一个民族的文学不大可能经历过两个不同的、毫不相干的繁荣时期。然而，我觉得我们又必须到一个更早的历史时期中去寻找民族精神活动兴旺昌盛的起因：当时，无论是民族的精神禀赋还是民族的语言，其充满活力的未来发展都已经具有仿佛处于蛰伏状态的原始萌芽。拿荷马以前的整个历史时期的吟唱歌手来说，他们显然只是进一步发展、提高了希腊语，而并未参与最早创始希腊语的活动。希腊语有构造得很成功的有机组织，具有真正的屈折属性和综合力量，希腊语结构的这一基础和精髓，当然许许多多世纪以前就已经是它独有的特征。不过，我们也可以发现这样一些民族，他们虽拥有高超的语言，但据我们所知，却没有发展起与其语言相匹配的文学。原因是他们缺少一种适当的推动，或者受到了某些环境条件的阻碍。立陶宛语就是一例，它属于梵语系，但比它的姐妹语言更忠实地保留了该语系的原始特点。我们完全可以把起着阻碍或促进作用的影响称为外在的、偶然的影响，或更确切地说称之为历史的影响。这类影响存在与否，对精神发展有重要意义。然而就实质论，这类影响只有从精神内部出发才能产生作用。心灵的火花必须燃点起来，阻碍精神活力自由成长的绳索必须解开，而这一切可以未经长期缓慢的准备就在刹那间突然发生。真正的发生过程是一个永远无法破译的谜，纵使我们到杳渺的太古时代中寻索其初始的成因，对这个发生过程也不会有更多的了解。

在考察具体的语言结构时，我们认为，如果综合统辖获得了恰当的表达，就说明语言构造与思维发展协调一致。二者的这种协调一致，首先制约着那些单纯从内部取得创造动力的精神活动。语言结构赋予精神的东西，其实也就是它曾从精神那里接受的东西，关于这一点，我们可以暂不考虑，而只把成功的语言结构看作对精神产生作用的独立因素。于是，我们看到语言结构能够使智能获得力量，使逻辑推理有条不紊，使人们感觉到某种更深层的、单凭思维分析无法把握的内容，并且激发起人们探索这一内容的热情；此外，语言结构能助人意识到精神原则与感性原则的相互关系；最后，语言结构促使人们从一般的艺术角度出发，对语音作韵律、节奏的处理，或是促进类似语音手段的运用。由于各种精神力量朝着一致的方向共同努力，纯精神的思想活动一旦为心灵的火花所激励，就会迅速发展起来；同时，由于具有独特的性质，一种成功的语言结构一旦为人们生动地掌握，就会促动哲学和文学，使之繁荣起来。而哲学和文学的繁荣反过来也对语言产生了影响。一种具有自我意识的语言如能感觉到自己的优势地位，便可以最有效地发挥作用。精神活动也同样如此。当精神活动凭借自身的力量进行智力探索和自我创造，以及把科学研究的全部线索汇总和

联系起来的时候,它的力量就得到了最强有力的表达,它的目的也得到了最终的满足。此外,在这些领域里,精神个性也最为生气勃勃地显示出来。高度完善的语言结构是在得天独厚的精神禀赋的基础之上生成的,并且持续不断地滋润和激励着这一精神禀赋,而正是这样的语言结构一方面确保了一种语言的生命原则,另一方面则促使同一语系内的各种语言朝着不同的方向发展起不同的特性。

我们在这里阐述的一个观点是:语言中有效的生命原则主要依赖于语言的屈折性质。但是我们知道,屈折形式总是在语言最年幼的时期才最为丰富,随着岁月的逝去,屈折形式也就逐渐减少了。这个事实怎样才能与上述观点一致起来呢?至少有一点十分奇怪,那就是,导致屈折形式消损的原则恰恰就是使屈折形式得以保存下来的原则。屈折形式的丧失是一个无可否认的事实。在不同的历史发展阶段上,出于不同的原因,创造语言的精神有时候听任屈折形式自行消失,有时候则有意识地抛弃屈折形式,因此,更恰当的做法应当是避免把这种现象一律归因于时间的因素。看得出来,在无疑经历了诸多变化的变格、变位体系的形成过程中,有些起标记作用的语音被越来越草率地弃于一旁,同时,体系作为一个整体,通过使每个具体的部分取得确定的地位而稳固下来。人们为了语音的和谐悦耳而大胆地牺牲某些音,此外,在一个标记已足以把一个形式与其他形式区别开来的场合,则防止出现一群标记。如果我的观察没有错,我可以肯定,这些通常被认为由时间的流逝引起的语音变化更多地是发生在发达的语言里,而较少发生在所谓的原始语言中。这种现象恐怕有其自然的原因。在影响着语言的种种因素当中，人类精神起着最积极的作用，显然，绝大多数的语言变化也受到人类精神的创造活动的约束。正是由于人类精神的进步，由于人类精神日益成熟自信，那些过于琐细的语音变异形式才开始被认为是多余的东西。也正是由于人类精神原则的作用，在后来很晚的发展时期屈折语言才会发生深刻影响到其本质的变迁。精神越是意识到自身已然成熟，就越敢于在自己的领域中发挥作用，也越有把握去拆毁语言为认识建造的桥梁。而且，成长起来的精神往往会导致人们不再敏锐地感觉到以声响为基础的诗歌的魅力。于是，诗歌将沿着更为内在的道路发展，这样就能够比较可靠地补偿因缺少语音手段而造成的损失。这意味着，语言经历了一个从更具感性色彩的精神状态到更纯粹的智力状态的转变过程。其实，在语言发展过程中，最初的原因未必更具优越性。野蛮人未经驯化的器官并不适合于对语音作纯正和精细的分辨，他们的听觉生来就不敏锐，没有受到音乐的训练，所以，他们对声音在语言中的重要作用无动于衷。又比如，实用的倾向若在语言中占据上风，就会把缩写、省却关系词、各种形式的省略等强加给语言，因为，如果人们仅仅是为了相互理解而使用语言，就会忽略一切不为理解活动直接必需的东西。

一般说来，在语言的初创时期和在语言业已形成且只用于日常生活目的的时期，民族精神与语言的关系是有所不同的。在较早的年代里，人们在心灵中尚能清晰地意识到语言要素如何产生出来；心灵想要把语言要素组织起来，它热衷于为精神活动构筑语言这一工具，不放过能够表达细微感觉的任何手段。然而后来，相互理解的目的逐渐取胜，要素的意义变得含混不清，根深蒂固的运用习惯使得人们不再关心语言结构的具体细节，也不再严格地维护语音的原貌。人们曾经尽情地施展想象力，把语法标记同一系列和谐悦耳的音节巧妙地结合起来，但是，为了方便理解，这样的想象力渐趋泯灭，接着，从语法形式中分解出了助动词和介词。于是，理解和表达的简单明了压倒了语言的其他优点，因为这种借助助动词和介词的分析方法不仅减轻了理解力的劳动强度，而且在综合方法无能为力的某些具体场合还提高了表达的明确性。可是，由于运用了这类辅助性的语法词，屈折形式就变得可有可无，逐渐失去了它们在语言意识中的重要地位。

看来可以断定，不论出于何种原因，真正的屈折语言都是像以上所讲的那样变得缺乏形式，经常用语法词代替形式。这样一来，在某些具体的方面，屈折语言便会接近于那些具有完全不同的、很不完善的原则的语言。今天的德语，特别是英语，就可以提供很多有关的例子。我觉得，英语失去大量屈折形式并不是由于它跟罗曼语言的材料相混合而造成的，因为罗曼语言几乎没有对英语的语法结构产生过什么影响。尽管如此，我认为并没有理由否认，屈折特性即使对语言的晚期发展也产生着有效的影响。假定存在着一种梵语型语言，它像上面提到的那样，类似于缺少词类标记的汉语，这种语言与汉语肯定也有质的区别。据我们所知，在构成语言时汉语的结构显露出明显的缺陷：汉语习惯于把语音孤立、分隔开来（这种习惯恐怕是汉民族固有的），另外，汉语的内在语言意识的力量十分微弱，没有感觉到语音联系和语音中介作用的必要性。相反，在上面假设的那种梵语型语言里，最纯正的屈折特性及其全部有益的影响经过许多世代的作用，已经固定下来，并且将独特的形式赋予了语言意识。所以，就其真正的本质而言，这样的一种语言永远是梵语型的语言；它所发生的变化只限于一些具体的现象，屈折特性赋予整个语言的印记并不会因此而消失。况且，拥有这种语言的民族，其历史渊源不会改变，它与同出一源的姐妹民族保持着同样的民族特性（这些民族特性是发达的语言结构的源泉），以同样的精神和意识来把握自己的语言，尽管从外表看，它的语言在一些具体的方面与这一精神有更多的不一致之处。此外，在这种语言里，正如我们在英语的变位系统中见到的那样，总是会有一些纯正的屈折形式被保留下来，而正是这些残存的屈折形式使得精神不致偏离语言的真实起源和原初特质。

总之，一种经历了上述变化过程后形成的语言结构虽然形式不多，而且比较简单，但绝不会导致语言失却原有的优点，而只是赋予了语言某种不同的个性。这一点我们在刚才说到的英语和德语里面就可以看到。的确，由于发生了这样的变化，一个民族的诗歌在一个重要的方面会失去昔日强大的力量。然而，如果说在这个民族中诗歌确实走向了衰落，或者不再像从前那样丰硕多产，这肯定并不是语言的过错，而是具有更深刻的内在原因。

源自拉丁语的语言

真正的语言有机体一经确立起来，就成了语言稳固的、甚至可以说是永远不可排斥的属性。正是由于这个原因，拉丁族诸语言才保持了纯粹的语法结构。我觉得，为了正确地评价拉丁族语言的发生过程的特点，首先需要注意下述事实：单从语法形式上看，已经瓦解了的拉丁语是依靠自身的力量重新构筑起来的，并未受到任何异族语言材料的重大影响。新的拉丁族语言在一些国家里繁荣起来，这些地方土生土长的语言似乎根本没有对这类新语言的发展产生过影响。巴斯克语是如此，原先流行于高卢的语言很可能也是如此。前来定居的异族人（大都是日耳曼人或跟日耳曼人有亲缘关系的其他人民）把大量词语带入了正在变革之中的拉丁语，但在语法上，他们几乎没有在新兴的拉丁族语言里留下任何重要的痕迹。一个民族总是习惯于把思想灌注进自己的语言形式，它是不会轻易改变语言形式的。因此，现代拉丁族语言的语法，其基础本质上仍是已经衰亡的拉丁语的语法。当然，我们必须到更早的年代中，而不是到拉丁语的分裂和衰落已明显可见的时期中寻找这种变化的原因。早在罗马帝国的势力范围远及外省的时期，外省人讲的拉丁语就已不同于罗马帝国本土和首都罗马城的居民讲的拉丁语。甚至在罗马民族的这片故土上，民间拉丁语也会获得某些只有在标准拉丁语衰落以后才可能普及开来的特点。所以，拉丁语很自然地发生了一系列变化，如偏离规范的发音，使用错误的语法形式；此外，在标准拉丁语绝不允许助词出现或者只允许它们作为例外出现的场合，民间拉丁语则有可能通过运用助词而使复杂的形式变得简单。由于罗马社会生活的崩溃，标准拉丁语失去了文学的支撑，在口头言语里用得越来越少，与此同时，民间拉丁语的特点逐渐扩散开来并占据了优势。[①] 随着外

① 关于这一点以及整个这一节讨论的内容，可以参见迪芬巴赫（L. Diefenbach）论现代罗曼语言的极有价值的著作。

省与帝国中心地区的联系渐渐变得松散，外省的拉丁语蜕变得也越来越厉害。

最后，异族人的迁入大大加剧了拉丁语的衰落。于是，我们看到拉丁语作为一种优势语言不仅仅是在退化，而且它的最基本的形式也遭到了破坏和抛弃，并且还经常受到曲解。另一方面，一些能够维持言语统一性的新的手段产生了出来，这些手段虽然构自既存的语言材料，但往往有不同的、不合已有规则的联系方式。

尽管拉丁语在渐趋衰亡的过程中发生了种种变化，其结构的基本原则仍得以保存了下来。这种基本原则就是：明确地区分事物的概念和关系的概念，要求为这两类概念分别创制独特的表达。由于千百年来习惯力量的作用，这一原则深深地嵌入了人民的意识，并且在语言的每一残存的碎片中留下了痕迹。即使人们无视这一原则，它也不会停止发挥作用。但是，揭示和解释这一原则，运用它来重建语言，则取决于人民自身的努力。共同的语言意识导致了经过改造的语言结构的同形性，同时，母语在语法上保持着纯洁性和统一性。正因为此，罗曼诸语言虽然分布在相隔十分遥远的不同国土上，其方法（das Verfahren）却高度相似，甚至在细节方面也往往表现出惊人的一致。具体的形式（Formen）衰亡了，然而，那种将古老的精神注入经过改造的新结构的语言形式（die Form）并没有衰亡。

在现代罗曼语言里，介词起着格的作用，不过这与在一种只有黏附语助词的语言里用一个词来表示格是不一样的。虽然这个词可以失去原有的实物意义，但它不能纯粹地表达关系，因为该语言作为整体来说并不具备这样的表达方式，它的结构并非源自一种

内在的、强烈要求精确划分词类的语言观，而且民族精神也并未从这一语言观出发，去悟识语言的构造。我们在拉丁语里观察到的恰恰就是这样一种情形。拉丁语的介词构成了一个关系的整体，其中每一个介词都根据自己的意义要求配有适当的格，换言之，介词只有同格联系起来才能表达关系。而那些后来退化了的罗曼语言却没有保存下介词与格的这种巧妙的一致关系。但是，在这些语言中，一种关于介词是独特的词类、关于介词的真实意义的感觉并没有消失。这当然不是我们随随便便得出的看法。应当看到，后来的语言虽然在具体的形式上有许多缺漏，但就整体来看仍旧保持着形式特征（Formalität）；就本质而言，这些语言正如它们所由产生的拉丁语一样，称得上是名副其实的屈折语言。从动词的运用上看，也是如此。无论动词的形式有多少缺陷，动词始终具有一种综合统辖力量，因为它与名词的区分在语言里已经根深蒂固，不可更移。在拉丁语中，代词常常没有独立的表达，而在许许多多类似的场合，后来的罗曼语言运用了代词，这跟语言对代词这个词类的真正意义的感觉是相符的。在那些动词没有人称标记的语言里，代词是作为事物的概念出现在动词之前，而在源自拉丁语的罗曼语言里，代词在意义上只不过是分离存在、单独出现的人称。事实上，这些语言的动词与人称的不可分割性是从拉丁语继承下来的，并且通过一些零散地遗留下来的词尾音反映了出来。总的来说，在这些语言中正如在所有真正的屈折语言里一样，代词的替代功能表现得更加突出，这种功能有助于形成纯粹的关系代词的概念，从而使语言能够正确地运用关系代词。所以，拉丁语的语法模式在罗曼语言里时时处处都得到了显示。遭到破坏的形式以极为不同的方式重新构筑起来，但其精神依然存在于新的构造之中，这表明语法发达的语系所拥有的生命原则是难以摧折的。

源自拉丁语的语言在处理经过改造的材料时，整个来说保持着一种同形性，但每一种具体的语言都建立在特殊和个别的原则的基础之上。在语言运用过程中，无数具体、个别的东西会成为必不可缺的要素，这些个别物正像我在前面反复强调的那样，无论在什么场合，以什么方式讲出来，都必须联系为一个统一体，而由于语言的根茎深入到了人类精神的全部脉络之中，这个统一体也只能是个别的、独特的。只有当统一体的原则发生了变化，当一个民族的精神采取了新的认识途径时，一种新的语言才会形成；一旦一个民族的语言开始经受巨大的变革，这个民族就必须借助新的形式来综括已变要素或新的要素。我们在前面讲到过民族生活中的这样一个时刻，当时各个民族清晰地意识到，它们可以不依赖于外部语言运用，而利用语言来构成一个思想和感觉的整体。如果从本质上、从最终的结果看，一种文学的产生只是一个逐渐的过程，其发源是某种被隐约模糊地感觉到的本能，然而，在文学开始形成的时候，总是存在着一种独特的热情，一种产生自内部的、力图把语言形式与精神个性的形式结合起来的强烈倾向；语言形式和精神形式的纯正本性，在这一倾向中得到了反映，实际上，这一倾向的唯一目标就是要反映出二者的本性。这样一种倾向的发展过程与一个民族的整个思想发展道路交织在一起，直至这个民族的语言崩溃为止。这里，我们看到的是使语言联结为一个统一体的第二种方式，也即更高层次的方式。关于这种方式与外部技术形式的构造有什么样的关系，前面讲到语言的特性时我们已作了详细

的讨论。

在从拉丁语过渡到源出于它的现代罗曼语言的过程中，上述两种处理语言的方式有明显的区别。有两种现代罗曼语言，即雷脱-罗曼语和达科-罗曼语(die Rhäto-und Dako-Romanische)，未发展起科学的语言形式，但这并不意味着它们的技术形式落后于其他罗曼语言。相反，达科-罗曼语恰恰最完整地保留下了拉丁语的屈折形式；此外，从这些屈折形式的运用上看，达科-罗曼语接近于意大利语。很明显，达科-罗曼语的不足仅仅是由于外部状况，即由于缺少适宜的环境和条件而造成的，这类外在的环境和条件可以激发起人们的热情，从而将语言用于更高层次的目的。

换一个类似的例子，原因也是相同的：在已崩溃了的古希腊语的废墟上，并没有形成一种具有新特性的新语言。事实上，现代希腊语的构造在许多方面与罗曼语言的构造十分相似。罗曼语言中经过改造的结构形式大都是在语言发展的自然进程中固化下来的，而两种原始母语即拉丁语和古希腊语又具有相同的语法特性，所以，现代希腊语与罗曼语言在语法构造上的相似是很容易解释的。但是，归根到底，它们之间的差别更加引人注目。希腊是一个日趋衰落、由于异族迁徙而受到百般蹂躏的帝国属下的省份，它没有能够获得蓬勃兴旺地向前发展的力量，而正是这种力量为西方世界正在重新组构的内在和外在的关系提供了生气和活力。西方民族拥有新型的社会建制，完全不依赖于已瓦解的古代国家机制，并且通过与一些勇敢强健的部族相融合而使自身强大起来，因此，西方民族在精神和个性的所有活动领域里都有可能开辟新的道路。由此产生的新的社会形态把宗教意识、战争意识和诗歌意识联系了起来，而这样的联系对语言施加了极有利的、决定性的影响。于是，一个崭新的、充满青春活力的诗歌创作时期开始在西方民族中兴起，它在一定程度上类似于蒙昧的史前时期曾有过的诗歌创作阶段。

现代西方语言和文学具有堪与它们所源出的原始母语一比高低的特性，这些语言及其文学的繁荣自然也应当归因于上述外部历史条件的转变。但我认为，除此以外在这方面还有另外一个十分重要的原因(我在本节开头曾顺带提到过)，这个原因跟语言尤其有关，所以完全有必要在此进行探讨。同希腊语相比，拉丁语经历的变化无疑更深刻、更剧烈、更突然。拉丁语的变化犹如一场真正的毁灭，而希腊语的变化只限于个别形式的歪曲和瓦解。从这个例子以及语言史上的其他一些例子可以看出，一种形式丰富的语言在向形式贫乏的语言过渡时有两种可能性。一种可能是富有艺术性的语言结构崩溃了，然后又以不大完善的方式重建起来。另一种可能是正在衰退的语言只是带着一些重新愈合起来的创伤；在这类场合并未创造出全新的语言，旧的语言依然继续存在，只不过发生了令人惋惜的变形。希腊王国虽然羸弱无能，却仍然维持了一段很长的时间，因此，古老的希腊语也持续存在了很久，它是一座宝库，人们从中不断汲取着财富，它又是一种规范，永远为人们循守和参照。直到不久前，人们还在尝试提高和净化现代希腊语，而人们在这样做的时候总是尽可能地拿古希腊语作范本。这个事实最令人信服地证明了现代希腊语与罗曼语言之间的区别。如果是一个西班牙人或意大利人，就绝不会想到有可能将拉丁语视作范例。看来，罗曼民族确实走上了新的道路，它们不得不

如此去做，这倒反而使它们获得了勇气，促使它们沿着适合于其独特精神的方向发展并达到目的。事实上，想走回头路是不可能的。但从另一个方面观察，正是由于上述差别，现代希腊语才处于一种有利的地位。有些语言在内在的发展过程中相互生成，它们是属于同一支的亲属语言；另一些语言则是在其他语言衰落、崩溃后的废墟之上形成的，也就是说，它们是外部环境条件促成的结果。前一类语言没有经历过巨大的变革，或与异族语言发生深度混合，它们的每个表达、每个词或者形式都根源于不可窥及的深底。因为，这些语言很大程度上仍保存着生成表达、词和形式的基础。只有这样的语言，才能够自我满足，具有在自身范围内可证实的一致性。罗曼语言的情况显然与此有别。罗曼语言一方面完全建立在一种已消亡的语言的基础之上，另一方面又以某些异族语言为基础。我们在考察罗曼语言里各种表达的起源的时候可以发现，这些表达大都是通过少量中介形式，从本族人民并不熟悉的某个异族领域引进的。甚至在很少或几乎没有混入外来成分的语法部分，如果说确实存在着构造上的一致性，我们要想予以证实，就得考虑进非本族原始母语的作用。所以，要深入了解罗曼语言，认识每一种罗曼语言里所有要素内在的和谐及联系产生的影响，仅仅从这些语言本身出发是不够的；为了取得完整的认识，我们需要利用讲这些语言的民族本身不具备的材料。在上述两类语言中，研究者都有必要上溯至更早的语言。然而，拉丁语无法自释的现象要到梵语中寻找根据，而法语无法自释的现象则要到拉丁语中寻找根据。通过这一比较，我们就可以感觉到两类语言的区别。很明显，在后一种场合，语言变迁更多地受到外部影响的随意左右，

就连自然的、类推的发展过程也取决于外部影响。至于现代希腊语的情况，跟我们在此对罗曼语的描述完全不一样，或只有极少类似之处，原因是现代希腊语并没有变成一种真正意义的新兴语言。在时间进程中，希腊语能够抵制外来词，不与它们相混，因为除了少数例外，这些外来词在希腊语里并不像在罗曼语言里那样深深地渗透进语言的真实生命。当然，现代希腊语的真正根基，即古希腊语，对希腊人民来说绝不会显得陌生。虽然希腊人民不再能够从精神上把握古希腊语富有艺术性的整个结构体系，但他们现在的语言仍具有古希腊语的大多数要素。

以上指出的差别，对于理解语言的本性无疑有重要的意义。这种差别是否对民族的精神和个性也起着重大的影响呢？这一点似有疑问。人们可以提出反对的理由说，任何一项观察，只要它超出了语言既存状态的界限，对于一个民族来说就是陌生的。因此，一种高度有机地封闭起来的语言所具有的自我解释力对于同一个民族并不能保持有效的作用；此外，一种语言不论以何种方式从另一语言中生成，都必然已经历了千百年的发展，从而形成了某种一致性，而这一点本身便对一个民族起着足够大的影响。确实，我们可以设想，在那些被视为原始母语的早期语言当中，有的语言发生方式与罗曼语言相似（虽然，通过细致、精确的分析我们或许会了解到，仅仅依靠这些语言本身的材料并不足以对它们作出解释）。但我们知道，在神秘的心灵创造活动和精神个性的承继过程中，无疑存在着一种无比强大的内在联系，那就是语声网络与思想—感觉整体之间的联系。从这个角度看，区分以下两种情况就有至关重要的意义：一种情况是，感觉和思想持续不断地与同一些语音发

生联系，把自身的内容和力量输送到这些语音中去；另一种情况是，原因和结果的这一系列独立自主的作用受到了强烈的外力干扰。在后一种情况下，也构成了新的一致性，看来时间对语言要比对人类精神的其他领域具有更有效地医治创伤的力量。不过应该看到，这种一致性是逐渐地重新形成的：生活在这种一致性尚未稳固确立起来的时期的一代人，本身也作为原因发挥作用，成为整个因果序列中的一环。由此看来，一个民族是讲一种独立自主、不受外力干扰的语言，还是讲一种经过高度有机的进一步发展后形成的语言，这对精神的深刻性、感觉的灵敏性以及情感的强烈性必然有所影响。所以，在论及拥有上述第二类语言的民族时，必须探讨这样一个问题，即这些民族是否以及在何种程度上能够以其他方式重新建立起由于其语言的影响而遭到破坏的平衡，是否以及怎样成功地克服明显的缺陷，以形成新的优点。

第二十一章　对以上研究的总结

35 至此,我们已达到本项研究所欲达到的目的之一。以上所论与进一步的研究密切相关,因此有必要作一简短的回顾。我们提出了有关语言的看法,其要点是:语言既是思维完善化的必然结果,又是使人成其为人的天赋能力的自然发展。然而,这一发展不应被理解为某种本能的发展,可以用纯生理的原因来解释。虽然语言并非意识本身的直接行为,甚至也不是突然的自发行为和自由发生的行为,但它只能为生来就具有意识和自由的生物即人所有,它从人自身不可企及的个性的深底之中,从人身上蕴藏着的各种力量的活动之中产生出来。人无意识地运用着某种潜能(Energie)来推动他的全部精神个性的发展,并且将一定的形式赋予了精神个性,而语言显然完全依赖于这种潜能和形式。同时,通过与个别的、独特的现实世界的联系,以及由于其他一些附带的原因,语言又为环境条件所制约,这些条件不仅把生活在世界上的人包围起来,甚至还影响着人的自由行为。语言实际存在于人的身上,就此来看,我们在语言中可以区分出两种构建原则(Constitutive Principe):其一为内在语言意识(我用这个术语指与语言的构造和使用有关的全部精神能力,也即一种倾向,而不是指某种特殊的力量);其二为语音,它取决于器官的属性,以世代相传的习惯为

基础。内在语言意识是从内部控制着语言的原则，时时处处都起着主导、推动的作用。语音就本身而言，无异于被动的、有待被赋予形式的材料，只有当语言意识渗透到语音之中时，语音才可能转变为分节音，然后，语音才能够在自身中把始终相互作用的智能力量和感性力量密不可分地统一起来，从而成为恒常的符号表达活动中真实的、表面看来甚至是独立创造的语言原则。人生存于世界中的一般规律在于，他所造就的一切必然马上转化为一种制约因素，这个因素不仅对人产生反作用，而且约束着他的进一步创造。语音也不例外，它会反过来改变内在语言意识的审察和运作。所以，每个进一步的创造行为并非简单地保持着原初力量的方向，而是采取了一条由原初力量和既存材料的力量共同规定下的发展方向。语言的自然禀赋是人所共有的，每一个人都携有打开所有语言的理解之门的钥匙，因此不言而喻，各种语言的形式(die Form)就本质而言是相同的，这一形式要达到的目的也是统一的。只不过在达到目的的程度和所用的手段上，各种语言才有所不同。但是，语言之间的差异是以多种多样的方式存在的，差别不仅仅表现在语音之中(其结果是用不同的音表示同样的事物)，而且也见于运用：语言意识根据语言的形式运用语音，甚至还对语言的形式作了独到的理解。语言可以说是纯形式的，就这一点讲，语言意识的活动本可以导致各种语言的同形性，因为在所有的语言中，语言意识都要求形成恰当的、合乎规律的结构，而这种结构只能是统一的、同一的。然而实际情况却并非如此，原因是，第一，语音会对语言的意识产生反作用；第二，内在语言意识的个别表现形式具有独特性。也就是说，一切取决于语言意识以多么强大的力量对语音施加影响，使语音成为思想的生动表达，善于描绘思想的种种微细差别。而这样的力量并非在所有的场合都具有同一的规模，不可能处处都显示出同样的强度、同样的生动性和规律性。此外，这种力量并非始终受到同一种倾向和爱好的推动：人们不一定都倾向于对思想进行符号处理，对丰富多彩、和谐一致的语音也未必都有相同的美学爱好。尽管如此，内在语言意识所致力的目标始终是语言的相同性，即使是偏离常规的形式，语言意识也会试图以一定的方式将它们引回到正确的道路上来。相反，语音是地地道道的增加和扩大语言差异的原则。因为，正如适当的分析所证明的那样，一种语言的基础是字母体系（das Alphabet），而语音则依赖于构成这个字母体系的基本要素即发音器官的属性。而且，恰恰是分节音具有自己独特的规律和惯例，这些规律和惯例部分基于发音的灵活性，部分则基于发音的和谐悦耳，它们虽说也有利于保持语言的同形性，但在具体运用中势必会促成差异。最后，我们所涉及的绝不可能是一种处于孤立、初始状态的语言，这意味着语音始终与过去的发展相维系，或者受到外来因素的影响。这一切总合起来，便导致了人类语言结构的必然差异。语言不可能具有相同的结构，因为讲各种语言的民族本身就各不相同，其存在受制于不同的环境条件。

在对语言本身的研究中，需要揭示一种在所有可设想的形式中最切合语言使命的形式，同时，要善于根据各现存语言接近于这种独一无二的形式的程度，来评判它们的优缺点。沿着这条道路进行探索，我们发现这样的形式必定是最符合人类精神的一般发展过程的形式，它通过高度规则的活动推动着人类精神的成长，它

不仅促进了各种精神倾向相对的协调一致，而且通过自己的反作用使精神活动获得生动性。然而，精神活动的目标不仅仅在于自身的内部提高。在努力达到这个目标的同时，精神活动必然会兼及外部目的，建立起一座认识世界的科学大厦，并且由此出发发挥新的创造作用。这一点我们在研究中也已经注意到。结论显然是，人类若要成功地拓展眼界，高度完善的语言形式便是最为有利的，甚至可以说是唯一必需的条件。因此，我们对这样的语言形式作了相当详细的探讨。语言的方法与直接达到语言最终目的的活动相关联，我试图从这个角度出发，阐明上述语言形式具有什么样的属性。在简单的句子里，以及在由许多子句编织成的长句里，语言如何表达思想？解答这个问题，看来是根据语言的内在目的和外部目的来评判语言的捷径。但是，对这个问题的探讨同时也要求我们回过头来描述具体要素的必要属性。一个现存的语系，甚或一种属于某个语系的具体语言，自然不可能在所有的细节方面都与完善的语言形式彻底一致，至少据我们所知，这样的语系或语言是不存在的。不过，梵语型语言最为接近完善的语言形式，而且正是在梵语型语言的基础之上，人类精神文明得到了最成功、最持久的发展。因此，在比较所有其他语言的时候，我们可以把这一类语言看作固定的标尺。

第二十二章　偏离高度规律的形式的语言

我们无法以三言两语对所有偏离高度规律的形式的语言作一番描述。这类语言和完全合乎规律的语言一样，朝着同样的终极目的努力，但未能在同等程度上或是没有通过正确的途径达到目的，所以，这类语言的结构缺乏一目了然的一致性。我们在前面讨论句子构造的时候，除开不具备任何语法形式的汉语以外，还区分了三种可能的语言形式，即屈折形式、黏着形式和复综形式。每一语言都具有其中的一种或不止一种形式，要评判各种语言相对而言的优点，关键在于弄清语言如何在自己的具体形式中体现出上述三种抽象的形式，或更确切地说，语言是以什么样的原则来实现或融合抽象的形式。我想，一旦人们认识到了抽象的、可能的语言形式与现实存在的具体语言形式之间的这种差别，就不难理解为什么我们要强调有些语言是唯一完善的语言，其他语言则是不太完善的语言。在以上三种抽象形式中，屈折形式可以被称为唯一恰当的形式，这一点恐怕是无可辩驳的。然而，称其他语言不甚完善，这个判断并非也同样符合实际存在的语言的情况，因为在这些具体的语言里，绝不是只有某一种形式起着绝对的统治作用，相反，一种语言始终积极地倾向于靠拢恰当的形式。关于这个问题，

还需要作更细致的探讨。

通晓若干种语言的人一般会有这样一种感觉：文化发展水平相等的一些语言各有其独特的长处，没有哪一种语言能够取得决定性的优势。这种感觉与以上研究中所陈述的观点是直接相悖的；而且，我们的主要研究目的就是要证明语言与民族精神能力之间存在着密不可分的联系，这也会使许多人觉得我们的观点难以接受，因为，这种联系似乎意味着，对语言的否定性评语应当同样适用于相应的民族。然而，对此需要作进一步的界说。我们在前面已经指出，语言的优点虽然一般说来取决于精神活动的强大力量，但更具体地说则有赖于精神活动是否特别倾向于利用语音表达思想。所以，语言不那么完善首先只是说明一个民族对如何利用语音不太重视，而并不意味着这个民族因此就缺乏其他智力优点。我们在讨论中始终以各种语言的结构为首要的出发点，而在评价语言结构的时候，始终不超出这一结构的界域。一个研究者如果不带任何偏见，就几乎不会否认下述事实：就程度而言，一种语言的结构可能要比另一种语言的结构优越，例如，梵语的结构优于汉语的结构，希腊语的结构优于阿拉伯语的结构。不论怎样对比和衡量这些语言各自的长处，我们终究得承认，一些语言跟另一些语言相比拥有更成功、更有效的精神发展原则。显然，由此而生的不同结果与语言的反作用有关，也与（在一般人类能力所允许的限度内）造就语言的民族智力有关，否则，我们就不得不否认精神与语言之间存在着任何相互关系。所以，从这个角度看，我们在前面述及的观点是完全站得住脚的。不过，可能有人还会提出异议：语言的个别长处会使精神生活的某些个别方面优先得到发展，所

以,各民族的精神禀赋远非只是程度问题,而是构造有所不同。这类看法当然也是对的。但是,语言真正的优点毕竟要到它们全面地、协调一致地产生作用的力量之中去寻找。语言是精神活动所必需的工具,也是精神活动持续进行所循的轨道,因此,只有当一种语言在所有的方面都能够促进和激励精神活动,使精神活动的种种具体类型和谐一致地发展起来的时候,才真正称得上是完美的语言。拿汉语来说,我们得承认它的形式或许比任一其他语言的形式都更好地突出了纯思维的力量,正是由于汉语摈弃了所有细小的、会起干扰作用的联系音,才使得心灵能够更全面、更有力地把握纯粹的思想。我们只要读上几段汉语的文章,就会对这一点深信不疑。虽然如此,即便是最坚定地捍卫汉语的人恐怕也会意识到,汉语并没有把精神活动确立为真正的中心,使得诗歌、哲学、科学研究和雄辩术以精神活动为出发点同样成功地繁荣起来。

所以,无论从哪个研究角度出发,我都需要明确指出完全合乎规律的语言与一种偏离规律的形式之间的尖锐对立。我深信,我所描述的是无可辩驳的事实。我并不否认,那些偏离规律形式的语言具有个别的优点,也无意低估它们在技术构造方面的高超艺术,我只是认为它们不具备有序地、全面地、和谐一致地对精神产生影响的能力。我比任何人都更反对贬轻一种语言,哪怕是最不开化的野蛮部落的语言。在我看来,贬轻一种语言不仅意味着辱没了最独特的人类本性,而且也与每一种通过深思熟虑和语言实践而形成的正确的认识观格格不入。因为,任何一种语言都是人类原初的天赋语言能力的反映,而为了实现所有语言必然面临的哪怕是最简单的目的,语言也始终需要具有一个人造的结构。要想认识这种结构,就必须对之作专门的研究。更何况除了已经发展成形的部分外,每一语言都拥有一种无法限定的能力,即不仅本身灵活善变,而且能够包纳越来越丰富、越来越高深的思想。以上所述只是就各个民族本身而言。另一方面,一个民族也受到异族文化的影响,其精神活动会因此而获得某种附加的成分,这种成分虽非来自本族语言,却可以扩大本族语言原有的范围。这是因为,每一种语言都具有接受一切事物和依靠自身的力量把表达赋予一切事物的灵活性;在任何时候、任何条件下,语言都不可能成为束缚人的绝对的桎梏。区别只是在于,一种语言自身是否包含着增长力量和扩展思想的根基,换言之,语言是积极主动地还是仅仅消极被动地这样去做。

如果说各种语言之间的确存在着上述差别,那么人们就要问,这种差别表现在哪些方面?我在构成句子的语法方法中指出了这种差别。人们可能会认为,我的做法是片面的,有违语言差异这个概念的丰富内涵。其实,我绝不是要把语言之间的差别限制在语法方法的界域内,毫无疑问,这类差别也同样生动地体现在每一个要素以及要素的每一项搭配之中。我只不过是首先关心语言的这样一个方面,它仿佛构成语言的基石,同时对概念的发展也起着决定性的影响。概念的逻辑秩序,概念之间的明晰的界限和确定的相互关系,这一切是精神活动的任何表达——包括最高层次的表达——所必不可缺的基础,但我们应该认识到,这个基础本质上依赖于上面提到的不同的语言方法。有了正确的语言方法,正确的思维便易于进行,反之,如果方法不正确,思维就会受阻,至少得不到语言的诸多帮助。前述三种不同类型的语言方法,是同一种精神状态的作用结果，这一精神状态当然也自发地影响着所有其他语言要素的形成，只是在句子的构造上得到了最明显的表现。所以，要对语言结构作实际研究，最合适的途径就是从分析句子的构造入手。倘若我们的目的是从已为历史证实的语言事实中发现语言赋予精神的形式，或者语言内在地向精神展示的形式，以分析句子构造为出发点就有特别重要的意义。

36 偏离规律性发展道路的语言结构是无限多样的，因此，具有这类结构的语言是无法根据一些原则来穷尽和分类的，我们至多只能根据其结构的最主要部分的类似之处来对比这些语言。合乎自然本性的语言结构取决于两点，一是词的稳固的统一性，二是构成句子的诸成分之间的适当界线。如果接受这个看法，那就意味着，所有偏离了高度规律的发展道路的语言不是削弱了词的统一性，就是限制了思想的自由联系，或是兼有这两个缺陷。据此，即使所比较的是极不同的语言，也总有可能找到某个一般的标准，以衡量语言与精神发展的关系。特别困难的一个问题是，语言偏离自然发展道路的原因何在。我们可以到概念的领域中寻索这一原因，然而，语言偏离现象实际上是由许多个性因素（Individualitäten）引起的，这类因素隐没在朦胧幽暗的语言早期历史之中，我们只能凭猜度和推测加以认识。语言有机体的不完善或许仅仅表现为：内在的语言意识没有能够在所有的场合都造就出感性的语音表达，因此，语音表达缺乏强大的创造力量，无法构成完整的形式系统；在这种情况下，由于语言的不完善起因于语音表达本身的缺陷，语言偏离现象的原因比较容易弄清。不过，类似这种简单的情况是不多见的。我们还可以观察到另外一些十分

奇特的不完善现象，它们绝不能只用上述起因来解释。倘若我们不想放弃研究，就必须坚持不懈地努力去揭示语言结构的起因，到这一结构有机的、精神的根源之中寻索其初始的原因。这个题目在这里是不可能展开讨论的。我只准备简略地谈一谈两个例子。第一个例子是闪米特语系诸语言，特别是希伯来语。

闪米特语系显然属于屈折型语言。我们在前面已经指出，最纯粹的、与黏附相对立的屈折变化是闪米特语系本身所特有的。希伯来语和阿拉伯语的结构具有内在的优越性，证明前一种语言拥有高度发达的诗歌作品，后一种语言除了诗歌以外，还拥有丰富多彩的科学文献。即使单从技术上看，跟其他语言相比，这两种语言的有机体在严格的一致性、构造的巧妙和简单、语音与思想相适宜的恰当性上不仅毫无逊色，而且可能还有所超越。然而，希伯来语和阿拉伯语有两个不合自然要求的特点，我们甚至有把握说，这两个特点也不合语言的一般需求。具体地说，至少就现状而言，这两种语言要求每个词根(Stamm)都包括三个辅音；此外，辅音和元音并不共同表达词的意义：意义完全由辅音表示，而关系则只由元音来标记。以上第一个特点决定了这两种语言的词的形式要受到约束，比较起来，它们当然不如其他语言特别是梵语型语言那样自由。第二个特点也导致了屈折语言不会有的缺点，即以一定的方式把次要的音黏附到词根上。我相信，从这个角度出发，应该把闪米特诸语言看作偏离了最适当的精神发展道路的语言。但如果我们试图寻索这种偏离现象的原因及其与民族语言禀赋的相互关系，恐怕是难以取得完全令人满意的结果的。首先，有一个问题就很不清楚：在希伯来语和阿拉伯语的上述两个特点中，哪一个特点

是制约着另一个特点的基础？无疑，这两个特点之间有极为密切的相互联系。包含三个辅音的词根在音节的数量上受到限制，这种情形仿佛在诱使讲话者利用元音交替来表达词的多种多样的关系，而要是元音只有这个用途，那就只有借助同一个词里面的几个辅音才能使意义丰富起来。但两个特点之间的这种相互影响，其实更适合于解释语言今天的形态所具有的内在联系，而不适合于解释语言结构的历史成因。仅仅用元音来表示语法关系，这并不能算是初始的原因，因为我们知道，在语言中意义无论在什么场合都必然是先决因素，所以，元音受意义排斥这个事实本身就必须得到解释。我们有必要从两个方面着手探讨元音。一方面，元音只是这样一些音，缺少了它们就发不出辅音；另一方面，在元音系列中，每个元音都是不同的音素。就第一个方面来看，存在的其实不是元音，而只是一个统一的、一般的元音性音（Vocallaut），它与辅音相邻接；或者换一种说法，存在的根本不是真正意义的元音，而是一个含混不清的、尚未获得具体发展的非重读央元音（schwa）。辅音对元音的关系也与此类似。此外，为了能够被听到，元音还需要伴随有辅音式的吐气，这种吐气只具备发出元音所必需的特性，因此有别于辅音系列中根据不同的音响而相互对立的音素。[①] 由

① 莱普修斯在他的古文字学著作里十分清楚和令人满意地表述了这个论点，并且指出了梵语文字中的起首音 a 和 h 之间的差别。我在研究布吉人的字母体系和其他与之有联系的字母体系的时候发现，通常被研究这些语言的人称作起首音 a 的符号实际上根本不是元音，而是表示一种微弱的、与希腊语的弱吐气符（spiritus lenis）类似的辅音吐气。利用莱普修斯就梵语字母系统中的类似现象所作的阐述，可以对我曾经指出过的现象（见《新亚洲杂志》[*Nouveau Journal Asiatique*]，Ⅸ，第 489—494 页）作出更好、更恰当的解释。

此可知，在表达概念时元音只随辅音一同出现，正如一些眼光敏锐的语言研究者认为的那样①，元音的主要功用就在于更精确地限定由辅音构成的词的意义。元音的语音特性表现在，它与辅音相比表达了更细腻、更深刻、更内在的东西，它似乎更少物质实体性，更具精神性质。因此，元音更适合于用作语法标记；况且，元音发音便易，能够黏附到词上面，这也有利于元音充当语法标记。但是，在闪米特诸语言里，元音只用于表达语法关系，这跟上述情况就很不同了。我相信，这在语言史上是独一无二的现象，要求我们予以专门的解释。我们可以尝试从另一个特点即双音节的语根结构出发，去寻求这一解释。不过，这个出发点并不一定靠得住，因为双音节的语根结构虽然就我们所知是闪米特语言里的基本语根结构，却可能不是真正初始的语根结构。这种双音节的语根结构很可能是建立在一种单音节的语根结构的基础之上，尽管根据现有的材料尚不能完全肯定。关于这一点，我在下面将要更详细地论述。或许，我们在这里谈到的特点确实直接导源于单音节的语根结构以及这一结构向双音节形式转化的过程。把单音节的形式与双音节的形式作一下比较，可以看出，前一种形式包含首尾两个辅音，中间夹嵌着一个元音。由于辅音的响度超过了嵌入的元音，这个元音便有可能失去独立发展的能力，从而不再参与表达意义。后来，有了表达语法关系的必要，于是元音可能才开始表达语法关系；同时，为了使语法屈折变化获得更大的活动余地，增添了第二

① 格里姆的话寓意相当深刻，他说：辅音构成词，元音则限定和说明词。详见他的《德语语法》，第2卷，第1页。

个音节。然而，不论怎么说，元音不能自由出现在音节末尾，总还应该有另外一个原因，而这个原因我们要到发音器官的属性和发音的特点中，而不是到内在的语言观中去寻找。

对于确定闪米特诸语言与精神发展的关系来说，下述事实更为重要，而且与以上论述比较起来，我觉得也更有把握断定：闪米特语系各民族的内在语言意识不能足够严格和明确地把词的物质意义与词的关系（一方面是跟讲话和思维的一般形式有关的关系，另一方面是跟句子构造有关的关系）区分开来，因此，辅音和元音在功能上的绝对区别也受到了损害。这里，我首先要提醒读者注意闪米特语言里某些音的特殊性质。人们把这些语言里的有些音称为语根，其实这类音本质上有别于其他语言的语根音。由于元音不表示物质意义，语根的三个辅音严格说来就不应有元音性，也就是说，它们应该只伴随有发声所需要的音。但在这种情况下，辅音无法获得言语表达所必需的语音形式，因为，即使是闪米特语言，也不允许一些只跟非重读央元音发生联系的辅音一个紧接一个地连接起来。辅音连同添加的元音，才表达了这种或那种确定的关系，因此不再是没有关系标记的语根。所以，当语根真的出现在语言中的时候，它们已经是真正的词的形式；就语根本身的原有状态看，它们尚缺乏一个能够使其语音形式在言语中得到实现的重要成分。由此看来，与其他语言相比，闪米特诸语言里的屈折变化有不同的含义。在其他语言中，不带任何关系标记的语根听起来也能够理解，至少可以作为词的一部分在言语中出现。而在闪米特语言中，发生屈折变化的词并不改变原来的语根音，而是完善成为真正的语音形式；原来的语根音若是脱离了屈折部分，便不能

在连贯的言语中为听觉所接受，这就意味着意义的表达与关系的表达之间的严格区别遭到了破坏。的确，意义和语法关系之间的联系可以说变得更加紧密了，埃瓦尔特也曾正确地指出，语音的运用在这种情况下比在任何其他语言里都更为适当，因为灵活易变的元音表达了更具精神性质的内容，而辅音则表达更具物质实体性的内容。但如果融合在一起的要素能够以完全独立的形式分离存在，人们就能更强烈、更清晰地感觉到把意义和关系结合起来的词所具有的必要的统一性，这一点不仅与永远在进行区分和联系的语言所追求的目标相一致，而且也与思维的本性相合。不过，即使是在研究具体的关系和意义表达类型的时候，我们也会发现，在一定程度上语言难免要把关系的表达跟意义的表达混淆起来。由于缺少不可分的介词，语言无法表达一系列语法关系，这些语法关系构成一个系统的整体，可以用一个完整的体系来描述。在闪米特语言里，这样的缺陷部分得到了补偿，办法是用专门的词来表示利用介词发生形变的动词概念。但这个办法并不能确保表达的完善性，而且，表面看来十分丰富的表达手段也无法弥补语言的下列不足：由于关系和意义的对立并未明显可识地表现出来，讲话者不能从整体上把握语法关系，因此也就没有可能利用以前尚未试用过的个别介词既容易又可靠地发展自己的语言。

在这里还必须提一下另一个我认为十分重要的区别，那就是不同类型关系的标记之间的区别。名词的格有时可以有专门的表达，而不是仅仅借助位置区分开来，在这种情况下，格通过附加介词而获得标记；动词的人称则通过附加代词获得标记。这两类标记对词的意义没有任何影响，它们表达了普遍适用的纯关系。但在这类场合，语法手段是黏附，也即语言中一些独立的字母或音节的黏附，这些字母或音节只是在一定程度上才与词稳固地联系起来。如果同时又发生了元音交替，这一交替就是增生的结果；在词的结构具有十分确定的规则的语言里，这种增生形式的黏附必定会对词的形式产生影响。至于其他关系的表达，可以是纯粹的元音交替或者伴随有附加辅音的元音交替（例如像 hifil，nifal 这种类型的形式），也可以是词本身所包含的辅音之一的重叠（例如大多数形容词的级的形式）；所有这些表达都与词的物质意义密切相关，使词的物质意义或多或少发生变异，有时甚至使它变得面目全非，比如通过这样的表达从词根“大”产生出动词“教育”。这类表达起初主要是表示真正的语法关系，如名词与动词的区别，及物动词或不及物动词，反身动词和使役动词，等等。由于原始意义的变化，从词根产生出了一系列派生概念，但原始意义的变化是这些形式本身的自然结果，而与关系和意义的表达相混无关。梵语型语言里的类似现象也可以证明这一点。事实上，前面提到的两类关系（即一方面是格和代词的词缀，另一方面是动词的内部屈折形式）之间的区别，以及它们的不同标记，本身就十分引人注目。而且，这跟我们所考察的不同实例的性质有一定联系。在概念没有发生变化的场合，关系只是得到外部的表达；相反，在只跟一个具体的词有关的语法形式使意义发生了变异的场合，关系在词根的内部得到了表达。在后一种情况下，语法形式中的元音起着精确地描述和限定意义的作用，关于这一点我们在前面已经讲过。其实，所有属于上述第二类关系的例子都有这样的特点；在动词的范围内，这种特点甚至也为分词所有，而不涉及实际动词行为。缅甸

语的情况就是如此；马来诸语言里动词的前加音与闪米特语言里动词的类似标记大致上表达了同样的概念内容。所有这一类例子实际上都可以归因于概念本身的某种变化。这一点甚至也适用于时态的标记，因为时态可以通过屈折变化而不是利用句法手段来区分：通过屈折变化，现实的时间与尚无把握确定的时间区别了开来。相比之下，令人感到奇怪的是，恰恰是那些在大多数情况下仅仅使不变化的概念处于另一种关系之中的词缀（如格的标记），以及那些构成动词本质特征的词缀（如人称的标记），较少得到形式上的表述，甚至可以说几乎获得了与屈折变化相反的黏着性质；另一方面，那些使概念本身发生变异的词缀则以最典型的屈折形式表达出来。在这里，民族语言意识看来没有选择一条把关系和意义严格区分开来的发展道路，而是走上了另一条发展道路，即系统地划分语法形式，分辨语法形式的种种不同的细微色彩，对源自初始意义的概念进行有规律的整理，以便派生出这样的概念。假如民族语言意识择取了相反的道路，各种语法关系就不致因为获得了双重的表达而在一定程度上失却共性。以上分析若是正确的，与事实相吻合，那么我们所考察的例子就说明，一个民族即使拥有令人赞叹不已的洞察和处理语言的能力，并且清晰地感觉到了概念和语音之间的相互依赖关系，也仍有可能偏离最合乎自然规律的语言发展道路。我们在这里描述了闪米特诸语言的形式所具有的主要特征，如果从闪米特语言的全部形式特征出发，就很容易解释为什么这些语言会倾向于排斥复合词。闪米特语言里有复合的专有名词，这表明闪米特语言能够克服困难，把已经稳固地确立起来的词形赋予多音节词。然而，该语系人民的习惯是构成更简短

的词形，这种词形具有划分明晰、一目了然的内部结构，因此，他们尽量避免生成多音节词。此外，构成复合词的必要性也比较小，因为丰富的词干使得这样的复合词成了多余的东西。

北美洲的德拉瓦热语习惯于利用复合方式构造新词，这种习惯在该语言里也许比在任何其他语言中都更为通行。但是，德拉瓦热语的复合词的要素很少包括整个原来的词，相反，原来的词只有一个部分或只有个别的音进入复合词。从杜邦索（P. S. Duponceau）[①]提供的一个例子来看，我们甚至可以认为，讲话者似乎能够随心所欲地利用简单词的片段来构成复合词以及缩合为一个词的整个短语。例如，在讲到一只小猫时，可以由 ki（你）、wulit（好的、美的、可爱的）、wichgat（爪子）和 schis（这是一个用作指小意义的词尾的词）构成 k-uli-gat-schis，意思是“你那可爱的小猫”。一系列惯用语也以同样的方式转变为动词，获得完整的变位形式。比如由 naten（拿、取、接）、amochol（小船）、和 ineen（处于词末的复数第一人称受事代词）构成了 nad-hol-ineen，意即“用船来接我们（渡过河）！”从这些例子可以看出，构成复合词的那些词发生了显著的变化。如上例中的 uli 来自 wulit，而在其他复合词里面，如果在它的前面没有辅音，则取 wul 的形式，反之则变异为 ola。[②] 缩简形式有时候也起着重要作用。例如，为了构成“马”这个词，仅仅从 awesis（动

① 见他为蔡斯贝格的《德拉瓦热语语法》撰写的前言（费拉德尔菲亚，1827 年，第 4 卷，第 20 页）。

② 见《美国哲学协会历史—文学委员会会报》（*Transactions of the Historical and Literary Committee of the American Philosophical Society*），费城，1819 年，第 1 卷，第 405 页以次。

词)一词中抽取了音节 es 作为复合词的成分。同时,由于词的片段跟其他的音联系起来,便发生了谐音变化,这种变化使得词的片段更不易被辨识出来。上面提到的表示“马”的词是 nanayung-es,除了词尾 es 以外,该词其余部分的基础是 nayundam(背负重物)。这个词里面的 g 看来是个插入音;第一个音节得到重叠,以便加强意义,这种方式似乎只适用于复合词。machit(坏的)或者 medhick(恶劣的)等词的起首音 m,把一种可恶可鄙的意思赋予了这些词。[①] 有人曾经严厉指责这类对词的分解利用,称之为野蛮人的构词方式。然而,我们必须更深入地了解德拉瓦热语,掌握这一语言中词与词的渊源关系,这样才能断定,在缩简了的词里面语根音节是确实遭到了破坏,还是被保存了下来。在某些场合,语根音节事实上得到保留,这一点我们可以从一个奇特的例子中看出来。Lenape 的意思是“人”,这个词跟 lenni 结合起来(Lenni Lenape),构成主要的一支德拉瓦热人的名称;lenni 有原始的、纯净的、本地的等义,因此也指“普通的、通常的”。在这种意义上,lenni 被用来表示一切土生土长的,由伟大善良的精神赐予本族的东西,而对立于一切由白种人带来的异族的东西。Ape 即“直立行走”。[②] 所

① 蔡斯贝格在上引书中指出,mannitto 一词是一个例外,因为它指的是神,伟大、善良的精神。但我们知道,未开化民族的宗教观念往往是从对邪恶的鬼魂的恐惧发展起来的。所以,mannitto 的原始意义很有可能是表示其现行意义的反面。关于这个词的其余部分,因为缺少一本德拉瓦热语词典,我无法给予解释。这个部分与他加禄语的 anito(神像)一词的一致虽说可能纯系偶然,却很值得注意。

② 至少我是这样来理解海克威尔德(J. G. E. Heckewelder)的释说(见上引《会报》,Ⅰ,第 411 页)。不论怎么说,ape 只不过是一个表示任何直立行走的动物的词尾,就像词尾 chum 表示四足动物一样。

以，lenape 一词十分恰当地包含了直立行走的本地人这个意思。后来，这个词也被用来泛指“人”，同时，为了构成专有名词，它又再次跟“原始的、本地的”这一意义联系起来。这种现象的发生并不难解释。在 pilape（少年、青年）这个词里，pilsit（纯洁的、清白的）一词与 lenape 的后半部分即 ape 组合了起来，这里，ape 表示人的特征。组成复合词的大都是多音节词，它们本身就是复合的结果，因此，关键在于这些多音节词的哪些部分用作构成新复合词的要素。要想弄清这一点，就得依靠一部完备的词典，掌握有关德拉瓦热语的详细知识。此外，不言而喻，上述缩简形式在语言运用中受一定的规则支配。这表现在，在前引例子中，受限定词总是作为复合词的最后一个要素出现在限定词之后。由此看来，对这种似乎肢解、歪曲了词的方法也许应当给予比较温和的评价，它并不像表面上留给我们的印象那样，会破坏词源关系。前述美洲语言所特有的那种把经过缩略或更显著变化的代词与动词、名词联系起来的倾向，与这种方法是一脉相承的。以上关于德拉瓦热语的论述表明，该语言更加普遍地倾向于用同一个词包括起若干个概念。比较一下那些利用语助词而不是通过屈折形式来标示语法关系的语言，我们可以发现，它们当中的有些语言，如缅甸语、太平洋南部诸岛屿的大多数语言乃至满语和蒙古语，倾向于把语助词与受其限定的词分离开来，相反，美洲语言则倾向于把二者联结起来。美洲语言的这一倾向，是前面讲到过的复综方法的自然结果。我曾指出，这种复综方法是句子构造方面的一个缺陷，而导致这一缺陷的原因是语言意识软弱无力，使得构成句子的要素过于紧凑地综合在一起，以致影响了理解。

我们还可以从另一个方面来观察这里探讨的德拉瓦热语构词方法。显然，这种方法不是逐个列举在思想中联系起来的概念，而是以统一的语音形式一下子把这些概念表达出来。这是一种栩栩如生的语言处理方式，它与另一种形象的、在语言的所有表达中都得到反映的概念处理方式相关联。比如，橡实称作 wu-nach-quim，意即“手状叶的果实”，构自 wumpach（树叶）、nach（手）和 quim（坚果），因为德拉瓦热人把剖开的橡树叶子生动地想象为人的手。在这个例子里我们也可以看到，前面提到过的要素排序规则起着双重的作用：首先，这个规则涉及最后一个要素，然后，又涉及前两个要素；就前两个要素来看，意思好像是手由树叶做成，“手”这个词处在“树叶”的后面而不是相反。毫无疑问，一种语言是把许多内容塞入一个词，还是利用若干个词进行描述，这个差别具有十分重要的意义。一个优秀的作家在类似场合也同样会根据语言提供的自由选择的可能性，细心区分这两种表达方式。希腊语最大的优点之一，就在于使这两种不同的表达方式保持了平衡。在一个词里面联系起来的内容，对心灵来说构成了一个更紧密的整体，因为语言中的词犹如实在世界中的个人，是完整的个体。用一个词表达的内容，能够比用分散的形式表达的内容更生动地激发起想象力。因此，把大量内容综合进一个词，这主要是想象力的任务，而对内容进行甄别和分析，则主要是知性的任务。这两项任务是相互矛盾的，至少各有各的独特规律，我们在此讨论的例子清楚地说明了这种区别。知性不仅要求词完整和明确地传递概念，而且要求词携有一定的标志，以指出它在语言和言语中出现时所处的逻辑关系。德拉瓦热语满足知性的上述要求的方式与发达的语言意识尚有一段距离。然而，这种语言具有生动的想象力，能够把一幅幅形象的画面依次排列起来，从而显示出一种独具一格的美。在梵语中，所谓不变格的分词常常用作插入句的表达，这类分词也有助于生动地表述思想，使思想的各个组成部分同时展现在心灵的面前。而由于具有语法标记，这类分词在自身中把知性的严格要求同想象力的自由发挥统一了起来。这是它们须加褒扬的一面。但这样的分词也还有相反的一面：它们缺乏灵活性，束缚了构造句子的自由，它们本身的构成方法即复综方法就有不足之处，那就是缺少丰富的手段来适当地扩展句子。

有一个事实我觉得很值得注意，即上述词与词之间构思大胆、生动形象的相互联系恰恰为一种北美洲语言所有。我并不想据此断言，操这一语言的部落和南美洲的部落具有对立的民族特性，因为要作这样的推论，必须掌握更多有关这些部落及其早期历史的材料。然而，我们从这个北美洲人部落的讲话和行为可以看出，他们与南美洲的部落相比精神更为成熟，想象力也更为大胆。南美洲的自然环境和气候条件，以及该地区独特的狩猎生活（这种生活迫使人们在人烟绝迹的原始森林里长时间地游荡），这些因素在一定程度上的确有利于发展精神和提高想象力。但另一方面，强大的专制政府，特别是利用包括宗教在内的一切手段压制个性自由发展的秘鲁政府，无疑产生了相当有害的影响，因为至少就我们了解的情况来看，那些南美洲的狩猎部落一直是生活在自由的联盟关系之中。而且，自欧洲人征服美洲以来，南美和北美也经历了不同的变化，其根本的差别恰恰反映在我们在此讲到的方面。北美沿海地带的异族移民排挤当地人，甚至还非法掠夺了他们的财产，

但却没有使他们沦为奴隶；由于受到更自由、更温和的新教精神的影响，这些外来移民的传教士对西班牙人和葡萄牙人系统地引入的僧侣暴政持敌视态度。

显见的事实说明，像德拉瓦热语这样的语言拥有丰富的想象力。我们还要问的是，是否有迹象表明这种想象力保留着语言幼年时期的特点？这个问题很难回答，因为我们几乎无法精确地分辨什么跟时间因素有关，什么跟民族精神倾向有关。这里我只想指出一点：早期语言里形成的复合词在我们今天的语言里往往可以只保存下个别依稀可辨的字母，但即使是在最优美、最发达的语言里，也很容易见到类似的复合词，因为，从简单发展到复杂，乃是事物的本性所致；而另一方面，语言在千百年来的历史进程中通过各族人民的口头言语代代相传，最早的语音很自然地会逐渐失去原有的意义。

37 在所有已知的语言中，汉语与梵语的对立最为尖锐，因为汉语排斥所有的语法形式，把它们推诿给精神劳动来完成，梵语则力图使语法形式的种种细微的差别在语音中得到体现。这两种语言的区别显然在于，前一种语言缺乏语法标记，后一种语言有明确显示出来的语法标记。汉语运用了一些语助词，不过，我们在下面将会看到，没有它们汉语也照样能够表述思想。除了这些语助词外，汉语利用下列方式表达所有最广意义上的语法形式：词序；词只运用于某个一经确定便永不改变的形式；意义之间的联系。也就是说，汉语使用的这些方式或手段都需要内在的精神努力。反之，梵语不仅把语法形式的含义，而且也把语法形式的更具智力性质的方面及其与实体意义的关系注入到了语音之中。

由此看来，似乎应该把汉语视为最远离语言发展的自然要求的语言，最不完善的语言。然而，这种看法经不起进一步的推敲。事实上，汉语也有很大的优点，它对精神力量也产生强大的影响，尽管这种影响有一定的片面性。人们也许会认为，原因在于汉语很早就受到了科学的处理，并拥有丰富的文献。但汉语本身作为一种发挥激励作用的辅助手段，极大地推动了文明的进步。首先，无可置疑的是，汉语具有高度的结构一致性。所有其他缺乏屈折变化的语言或多或少都有屈折的倾向，不过总是中途而止，没有达到发展成为屈折语的目标。汉语则不同，它完全沿着另一条道路发展，始终如一地遵循着自身的基本结构原则。其次，汉语无须借助有意义的语音，就能把握一切形式的东西(alles Formalen)，它所使用的手段使它能够更严格地循守和系统地整理种种不同的形式关系。此外，汉语听起来只包含具有实体意义的语音，而形式关系的表达仅仅依赖于语音的位置和排序，因此，对于精神来说，实体意义与形式关系的区别也就更加一目了然。世界上各种语言的普遍一致性在于，它们具有一种统一的内在形式，而在这一形式的范围内则允许存在差异；汉语几乎无一例外地以非语音的方式来表示形式关系，这个特点使它有别于所有其他已知的语言。当人们试图把汉语的某个部分硬塞进其他语言的形式的时候(例如，最知名的汉语学者之一阿贝尔·雷缪萨曾经为汉语建立起完整的变格系统[①])，汉语的上述特点表现得愈加突出。当然，每一种语言都必定握有区分名词的各种不同关系的手段。但我们绝不能在任

① 见《东方宝库》(*Fundgruben des Orients*)，Ⅲ，第283页。

何场合都把这样的手段看作真正意义上的格。要是根据这种观点来看汉语,它就毫无优点可言了。相反,正如雷缪萨本人在前述场合十分中肯地指出的那样,汉语独到的优点表现在它具有偏离其他语言的系统,虽然正是这种系统使得汉语丧失了许多别的优点,使得它作为语言、作为精神的工具逊色于梵语型语言及闪米特诸语言[①]。形式关系缺少语音标记,这个现象不应该被孤立起来探讨。我们还有必要考虑到这一现象势必对精神产生的反作用,甚至要把主要的注意力集于这一点:由于缺乏语音标记,精神必须以更微妙的方式把形式关系跟言辞联系起来,但精神并未把形式关系直接赋予言辞,而是要到言辞中发现这类关系。所以,不管听起来多么矛盾,我仍坚持认为,恰恰是因为汉语从表面上看不具备任何语法,汉民族的精神才得以发展起一种能够明辨言语中的内在形式联系的敏锐意识。相比之下,那些尝试过为语法关系建立标记,但却没有成功的语言反而愚钝了精神,由于混淆了实体意义和形式意义而导致语法意识模糊不清。

汉语的这种特殊结构,显然源起于下列因素:汉民族在远古时期就已具备独特的语音,习惯于在发音时把音节与音节明确分隔开来,另外,语音缺乏灵活性,一个声调(Ton)不能诱使另一个声调发生变化。只有在这种感性语音特点的基础之上,才能够对内在语言形式的精神特点作出解释,因为任何一种语言都是从不发达的俗民语言发展起来的。汉民族具有探索思考、发明创造的意

① 当时许多学者持有这种偏见,洪堡特也未能幸免。他的印欧语言优越感在本书其他地方也常常流露出来。——译者

识，以及积极敏捷、足可驾驭想象的知性，因此，它能够对自己的语言进行哲学的和科学的加工处理。然而，这样的加工处理是沿着传统的道路进行的，换言之，语言必须根据民众讲话的习惯把语音分隔清楚，确定并精细地区分在（不受重音、表情姿势等辅助性理解手段限制的）更高层次的语言运用中清晰地表述思想所必需的一切。事实上，汉民族很久以前就完成了对汉语的加工处理，这一点不仅已为语言史料所证实，而且也在汉字的图像表达中得到为数不多但却是确凿无疑的历史遗迹的印证。

一般来说，我们可以认为，当精神开始上升至科学的思维，语言也开始朝着同一方向发展的时候，象形文字是不可能长久保存下去的。对中国人来说更应该是如此。他们本可以像所有其他民族一样，通过区分分节音而创制出一种字母文字。他们之所以没有走上发明字母文字的道路，当然有一定的原因。由于汉语口语从来不把声调与声调融合起来，这些声调也就并不怎么需要单独的记号；听觉怎样感知语音单位（Monogramme des Lautes），这些语音单位便怎样由文字记录下来。人们从象形文字出发，而不向字母文字发展，于是就构成了一种富有艺术性的、任意地建立起来的字符（Zeichen）系统；在这个系统中，具体字符之间也存在着相互联系，只不过这种联系始终是概念的而不是语音的。汉民族和汉语的知性倾向超过了对语音交替的爱好，因此，汉字这种字符在更大程度上成了概念的标志而不是语音的标志。当然，每一个这样的字符永远只跟一个确定的词相对应，因为概念只有在词里面才得到完整的体现。

由此可见，在我们熟知的所有语言当中，汉语和梵语构成了语

言发展上的两个明确的极点，二者在与精神发展相配合的适当性方面有所不同，但在各自系统的内在一致性和完整性方面却是相似的。闪米特诸语言不应被视为介于汉语和梵语之间的语言。就其强烈的屈折倾向而言，闪米特语言与梵语型语言属于同一类型。至于所有其他的语言，我们可以认为，它们都介乎汉语和梵语这两个极端之间，因为它们要么倾向于像汉语那样不让词携带语法关系的标记，要么倾向于像梵语那样把表示语法关系的语音稳固地与词联结起来。就连包括墨西哥语在内的复综型语言也不例外。复综方法并不能标记所有的关系，在关系标记不够用的时候，就得求助于语助词；这类语助词既可以黏附到词上面，又可以分离存在。总之，介于汉语和梵语之间的大量语言一方面拥有部分语法标记，另一方面并不具备屈折形式。但除了这类消极的特性，这些彼此间差别很大的语言没有任何共同之处，所以只能大致上划归一类。

跟以上论述有关的一个问题是，在语言形成的过程中（不是就一个语系，而是就一般的人类语言而言），是否有一种逐阶段地向越来越完善的构造上升的运动？关于这个问题，首先我们可以从实际的语言发生出发，这样来假定：在人类历史的各个不同时期，只有过一些渐次相继的语言构造（succesive Sprachbildungen），这些语言构造的发展水平高低不等，其中每一种语言构造的发生都以先于它出现的语言构造为前提，为其所制约。根据这个假定，汉语就是最古老的语言，梵语则是最年轻的语言，各个不同历史时期的形式虽经历了千百年的磨砺，都能够保存到今天。我在前面已经细述过我所主张的语言观的要点之一，即，单就概念而言，一种更为完善的语言并不一定就是更晚形成的语言。历史是无法为此提供任何证明的，尽管如此，在本书以下的某一节里，我将以语言的实际发生和混合为例更详细地论述我的这个看法。同时，我们也可以不考虑实际发生的事件，探讨一下这样两种可能的情形：从结构上看，介于汉语和梵语之间的那些语言属于前述渐次发展的若干阶段；或者，它们彼此间存在着巨大的差异，不能用简单的标准来处理。就一个方面而言，前一种情形看来合乎事实。例如，缅甸语用作为语助词出现的真正的语音标记来表示大多数语法关系，但这些语助词相互之间以及与实词（Hauptwörter）[①]之间并没有通过语音变化而发生融合；反之，就像我已经指出的那样，美洲语言把缩简后的要素串联起来，使得以这种方式构成的词成为一个语音统一体，所以，美洲语言的方法更接近于纯正的屈折方法。然而另一方面，比较一下缅甸语和马来语，我们可以看出，虽然缅甸语能够表达更多的语法关系，而马来语在类似场合却像汉语一样缺乏标记，但马来语在对待黏附音节时能够同样细心地处理这些音节本身的语音形式和名词的语音形式。这样一来，我们会感到难以断定，这两种语言当中究竟哪一种更为优越，尽管从其他角度评价，马来语无疑具有更多的优点。

很明显，以上述方式和根据上述标准来确定语言发展的不同阶段是带有片面性的。这一点很容易理解。在以上的讨论中，我们把一种语言形式视为唯一合乎规律的语言形式，这种语言形式的优点仅仅取决于这样一个事实：通过丰富精微的有机组织（Organ）与生动强大的语言意识的成功结合，人所固有的机体的和精

① 英译 main words。——译者

神的语言能力在语音中既全面又纯正地发展了起来。在这种有利的条件下形成的语言结构，其生成的基础乃是一种正确的、强劲有力的直觉(Intuition)，即对讲话与思维的关系、对语言各部分之间的相互关系的直觉。事实上，只有当这样的直觉如同炽烈的火焰照亮了语言形成的活动时，真正合乎规律的语言结构才可能萌生。缺少了一种自内部进行作用的原则，单纯以机械的方式逐渐演进，语言是不可能生成合乎规律的结构的。上面讲到的能起促进作用的有利条件，当然不会在所有的地方同时出现，但所有的民族在形成语言的过程中都表现出同一个倾向：它们都期望达到正确的、符合自然本性的、因此也是最崇高的目的。这种倾向是自发的、无意识的，它影响着在各民族内部生长起来的语言，我们无法想象，一个民族会有意图地仅仅把名称赋予实体意义，而不让语法关系获得语音标记。我们在前面已经指出过，语言与其说是人构成的，不如说是自行发展起来，由人出于愉悦感和好奇心而在自身中发现的；语言在一定的条件下生成，这些条件制约着语言的创造，因此，语言并不是在任何地方都能达到同样的目标，它会受到某种来自外部的桎梏的限制。尽管如此，语言始终必须满足一般的要求，这一必要性迫使语言尽其所能摆脱外在的桎梏，力求形成一种适用的形式。这样，就产生出了人类各种不同语言的具体形式，这些具体的形式如果偏离了规律性的结构，就会同时包含消极的和积极的两个方面：消极的方面在于，语言的创造受到约束；积极的方面在于，语言力图使不完善的机制适合于一般的需要。单就消极的方面而言，我们或可以认为，语言的创造力量是以分阶段的方式发展的，直至达到完善的高度。但就积极的方面来看，情况远没有那

么简单，因为即便是那些不甚完善的语言，也往往具有十分巧妙的、富于独创性的结构。在一定程度上说，这类语言总是既与规律性的结构相一致，又有偏离这一结构的地方，由于这个缘故，我们常常只能对一种语言的优点和缺陷作相对的衡评。偏离规律性结构的语言形成方式也许可以称为异常（anomale）方式，从这种方式出发，人们往往会优先发展语言的某个部分，而忽略其余的部分。具体语言的独特之处常常就是这样造成的。当然，在这种场合，真正的、纯粹的、正确的结构原则没有能够在语言的任一组成部分中体现出来。因为，这一原则要求语言的各个部分均衡地发挥作用，当它渗透入语言的一个部分时，它的力量也就会同时施及所有其余部分。所以，缺乏真正的内在一致性是所有偏离规律性结构的语言共同的特点。甚至在汉语里，内在的一致性也没有得到始终如一的贯彻。在少数场合，汉语不得不求助于语助词，以补词序原则的不足。

虽然不甚完善的语言缺少一种真正统一的、自内部均衡地产生作用的原则，但我们从以上描述可以看出，每一种这样的语言都具有稳固的内在联系，都具有形式的统一性，这种统一性并非总是基于语言的普遍本性，而是取决于语言的独特个性。离开了形式的统一性，任何语言都是不可思议的。人们在讲话的时候，必然要用统一的形式把自己的言语联系起来。而每当有新的要素从内部或者外部加入到语言中来时，就会发生形式的统一化。因为，就其最深刻的本性而言，语言是一个由类推构成的关联网络，在这个网络中，新出现的要素只有通过一定的联系才能固定下来。

以上的讨论结果一方面说明，人类语言能够形成多种多样的不同结构；另一方面则说明，对人类语言难以进行详尽无遗的分类。如果我们规定下具体的目的，把一些具体的现象确立为划分语言的标准，语言的分类是有可能完成的。但是，如果我们再深入一步，从语言的本质属性及其与民族精神个性的内在联系出发来划分语言，语言的分类就会陷入无法解脱的困境。即使不存在这样的一般性困难，要想把语言的相互联系和差异归纳成一个比较完整的系统，就目前的语言学研究水平来说也是不可能做到的。在着手这样一项探索之前，必须先完成一系列迄今尚无人涉足的研究。为了正确了解一种语言的性质，需要进行大量更深入持久的探索，迄今为止，人们对大多数语言的研究是不充分的。

然而，即使在彼此没有亲属关系的语言之间，在那些跟精神发展倾向最密切相关的环节上，也存在着差别，根据这类差别，我们确实可以把语言划分为若干不同的类型。我在前面(第二十章)已经讲过，把一个表示真正的动词功能的形式标记赋予动词，这具有十分重要的意义。有些语言从整个结构来看似乎属于同一个发展阶段，但根据是否带上述形式标记，它们可以区分为两类。有的语言虽然借助音节或词表示语法关系，但这些音节或词并不黏附到实词上面，或与实词只有松散的、可分离的关系，这样的语言可以称作带语助词的语言，它们自然不会去区分名词与动词。这类语言也会有个别标记表示某些类别的名词，不过这种标记只涉及某些确定的概念，并且只用于确定的场合，而与系统的语法区分无关。所以，在这类语言里面，每一个词都可以转变为动词，而每一个动词屈折形式差不多都可以同时充当分词。进一步看，在这方面彼此类似的语言仍有所区别，其中有些语言不用任何特殊的标记表示动词的联系句子的功能，另一些语言则至少利用经过缩简或变异的黏附代词来表示动词的这种功能，从而使前面多次提到过的代词和动词人称之间的区别得到保存。属于前一类语言的例子就我所知有缅甸语，以及暹罗语、满语和蒙古语（这些语言不把代词缩简为词缀），还有太平洋南部诸岛屿的语言和马来群岛的其余大多数马来语。属于后一类语言的有墨西哥语、德拉瓦热语及其他美洲语言。在墨西哥语中，动词跟施事和受事的代词结合在一起，这种代词的意义有时是具体的，有时则是一般的、抽象的，这表明，墨西哥语以更富有想象力的方式表达了动词独有的功能，指出了动词与其他主要句子成分的关系。在前一类语言中，表示动词的功能必须借助附加的动词"是"，在这个基础上，主语和谓语才能够联系起来。但多数情况下，这个附加的动词只存在于观念之中，并不明显表达出来；这类语言中的所谓动词，其实只不过是分词或动词性名词（Verbalnomen），它们虽然可能带有语态、时态和式的标记，却完全可以当作分词或动词性名词来用。这类语言的式只与愿望、恐惧、可能性、必要性等概念有关。一般说来，这类语言没有纯粹的虚拟式。虚拟式表达的是不确定的、从属性的行为，不包含任何实在的意义，一种语言如果没有形式标记表示简单的、现实的行为，也就无法适当地表达虚拟行为。不过，这类语言对它们所谓的动词毕竟作了比较细心的处理，将之融合成了一个统一的词。实际上，我们在这里指出的差别可以归为两种情况：人们或是把动词分析为描述性的词语，或是把动词当作一个生动的统一体来运用。第一种情况很大程度上是属于逻辑整理的方法，第二种情况则属于感性形象的方法。通过深入观察这一类语言的独特性，我们可以了解到一些只运用逻辑分析方法的民族走过的精神

发展道路。其他语言，例如具有规律性结构的语言，根据不同的场合而采用了以上两种方法。就其本性而言，语言若不以感性形象的方法表达动词功能，便会给自身带来重大缺陷。但我们要看到，有些语言虽然缺少真正的动词，却也能够部分克服这方面的缺陷，因为对大多数动词来说，其词性已被包含在意义本身之中，因此，形式的不足可以从实体上得到补偿。例如在汉语里，词能够兼备名词和动词两种功能，只是通过运用才固定为其中的一种功能；或者是词借助声调指明自己的名词性或动词性。这意味着，语言以另一种途径取得了恰当的效果。

在我所熟悉的各种语言当中，最缺乏表示动词功能的形式标记的语言要算是缅甸语了。[①] 凯瑞在他所著的语法书里明确地指出，在缅甸语里动词几乎只能作为分词形式来用；他还补充说，这种分词形式的动词足以表达任何本来需要由动词表达的概念。在另一处他讲到，缅甸语根本就没有动词。[②] 不过，要想全面地认识

① 缅甸人自称为 Mranmâ，这个名称通写作 Mrammâ，发音是 Byammâ（见《贾德森词典》该词条）。从组成该词的要素的意义来解释，它指的是一支强壮的人种：mran 的意思是“（是）迅速的、敏捷的”，mâ 的意思是“（是）坚实的、健康的”。毫无疑问，许多称谓缅甸民族和国家的习惯拼写形式都源出于 Mrammâ 这个本地形式，其中 Barma 和 Barmanen 是比较正确的形式。凯瑞和贾德森把它们写作 Burma 和 Burmanen，他们想表示的其实是辅音所带的同一个音，但这种拼写是不对的，现在一般已不再用了。又见贝格豪斯（H. Berghaus）的《亚洲地图》，哥达，1832 年，第 1 分册，Nr. 8，“印度支那”，第 77 页；以及雷顿（J. Leyden）的著作《亚洲研究》，Ⅹ，232 页。

② 《缅甸语语法》（*A Grammar of the Burman Language*），塞兰布尔，1814 年，第 79 页 § 1，第 181 页。特别是“前言”部分，第 8—9 页。这部语法的编者费利克斯·凯瑞（Felix Carey）是威廉·凯瑞的长子。威廉·凯瑞是一位教师，曾在威廉堡（Fort William）教授过不少印度语言，我们今天所见到的一系列亚洲语言的语法书，都出自他的手。费利克斯·凯瑞 1822 年不幸逝世（见《亚洲杂志》，Ⅲ，第 59 页），其父卒于 1834 年。

缅甸语的这个特点,就必须把它跟语言结构的其余部分联系起来探讨。

缅甸语的词根词(Stammwörter)并不因为黏附上表示语法意义的音节而发生任何变化。该语言中唯一的字母变化是,起首的吐气字母在发生重叠时转变为非吐气字母,而在两个单音节的词根词结合为一个词的时候,或在一个单音节词被重复的情况下,第二个词的起首清辅音转变为不吐气的浊辅音。在泰米尔语(Tamulisch)[①]里面,当 k,t(不论是舌音还是齿音)和 p 处在词的中间的时候,也分别转化为 g,d,b。区别仅仅在于,在泰米尔语中,辅音如果以重叠的形式出现在词的中央时,就保持清音不变,而在缅甸语里,当复合词中的第一个词根词以辅音结尾的时候,清音也会变成浊音。缅甸语的辅音更加灵活多变,所以,它的词也具有更大的统一性。[②]

① 见安德森(R. Anderson)的《泰米尔语语法入门》(*Rudiments of Tamul Grammar*),伦敦,1821 年,字母一览表部分。

② 在这两种语言里面,字母都不因这种发音的交替而改变文字形式,尽管缅甸语与泰米尔语不同,拥有表示所有发声字母的符号。发音与文字不合,这种现象在缅甸语里是很常见的。在写给雅克(E. Jacquet)先生的一封讨论波利尼西亚语字母系统的信中(见《新亚洲杂志》,Ⅸ,第 500 页),我谈到过单音节语根词中最主要的音形不一致现象,例如文字形式 kak 读起来却是 ket。我推测,远离发音的文字形式之所以得到保存,是有其词源原因的。至今我仍坚持这一看法。我觉得问题的关键在于,发音是逐渐远离文字的,而为了保持词的本来面貌,文字没有随语音的变化而变。雷顿似乎也持同样的看法。他认为(见《亚洲研究》,Ⅹ,第 237 页),跟阿拉坎(Aracan,据贾德森为 Rarīn)的居民鲁克亨人(die Rukhéng)相比,缅甸人的发音更柔和、更含糊,与缅甸语的现行正字法差距也更大。事实上,我们也不可能找到比这更合理的解释。假如在上引例子里,原先真正的发音不是 kak,就绝不会出现这种写法。莱普修斯先生最近就古文字学作为语言研究工具的问题发表了深刻的评论和细致入微的观察结果(见其著第 6、7、89 页),他提出了一个令人信服的论点:任何在文字上得到表达的语言成分,(接下页)

缅甸语的词的结构(除了代词和表示语法关系的语助词外)建立在单音节的词根词以及由之构成的复合词的基础之上。词根词可分为两类:一类表达行为和属性,因此跟一系列事物有关;另一类是具体事物、有生命体或无生命物的名称。也就是说,动词、形容词和名词的区别与词根词的意义相一致。词根词的这种区别只表现在意义上,而与形式无关。例如,ê([是]凉的;变冷),kû(环绕、联结、帮助),mâ([是]硬的、强大的、健康的)这几个词在形式上与 lê(风),rê(水,发音为 yê①),lû(人)完全相同。凯瑞把表示属性和行为的词根词按字母顺序编排成一张专门的表,作为附录收

(接上页)必定曾经在某个时期的发音中存在过。不过,这个论点要是反过来讲,我认为是不能成立的,因为有许多确凿的例子证明,文字再浅易明了,也并非总是记录下全部的发音。凯瑞认为,缅甸语里的这类语音变化仅仅是由于发音变得匆促草率而造成的。他明确指出,偏离文字形式的单音节词词尾绝不是发成十分清晰的音,而是发得非常含混,听起来难以分辨。在这类场合,颚化鼻音在词的末尾发音时往往完全被省略了。于是,可表示几种语法关系的文字形式 thang 据凯瑞的分析有时发作 theen(ee 在此指长 i 音,见其上引著作第 20 页后的表),有时则发作 thee(见第 36 页,§105),而根据豪(G. H. Hough)的《英语—缅甸语词典》,一般都发作 the(第 14 页),换言之,缩简形式时而较强,时而则较弱。在另一个场合,历史材料可以证明,文字保存起了另一种可能更加古老的方言。动词"是"写作 hri,缅甸人读成 shi。而在阿拉坎,这个词读作 hi,该省区的居民据认为比缅甸族人更古老且更早开化。见雷顿,《亚洲研究》,Ⅹ,第 222、237 页。

① 据豪的解释,r 有时发成 r,有时则发成 y,似乎没有确切的定则。克拉普罗特根据法语的发音来转写该词,作 jī,但他没有提到缅甸语例词是从哪里搜集来的(见《亚洲多语手册》(*Asia polyglotta*),巴黎,1823 年,第 369 页)。由于发音常常偏离书写形式,我在这里完全以书写形式为准转写缅甸语的词,这样,按照本书开头提供的有关缅甸语字母转写法的解说,读者就可以把我所援引的词准确地还原为缅甸语的书写符号。我还在括号里列出了就我所知与书写形式不相符的发音。凡标有 H. 字样的发音,均取自豪的词典。我们不清楚克拉普罗特在《亚洲多语手册》中是根据文字还是根据发音进行转写。举例说,他在第 375 页上把"舌头"写作 la,把"手"写作 lek。但前一个词的文字形式应该是 hlyâ,发音为 shyâ;后一个词的文字形式是 lak,发音则为 let。他提到的表示"舌头"的 ma 这个词,在我所掌握的词汇材料中根本就不存在。

入自己写的语法书。他像处理梵语的语根那样处理缅甸语的词根词。从一个方面讲，后者的确可以与前者相提并论。因为，就其本来的形式而言，缅甸语的词根词并不属于哪个具体词类，在言语中也只同语法语助词一起出现，而正是这些语助词把确定的词类意义赋予了词根词。以词根词为基础，还构成了大量的派生词，它们的意义是很自然地从词根词所表示的概念发展起来的。但是，更仔细的观察表明，缅甸语的词根词与梵语的语根性质迥然不同：在缅甸语里，词根词与语法语助词仅仅并列起来，而不构成一个融为一体的词，因此，也就不存在真正意义的派生音节与词根音的结合。所以，当缅甸语的词根词出现在言语中的时候，并没有发生任何变化，没有成为统一的词形不可分割的组成部分；对这样的词根词，不需要采用人为的方法把它们从更大的、融为一体的形式中区分出来。由缅甸语的词根词派生成的形式，并不是真正的派生形式，而只不过是复合形式。最后，在缅甸语里，大多数名词与词根词没有什么区别，从词根词大都不能派生出名词。而在梵语里，除开少数例外，至少名词的形式有别于语根形式，尽管借助 unâdi 型后缀不可能派生出所有的名词。由此看来，缅甸语的所谓语根类似于汉语的词，但从整个语言结构着眼，这种语根还是有点接近于梵语语根的。这种所谓的语根常常无须任何变化就附带了名词意义，而语根固有的动词意义或者明显可识，或者隐而不露。例如，mai 指“(是)黑色的，威胁、惊吓”以及“靛蓝植物”；nê 的意思是“滞留、继续”和“太阳”；pauñ 表示“使……增强，添加”，由此而有转义“典当、抵押”和“(动物的)腰、后腿”。只有在一个孤立的例子里，我才发现语法范畴通过一个语根的派生音节得到了标示。这个例

子至少从表面上看不同于通常的复合形式:借助 a 的前缀化,从语根派生出名词;据豪的论述("词汇",第 20 页),用这种方式也可以构成形容词。比如,a-châ(食品、食物)构自 châ(吃);a-myak(amyet H.,恼火、不快)构自 myak([是]生气的,生气、恼火);a-pan:(令人倦怠的活计)构自 pan:(困难地呼吸);chang(chî)指"以连续不断的顺序排列",由此有 a-chang(顺序、秩序、方法)。但是,当这样构成的名词作为末尾成分之一出现在复合词里的时候,前缀 a 便又脱落了。下面我们讲到 ama 时将会看到,这样的脱落也发生在 a 根本不是一个语根的派生音节的场合。一部分名词有时带前缀 a,有时可以不带,其意义并不因此发生变化。比如前面举过的例词 pauñ,时而也可取 apauñ 的形式,意思还是"(动物的)腰、后腿"。所以,不应该把这个 a 等同于真正的派生音节。

在复合词里面,结合在一起的可以是两个表示属性或行为的词(即凯瑞所说的语根),可以是两个名词,还可以是一个名词与一个这样的语根。第一种方式经常用于表达动词的式,例如通过与一个有"希望"意义的动词概念的结合来表达希求式的意思。但有时候,两个语根也可以只是为了限定意义而组合起来,在这种情况下,后一个语根一般不会带来哪怕是相当微细的附加意义;事实上,复合词的理据有时是不可能从单个语根中推测出来的。例如 pan,pan-krâ:和 pan-kwâ 的意思是"要求允许、请求",其中 krâ:(kyâ:)指"接到、传送消息",但也表示"(是)单独的、分割开的",kwâ 指"分离、分手"。在其他合成形式里,复合词的理据比较容易解释,比如 prach-hmâ:的意思是"犯法、逾越",而拆开来讲,prach(prîch)表示"朝……扔掷",hmâ:表示"弄错、走错路",由此又有

“犯罪”一义。看得出来，通过合成的方法，起到了加强意义的效果。类似的例子十分常见，它们清楚地证实了缅甸语的一个特点：除了简单的即单音节的语根外，这种语言还构成复合的即双音节的动词，而语根原有的基本意义可以丝毫不变；添加的语根或以略有不同的方式重述了前一个语根的概念，或单纯重复了这个概念，或带来一个意义十分一般的概念。① 我在下面还会再讲到这种现象，它对于语言结构有重要意义。有些这样的语根虽然充当复合

① 凯瑞的《语法》没有区分出这一类复合词，也没有专门提及。其实，我们只要耐心细致地通览一遍缅甸语词典，就很容易把它们找出来。贾德森似乎也向我们暗示过这类复合词的存在，他指出，pañ 这个词只用在与意义相似的词合成的形式中。为准确起见，我在这里再举一些词为例：

chî：和 chî-nañ：——“骑……而行”或“行驰”，nañ：(neñ：H.)本身意即“踏到……上”；

tup(tôk，据凯瑞，o 与英语 yoke 中的 o 音同，但据豪，则与英语 go 中的 o 同音)和 tup-kwa——“跪”，kwa 即“(是)低矮的”；

nâ 和 nâ-hkaṅ(nâ-gaṅ)——“倾听、注意”，hkaṅ即“拿、取、接受”；

pañ(peñ H.)和 pañ-pan：——“(是)吃力的、筋疲力尽的”，pan：单独的意思与之相同。同义词有 pañ-hrâ，其中的 hrâ：(shâ：)意即“后退、退却”，但也表示“为数不多”；

rang(yî)——“回忆、集中精神、观察、思考”，同义词有两个。一个是 rang-hchauñ，但其目标意义更确定，强调某个事物，其中的 hchauñ 意为“携带、把握、完成”。另一个是 rang-pê：，其中 pê：的意思是“给”；

hrâ(shâ)——“寻找、关注”，hrâ-kraṅ(shâ-gyaṅ)的意思也相同，kraṅ意即“思维、思考、查看、打算”；

kan 和 kan-kwak——“妨碍、阻塞、破坏”，其中 kwak(kwet)本身的意思是“围成一圈、确定界线”；

chang(chî)和 chang-kâ：——“(是)大量的、丰富的”，kâ：的意思是“扩展、扩大、散布”；

ram：(ran，其中的元音发音如英语 pan)和 ram：-hcha——“劝告、尝试、调查”，hcha 的意思是“考虑、怀疑”。Taû 单独讲以及跟 hcha 结合起来，也表示“劝告”，但并不独立使用；(接下页)

词的第一个成分，却从来不单独使用。属于这一类语根的如 tuṅ，它始终与 wap(wet)一同出现，其实这两个语根各自都有其复合形式所具有的意义，即“恭敬地鞠躬”。也可以把两个成分的顺序颠倒一下，说成 wap-tuṅ，但这个形式只用于加强意义，即“匍匐于地、跪拜在显贵面前”。此外，语根有时候以这样一种方式充当复合词的成分：语根的意义只有一部分转入复合词，剩下的那一部分意义却与复合词的另一成分相矛盾。例如贾德森曾指出，hchwat([是]十分白的)这个词也可以跟表示其他颜色的词结合起来，起加强意思的作用。最后，我们从贾德森关于前引例词 hchauñ 的论述中可以看出，复合形式对单个词的影响相当大。他写道，在一个复合形式中，单个的词由于受到它与另一个词的联系的影响，有时会获得某种特殊的意义(a specific meaning)。

当名词与语根相结合时，语根通常处在名词的后面，例如，lak-tat(let-tat，H.)意思是“(一个)艺术家、制作者”，构自 lak(let H.，即“手”)和 tat(擅长、通晓)。这样的复合形式与梵语里 dharmawid 型的复合词是一致的；在 dharmawid 这个词里，一个语根作为最末尾的成分附加到名词上面。但在这类复合形式中，语根常常只有形容词的意义；这样合成的形式只有当缅甸语始终把一个名词以及与之相联系的形容词视为一个形式的时候，才称得上是复合词，例如：

(接上页)

pa 和 pa-tha——“向恶神供奉、献祭”，tha 的意思是“重新做、制造”，但也可表示“携带、提供”。

以上我尽量只举出并比较那些重音相同的词例。或许，重音不同的词也可以有词源上的联系(我所掌握的材料尚不能证明这一点)，这样的话，这种类型的复合词的数量就多得多，而且，有时候也能够对那些与复合词在意义上更为一致的语根的起源作出解释。

nwâ:-kauñ,译成德语是 Kuh gute(“母牛好”,确切地说是“是好的”)。严格讲,代表这一类复合词的应该是 lû-chu(一群人),构自 lû(人)和 chu(聚集)。当名词与名词相结合,构成复合词时,会出现这样的情况:充当后一个成分的名词几乎失去了原义,成为一个具有一般意义的后缀。例如,ama(妻子、母亲)[①]这个词略去 a 后缩简为 ma,然后附加到复合词的前一个成分上,表示“大、主要、最重要”之类意义,比较:tak(或 tek,舵),tak-ma(主舵、控制舵)。

在缅甸语里,名词和动词本来就没有什么区别。只是在言语中,通过连接到词上面的语助词,二者的区别才得以确定。在梵语里我们能够从一定的派生音节识辨出名词,而在缅甸语里则做不到,这种语言根本没有介于语根和变格名词间的基本形式(Grundform)。至多我们只能举出前面讲到过的借助前缀 a 构成的名词,视之为例外。名词和形容词的所有语法构造都不外乎是明确的复合形式,其中后一个成分把某种更一般的意义赋予了前一个成分的概念,而不论前一个成分是语根还是名词。如果它是一个语根,就会转变为名词,如果它是一个名词,则若干个名词可以被综括入一个概念,仿佛同属一类。很明显,这种复合形式的后一个成分严格说称不上是词缀,尽管缅甸语的语法书总是使用这个术语。真正的词缀意味着从语音上对词的统一性进行处理:词缀将词的意义归入某个确定的范畴,这种范畴是抽象的,不具任何实体性。如果像在缅甸语里那样,不存在这种语音上的处理,词义

① 贾德森解释过该词的意思(参看 ma 这一词目下的注释)。但他只列出了该词的“女人、姐姐、姐妹”诸义,而注明另一个词 ami 表示“母亲”。

的范畴化就不能在语音上获得象征表达，结果是讲话者不得不根据所谓“词缀”的意义或依靠一定的语言运用对词进行范畴划类。这方面的差别，是我们在评价整个缅甸语的时候始终必须考虑到的。缅甸语表达了其他语言借助屈折形变所能标示的全部或大多数语法意义，但它不具备真正意义的象征表达，而形式唯有通过这样的象征表达才渗透到语言之中，并且再从语言出发对精神产生影响。所以，在凯瑞的《语法》里，题为“名词的构造”的那一章综揽了各种极不同的现象，如派生名词、纯粹的复合名词、动名词、分词等等；这种做法是不应该受到指责的，因为所有这些现象确有一个共同之处，即词都通过一个所谓的词缀被综合为一个概念，而就语言具有词的统一性而言，则意味着被综合成一个词。在缅甸语里有时的确会出现这样两种情形：所谓的词缀要么根本没有独立的意义，要么其单独运用时的意义完全或十分不同于充当词缀时的意义；显然，在这类场合，经常使用复合形式尤其会使得这种形式的末尾成分在讲话者的意识中接近于真正的词缀。仔细考察一番缅甸语的词汇，我们可以看出，上述两种情形在该语言里虽然说不上是最常见的现象，却也并不罕见。当然，后一种情况我们并非总能明确鉴别，因为观念上的联系可以千差万别，丰富多彩。这种复合或者词缀化的倾向正如我们在前面已经看到的那样，还表现在这样一个方面：有相当一部分语根和名词从来不脱离复合形式而单独使用。这一现象也见于其他语言，尤其是梵语。一个用得很多的词缀是 hkyañ:[①]，

① 凯瑞在其著第 144 页 § 8 中把这个词写作 hkrañ，未注重音。我在这里采纳了贾德森的拼写法。

它总是导致一个语根(即一个动词)转化为名词,并且把动词所具有的抽象的状态意义——即被视为物的行为——赋予复合形式,例如:chê 相当于德语动词 senden(送、寄),chê-hkyaṅ:或 chê-gyeṅ:相当于德语同根名词 Sendung(送、寄)。khyaṅ:当作独立的动词用,意思是"钻孔、刺穿、渗透",这跟它用作词缀时的意义毫无联系。但是,这个词现有的具体意义无疑源自其业已失去的一般意义。据我的观察,所有其他参与构成名词的词缀都具有更加特殊的性质。

形容词的特点只有从复合形式出发才能作出解释,这就充分说明,缅甸语在构筑语法时始终关心着复合方式。其实,形容词本身也就是语根。一个形容词只有在跟一个名词结合起来构成复合形式的时候,或者当它能够单独运用,像名词一样带上前缀 a 的时候,才会获得自身的语法特性。在与一个名词相结合时,形容词的位置可前可后,但如果处在名词的前面,就必须借助一个连接语助词(thang 或 thau)。我相信,这种差别是由复合词的本性决定的。复合词的最后一个成分必须具有更概括的性质,能够包容头一个成分的意义。但是,当一个形容词与一个名词联结起来时,这个形容词的意义范围要比名词宽广,因此,它需要附带一个适于其特性的要素,才能与名词相结合。下面我将要详细讨论的连接语助词,便满足了这一需要,由此构成的复合形式不属"一个好人"这种类型,而是类似于"一个(是)好的人"或者"一个人,这人是好的",当然,在缅甸语里这些概念的排列次序有所颠倒(即:"好的,这[人],人")。所以,在这里所谓的形容词与动词的功能完全相同;例如,kauṅ:-thang-lû 指"好人",但这个复合形式的头两个成分意思是

“他是好的”。更能说明问题的例证是，人们完全可以不用形容词，而是以同样的方式把一个完整的、甚至带有受支配词的动词置于名词之前；比如，“在空中飞翔的鸟”这个短语在缅甸语里的词序是：“天空-在-飞翔-(连接语助词-)鸟”。在有些复合形式里，一个充当末尾成分的语根(例如“拥有”、“称量”、“权衡”、“值得”等词)与其他起限定作用的词一起构成了名词；如果形容词后置，概念的顺序就与这样一些复合形式一致。

在连贯的言语中，词与词之间的语法关系由语助词来标示。所以，名词和动词理应需要有不同的语助词。不过，事实上情况并不总是如此，由于使用了相同的语助词，名词和动词更有可能被归入同一个范畴。比如，连接语助词 thang 既是名副其实的主格标记，又构成动词的直陈式。在 ñâ-thang pru-thang(我做)这个短语中，thang 就同时用于两种功能。显然，词的这种用法并不是基于通常的语法形式意义，而是另有一种原则，对此我们在下面还要继续讨论。同一个语助词 thang 又可以用作工具格的词尾，例如下述表达：lû-tat-thang hchauk-thang-im(由一个在行的人建造的房子)。该句的头两个词是“人”和“在行的”，它们构成复合形式，其后跟随着所谓工具格的标记；在第二个复合形式里，语根是“建造”，在这里的意思是“被建造起来”，它按照前面讲过的那种方式充当形容词，并通过连接语助词 thang 前附于表示“房子”一义的名词 im(ieng H.)。我怀疑，语助词 thang 本来并没有工具格的意义，这种意义可能是由后来发展起来的语法观念促成的；上引例句的头一个复合形式本来只有“在行的人”这一意义，至于该意义与后随词的联系，要由听话者自己通过思维来添补。同样，thang

还被认为可以作属格的标记。巴利语法家曾对缅甸语作过科学的整理，并为之制定了术语，如果我们把大量似乎表达了名词格的关系的语助词归总起来，就能够清楚地看出，这些语法家曾经煞费苦心，试图把这些语助词与梵语及巴利语中的八个格一一等同起来，并且建立起一个变格系统。然而严格地说，缅甸语是没有格变的，它只不过是从语助词的意义出发使用这类所谓的变格词尾，而完全不考虑名词的语音形式。每个格由若干个语助词来标记，但每个语助词都表达了关系概念的某种特殊的色彩。就连凯瑞在建立变格表的时候，也没有把某些语助词列入表中，而是把它们单列在表后。在缅甸语的这类格的标记当中，有的还可以从前面或者后面黏附上另外一些更确切地限定关系意义的标记。此外，语助词总是跟在名词之后，在名词和语助词之间有时可以插入性以及复数的标记。复数的标记像格的标记一样，也用作代词，除此以外并没有专门表示“我们”、“你们”、“他（她、它）们”的代词。由此可见，缅甸语是根据意义区分一切关系，绝不依靠语音起联系作用，因此，这种语言显然背离了内在语言意识原有的自然趋向，把性、数、格变成了实义词的统一的语音变异形式。事实上，只有在少数格标记里才看得出其原有的意义；甚至像 tô（do H.）这样的复数标记也是如此，我们必须撇开重音的区别，把它看作 tô：（增加、添补）的派生词。人称代词永远以独立的形式出现，绝不会经缩简或变异后用作词缀。

单就词根词来看，我们只能根据动词具有的实体意义识别出动词。施事代词总是处在动词的前面，这就说明，代词并不属于动词的形式，因为它完全独立于那些始终跟随在词根词后面的动词

性语助词。缅甸语拥有的全部动词形式,都以这类语助词为基础,它们表达了复数(倘若存在这一范畴的话)、式、时态的意义。这样的动词形式对于所有三个人称是共同的,因此,处理整个动词乃至句子构造的简单方法就是:词根词连同其动词形式构成一个分词,这个分词通过潜存于意识中的动词"是"与一个独立的主语联系起来。动词"是"虽然也在语言中出现,但看来很少参与构成通常的动词表达。

现在我们再来看动词形式,就会发现复数的标记是直接黏附到词根词上的,或者是黏附到一个应当被与词根词视为整体的成分上面。然而,值得注意的是,动词变位时的复数标记完全不同于名词变格时的复数标记。这可以说是动词的一个特征。单音节的复数标记 kra(kya)在任何情况下都不可或缺,它的后面通常(但不是永远)直接跟随着第二个标记 kun,后者同根于 akun(完全的、完整的)。[①] 缅甸语在这一点上也显示出了双重的特点,即一方面利用复合形式表示语法关系,另一方面又借助另一个附加的成分来加强表达,尽管往往用一个词就足以表达出同样的意义。还有一点也同样值得注意,那就是,一个意义为人们熟知的词附加到了一个已变成词缀的词上面,后一个词原有的意义已经失去了。

如前所述,缅甸语动词的式大都由具有更一般意义的语根与具体意义的语根相结合来表达。其结果是,式的范畴只以实体意义为转移,完全超出了动词形式的逻辑范围,就连究竟有多少个

① 豪拼写作 a-kun:。这个词的意义来自动词 kun("结束",也指"精疲力竭")的含义。

式，恐怕也难以断定。除了少数例外，时态标记在黏附到动词上的时候总是紧随在式的表达之后；相比之下，复数标记则取决于表示式的语根与具体意义的语根相结合的稳固性。由此看来，缅甸民族的语言意识似乎受着双重原则的左右。复数标记有时出现在两个语根之间，但在大多数情况下则跟随在第二个语根的后面。在前一种场合，表示式的语根很大程度上显然与一种含混不清的语法形式感觉有关，而在后一种场合则相反，两个语根在意义上统一了起来，仿佛构成了一个完整的词根词。我们在这里所说的式，是由两个语根联合起来表达的，这种式的范畴可以包括具有极不同的语法意义的形式，例如通过附加“发送”、“委托”、“命令”一类语根构成的使役动词，以及那些在其他语言里要用不可分的介词来限定意义的动词。

凯瑞把缅甸语的时态语助词划分作这样几类：五个表示现在时，三个既表示现在时又表示过去时，两个只表示过去时，若干个表示将来时。他把借助这些语助词构成的动词形变称为动词的形式，但没有说明那些可以表达同一个时态的语助词在运用上有什么差别。不过，他偶尔也暗示确实有差别存在。比如他提到有那么两个语助词在意义上相当接近。关于语助词 thê:，贾德森的看法是，它指出行为目前尚未中止，仍在延续之中。除了以上举出的语助词外，还存在着另一些语助词，比如有一个语助词是表示已经彻底结束的过去时。所有这些时态标记严格说都属于陈述式，因为它们本身并不表达任何其他式的意义；可是，其中有些标记事实上表达了命令式，尽管命令式还有专门的语助词，或是可以借助纯粹的语根来表达。贾德森把有些这样的语助词称作单纯谐音的或者补充性的(ausfüllende)语助词。我们只要到词典中查找一下,便可以发现这些语助词同时大都又是名副其实的语根,虽则其意义与语助词的意义有可能相去很远,甚至毫不相干。所以,在这种场合语言采用的仍是十分重要的复合方式。缅甸语的意图显然在于使这些语助词与语根构成一个词,而整个形式必须被看作一个复合词。但除了前面提到过的情况,即发音把清音字母变成了相应的非吐气浊音字母外,这种词的统一性并没有通过字母的变化显示出来。关于这一点,凯瑞也没有明确提及,不过,凯瑞确立的规则的一般性以及豪的拼写法似乎告诉我们,他们认为这样的字母变化是普遍的;豪把这种字母变化运用到了所有以上述方式充当语助词的词上面,例如,过去完成时的标记发音为 prî:,但记录作 byl:。此外,我发现在使役动词的将来时形式中两个充当语助词的单音节词的元音甚至发生了缩合。使役关系的标记 chê(即语根"命令")与将来时的语助词 aṅ紧缩成了 chim.。[1] 将来时的复合语助词 lim-mang 似乎也是由同样的变化生成的:语助词 lê 与 aṅ缩合成为 lim·,然后加上将来时的另一个语助词 mang。类似的例子在缅甸语里当然还可以找到,但也不可能很多,否则的话我们想必会更容易发现它们。我们在这里描述的动词形式,附加上格的标记后还可以变格,这种格的标记或是直接黏附到语根上,或是黏附到语根所携的语助词上。这种现象看起来跟其他语言中的动名词和分词相一致,不过下面我们将会看到,缅甸语完全是以一种独特的方式把动词和动词短语当作名词来处理。

① 见凯瑞,第 116 页,§ 112;贾德森,chim. 条。

我们有必要把这里谈到的式和时态的语助词与另一个语助词区分开来。这个语助词对动词形式的构成影响极大，但它也属于名词，在缅甸语的整个语法中起着重要的作用。读者从以上的话也许已能够猜测到，我指的是前面提到过的主格标记 thang。凯瑞也觉察到了这个语助词与其他语助词的区别。尽管他认为，thang 是构成动词现在时形式的首要的语助词，但他始终强调其独特性，称之为“联系语助词”(connective increment)。Thang 与其他语助词不一样，它不是动词的附加变化形式[①]，而且它对于动词的意义来说并不重要。然而，thang 指出了它所依附的词处于什么样的语法关系之中，并且可以说是为动词的语法形式划定了界限。所以，在动词系统中，thang 不属于有意义的词，而是属于那种能够在言语要素相互结合的时候引导和促进理解的词，它与汉语中被称为“空”的或“虚”的一类词完全相合。凡是在动词伴随有 thang 的场合，thang 要么直接附着在语根的后面，要么跟随在可能同时存在的其他语助词的后面。在这两个位置上，thang 都可以通过附加上格的标记产生屈折变化。但有一个差别值得我们注意：在名词变格的时候，thang 仅仅是主格的标记，不出现在其他格的形式中，而在分词变格的时候(在此，分词其实就是动词)，thang 则见于所有的形式。这一点似乎表明，在后一种场合 thang 的功用在于指出语助词与语根的依属关系，因此也即标示出分词形式的界限。只有在陈述式里，thang 才得到规律性的运用。它

① 关于这一点，凯瑞在他的《语法》中曾多处明确地提到(第 96 页，§ 34；第 110 页，§ 92，§ 93)。他接着声称，thang 这个词本身并无任何意义。这种说法是否有理，下面我们马上就要讲到。

绝对不出现在虚拟式中，也不出现在命令式以及其他某些结构中。凯瑞认为，thang 的作用是把分词形式与一个后随的词联系起来，这跟我关于 thang 把分词形式与后随的形式区分了开来的看法是一致的。综括以上所述的内容，联系到 thang 一词在名词系统中的运用，我们就不难看出，从词类理论的角度出发并不能对这个词作出解释，相反，我们必须像对待汉语的语助词那样，溯源至它的原始意义。这一原始意义就是“这个”、“这样”，实际上也即凯瑞和贾德森所说的指示代词和副词（只不过他们没有能够把这种意义与 thang 作为语助词的用法联系起来）。不论是用于指示代词还是用于副词的功能，thang 都作为第一个成分构成若干复合词。凯瑞确实指出过，在两个动词语根合成起来的时候（其中一个意义更一般的语根限定着另一个语根的意义），thang 具有一种与它的副词性意义相关联的意思，那就是“符合、一致”（也即“是这样的、同样如此”），可是，他却没有把 thang 的这种意义及用法列入他的语根表，而且，令人遗憾的是，也没有提供任何有关这一意义的用例。[①] 我认为，thang 在上述意义上是被当作一种疏导理解的手段来使用的。如果讲话者想要强调一些他认为应该作为整体来理解的词语，或特别强调名词和动词，他可以在这些词的后面添上意为“这个！”或“这样！”的词，借以把听者的注意力吸引到他的话上，于是，他就能够把刚才所讲的内容与接下去要讲的内容联系起来，或者，要是 thang 处在句子的末尾，就用这个词表示结束全部讲话。

① 见其著第 115 页，§110。其余可参考的几处是：第 67 页；第 74 页，§75；第 162 页，§4；第 169 页，§24；第 170 页，§25；第 173 页。

凯瑞认为，thang 是一个把前言与后语联系起来的语助词，他的这一解释并不适用于我们上面述及的情况。由此他还断言，与 thang 联系起来的语根或者动词形式如果处在一个句子的末尾，便具有动词的功用。[①] 在他看来带 thang 的动词形式如果出现在话的中间，就是一个分词，或至少是一个很难从中识辨出真正的动词特性的结构，而如果该动词形式出现在句尾，那就是一个地地道道的屈折动词。我觉得，他的这一区分是没有根据的。事实上，即使在句子的末尾，这里所讲的形式也只不过是分词，或更确切地说，是一个类似于分词的变异形式。不论在句子的中间还是末尾，真实的动词功能始终都必须由语言使用者通过思维活动来完成。

虽然如此，缅甸语确实拥有另一种能够切实表达动词功能的手段。这种手段跟一个附加的助动词十分相似，不过，凯瑞和贾德森都未能就其真正的特性作出完满的解释。要是人们想用一个真正的屈折动词来结束句子，中止与后面讲话的全部联系，那么，人们就在语根或者动词形式后面加上 êng(î H.)，以取代 thang。这样，就避免了 thang 的联系功能可能引起的任何误解，使一个接一个的分词序列得以中断。例如，pru-êng 相当于德语的(ich u. s. w.)thue，即“(我[等等])做”，而不再有 ich bin thuend(我正在做)这种意思，pru-prî:-êng 相当于 ich habe gethan(我已做)，而不是表示 ich bin thuend gewesen(我曾一直在做)。不论是凯瑞还是贾德森，都没有指出 êng 这个小品词的本义。贾德森只是提到，该词跟表示“是”一义的动词 hri(shi)等义(equivalent)。但奇怪的

---

① 见其著第 96 页，§ 34。

是，êng 也可以用于这个动词本身的变位。[①] 据凯瑞和豪认为，êng 又是属格的标记，如 lû-êng（人的）。贾德森则没有给出这一意义。[②] êng 作为结束句子的标记，正像凯瑞确信的那样，很少用于讲话，而在书面语言中则主要见于译自巴利语的作品。导致这种区别的原因是，缅甸语倾向于在讲话时把句子一个个连接起来，相反，源出于梵语的巴利语则具有规律性的套叠的长句结构。译自巴利语的作品之所以常用 êng 这个助词，我相信还另有一个更直接的原因，那就是，巴利语利用分词与动词“是”的结合形式表示若干个时态，而在这种形式的后面始终可以跟随着发生了一定语音变化的助动词。[③] 缅甸语译者试图恪守原文的词义，在本族语里寻找等义于该助动词的词，于是便选择了 êng。但我们不能因此就认为 êng 不是缅甸语固有的词，而是借自巴利语的词。缅甸语的动词没有人称标记，单是这一点就决定了巴利语的助词形式不可能被忠实准确地转译过来。缅甸语的一个特点是，êng 这个表示结束的词可以出现在所有其他动词形式之后，但却不能用在将来时形式的后面。前面提到的巴利语中的结构似乎主要出现在各种过去时态中。其原因很难说是在于将来时语助词本身的特性，因为这些语助词可以毫不困难地在后面带上 thang。凯瑞作了值得赞赏的努力，他注意到分词形式与屈折动词的区别，指出，动词

① 如在《约翰福音书》(22,2)中，有 hri-kra-êng(shi-gya-î)，即“他(她)们是”或“曾是”。

② 见凯瑞，第 79 页，§ 1；第 96 页，§ 37；第 44 页；第 46 页。豪，第 14 页。贾德森，参见 êng 条。

③ 见布诺夫、拉森(E. Burnouf und C. Lassen)，《论巴利语》(*Essai sur le Pali*)，第 136—137 页。

的命令和疑问形式是缅甸语中唯一在一定程度上看起来有动词词性的形式。[①] 但这种例外只是表面现象，其原因仅仅在于，既然命令和疑问形式所特有的语助词不能跟格的标记建立联系，这些形式也就无法与格的标记相结合。这些语助词的作用是结束形式，而在疑问动词形式中，联系语助同 thang 处在这些语助词之前，以便把疑问动词连接到时态语助词上。

联系语助词 thau 与以上讨论的 thang 有十分相似的特性。关于它们之间的一致和差别，我不准备一一细述，因为在此我只打算描述缅甸语的整体性质。除此以外还有一些联系语助词，它们也能够黏附到动词形式上，而不产生附带的意义。这样的一些联系语助词可以取代 thang 和 thau。但其中有些还用于其他场合，表示虚拟式，因此只有靠上下文才能确定它们的具体含义。

缅甸语句子成分的顺序是：主语，宾语，最后是动词。例如："神世界创造"；"国王对他的将军讲"；"他我给"。在这种结构中，动词的位序显然是不自然的，因为在观念序列中，动词作为一个词类处在主语和宾语之间。缅甸语的这个特点可以归因于：动词实际上只是一个分词，它本身并不要求先于其他成分出现，而且，它还携有一个语助词，其功用在于接续下面的内容。所以，这样的动词并不像真正的动词那样构成句子，而是包括起一切已述内容，并将之传递下去。凯瑞指出，由于具备这类动词形式，缅甸语可以根据需要随意地把一些句子交织在一起，同时又不终止话语；他还补充说，这样的表达方式很大程度上可以说是所有地道的缅甸语作

① 见其著第 109 页，§ 88。

品的特点。显然，一个完整的、以相互依附的一些句子为基础的思考过程将其终点伸展得越远，语言就越有必要倍加细心地用从属性的终止词(Endwort)来结束每一个单独的句子。缅甸语事实上时时处处都把上述动词形式奉为必须坚守的原则，永远使限定语处在待限定语之前。所以，缅甸语里不像德语那样说：der Fisch ist im Wasser(鱼是在水里)，der Hirt geht mit den Kühen(牧人带着牛群走)，ich esse Reis mit Butter gekocht(我吃加黄油煮的米饭)，而是说成：im Wasser der Fisch ist(在水里鱼是)，mit den Kühen der Hirt geht(带着牛群牧人走)，ich mit Reis gekocht Butter esse(我用米饭煮黄油吃)。这样，在每个中间句(Zwischensatz)的末尾总是出现一个不再需要任何限定语的词。此外，意义较宽的限定语通常总是处在意义更具体的限定语之前。这一点特别明显地反映在译自其他语言的作品中。比如，英语《圣经·约翰福音书》(21,2)中有一个短语：and Nathanael of Cana in Galilee(来自加里利的迦南地区的那萨内尔)，缅甸语译本则把它颠倒作：Galilee of the district Cana of the town citizen Nathanael①。

另一种把许多句子相互联系起来的手段，是把句子转变为一个复合结构，在该结构中，每个句子都构成一个先行于名词的形容词。例如，在类似德语的“ich preise Gott, welcher alle Dinge geschaffen hat, welcher frei von Sünde ist…”(我赞美上帝，他创造了一切，他完美无瑕……)这一类表达里，可以把许许多多句子串接起来，其中的每个句子都借助前面讲到过的具有连接功能的语

① 这一句原为德文，为与上引英文短语对照，这里用了英译本的句子。——译者

助词 thau 与名词联系起来，而这个名词则一直要到末了那个句子的后面才出现。也就是说，一系列关系从句出现在前，它们与后随的名词可以被看作一个复合词；最后，动词（我赞美）结束全句。为了方便理解，缅甸语文字使用了专门的标点符号，把这种很长的复合结构中的各个具体要素相互区分开来。语序的规律性使得人们比较容易掌握这种长句结构，只是，在碰到上面描述的一大串关系从句的时候，需要从尾至头颠倒过来分析。当然，在听这类句子时注意力必须高度集中，这样才能发觉遥遥先行的谓语到底跟哪个要素有关。在日常口语里，人们多半是会避免使用如此繁复的表达的。

缅甸语的结构特点决定了它无法把长句的具体组成部分适当地区分、排列开来，使得从句跟随在主句的后面。相反，这种语言结构始终把从句包纳进主句，在这种情况下，从句自然也就必须出现在主句之前。于是，全部子句都被当成单个的名词来处理。例如，为表达“ich habe gehört，dass du deine Bücher verkauft hast”（我听说，你已经把你的书卖了）这样一个德语句子，缅甸语需要把语序倒过来，先说出“你”，再加上动词“卖”的完成时，然后把宾格标记黏附到动词上，最后才是“我听说”。

如果通过以上分析，能够成功地说明缅甸语以何种途径在言语过程中努力把思想综合起来，我们将会认识到，缅甸语一方面并非毫无语法形式，另一方面的确没有形成完善的语法形式。就此来看，缅甸语事实上介于两种语言结构类型之间。生活在中国和印度之间的各族人民讲的都是单音节的语言，缅甸语也属于这一类语言，它所固有的词的结构妨碍了它构成真正的语法形式。当然，词的这种构造特点并未直接对这类单音节语言的深在结构产生影响，使得每一个概念都被包含进一些紧密联系起来的语音之中。但是，这些语言的单音节特性不是偶然形成的，恰恰相反，发音器官根据自身独特的发展倾向有意识地保持着单音节性。因此，单音节的特性便与另一种特性联系了起来，那就是每个音节都要被明确地突出、区分出来，于是，由于标记关系概念的后缀不可能与具有实体意义的词融合起来，语言结构最深在的部分便受到了触动。雷顿说[①]，印度支那各民族吸收了大量巴利语的词，但使这些词适应了他们自己的独特发音，把每个单独的音节突出为一个具体的词。我们应当把这种特点视为印度支那语言以及汉语独具的特征，在考察这类语言的结构时，必须时刻牢记这种特征；在一定意义上甚至可以说，这种特征是上述语言的结构的基本特性，因为任何语言的出发点都是语音。与此相关的还有另一种其他语言很少具备的特征，即借助词所具有的不同声调(Accent)来扩充词汇、丰富词义。在这方面，汉语是人所共知的例子。有些印度支那语言如暹罗语和安南语拥有大量声调，要是让我们来听，几乎不可能把它们区别开来。这些声调把言语变成了一种歌唱或朗诵，罗乌(J. Low)认为，暹罗语的声调完全可以比作音乐上的音阶(Tonleiter)。[②] 同时，与一般的字母相比，这些声调还导致了更显著、更丰富多样的方言差异。人们相信，在安南，凡是比较重要的地区都有自己的方言，相邻地区的居民要与这个地方的居民互通

① 见《亚洲研究》，Ⅹ，222。

② 见其著《泰语或暹罗语语法》(*A Grammar of the Thai or Siamese Language*)，第12—19页。

往来，有时必须求助于书面语言。[①] 缅甸语拥有两种这样的声调，一种缓长柔和，在该语言的文字中用词后的两个竖排的圆点标示；另一种短促有力，用一个置于词后的圆点标示。如果再计入不带声调的发音，同一个词在语言里就可以有三个形式，其意义或多或少有所不同。例如：pô——“阻止、倒入、装满”，“长圆形的篮子”；pô：——“缝上、粘住、捆住、挂上”，“昆虫、虫、蛆”；pô·——“携带、承载、拿来”，“教、教授”，“表示（希望、福福等）”，“被扔到……里或上面”。又如：ñâ——“我”；ñâ：——“五”，“鱼”。不过，并不是每个词都能够具有这类不同的声调。有些尾元音不带两种声调中的任何一种；另一些尾元音只带其中的一种，并且在任何场合都只为那些以元音或者鼻辅音结尾的词所独有。后一种情况清楚地表明，声调是元音的变异形式，与元音密不可分地联系在一起。当两个缅甸语单音节词结合为一个复合词的时候，第一个词并不会因此而失去自身的声调，由此可见，即使是在复合词里面，发音也会把音节像独立的词那样相互分隔开来。通常认为，这些声调的形成是由于单音节语言需要增加可能的语音搭配的数目。然而，这样一种有目的的方法是难以置信的。相反，下述解释恐怕才更合乎情理：人们的发音器官和语音习惯自一开始就固有多种多样的发声变异，为了明晰地发出音，音节在听觉上便被感知为一个个孤立的、带有短暂停顿的单位，而正是这样一种语音习惯阻碍了语言构成多音节的词。

所以，不论彼此间是否有历史的亲缘关系，单音节的印度支那

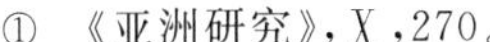

① 《亚洲研究》，Ⅹ，270。

诸语言相互之间以及与汉语之间都有许多共同的特性。不过,我在这里只限于讨论缅甸语,因为目前我所掌握的有关其他印度支那语言的材料还不够充足。[①] 关于缅甸语,首先应当承认,它在表达词根词之间的关系时从不改变词根词的音,不把语法范畴当作言语接合的基础。我们在前面已经看到,在缅甸语里词本身并无语法范畴的区别,同一个词可属于若干个语法范畴;动词的本性被忽略了,同一个语助词既可用于动词又可用于名词,因此,人们只有根据词的意义——而在单靠词的意义仍不足以作出判断的场合,还须依靠语境——才能判定一个词究竟属于动词还是名词。缅甸语组织言语的原则是,指出哪个词在言语中限定着另一个词。在这方面,缅甸语与汉语完全一致。[②] 我们只需举出一个事实作为证明:像汉语一样,缅甸语也用一个专门的语助词来顺理结构,这个语助词集分离和联系两种功能于一身。在这种用法上,缅甸语的 thang 与汉语的 tchî(之)的相似十分引人注目。[③] 但另一方面,缅甸语与汉语又有重大的差别,这种差别不仅表现在它们对限定语的不同理解上,而且也表现在它们所运用的不同标记手段上。其实,这里所说的限定语包括两种情况,把它们仔细区别开来对我们来说是极为重要的:一种情况是,一个词为另一个词所支配;另

① 罗乌对暹罗语作过十分重要的论述。如果我读一下布诺夫对罗乌著作的出色评论(见《新亚洲杂志》,Ⅳ,210),就更能意识到罗乌的阐释富有启发意义。只是他对暹罗语语法的大部分仅作了简短的描述,往往只举例子而不提规则,对实例缺乏适当的分析。至于安南语,我手头只有雷顿的那篇很有价值的论文(见《亚洲研究》,Ⅹ,158),不过从当今语言学的角度看,该论文已不能满足需要。

② 见我致阿贝尔·雷缪萨的信,第 31 页。

③ 同上页注释①,第 31—34 页。

一种情况是，一个在某些方面含义不明确的概念得到了补足。就其意义范围和属性而言，词必须得到质的限定，而就其使役关系（即依赖或支配其他词的关系）而言，词必须受到相对的限定。[①]汉语在自身的结构中严格区分了上述两种限定语，使得它们各适其所。在汉语里，支配词处在受支配词之前，主语处在动词之前，动词处在直接宾语之前，最后，如果带直接宾语的话，直接宾语处在间接宾语之前。这里，我们当然不能说，前面的词补足了跟在其后的词，而是应该说，把动词夹在中间的主语和宾语都起了补足动词意义的作用。直接宾语与间接宾语的关系也是如此。另一方面，在汉语里起补足作用的词始终出现在意义尚未确定的词之前，比如形容词先于名词，副词先于动词，属格词先于主格词，于是，从中我们又可以发现另一条原则，它与前述支配词先于受支配词的原则在一定程度上相对立。因为，在两个词里，恰恰是跟随在后面的、意义尚不确定的词起着支配的作用，如果按照支配词与受支配词的关系来类推，这个词本应出现在前。由此看来，汉语结构的基础是两条普遍的、彼此对立的规律，这种结构显然恰当地利用了动词的特殊地位来明确突出它与宾语的关系，因为在构成句子的所有的词当中，动词是最最重要的支配词。以上第一条规律适用于主要句子成分的划分，第二条规律适用于次要句子成分。假如次

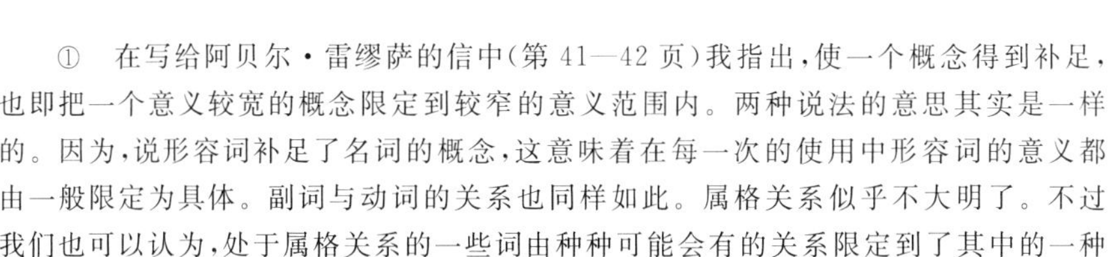

①　在写给阿贝尔·雷缪萨的信中（第41—42页）我指出，使一个概念得到补足，也即把一个意义较宽的概念限定到较窄的意义范围内。两种说法的意思其实是一样的。因为，说形容词补足了名词的概念，这意味着在每一次的使用中形容词的意义都由一般限定为具体。副词与动词的关系也同样如此。属格关系似乎不大明了。不过我们也可以认为，处于属格关系的一些词由种种可能会有的关系限定到了其中的一种关系。

要的句子成分也依据第一条规律来处理，使得形容词、副词、属格词分别居于名词、动词、主格词之后，那么，由对立规律导致的句子构造的谐调关系就会遭到破坏，而且，副词居于动词后的位置会使它无法与宾语区分开来；但句子本身的秩序、句子展开的过程与语言意识的内在运动之间的一致关系，却并不会因此而受到任何损害。最重要的是使“支配”（Regieren）这一概念正确地确立起来，而汉语的结构可以说基本上严格把握着这个概念，例外为数不多；这方面的例外事实上在任何语言中都有，被认为是多多少少偏离了常规词序的现象。至于缅甸语，则并不区分上面提到的两种限定语，它实际上只保持着一条结构规律，恰恰忽略了两条结构规律中更重要的那一条。虽然主语在宾语和动词之前，但动词却在宾语之后。这种颠倒的词序不禁使我们产生了疑问：缅甸语让主语出现在前，是有意识地把它当作支配词呢，还是让它只起补足后继句子成分的作用？显然，受支配的宾语是被视为一个补足动词意义的限定语；动词本身是不确定的，它先后受到主语和宾语的限定，最后结束句子。而主语和宾语各自又在前面加上补足其意义的次要限定语，这是不言而喻的，从我们在前面援引的例子可以看得很清楚。

缅甸语和汉语的这种结构差异，显然要归因于汉语具有正确的动词观念，而缅甸语则缺乏这样的观念。在汉语的结构中，显露出一种对真正的、独特的动词功能的感觉。汉语将动词置于句子的中心，即主语和宾语之间，这样，动词就控制了全句，成为整个言语组织的灵魂。尽管不具备语音变异形式，汉语仍能够借助词的位序使动词发出的行为渗透到句子的各个部分，从而使语言意识统辖言语的意图得到实现，或至少内在地感觉到了这种意图。缅甸语的情况就完全不同了。它的动词形式摇摆于屈折动词和分词之间，这种动词形式就其实体意义而言其实正是分词，不可能取得形式意义，因为动词本身在语言中就没有任何形式。不仅动词的基本功能没有在语言中得到任何表达，而且，所谓动词形式的独特结构及其与名词的明显相似也表明，讲话者丝毫没有生动地感觉到动词的真正力量。缅甸语确实用了大量的语助词来标记动词，使之区别于名词，而汉语则很少有这类标记，就这一点来看，人们会觉得奇怪，何以缅甸语仍会排斥真正的动词范畴。毫无疑问，这种现象还有一个原因，即，缅甸语仅仅是在同样能够为人们从实体上把握的变异范围内表达动词，而没有意识到要把纯形式的标记赋予动词。相比之下，汉语难得使用甚至往往完全不用这类实体性的标记，它借助正确的词序而把握一种贯穿在言语中的不可见的形式。我们或许可以这样说：汉语所具备的外在的语法越少，它的内在的语法也就越多。渗透到汉语之中的语法观念是合乎逻辑的观念，这一观念给汉语带来了适当的语序，并且必将通过运用这种正确地建立起来的语序而在人民的精神中继续发展。有人也许会对上述论点提出异议，指出：把动词置于宾语之后这种现象也见于屈折语言，而且并不罕见，此外，缅甸语像屈折语言一样也区分名词的格，用专门的语助词来表示格。然而，缅甸语在其他许多方面的缺陷表明，它根本没有任何明晰的词类观念，在组织言语时仅仅采用一种方法，即使词相互限定，因此，实际上缅甸语仍旧受到一种忽略了句子结构本质的语法观的左右。这一点也可以从下述事实中得到证明：在缅甸语里，所谓的动词永远出现在句子末尾。

这个事实特别值得一提。根据前面提出的导致这种词序的第二个原因，即把一个新的句子再附加到动词形式上的可能性，我们可以看得很清楚，缅甸语既不具备真正的长句结构的特性，又不具备构成这种结构所必需的动词的力量。缅甸语显然很少有类似欧洲语言中的连词的语助词，这样的语助词可以通过一些子句的相互穿插交织而把生动的、丰富多样的特性赋予长句。至于汉语，在这种场合仍然遵循着自身词序的一般规律，正如把属格置于主格之前一样，它也把起进一步限定和补足作用的子句置于被限定句的前面，所以，汉语在这方面是远胜于缅甸语的。在缅甸语里，子句仿佛直线似的一个个连接起来，但即使是这样，这些子句也很少利用起联系作用的连词进行排列；这种连词类似于德语的 und（和、与），本来可以帮助每一个子句保持独立性。事实上，缅甸语的子句在发生联系时，彼此的实体性内容交融了起来。这种联系方式在语助词 thang 上得到了充分的体现。在一连串的句子流中，thang 通常用于每一个子句的末尾，它把前面的内容概括起来，同时又为理解后面的内容提供线索。看得出来，这会导致某种表达上的笨拙呆板以及令人生厌的千篇一律。

在标示词序的手段方面，汉语和缅甸语是一致的，它们都既利用词在句子中的位置，又运用专门的语助词。缅甸语其实并不需要十分严格的词序规则，因为它所拥有的大量表示关系的语助词已足以确保理解。但它却更加忠实地维持着习惯使然的词序。唯一没有贯彻始终的一处是，形容词可以出现在名词的前面或者后面。不过，如果形容词置于名词之前，就总有必要添加一个起限定词序作用的语助词，由此看来，形容词后置才是真正自然的词序。

这是因为,形容词和名词构成了一个复合形式,而如果形容词先于名词出现,这个复合形式就完全没有格的变化,这种格变应当被认为只属于意义由形容词限定的名词。无论在名词性的还是动词性的复合形式里,缅甸语通常都让表示类概念的词首先出现,然后加上一个具有更一般意义的说明词(这个词可以用于若干个类概念)。用这种方式可以构成动词的式,或构成许多种鱼的名称,其中第一个词是"鱼",等等。在其他场合,缅甸语似乎采取了相反的途径。拿各行业手工业者的名称来说,它们是由一般意义的"制作"作为第二个成分加在某样工具的名称之后构成的。但缅甸语这样做,到底是采用了另一种方法,或只不过是把每个行业看作一个类概念,这一点尚有疑问。在形容词后置的复合形式中,形容词的作用也同样在于详细说明一个类概念。而汉语在这类场合则仍然忠实于自身的一般规律。一个应该得到更专门定义的词,在复合词中也充当最后一个成分。动词"看见"不大自然地被用来构成被动式,或更确切地说是代替被动式。这种用法的"看见"出现在主要概念之前,例如,"见戮"的意思是被杀死。看到的东西可以成千上万,因此,"戮"这个词本应置于"见"之前。而这种颠倒了的词序说明,"见"在这种场合应当被视为后面的词的限定语,即指出了死的状态。所以,这种初看起来有点怪异的表达实际上以一种机智微妙的方式暗示了语法关系。以类似方式构成的还有表示农夫、书斋等义的词。

缅甸语与汉语的一致之处是,二者在组织言语时都利用语助词来辅助词序。此外,它们还有一个相似的地方:有些这样的语助词只用作结构的标记,而不带来任何附加的实体意义。但也正是在这些语助词中，存在着一条关键性的界线，使得缅甸语区别于汉语，并形成独特的性质。缅甸语特别注意利用中介概念来表达一个词与其他词的共现关系，其结果是，这类语助词不仅数目增加了，而且获得了某种虽然并非十分系统的完整性。同时，缅甸语又显示了一种倾向，它力图把这些语助词与词根词而不是与句子中的其他词更紧密地联系起来。当然，以缅甸语的那种把音节与音节分离开的发音方法，以它所拥有的全部精神力量，不可能构成真正统一的词。但我们知道，在有些场合一个词会对另一个直接黏附在它上面的词产生影响，使该词的辅音发生变化；而在动词形式中，起结尾作用的语助词 thang 和 êng 把动词性语助词与词根词连接成了一个整体。甚至有这样一个特别的例子：两个音节缩合成了一个音节。这种语音变化与汉语文字的性质是绝然相悖的，只能由拼音文字来描述。缅甸语对后缀的真正本性的感觉还表现在，即使是那些可以被看作限定形容词的语助词，例如复数的标记，也从不出现在词根词之前，而是始终跟随在后。相反，在汉语里，不同的复数语助词则有不同的位置，或出现在词根词之前，或出现在其后。

从缅甸语有别于汉语结构的情况来看，它偏近于梵语的结构。但事实上，缅甸语与梵语之间存在着一道不可逾越的鸿沟，关于这一点我们已没有必要再详细论述。这两种语言的差别不仅仅是在于语助词黏附到主要的词上面的紧密程度。把缅甸语的这类语助词与印度语的后缀比较一下，我们就能更清楚地看出这两种语言的不同。缅甸语的语助词像语言中的其他词一样，又是有意义的词，尽管其意义在本族人民的记忆中大都已丧失殆尽。印度语的后缀则绝大部分是主观的语音，而且只适合于表达内在的关系。

虽然缅甸语看起来介于汉语和梵语这两个极端类型之间，但总的说我们绝不能把缅甸语视为汉语和梵语之间的一个过渡点。任何一种语言的生命，都取决于一个民族的内在直感（innere Anschauung），即以什么样的方式使思想在语音中得到实现。而我们在这里比较的三个语系，它们的内在直感是完全不同的。就语助词的数量及其运用的多寡而言，从古汉语经近代汉语[①]，再到缅甸语，似乎显示出一种向语法标记逐渐靠拢的趋势，然而在基本的直感方面，缅甸语毕竟完全有别于古汉语；至于汉语的基本直感，由古及今本质上并未发生变化。汉语只依靠词序，只依靠铸刻在精神内部的语法形式观念。缅甸语在组织言语时却不依赖词序，虽然它更坚定地保持着适合于它的思维方式的语序。缅甸语通过添加新的辅助性概念把一些概念联系起来，如果没有这样的联系手段，它所特有的语序就会导致意义模棱两可。这种起联系作用的概念必定是语法形式的表达，所以，我们在缅甸语里自然也就可以观察到这类表达。不过，缅甸语对这类语法形式的直感不如汉语和梵语的直感那样清晰明确。比不上汉语，是因为缅甸语所依赖的辅助性联系概念降低了语言意识积极参与言语活动的必要性；比不上梵语，则是因为缅甸语没有很好地掌握语音，不能构成真正统一的词和名副其实的语法形式。但另一方面，我们也不能把缅甸语归入黏着型语言，因为它跟这类语言不同，在发音时总是故意把音节相互分隔开来。比之黏着型语言，缅甸语的系统倒是更纯净、更一致，虽然正是由于这个原因它才更加远离任何屈折变化；

① 近代（neuere）汉语，指作者那个时代的汉语。——译者

当然，在黏着型语言中，屈折形式也并非产生自内部的源泉，而只不过是一种偶发现象。

梵语或者源于梵语的方言或多或少跟生活在印度附近的所有民族的语言发生过接触。一个饶有趣味的问题是，通过这种更大程度上制约于宗教和科学的精神而不是制约于政治和社会生活状况的接触，不同的语言相互之间形成了什么样的关系。拿印度北部的巴利语来说，这是一种屈折语言，其语法形式已失去许多语音区别。这种语言在印度支那接触到了另一些基本上类似于汉语的语言。也就是说，发生接触的是两种极度对立的语言类型，其中一种有丰富的语法标记，另一种几乎完全没有语法标记。我不能同意这样一种观点，似乎巴利语对具有独特的结构原则和民族背景的缅甸语产生了本质性的影响，使它改变了原来的面貌。缅甸语的多音节词是它本身倾向于构成复合形式的结果，并不需要以巴利语为范例；同样，使用近似于语法形式的语助词，也是缅甸语本身固有的特点。那些巴利语学者只不过是为缅甸语披上了外部语法装饰。这一点我们从格标记的多样化和复合词的类别可以看出。被他们认为相当于梵语中 karmadhâraya 型词的缅甸语复合词，实际上与之毫无共同之处，因为，缅甸语的形容词若出现在名词之前，总是需要一个连接语助词。至于对动词，根据凯瑞的语法来看，巴利语学者好像没有贸然使用他们自己的术语。尽管如此，我们不应否认有这样的可能性：通过不断地学习巴利语，缅甸语的语体以及一定程度上其性质可以变得接近于巴利语，并且可能会朝着这个方向发生越来越大的变化。当然，只是在相当有限的范围内，一种语言真正具有实体性的语音形式才会因异族语言的影

响而发生变化。相反，对形式的内在直感却很容易受到触动，语法观念，乃至语言意识的力量和生动性，会由于同更完善的语言进行交往而得到改进和提高。而这一切在新的使用习惯所允许的限度内，将反过来对语言产生作用。在缅甸语里，这种作用也许会特别强烈，因为它的主要结构部分已经与梵语近似，不足之处只是在于它对这些部分缺乏正确的认识；单靠自身的力量，缅甸语无法达到这种认识，因为它并不是在这种认识的基础之上生成的。在这种情况下，异族的语言观或许就可以提供帮助。为此人们也许只需要逐渐地适当地使用积累起来的语助词，使一些语助词适宜于某些确定的语法形式，同时摈弃其他许多语助词；以及更经常地在结构中使用现有的助动词，等等。然而，不管人们如何去进行这样的努力，也无法改变一个事实，即，归根到底缅甸语固有一种全然不同的形式，因此，上述一系列处理方式的结果听起来总是不像缅甸语。例如，表示同一个形式的若干个语助词实际上并不等值，它们在语言运用中有细微的区别。所以，在任何情况下我们都能够看出，某种异族的成分侵入了缅甸语。

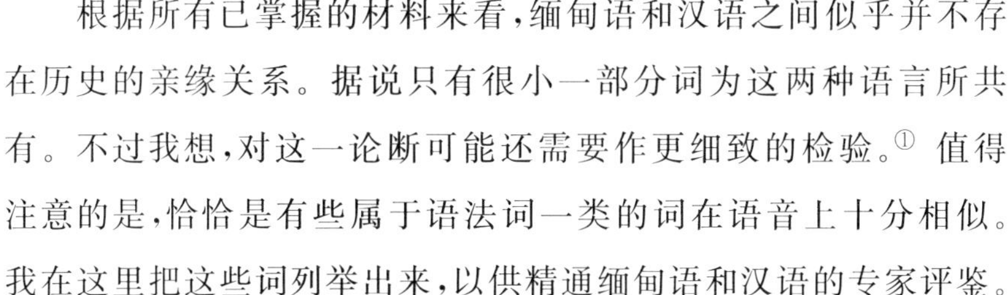

根据所有已掌握的材料来看，缅甸语和汉语之间似乎并不存在历史的亲缘关系。据说只有很小一部分词为这两种语言所共有。不过我想，对这一论断可能还需要作更细致的检验。[①] 值得注意的是，恰恰是有些属于语法词一类的词在语音上十分相似。我在这里把这些词列举出来，以供精通缅甸语和汉语的专家评鉴。

① 洪堡特的谨慎不无道理。现代一般认为，缅甸语和汉语同属一个语系。——译者

缅甸语的名词和动词的复数标记是 tô · 和 kra(发音为 kya),而古代汉语和近代汉语的复数标记是 toû(都)和 kiâi(皆);我们已经知道,thang(据豪认为,发音为 thi)对应于近代汉语的 ti(的)和古代汉语的 tchî(之);hri(发音为 shi)即动词"是",据雷缪萨认为,汉语中这个动词也是 chi(是)。马礼逊(R. Morrison)和豪按照英语的拼写法,把这两个词都一律写作 she。但汉语的"是"同时又是代词以及表示赞同的语气词,其动词意义可能只是由此发展而来的。然而,这种词源诠释并不影响我们确定以上两个词的亲缘联系。最后,两种语言表示可数的物体都用一个一般意义的类属表达。它类似于德语的 Stück("个、块、件、片",等等):缅甸语是 hku,汉语是 ko(个)。这一类词虽然为数不多,但它们正属于最能够揭示两种语言之间亲属联系的结构部分;此外,不论汉语语法和缅甸语语法的种种差别有多么大,对语言结构的影响有多么深,它们毕竟不像缅甸语与他加禄语之间的差别那样巨大,足以完全否定这两种语言之间存在任何亲属关系。

38 与以上研究直接有关的一个问题是:单音节语言与双音节语言之间的差别是绝对的,还是相对的,二者仅仅程度有别而已?词的这种语音形式铸成了语言的本质特性,还是,单音节状态只不过属于一个过渡阶段,从中逐渐发展起了多音节的语言?

在早期的语言学研究中,人们对汉语和许多东南亚语言一视同仁,认为它们都属于单音节的语言。后来,人们产生了疑问,阿贝尔·雷缪萨研究了汉语,对上述观点明确提出了不同看法[①]。

① 见《东方宝库》,Ⅲ,第 279 页。

但是，雷缪萨等人的新观点与可以观察到的语言事实明显相抵牾，我们有充分的理由认为，人们现在应当回过头来重新采纳早期的观点。其实，整个争论的基本概念就有不少含混不清之处，因此，我们首先需要作适当的定义，确定人们所说的单音节的词形到底是指什么，以及在什么意义上把单音节语言与多音节语言区别开来。雷缪萨援引的所有汉语多音节词的例子，都可以归入复合词，而复合词跟原始的多音节状态完全是两回事，这一点看来是不应有疑问的。通过复合方式，可以产生出被认为是极其简单的概念，但这样的概念事实上却是由两个或更多的概念组合而成的。所以，以这种方式构成的词绝不是简单词，一种语言也自然不会由于拥有复合词而脱离单音节的状态。显然，要产生出多音节的简单词，就意味着简单词本身不再能分割为一些更小的概念，意味着两个或两个以上没有独立意义的音节的音构成了一个概念的符号。而且，即使我们发现了看起来符合上述条件的词，也还需要作进一步的考察，以确定每个单独的音节是否本来具有自己的意义，只不过后来失去了这种意义。总之，要证明一种语言不是单音节的语言，就得要证实词的所有音素只有作为一个整体才表达意义，一旦分割开来就没有意义。对这一点，雷缪萨并没有十分清楚地意识到，因此，在前引论文中他误解了汉语的独特性。[①] 但从另一个方面看，雷缪萨的看法在一定程度上还是与事实相符的。他坚持把语言划分为单音节的和多音节的两类，同时他又注意到，这样的分

① 安培尔(J. J. Ampère)先生正确地认识到了这一点。见其著“关于中国和阿贝尔·雷缪萨先生的著作”(De la Chine et des travaux de M. Abel Rémusat，载 *Revue des deux mondes*，第 8 卷，1832 年，第 373—405 页)。同时安培尔提醒道，雷缪萨(接下页)

类不应该像人们通常理解的那样，拘泥于严格精确的区分。我在前面已经指出过，语言的这种分类不能仅仅以单音节词还是多音节词占优势这样的事实为根据，而是应该建立在更重要的特征的基础之上，那就是要看语言是否既缺少词缀，又保持着独特的发音习惯，即使精神把一些概念结成一体，音节也仍旧分隔存在。缺少词缀的真正原因，应当到更深在的精神之中寻找。因为，只要精神生动地感觉到了词缀对主要概念的依赖关系，发音器官就不可能在一个词里面把独立的语音价值赋予词缀。而精神的这种生动感觉带来的必然和直接的结果，就是两个不同的要素融合为一个统一的词。因此，我觉得雷缪萨的失误仅仅在于，他既没有肯定汉语的单音节性质，也没有试图去说明，就连其他语言也是从单音节的语根构造发展起来的。这些语言能够产生出多音节的构造，部分

（接上页）的论文虽然是在他研究汉语的初期问世的，但他后来也没有完全抛弃同一观点。雷缪萨似乎过分倾向于认为，汉语的结构与其他语言的差别事实上并不很大。他之所以会产生这种看法，多半是由于他在早期研究阶段有过一些关于汉语和学习汉语的困难的奇特想法。此外，雷缪萨也没有足够清楚地估计到，缺少某些细腻的语法标记虽然从局部看可能不会有损于意义的传递，然而整个说来，却不利于准确地表达思想的微细色彩。除了这些不足之处，在其他方面雷缪萨显然是第一个描述了汉语的真实本质的人。直到今天，当马若瑟（J. H. de Prémare）神父的那部同样十分宝贵的汉语语法（Notitia linguae Sinicae autore Patre Prémare，Malaccae，1731）出版之后，我们才真正了解到雷缪萨的《语法》所具有的价值。对比一下这两部著作，我们无疑能够断定，雷缪萨的《语法》对汉语研究作出了多么巨大的贡献。读者在该《语法》中处处都可以发现，作者对汉语的特性作了透彻清晰、易于理解的描述和整理。马若瑟神父这位前辈的著作为我们提供了极其珍贵的材料，逐一细述了汉语的所有特点，但从整体上看，很难说他的脑海中也同样有一幅关于汉语全貌的明确图景。至少，他未能成功地为读者描绘出这样一幅图景。当然，精通汉语的专家也有可能在雷缪萨的著作里发现一些漏洞，并另行找到填补漏洞的办法；尽管如此，人们将永远记住这位卓越的学者作出的伟大贡献：是他第一个真正从本质上正确地把握了汉语，并且使汉语研究成为通俗易懂的课题，从而为这一研究奠定了基础。

是由于运用了独特的词缀方法，部分则是由于使用了汉语中也有的复合形式；不同的是，汉语在发展中遇到了前面说过的障碍，而这些语言却没有受到类似的阻碍，从而真正达到了多音节的状态。我在这里所循的正是这样一条思路，并且要从事实出发，优先对某些更有代表性的语言进行研究。

探索词的真正的源头，是十分困难的，有时甚至根本不可能做到，但通过对词的细致分析，我们在大多数语言中可以追溯至单音节的词根。个别相反的情况并不能证明语言自一开始即呈多音节状态；我们的分析还不够深入细密，否则，很可能能够阐明某些所谓原始的多音节现象。可是，如果从纯观念的角度来看这个问题，我们也可以得出类似的结论。我们可以设立一个一般的假定，即，每一个概念最初都由一个音节表达。在发明语言的过程中，概念也即某个外在或内在的客体对人产生的印象，而受到这一生动印象的刺激后从胸腔中迸发出来的语声，便是词。这样看来，两个语声是难以与一个印象对应起来的。如果真的产生了两个相连接的语声，那么，它们应当是指称由同一客体引起的两个印象，这两个语声自词生成的一刻起就构成了复合形式，所以并不至于损害单音节性这一基本原则。所有的语言，特别是不大发达的语言，其实都有这种复合形式，即叠音词。每一个重复的语声都表达了整个客体，不过，通过声音的重叠，词可以获得某种细微的附加色彩：或是更生动地描述所感受的印象，起强化意义的作用；或是表示客体重复出现。所以，叠音形式主要见于形容词，因为形容词表达的是事物的属性，而属性并非单个的物体，它犹如一个平面，覆盖起同一类物体的全部空间。在许多语言中（我在这里只准备举太平洋

南部诸岛屿的语言为例)，叠音形式主要甚至几乎完全是形容词以及由之构成的名词，即本来被当作形容词感知的名词。当然，假使我们认为，最早的语言命名是有意识地把语音分配给事物的行为，那么情况就完全不同了。人们会努力把不完全一样的名称赋予不同的概念，这样一来一个音节就极有可能附带上第二个、第三个音节，同时并不增加新的意义。但这种假使显然是错误的。要知道语言绝不是一个僵死的机械装置，而是一种活生生的自我创造；最早的讲话者在感性认识方面比起我们来要敏锐富足得多，至于我们的感觉，由于受到文化和基于外来经验的知识的濡染，已经变得迟滞木然了。每一种语言无疑都有这样一些词，它们的音完全相同，但表示的意义却根本不同，结果就造成了意义上的模棱两可。不过，这毕竟不是常见的现象，通常一个概念总是对应于一个与其他音有细微差别的音。之所以如此，当然不是因为人们有意识地对现存的词作了比较(讲话者甚至不会意识到这些词的存在)，而是因为无论关于事物的印象，还是这种印象所引发的语音，始终都是个别的，而任何个别的东西都不可能与其他个别物绝对吻合。另外，语言的词库确实也会通过扩展已有的具体名称而丰富起来。当人认识到更多的事物，对事物的认识也更加精确的时候，他就会发现，泛泛而言相互类同的事物可以有许多特殊的差异，而这种新的印象自然会引发一个新的音，它连接到原先的那个音上面，便构成了多音节词。但在这种情况下，联系起来的概念及其连接起来的音所指的仍旧是同一个客体。所以，关于最早的名称，我们最多只能够推测，人们起初仅仅是出于对声响的愉悦之感才把没有任何意义的音附加到词上面，或者是词尾的吐气音随着发音的规则化而变成了真正的音节。语言中可以有一些纯感性的、不带任何意义的音，这一点我并不否认，但这些音能够存在，是由于它们本来有所表示，只是后来失去了自身的意义。最初，发音器官发出的任何一个分节音都是由一定的感觉唤起的。

随着时间的流淌，多音节的情况也会发生变化。毫无疑问，在发达的语言里存在多音节现象，有争议的只是，语根是否有可能为多音节。除了语根以外，整个说来我们可以假定，并且能够用许多具体的例子来证明多音节词的基础是复合形式，因此，所谓多音节词也就没有独特性可言了。构成词的某些具体要素看起来没有意义，这不仅是因为其意义尚不为我们所知，而且往往另有某个积极的原因。一开始，语言先是把确实相互限定的概念联系起来，然后，它才把另一个概念连接到主要概念上，前者只有比喻意义或者只带着自身原有的一部分意义。例如在汉语里，要在亲属关系方面表示老少之间的区别，可以用表示儿子一义的词构成复合亲属称谓，但既不是指直接的血统关系，又与性别无关，而仅仅是表示年龄小。[①] 有一些这样的概念具有更一般的性质，因此有可能经常用作详细定义概念的构词成分，而人们在语言运用中也会习惯于将它们运用到其他一些场合，在这类场合，它们与主要概念的关系十分遥远，难以窥测，或者是我们不得不承认，甚至不存在任何这样的关系，所以这些附加概念的意义事实上也就化为乌有了。在类似这样的情况下，语言遵循了一种普遍的类推准则，即把语声从真正适宜的环境挪用到并不相宜的环境。这种现象实际上也见

① 作者大概是指“婴儿”、“儿童”等词里的“儿”。——译者

于语言的其他领域。比如，在梵语变格系统的许多屈折形式中毫无疑问隐藏着代词词干，但对其中的某些形式我们不可能作出解释，为什么恰恰是这个而不是另外一个词干适用于特定的格，甚至也不可能解释，一个代词词干何以能够成为一种确定的格关系的表达。当然，即使是在最典型的类似场合，概念和语音之间也可以有极为独特和微妙的联系。不过这样的联系并非产生自普遍的需要；尽管它们的形成不是偶然的，我们也唯有依靠历史材料才能予以证实，而如果材料匮缺，它们对我们来说也就无异于丧失了存在。这里，我没有讲到一种语言的多音节词被借入另一种语言这一现象是有原因的。因为，倘若我的上述观点是正确的，那就意味着，这些词的多音节形式绝不可能是初始的形式，对于采纳了这些词的语言来说，词的单个要素只是相对而言才可以说没有意义。

然而，非单音节的语言在不同程度上都表现出一种由内因和外因共同导致的倾向，也即朝纯粹的多音节状态发展的趋势，至于多音节词源自复合形式的事实是否仍清晰可辨或者已经无迹可觅，则无关紧要。在这种情况下，语言需要有足够长度的语音形式来表达一些简单的概念，使得那些联结起来的基本概念在这个语音形式中融为一体。通过这种语音和概念相配合的途径，便产生出了由若干个音节指称一个概念的名称。我们知道，汉语有抵制多音节化的特性，而汉文字显然是这种特性带来的结果，并且反过来巩固了汉语的这种特性。相比之下，其他语言则具有相反的倾向。对和谐悦耳的声音的喜好，对韵律、节奏的追求，促使这些语言逐渐构成更大的完整的词；同时，这些语言受到了一种内在感觉的激励，开始把两类不同的复合形式区分开来：一类复合形式完全是在讲话过程中产生的；另一类则接近于用几个音节表示一个简单概念的表达形式，这些音节如果一个个分开来看，其意义已不得而知或者不再为人注意。由于语言中的一切都处在密切的相互联系之中，这种起初似乎纯属感性的多音节倾向便有了一个更广阔、更稳固的发展基础。精神活动的目的，即在于把概念及概念的关系组织成一个统一的词，精神的这一努力显然影响了语言朝着哪个方向发展，是像真正的屈折语言那样构成统一的词，还是像黏着语言那样在发展的中途停步不前。在这里，初始的原因是一种创造性的力量，用形象的词语表达，借助于这种创造力量，语言从语根之中生成了一切与词的内部和外部形式构造有关的东西。这一创造活动越是深入持久，语言的多音节倾向就越强烈；反之，这一创造活动衰竭得越早，多音节的倾向也就越微弱。多音节倾向使词获得了更大的语音范围，但这一倾向一旦完成，就会根据语音谐和规律为语音形式规定下界限。事实上，恰恰是那些没有成功地把若干音节融合为一个统一体的语言，才会将一长串音节毫无韵律地逐一排列开来，相反，已经形成词的统一性的语言总是以合乎韵律的方式将少量的音节联结起来。可见，内在的努力与外在的努力在这里也配合得十分紧密和恰当。但也有许多场合，概念本身促使人们朝这样一个方向努力，即有意识地将一些音节接合起来，以便把一个适当的符号赋予某个简单的概念，同时又不使构成该概念的具体要素的原始意义在人们的记忆中保存下来。于是，很自然地就形成了更加名副其实的多音节形式，因为一个经复合方式产生的概念只是作为一个简单的概念起作用。

从上述看，主要可以区分出两种不同的情况。一种情况是，一

个已获语音表达的概念在附加上另一个概念后，其意义应当更加确定详明，换言之，意义整个说来避免了含混不清。语言常常以这种方式把一些意义相同的概念或只有细微色彩差别的近义概念相互联系起来，或是把一般的概念连接到具体的概念上，而这种一般的概念本身往往也是从具体的概念发展而来的。例如在汉语里"打"这个概念在类似复合形式中几乎转变成了概念"做"。另一种情况是，从两个不同的概念中确实构成了第三个概念，比如把太阳称为"白天的眼睛"，把乳汁称作"胸水"。以上第一类概念联系方式的产生，是由于怀疑所使用的表达的明确性，或者是由于热衷于扩展概念表达。这类方式在十分发达的语言中应该是不多见的，而在那些意识到自身的结构存在某种不确定性的语言里则相当常见。在第二类概念联系方式中，两个结合起来的概念直接描绘了所感受到的印象，就其专门的意义而言它们构成了一个真正的词。本来，它们应当是两个不同的词，但如今它们只指称一个事物，所以，知性便要求它们极为紧密地结合为一个语言形式。随着知性逐渐增强对语言的控制，随着语言逐渐丧失初始的观念，这类寓意深刻生动可爱的比喻也就失去了影响力，虽然其词源或许还能够解释得相当清楚，但对讲话者来说这类比喻已经没有什么值得注意的特色了。上述两类概念联系方式也见于单音节的语言，只是在这种类型的语言里，对概念联系的内在需求没有能够战胜把音节与音节分隔开来的偏好。

我相信，只有通过以上论证，才能对语言中的单音节和多音节现象作出解释和判断。在进行这种一般推理的时候，我无法详细列举事实，所以现在我要用一些例子来证明。

近代汉语已经拥有一批由两个要素合成的词，其数量相当可观。这种合成词的两个要素仅仅是为了构成第三个简单的概念才结合起来。在有些这样的词里我们甚至会发现，添加上去的第二个概念没有带来任何新的意义，而只是比照确有意义时的运用，成为一种习惯用法。在概念和语言的扩展过程中，人们必须通过与其他已知的事物进行比较而把名称赋予新的事物，并且把参与构成新概念的精神方法转植入语言之中。如此形成的语言方法应逐渐代替原有的方法，即不再利用分节音的类推而象征性地再现印象。当然，对于具体生动的想象力和敏锐的感性认识能力的人民来说，即使是后起的语言方法也可以溯源至极其遥远的太古时期，所以，那些基本上还保持着早期结构特点的语言往往拥有大量形象地描述事物特性的词。但在近代汉语里，我们在这方面却可以观察到一种晚期文化才会有的异常构造形式：语言常常更多地通过对事物作谐谑机智的而不是真正诗歌式的描述来构成双要素的词[①]，在这样的描述里，事物就如同一个谜一样被隐蔽起来。另一类双要素的词初看起来十分奇特，我指的是有些构自两个对立概念的词，这两个概念统一起来，却表达了一个包纳起二者的一般概念。例如，哥哥和弟弟合起来构成兄弟的总称，高山和小山合起来构成山的总称。在这类场合，欧洲语言是运用定冠词表达概念的普遍性，而在汉语里，这样的普遍性则无一例外地由两个对立的概念极端直观地予以表示。严格讲，这种词形与其说是语言的一种

① 巴黎的于连(St. Julien)先生首先注意到这类或可以称为诗歌体用语的表达，认为对此需要作专门的、详尽的研究，否则有可能引起极大的误解。

构词方法，不如说是讲话的一种修辞手段。不过，既然在汉语这样一种语言里，纯粹的语法表达往往必须作为实体在言语的内容中体现出来，那么我们就有理由把这种词形看作构词方法。其实，这样的复合词也散见于所有其他的语言；在梵语里，与之类似的是经常出现在哲学诗中的 sthâwara-jaṅgamam（不动—动，无生命—有生命）这种类型的词。但汉语的情况还有一个特点：在某些场合，汉语没有任何表示简单的一般概念的词[①]，因此不得不采用上述迂回表达方式；例如，年龄差别的意义是无法跟表示兄弟一义的词分割开来的，只能说年长的兄弟（哥哥）和年少的兄弟（弟弟），却不能直接表达相当于德语的 Bruder（兄弟）一词的意思。这个特点可以归因于较早时期的未开化状态。那个时候，人们力图用词直观地表述事物及其特性，缺乏抽象的思考方式，这就导致人们忽略了概括起若干差异的一般表达，导致个别的、感性的认识领先于知性的普遍认识。在美洲语言里，这种现象也相当常见。此外，汉语还从另一完全不同的角度出发，通过人为的知性方法而突出了上述复合构词方式：人们把根据一定对立关系组合起来的概念所具有的对称性看作高雅语体的优点和装饰。这种看法显然跟汉字的特性，即用一个书写符号来表示一个概念有关。于是，人们在言语中往往有意识地努力把对立的概念搭配成对；任何关系都比不上纯粹的对立关系那样明了确定，因此，汉语修辞学甚至从中发展起了一项专门的研究，即详尽地列叙语言中的对比概念[②]。古汉语

① 指单语素的词。——译者

② 克拉普罗特搜集了许多这样的概念，其数量要比欧洲学者以往所知的多得多。他把这些概念列作一张表，作为附录收入巴兹尔（Basile）的大辞典。马若瑟（接下页）

并不使用复合词，这可能是因为在较早的时期人们还没有想到要发明它们，从某些类复合词来看这是很容易理解的；或者也有可能是因为那个时候的语体十分严厉古板，在一定程度上妨碍了知性利用语言这一工具，结果就排斥了复合词。

关于缅甸语，我在这里不准备再讨论，因为在前面描述缅甸语的一般结构特征的时候我已经指出，这种语言如何通过把一些意义相似的或者彼此限定的词根黏合起来，用单音节的词构成多音节词。

在马来诸语言里，当词缀脱落后，往往——甚至可以说在绝大多数情况下——便剩下了一个双音节的词根，从语法的角度看，该词根已不再能划分为更小的成分。这个词根经常发生重叠，即使当它只有一个音节的时候也是如此，在他加禄语里面，这种现象更加普通。所以，人们常常要提到这些语言具有双音节的结构。不过就我所知，到目前为止还没有人对这类词根提出过分析。我本人曾作过这种尝试。虽然我还不能对所有这些词的构成要素的性质作一完整的阐释，但我深信，在许多场合我们可以证明两个统一起来的音节中的每一个都是单音节的词根，而且也能够弄清它们之所以结成一体的原因。目前我们掌握的材料还不充分，知识还很欠缺，否则的话我们也许会发现，同样的构造原则得到了更广泛的运用，并且可以断定上述语言最初也具有单音节的特性。有些词的渊源关系看来难以说明，例如他加禄语的lisà和lisỳ来自语

(接上页)的《语法》也附有这样一张表，但克拉普罗特的表显然高出一筹。克拉普罗特加注的评语极为宝贵，有助于我们了解中国人的哲学系统。

根 lis(见下),区别只在于增加了元音。但即使是这类词,在将来的研究中想必也能得到解释。事实上现在我们已经知道,在大多数情况下,马来语中双音节词根的后一个音节不应被视为附加到有意义的词上面的后缀,相反,我们从这个音节里可以识辨出真正的语根,它与构成第一个音节的语根并无二致。这种语根一方面充当复合词的第一个音节,另一方面则也以完全独立的形式在语言中出现。不过,在大多数情况下我们必须到重叠形式中去寻找单音节的词根。

以上讲的双音节词初看起来像似简单词,实际上却可以分析至单音节的要素。在双音节词的这种特性的基础之上,语言便形成了向多音节词发展的倾向。我们从频繁出现的叠音词可以看出,这种倾向不仅仅是智力的,而且也是语音的。此外,与缅甸语相比,音节与音节更加紧密地融合为**一个**词,因为重音起着把它们联系起来的作用。而在缅甸语里,每个单音节词都有自己的声调,并把它带入复合词;如此构成的复合词不会有一个统一起各个音节的声调,况且,由于发音把音节明晰地区分开来,也不可能产生出这样的声调。在他加禄语中,多音节词始终只有一个重音,它落在倒数第二个音节上,或升高这个音节的音调,或降低它的音调,然而,字母的变化与复合词并没有什么关联。

我在这里所作的研究主要是以他加禄语和新西兰语为分析对象。前一种语言据我看来最全面和始终如一地反映了马来语的结构。太平洋南部诸语言对于研究的重要性在于,它们的结构看来还十分原始,或至少比其他语言保持着更多的原始结构成分。下面我举出的他加禄语双音节词的例子,差不多都属于这样一种情况:单音节的词根能以独立的面貌在语言中出现,至少在重叠形式中是如此。当然,为数更多的是另一类双音节词,它们所包含的单音节词根只能作为复合形式的一部分出现,但在其中始终保持着同样的意义。不过,这样的例子并不足以说明问题,因为我们常常也会碰到相反的情况,那就是单音节词根的意义在有些词里面很少相似,甚至似乎根本不存在相似性(虽然,这种表面上的例外之所以会显得如此,很可能只不过是由于我们无法猜测出距今已十分遥远的观念联系)。我所分析的始终是两个音节,这是不言而喻的。如果换一种方法,恐怕就未必能够说明这类复合形式的性质。自然,我们也必须注意到这样一些词,它们的原始词根不是本族语的产物,而是取自某种异族语言。例如,他加禄语里的某些词就是从梵语或者从太平洋南部诸语言引借来的。

bag-sàc,“用力把某物扔到地上”,或指“向某物逼挤”;bag-bàg,“搁浅”、“翻地”(即表示强有力的撞击或抛掷);sac-sàc,“将某物牢固地嵌入、挤入、塞入”,“扔到某物中去”(apretar embutiendo algo,atestar,hincar)。由此有 lab-sàc,“把某物扔进粪堆或茅房”,lab-làb 义为“泥沼、粪堆、茅房”。由 lab 一词和下面要讲到的 as-às 构成了复合词 lab-às(semen suis ipsius manibus elicere)。属于这一类词的可能还有 sac-àl,“按压某人的颈背、手或脚”(不过,al-àl“用小石子挫平牙齿”这个词的第二个要素却与此不大相符;sac-yòr“捕捉飞蝗”一词亦同样如此,我不知道它的第二个要素应该怎么解释)。另一方面,sacsì“证人、证明(动词)”则不可归入其类,因为这个词毫无疑问也即梵语的 sâkshin 一词,它是作为法律术语随印度文化一同进入他加禄语的。该词也出现在狭义的马来语中，意思相同。

bac-às，“脚印，人或兽的踪迹，（流泪、殴打等生理影响所留下的）痕迹”；bac-bàc，“剥皮、掉皮”；ás-as，“从身上撕扯下”（指衣服及其他东西）。

bac-làs，“创伤”，尤指抓破的伤；这个词是由前面举出过的bac-bàc与表示“摘取下树叶或瓦片”一义的las-làs合成的，也可指树枝和屋顶被风吹折、摧毁。与这个词同义的另一个词是bac-lìs，lìs取自lis-lìs，“除草、拔草”（见下）。

ás-al，“通行的风俗，公认的习惯”，由前引例词ás-as和al-àl构成，即联合了用坏和挫平两个概念。

it-ìt指“吸入”，im-ìm指“闭上”（指嘴）；it-ìm“黑色的”（马来语ētam）可能构自这两个词，因为，把黑色比作某种被吞没、被闭锁起来的东西是很恰当的。

tac-lìs，“磨快、削尖”，并且是指用一把刀加工另一把刀；tac的意思是“腹空、大小便”，叠音词tac-tàc意为“大铁铲、锄头”（azadon），当作动词用时指使用这种工具劳动，即“挖空”。由此可知，这最后一个概念实际上也是简单语根的基本意义。lis-lìs在下面引用的例子里还将出现，不过它把毁坏的概念同微小、弄碎的概念统一了起来。这两个概念与磨得锋利一义是十分相合的。

带前缀pa的lis-pìs，意即“播种前清选谷种”，构自以上一再提到的lis-lìs和pis-pìs“清扫、扫除”（特别是指用刷子清扫面包屑）。

lá-bay，“一束丝、线或棉花（madeja）”，由此又有动词意义“卷绕、（纺纱时）摇纱”；lá-la，“织地毯”；bay-baỳ，“行走”，且是指朝着海岸走，即沿着一个确定的方向行进，这种意义跟卷绕或摇纱时的动作相吻合。

tú-lis,“尖头”,“弄尖”,专就大木钉(estacas)而言,在爪哇语和马来语里则表示书写这一概念[①]。lis-lìs,“消灭、拔除无用的、有害的植物”,这个词前面已提到过,其本义是“弄小”,因此也适合于表示把某个东西刮得露出尖端;lisà 即“小小的虱卵”,由于具有微小、尘埃这层意思,该词便可用于表示扫除、清除,例如泛指这一行为的 ua-lìs 一词。复合词 tú-lis 的第一个要素,我在他加禄语里没有找到以简单形式或叠音形式出现的用例,但是,太平洋南部诸语言肯定有该要素的独立运用形式,比较汤加语的 tu(马里那写作 too),意即“切割、起立、直立”;在新西兰语里,该词除了最后一个意义外,还表示“打、击”。

tó-bo,“(植物)萌发”(nacer),bo-bò,“将某物倒空”;tó-to 在他加禄语里只有比喻意义:“结交友情、同心协力,通过言谈或行动达到目的”。但在新西兰语里,to 表示“生命、有生气”,其叠音形式 toto 表示“潮水、洪水”。在汤加语里 tubu(马里那写作 too-boo)像他加禄语的 tóbo 一样,也有萌发的意思,但又表示“突然跃起”。bu 在汤加语里见于 bubula 一词,即“肿胀”;tu 的意思是“切割、分割、站立”。新西兰语的 tupu 不论在意义上还是在构造上都对应于汤加语的 tubu:tu 指“站立、起立”;pu 指“孕妇”,其隐含意

① 见我写给雅克先生的信(《新亚洲杂志》,Ⅸ,496)。塔希提语表示“写”一义的词是 papai(见《圣经·新约全书·使徒行传》,15.20),在桑威奇群岛上相应的词是 pa-lapala(《马可福音》,10.4)。在新西兰语里,tui 意为“写、缝、做标记”。我从与雅克的通信中得知,他已成功地发现,在使用上述各种语言的人民中写的概念和文身的概念密切相联。新西兰语的实例可以为此作证:表示“书写行为”一义,除了用 tuinga,还可以用 tiwinga,而 tiwana 是指经文身后留下的从眼睛至脸部侧面的一部分记号。

义是一个由于膨胀而变圆的物体,“圆筒、火石、管子”,李(Lee)将其置于首位的意义,其实只不过是派生的意义。复合饲 pu-ao“黎明”可以证明,pu 还隐含有逐渐增长最后终于开启这层意思。

德·罗斯·桑托斯(D. de los Santos)编的他加禄语词典像同一类的大多数(特别是早期的)传教士著作一样,目的只是要教会当地人用他们自己的语言书写和宣讲教义。因此,该词典总是只提供词的最具体的、通过语言运用固定下来的意义,而很少列出词的原始的、一般的意义。甚至那些最简单的、实际上就是语根的语音,也常常被解释为带有确定的实物意义。例如,词典举出 pay-pày 的“肩胛骨、扇子、遮阳伞”等义,其实这一系列意义的基础是延伸或扩展这个概念。这一点我们可以从 sam-paỳ, cá-pay 及其他复合词上看出来。sam-paỳ 表示“把洗涤物或布料晾挂到绳子上”(tender), cá-pay 意为“用手代桨划水”,“挥手招呼”。相比之下,剑桥的李教授编撰的新西兰语词典释义就十分深刻,完全不同于桑托斯的词典。他利用了托马斯·肯达尔(Thomas Kendall)在两个本地人的帮助下从当地直接搜集来的材料。比较一下李的词典中有关元音的说明,我们可以得出结论,最简单的音具有运动、空间等最一般的意义①。因此,有时候我们会感到难以由此推导出具体的、专门的用法,而且可能会怀疑,像这类广义的概念是否确实存在于口头语言之中,或只不过是研究者人为的分析结果。但是,毫无疑问这些概念是从本地人的陈述中取得的,我们

① 例如关于元音 a 的描述是这样开始的:“A,表示普遍的存在、生气、活力、行动、力量、光明、掌握,等等,以及表示一个生命体或事物的现实的存在、生气、活力、力量、光明,等等。”

得承认，这样的一般概念在新西兰语词汇的派生中起了很大的作用。

ora，“健康、恢复健康”；其中 o 表示“运动”以及另一特别的意义，即“恢复精神、清新凉爽”，ra 表示“强壮、健康”，又指“太阳”。ka-ha，“力量，跳动的火焰”，“燃烧，如火一般活跃有力”；ha，“呼出、吐气”。

mara，“温暖的阳光照射下的地方”，又指“一个面对讲话者的人”，这种意义大概是从人的目光引申来的，然后又用作称呼语；ma，像白色一样“清晰明亮的”；ra 指太阳，上面已讲过；marama 即“光”和“月亮”。

pono，“真实的”，“真理”；po，“夜晚，黑暗的领域”；noa，“自由的、不受束缚的”。如果这一词源解释是正确的，这个概念复合形式的喻意显然极为深刻。

mutu，“终点”，“结束”（动词）；mu 用作语助词，表示“最后的”，“最后”，tu 即“站立”。

fachi，“打碎，使脱臼”；fa，“有能力成为或做到”；chi，“小的”，比较新西兰语的 iti。

loto 的意思是“中间、中心、包含在内部的东西”，由此无疑引申出了比喻的意义“情绪、态度、气质、思想、意见”。这个词对应于新西兰语的 roto，但后者只有实体意义，而没有转义，即只表示“内部的东西”，用作介词时相当于德语的 in（在……内）。我相信，根据这两种语言的材料，能够正确地推断上述两个词的来源。第一个要素似乎见于新西兰语的 roro（脑）一词。简单词 ro 在李的词典里被译作意义繁多的英语词 matter（物质、物品、事情，等等），但在这里恐怕应该理解为"脓、脓疮里的东西",其更一般的意义可能是任何封闭着的胶黏状物质。关于第二个要素 to,我们在讲到新西兰语里的 tóbo 一词时已经提到过,此处我再指出一点:该要素也可表示怀孕,即描述内在的、有生命的包含物。在汤加语里,我现在只知道 to 是一种树的名称,这种树的浆果的肉是带黏性的,人们用它来黏合各种东西。所以,这一意义还包含着一个附着到某物上面去的概念。不过,在汤加语里,表示"脑"一义的词 UtO(据马里那,写作 ooto)只是部分与上面描述的词语相合。后一个成分我认为就是上面讲过的 to,因为胶黏性与脑髓的质态是十分相合的。第一个音节 u 也同样富有表现力地描述了脑的状态,它的意思是"一束、包"。这个词我相信也见于他加禄语的 ótac 和马来语的 ūtak,换言之,我并不试图在汤加语和新西兰语本身中寻找其语根。尾辅音 k 像在马来语的其他词里面一样,很可能不属于语根。这两个词既指"骨髓"又指"脑(髓)",这显然是由于两种物体相似的缘故;要把两种意义区别开来,经常甚至一般都需要加上"头"和"骨"两个词。在马达加斯加语里,据福拉古尔(E. de Flacourt)的解释,同一个词在表示"骨髓"时为 oteche,表示"脑"时则为 otechendoha,字面义即"头的骨髓";其中的 dora,是按照十分通行的字母替换方式由 loha(头)变异来的,它通过一个鼻音与另一个词接合起来。另一个指"脑"的表达,据查兰(Challan)认为是 tso ondola,表示骨髓时则是 tsoc,tsoco。ondola 是否必定要与 tso 结合起来,这很难断定。也许它们是两个独立的词,只不过略去了区分的符号;在马达加斯加语—法语部分中,我发现实际上只有一个词表示"脑",

那便是 ondola,其构造我现在还无法解释。在雅克手抄的词汇表里,表示“脑”的词是 tsokou loha,他还指出,他在其他方言里没有发现与之相应的词[①]。但我认为,tsokou 以及查兰举出的变体只不过是马来语的 ūtak 一词的畸变形式:ūtak 的起首元音脱落了,且 t 发成了咝擦音,这样看来,它跟福拉古尔所引的 oteche 是同一个词,而 oteche 与他加禄语的 ótac 极为相似。勒松(M. Lesson)先生热情地为我提供了查贝烈(J. Chapelier)的手抄词典,在该词典中,表示“脑”的词是 tsoudoa,后一个要素 doa 也即 loa(头)。很遗憾,我不知道该词按照今天的英国传教士的记录应该怎么发音。但在拉丁文《圣经》里,“脑”这个词只在《士师记》的两个地方出现过,而在传教士们翻译时所依据的英文《圣经》里,用的是“头颅”一词。

闪米特语言词根的双音节形式(这里不考虑少数包含更少或更多音节的词根)与以上讨论的情况完全不同,因为,这种双音节形式与词汇和语法的结构密不可分地交织在一起。这样的双音节形式是闪米特语言的基本特性之一,在讨论闪米特语言的源起、发展过程以及其影响等问题时,这种特性是绝不可忽略的。然而,我们完全可以认为,闪米特语言的多音节系统也是从一种原始的单音节系统发展而来的,后一种系统在今天的语言里还保留着一些明显可见的痕迹。这一观点为包括米歇里斯(D. Michaelis)在内的许多闪米特语研究者所接受(虽然在米歇里斯之前已有人提出),并由葛赛纽斯(Gesenius)和埃瓦尔特作了进一步的发挥和确

① 《新亚洲杂志》,Ⅺ,第 108 页 13 条,第 126 页 13 条。

切的描述[①]。葛赛纽斯说，闪米特语言里存在着一系列动词词根(Stammverben)，它们只有前两个词根辅音(Stammconsonanten)相同，第三个辅音则完全不一样，但它们在意义上或至少在主要概念上是一致的。上个世纪初逝于布雷斯劳(Breslau)的卡斯帕尔·诺依曼(Caspar Neumann)，曾试图把所有的双音节语根都分解为单音节的语根，不过在葛赛纽斯看来，诺依曼的做法过于极端了。在葛赛纽斯提及的上述场合，今天的双音节词根词的基础是由两个把一个元音夹在中间的辅音构成的单音节语根，在后来的语言发展过程中，这类单音节语根由于获得了第二个元音而又添加上了第三个辅音。克拉普罗特也同样认识到了这一点，他在一篇论文中曾引用过一批葛赛纽斯指出的例子[②]。此外，克拉普罗特还敏感地注意到了一个事实，即，单音节语根失却了第三个辅音后，在语音和意义上常常完全或者大都与梵语的单音节语根相一致。埃瓦尔特指出，只要谨慎从事，类似这样的词根比较是可以使我们获得一些新成果的。但他又补充说，这种词源研究已经超出了真正的闪米特语言及其形式所属的时代。我完全同意他的后

① 见 H. F. W. 葛赛纽斯的《袖珍希伯来语—德语词典》(Hebräisch-Deutsches Handwörterbuch)，Ⅰ，第 132 页；Ⅱ，前言，XIV。又见他的《希伯来语语言和文学史》(Geschichte der hebräischen Sprache und Schrift)，第 125 页；特别请参看第 183 页以次他对希伯来语的十分详细的描述。埃瓦尔特的《希伯来语批评语法》(Kritische Grammatik der hebräischen Sprache)，第 166、167 页。

② 见"闪米特语言词干考察报告"(Observations sur les racines des langues Sémitiques)。这篇论文是梅里安(A. A. von Merian)的《语言比较研究原理》(*Principes de l'étude comparative des langues*)一书的附录。梅里安于 1828 年 4 月 25 日逝世后，其著随即问世。但由于偶然的不幸事件，梅里安的这部著作在出版后不久就从书店里消失了。因此，克拉普罗特的这篇论文也只有少数人读到，有待重新刊印。

一看法，因为我深信，同一个民族的语言在时间进程中所获得的每一种本质上不同的新形式，事实上都将导致形成一种新的语言。

在讨论双音节语根在多大的范围内源自单音节语根的问题时，首先必须以事实为根据准确地断定，词源的分析究竟能够进行到哪一步。存在着某些不能进一步分析的双音节语根，这恐怕是无可置疑的，不过，出现这种情况可能是由于现代语言已失去了一些能证明完整的发展序列的要素。然而，一般而言，我觉得有必要假定今天的双音节语根系统并非来自一个纯粹单音节的系统，而是从一种兼有单音节和双音节词根的状态直接发展而来的。我们绝不应该设想语言会发生如此巨大的变化，竟会迫使一个民族（当然也意味着其语言）接受一种全新的、前所未见的结构原则。即使在理论上，也不应作这种假设。语言中必定存在着相当一部分这样的情况，即一定的语音特性通过语法的规则化而普及开来，这类语法规则通常更倾向于淘汰现存的形式，而不是引入新的形式。一般说来，语根始终应当是单音节的，但我并不想借这个一般论点否认原初的双音节语根的存在。我在前面已经明确阐述了自己的观点。我将词的双音节构造归因于复合方式，也就是说，两个音节统一起来表达了两个印象，而这种复合形式有可能根源于第一个说出这样一个词的人的心灵。尤其是对于一个与生俱来就有屈折意识的民族来说，这样的可能性就更大了。况且，闪米特语言还有一个相当重要的特别之处。假如撇开双音节的规律不谈，只就一个先存于今天的闪米特语言结构的历史时期而言，我们会发现这个时期的语言仍具有另外两个特征：第一，语根音节（经分析可知

它是今天的词根的基础）始终以辅音收尾；第二，元音在表达概念意义方面并不起什么作用。因为，倘若中间的元音本来就有意义，这种意义是绝不可能与这个元音再脱离开的。关于元音与辅音在单音节语根中的关系，我在前面已经讲过。但从另一个方面看，在早期的语言构造活动中，闪米特人也许就已经用两个相联系的音节来表达双重的感觉印象。由于具有屈折变化的意识，他们便把词看作一个包括起不同成分的整体，由于他们倾向于在词的内部建立语法标记，词便获得了更大的伸展余地。上述论据看来是合乎情理的，似乎可以说明，大多数语根本来属于双音节构造。假如情况确是如此，若干个语根的第一个音节在意义上的相似性就只不过是证明，不同的事物激发了类似的基本印象。然而我觉得，更合理的做法是设想存在一种单音节语根状态，同时又不排除双音节语根并存的可能性。遗憾的是，我所知道的有关著作都没有讨论加在两个辅音后面的第三个辅音的意义。这一研究无疑是极其困难的，而只有通过这方面的研究，才能充分说明我们要探讨的问题。退一步说，即使我们把闪米特语言中所有的双音节词根都看作复合方式的产物，那也很容易看出，这种复合形式完全不同于我们在上面刚刚讨论过的那些语言中的复合形式。在这类语言里，复合形式的每一个成分都是一个独立的词。当然，至少在缅甸语和马来语中，我们常常会发现一些不能单独使用，而只能出现在复合形式中的词，但这完全是语言运用造成的结果。就其本身而言，这些词并无任何有碍独立运用的特点；其实，它们本来就是独立的词，只是由于其意义特别适合于充当复合形式中的修饰成分，才逐渐失去了独立性。相反，附加到闪米特语词根上的第二个音节是

不能单独存在的，因为它构自一个元音和一个跟随在后的辅音，根本不具备名词和动词的规则形式。由此可见，这种双音节词根形式的基础是闪米特人独特的精神方法，这种方法本质上有别于汉语以及在这一结构特征方面与汉语类似的其他语言的方法。闪米特语言并不是把两个词合成起来，而是以词的统一性为明确目标，构成一个扩展的、完整的词。从这一点看，闪米特语系的语言也保持着一种优秀的形式，这种形式更合乎语言意识的要求，能够更可靠、更自由地促进思维的进步。

梵语中为数不多的多音节语根可以分析至单音节的语根，至于所有其他的词，根据印度语法家的理论都源自单音节语根。由此看来，梵语只有一种多音节形式，它通过语法黏附或明显的复合方式构成。不过，我们在前面已经讲过，印度语法家的结论也许过于绝对化了。要知道梵语里有一部分词的来源不明，我们无法以自然的方式把它们分析为已知的语根。其中也包括一些双音节词，它们的起源尚有疑问，我们看不出它们是派生形式还是复合形式。可能这些双音节词的确是复合的结果，只是其具体要素的意义已经从人民的记忆中消失，而且发音也起了变化，使之变得类似于后缀。由语法家提出的普遍派生的原则也会导致词在意义和语音上逐渐发生变化。

在某些场合，却可以识辨出真正的复合方式。例如，葆朴把 šarad（秋天、雨季）解释作由 šara（水）和 da（“给”，分词形式）构成的复合词，对其他 unâdi 型的词也作了类似的分析。[①] 一个 unâdi

① 见《梵语语法系统》(Lehrgebäude der Sanskrit-Sprache)，第 646 节，第 296 页。

型的词是由几个词构成的，这些词的意义在进入新的形式后有可能发生很大的变化，其结果是，原始的意义已不再能够被识辨出来。在梵语中，利用词缀进行构词的精神倾向占据着统治地位，这一精神倾向也会促使这些词失去原有的意义。在有些情况下，unâdi 型后缀在形式上完全同一于语言中独立存在的名词；属于这一类后缀的有 aṇḍa 和 aṇga。而根据梵语的规则，名词是不能作为复合词的最后一个成分与语根结合起来的，所以，上述构造的性质仍然是一个谜。当然，通过对所有的具体事例进行详细的考察，是有可能全面阐明这个问题的。如果一个词不能很自然地与任何现存的语根相结合，事情就很容易弄清楚，因为这说明该词不包含任何语根。在其他场合，我们可以假定，语根是通过一个 krit 型的后缀 a 才转变为名词的。最后，有许多 unâdi 型的后缀似乎更应该被归入 krit 型的后缀。事实上，这两类后缀的区别是很难确定的。在具体运用中这一区别往往含混不清，我只知道，krit 型后缀由于具有一种明确的一般意义，可以为各种类型的词所用；相反，unâdi 型后缀只生成个别的词，而且这些词的构造理据无法从要素的意义推知。严格说来，unâdi 型的词是这样一种词，我们不能从梵语中通常用法的词缀的角度解释其构成，而应该尝试用非常规的方式寻溯其语根。只要从词里面能够很自然地分析出语根，只要后缀出现得足够频繁，我觉得就完全有理由将之归入 krit 型后缀。葆朴便持这种看法。他在用拉丁文写的《梵语语法》和用德语写的《简明梵语语法》中，把通常充当后缀的常用 unâdi 型后缀按字母顺序编排，与 krit 型后缀混合列在一起。

Aṇḍa（蛋）本身是一个由语根 an（呼吸）构成的 unâdi 型的词，

后缀ḍa 至少从起源上看可能与同音的 unâdi 型后缀曾经是一个词。从“蛋”这一概念引申出了“养料、食物”或者“圆形物”的意义，而在跟蛋没有什么关系的场合，这种引申意义或多或少也可见于利用该后缀构成的词。例如，waranḍa 指“畅通的拱廊”（open portico），在这里，上述引申意义也许体现在建筑物的部分形象或装饰上。Waranḍa 的两个要素所包含的圆形和遮盖这两个概念，最明显地见于该词具有的另一种跟皮肤病有关的意义，即“脸上的皮疹”（pimples in the face）。在该词的其他意义（如“大量”、“众多”、“两侧敞开的带顶拱廊”）里面，圆形和遮盖两个概念或是单独或是一同得到反映。① 据我熟悉的例子，unâdi 型的后缀 anḍa 只与以元音性的 r 结尾的语根相结合，并且总是发生 guna 式变化。因此，我们似乎可以把第一个音节（war）看作一个由语根构成的名词。但这一解释却与这样一个事实相矛盾：该名词的尾音 a 与

① 比较凯瑞的《梵语语法》，第 613 页，第 168 条；威尔金斯（C. Wilkins）的《梵语语法》，第 487 页，第 863 条。A. W. von 施勒格尔（见《1831 年柏林年鉴》，第 65 页）认为，waranda 是一个葡萄牙语名称，指常见于印度的一种敞开的门廊，后来英国人把这个名称吸收进了他们自己的语言。马斯登在他的词典里指出，有同样意义的马来语词 barāndah 也来源于葡萄牙语。这种说法是否正确呢？毫无疑问，waranda 是一个真正的梵语词，它在《阿玛拉-珂沙》（Amara Kôsha，第 6 章，第 2 节，第 381 页）中就已经出现了。这个词有若干种意义，因此有疑问的一点实际上是：梵语是不是本来就有“柱廊”这一意义。威尔森（H. H. Wilson）认为这一意义为梵语所固有，科尔布鲁克（H. T. Colebrooke）在注释《阿玛拉-珂沙》一书时也表示了同样的看法。而且，要说一个那么长的词，一个声音完全相同、意义又相似的词通用于葡萄牙和印度只是偶然的巧合，恐怕也太不可思议了。我想，这个词可能是从印度传到葡萄牙，并在葡萄牙语里生下根来的。根据吉尔克里斯特（G. B. Gilchrist）的看法，该词在兴都斯坦语里发作 burandu 和 buramudu（见《兴都斯坦语语文学》[*Hindoostanee Philology*]，第一卷，Balcony，Gallery，Portico 条）。而英国人则可能从葡萄牙人那里借用了这种建筑物的名称。托德（Todd）版《约翰逊词典》（*Johnson's Dictionary*）称该词是“由东方传来的词”。

aṇḍa的起首音 a 合起来并没有转变为一个长音 â。虽然如此，这一解释看来仍有合理之处，因为，不管原来的情况如何，这种构造在后来的语言里并不是被视为复合形式，而是被当作派生形式来处理；无论如何，我们难以想象“蛋”和同音的 unâdi 型后缀是完全不同的两个词，相反，却比较容易设想，名词在使用过程中发生了意义和语法上的变化，从而转变成了后缀。

以上关于 aṇḍa 的阐释基本上也可用于 unâdi 型后缀 aṅga，而且也许更加适用，因为表示“身体”、“行走”、“运动”等概念的名词 aṅga 具有一种更概括的、更适合于构成后缀的意义。一个类似我们德语里的-thum，-heit 等后缀相比。不过，葆朴曾经把这个后缀分析为两个部分，其中第一个音节他认为是名词的宾格词尾，第二个音节派生自语根 gâ。他的这个结论是在对我所知道的所有有关词例作了深入透彻的考察之后得出的，我们似乎很难继续坚持与他的结论相对立的看法。然而值得注意的是，在卡维语和某些现代马来语言里，aṅga 的用法类似于梵语中通常所见的用法，因此我认为有必要专门加以解释。在本书以下各卷将要详细讨论的 Brata Ynddha 这篇卡维语的诗歌作品中，属于第一变格法的梵语名词与附带的词尾 anga 及 angana 一同出现：除开 sura(1. a.)“英雄”(śûra)外，又有 suranga(97. a.)，除开 rana(82. d.)“战斗”(raṇa)外，又有 rananga(83. d.)，ranangana(86. b.)。这类附加成分对意义似乎并没有产生任何影响，因为在该作品的手抄释文中，不论是简单词还是其扩展形式都用同一个现代卡维语词来表示。当然，作为一种诗歌语言，卡维语在运用简缩形式的同时，还会使用由一些毫无意义的音节构成的增补成分。但这样的附加成分与

梵语名词 aṇga 和 aṇgana（后者也具有某种十分一般的意义）的一致性是极为明显的，绝不可能是偶然的巧合。事实上我们知道，从梵语中汲取养料是卡维语所独有的发展倾向。这些名词以及与之同音的 unâdi 型后缀有可能发展成为谐音的词尾。在现代日常通用的爪哇语中，似乎找不到类似的语例。不过在爪哇语里，anga 是名词，词形稍有改变，而在新西兰语和汤加语里，anga 既用作名词又充当词尾，词形丝毫不变。这就使我们想到，上述场合的 anga 也同样源自梵语中的相应形式。爪哇语的 hanggê 表示“某件事发生的方式”，这个词属于高贵语体，由此也可以看出它源出于印度。在汤加语里，anga 表示“情绪”、“习惯”、“风俗”、“某件事发生的场所”；在新西兰语里，从复合形式中可以看出，该词也具有上列最后一种意义，但它主要是表示“做事”，特别是指从事集体的、共同的劳动。这一意义只跟梵语的 aṇge 所具有的最一般的“运动”一义相吻合，实际上该梵语词还有心灵、情绪的意思。我觉得上述各词真正的相似性体现在概念的广度上，也就是说，其概念可以由人们作各种不同的解释。在新西兰语里，anga 常常充当复合形式的最后一个成分，结果几乎变成了抽象名词的语法词尾，例如：udi，“旋转、翻滚”（动词），也指年复一年，udinga，“旋转、循环”（名词）；rongo，“听”（动词），rongonga，“听觉行为”或“听的过程”；tono，“命令”（动词），tononga，“命令”（名词）；tao，“长矛”，taonga，“靠长矛赢得的财产”；toa，“大胆、勇敢的人”，toanga，“强迫、征服”（名词）；tui，“缝、做记号、写”，tuinga，“书写”、“（写字用的）黑板”；tu，“站立”（动词），tunga，“站的地方”、“船抛锚的地方”；toi，“潜入水中”（动词），toinga，“潜水”（名词）；tupu，“芽、苗”，“萌发”

(动词),tupunga,“祖先”、“某物生长起来的地方”;ngaki,“耕种”(动词),ngakinga,“农庄”。看了这些例子,我们也许会得出结论说,充当词尾的是 nga 而不是 anga。然而,起首的 a 仅仅是由于前面的元音的缘故才发生了脱落。李曾经明确指出,通常并不说 udinga,而是说 udi anga;至于汤加语,甚至在元音后面保留了 a,例如以下各词可以证明:maanga,“一口、一小块(食物)”,来自动词 ma,“咀嚼”;taanga,“伐木”,但也表示“歌、诗”(可能引申自有节奏的伐木声这个意思),来自动词 ta,“打、击”(在语音和意义上都与汉语中相应的词吻合);nofoanga,“住宅”,来自 nofo,“居住”。但要确定马达加斯加语的 manghe(做)在多大程度上与上引各词有联系,还需要专门研究。它们之间是有可能存在渊源关系的,因为,在这个用作助动词和前缀的词里面,起首音 m 很可能是一个可分离的动词前缀。福罗伯维尔(E. Froberville)[①]认为,magne(这是他的拼写法)是从 maha aigne 或 maha angam 缩合而来的,他还列举了该词的若干语音变体。这些语音变体形式中包括 manganou,由此看来,爪哇语的 mangun(建造、产生、导致)也与我们在这里探讨的形式有关[②]。

所以,关于在梵语里除却所有的词缀后是不是还存在双音节或多音节的简单词这个问题,回答似乎应该说是肯定的。因为,梵语确有这样一些词,我们没有把握断定它们的最后一个成分就是

① 他是雅克提到过的有关马达加斯加语研究材料的编集者(见《新亚洲杂志》,Ⅺ,注释 102),这些材料现在伦敦,为已故总督法尔卡(Farquhar)的兄弟所收藏。

② 见葛里克(J. F. C. Gericke)的《爪哇语词典》(Batavia,1831)。在克劳福德的手抄本词典中,该爪哇语词的释义是“调整、适应于、纠正”。

一个加到语根上的后缀。然而这些词的简单性只是一种表象，实际上它们是复合词，只不过其中的一个要素失去了原有的意义。

除了明显可识的多音节形式以外，我们还可以提一个问题：梵语中是否存在着另外一种隐秘的多音节形式？人们也许会想，会不会有这样的可能：以辅音连缀开头的语根，特别是以辅音收尾的语根，由原来的双音节转变成了单音节。至于转变的途径，前一类语根是通过缩合，后一类语根则是借助尾元音的脱落。我在较早的一篇文章里谈到缅甸语时，曾经阐述过这个想法[①]。我们知道，亚洲东部的许多语言至今在很大程度上还保持着以元音结尾的简单的音节结构，这种音节结构看来是最自然的构造。所以，现在人们以为是单音节的语根有可能曾经是双音节结构，这种双音节结构属于一种更加古老的语言，我们如今所熟知的语言便建立在这一早期语言的基础之上。假定情况确实如此，收尾的辅音就应该是一个新的音节或一个新的词的起首辅音。由于不同的语言对音节进行了不同的、独到的处理，今天的语根的这个末尾成分可以是一个进一步限定主要概念的辅助成分，也可以构成一个真正的复合形式，包括两个独立的词。例如，缅甸语里有一种明显可识的复合词，它可能从一个现在已无从识辨的复合形式发展而来。属于这种构造的首先是以两个相同的辅音起首和收尾，其间夹着一个简单元音的语根。在梵语里，这一类型的语根具有的意义适合于通过重叠表现出来，例如 kak，jaj 和 šaš 表示激烈的运动，lal 表示希望、渴求，sas（睡觉）则表示一种有规律地延续的状态（可能，语

① 《新亚洲杂志》，Ⅸ，第 500—506 页。

根 dad 应被视作例外，它的情况与众不同）。对于模仿笑声的 kakk，khakkh，ghaggh 等语根，我们只能设想它们本来就是完整音节的重复形式。但是，我怀疑依靠上述分析方式能否得出实质性的结论，因为上面讲到的尾辅音也很可能原来就是单纯起收尾作用的辅音。即使是汉语里，虽然官话和书面语言没有真正的尾辅音，地方方言却常常把一个辅音添加到以元音结尾的词上面。

不久前，莱普修斯从另一个角度——而且也许是在另一种意义上——对梵语中所有带尾辅音的语根的双音节现象作了解释①。他系统、深刻地分析了这类语根，以下述事实论证了双音节构造的必要性：在梵语里，把音节分解开来的倾向占据着统治地位，至于那些不可分的音节，在扩展语根的时候并不能从自身中单单生成一个字母，而是只能再产生出一个不可分的音节。莱普修斯强调的显然是，有必要把屈折音视为语根的有机发展，而不是以为它们仿佛是人们任意地嵌入或黏附到语根上的字母。所以，问题可以归结为：比如在 bôdhâmi 这个形式里，我们应当把 â 看作 budha 的尾元音，还是把它看作一个只是在变位时从外部加到语根 budh 上面的元音？对于我们在此所讨论的问题来说，虚假的或者真正的尾辅音所具有的意义是至关重要的。但莱普修斯没有讲到这一点，他在自己著作的第一部分中只讨论了元音。我只想指出：即使我们不使用诸如“语根本身的继续生长”一类形象的表述，而只就黏附和嵌入而言，确切地说也必须排除任何随意的因

① 见其著《古文字学》(Paläographie)，第 61—74 页，§ 47—52；第 91—93 页，注释 25—30；特别是第 83 页，注释 1。

素，因为，黏附和嵌入也始终是按照有机的规律发生的。

我们在前面已经说过，在语言中一个类属概念可以附加到一个具体概念上面；这在单音节的语言里是生成双音节词的最主要途径之一，在此我还要作一些讨论。自然界的物体，如植物、动物等等，明确地划分为独立的类别，我们在所有的语言里都可以看到，这类自然物体的名称常常通过上述概念组合方式构成。但在有些语言里，我们会发现一种奇特的概念联系方式。我在这里要讲的正是这样一种联系方式，它的特点在于并非总是使用跟具体物体相关的真正的类属概念，而是使用一种与该物体有着某种一般类同关系的事物或性质的名称，比如说，刀、剑、矛、面包、行列、绳索等词可以与展延、伸长的概念联系起来，这样，虽然是极不同的物体，由于它们共有某个属性，就可以被划归一类。词的这种组合方式表明语言具有逻辑秩序的感觉，但更大程度上则反映了语言中生动的想象力的活动。例如在缅甸语里，“手”充当了类属概念，它概括起各种类型的工具，从火器一直到凿子。整个说来，这种表达方式起着描绘对象的作用，或促进理解，或增强直观印象。不过在某些场合，这一表达方式却可能是由于有必要对事物加以确切的说明而形成的，尽管其起因已不再能为我们知觉到。词的基本意义萌生于太古时期，今天我们多半已无法解释其理据。除了个别例外，在所有的语言里表达空气、火、水、人等概念的词在我们看来都只不过是约定俗成的声音。我们并不了解这声音是在什么样的基础之上形成的，不了解先民关于事物的原始观念，以及他们如何根据事物的性质择用确定的词语符号。而正是这方面的事实，决定着人们借助附加的类属概念来确切说明所述事物的必要性。例如，假定汉语里表示“太阳”和

"白天"的ji(日)最初系指某种温暖的、发光的东西,那么,为了说明这里指的不是散布在天空中的温暖或光亮,而是指产生温暖和发出亮光的天体,就有必要把表示一个球形物的词 tseoû 附加到 ji 上面[①]。出于类似的原因,利用另一种比喻法,可以附加上 tseù(子),把白天称为"温暖和光明之子"[②]。十分奇怪的是,上述表达只出现在近代汉语中,却不见于古汉语。按道理讲,此类表达包含着的概念结合方式似乎是相当古老的。这个事实支持了这样一种看法:构成上述表达的目的,是要避免由于使用同一个词表示若干概念或由于同一个词对应于若干书写符号而可能引起的误解。但为什么语言在较晚的发展时期还使用这种比喻构词方式呢?如果只是为了达到交际目的,为什么语言不使用其他类似手段,而偏偏要用一个亲属关系的概念来确切地指称白天?

当我比较新旧两种语体的汉语的时候,常常感到迷惑不解。在上述场合也不例外。我们只能够根据文字作品,并且往往只能从哲学著作中了解古汉语。关于古代的口头语言,我们毫无所知。如今被我们划归近代汉语的种种特征,其中有一些(甚至有许多)会不会在古时候就已经流行于口语之中?有一个事实似乎可以引为证明。古典语体即 koù wên(古文)已拥有适当数量的语助词(不包括某些由若干个语助词构成的复合形式);当然,近代语体即 kouân hoá(官话)拥有的语助词多得多,特别是拥有一批更确切地限定语法关系的语助词。至于历史语体,即 wên tchang(文章),

① 盖指"日头"这种表达。从拼法看,tseoû 可能是"周"字,但与"日"不搭配。——译者

② 指"日子"一词,但解释有误。"子"在这里并无实义。——译者

应该被看作是不同于古文和官话的第三种语体，它很少使用、甚至可以说几乎不用语助词。历史语体虽不及古文年代悠久，然而其历史也可上溯至公元前约二百年。从通常关于语言发展的观点来看，我们无法解释，为什么汉语要对语助词这个起着格外重要作用的词类作不同的处理。但如果我们假定，上述三种语体只不过是同一口头语言为满足不同的目的而采取的三种途径，问题就会迎刃而解。更频繁地运用语助词，这自然是口语的特点，因为口语总是力图通过添加新的要素而使话语易于理解，因此，就连那些看起来没有实际用途的东西在口语中也不会遭到排斥。古典语体作品的内容决定了精神必须付出巨大的努力，这种语体为了更明确地进行阐述而限制语助词的运用，同时又把语助词当作一种适宜的手段，通过区分概念和句子而使章句获得一种与思维的内在逻辑秩序相对应的表达对称性。历史语体也由于同样的原因很少使用语助词，不过它并不像古典语体那样还将语助词用于另一目的。用历史语体撰写的作品虽说是以严肃的读者为对象，但它的叙述比较简朴，内容通俗易懂。这一区别也许可以解释，为什么历史作品甚至在从一个话题转到另一个话题的时候，也避免使用通常起结束句子作用的语助词 yè(也)。至于戏剧、小说和轻松诗歌所运用的近代语体，由于它直接描绘了社会生活并记述了社会通行的言语，理应保持生活语言的所有特点，包括其全部的语助词[①]。

现在让我们再回头来讨论一下单音节语言中的所谓双音节

① 以上引述的材料是克拉普罗特教授提供的。我非常高兴能够在这里补充一点，那就是，教授赞同我对汉语中几种语体之间的关系的怀疑。他阅读过许许多多汉语文献，特别是历史作品，因此想必已搜集到大量有关汉语的研究材料；我希（接下页）

词。这些表面看来像似双音节的词是通过添加一个类属概念的办法构成的。如果这样的双音节词指的是简单概念的表达，音节与音节只有相互联系起来才能够充任该概念的名称，那么，这种双音节词就可能经由两种途径产生：一种是相对的途径，它与人们后来对词的理解有关；另一种则是绝对的、独立的途径。类属名称的源起有可能从一个民族的记忆中消失，其结果是，这种名称成了无意义的附加成分；在这种情况下，整个词的意义看起来的确依赖于结合在一起的两个音节，但是对我们来说，词义只不过是相对而言才不能再从单个音节中推知。然而尽管具有众所周知的意义，尽管使用频繁，一个附加成分本身也会由于仿佛漫不经心的运用而开始指称毫不相干的事物，于是，这个附加成分在概念组合中就会失去原有的意义；在这种场合，整个词的意义同样也取决于两个音节的统一性，但词却具有一种绝对的、独立于单个音节的特性，因为词义并不等于具体音节的意思相加之和。不言而喻，在词从一种语言渗透入另一种语言的过程中，以上两类双音节形式都很有可能产生。在某些语言里，当具体事物与数字发生联系的时候，语言运用会迫使言语接受一种特殊的复合形式，这种复合形式有时可以解释，有时则不可解释。据我所知，有四种语言特别广泛和有规律地运用着这种复合形式，它们是：汉语、缅甸语、暹罗语和墨西哥语。当然，我们在包括德语在内的所有其他语言里也都可以见到一些类似的用法。我觉得，这类用法的产生有两个原因。一方面

(接上页)望，这些材料的大部分将被收入他准备出版的新汉语辞典。同时我也十分希望，他会把自己关于汉语结构的一般评述汇总起来，写成一部专题导论。

是由于普遍地利用附加的类属概念构造复合形式，关于这一点我在上面已经讲过。另一方面则是由于某些可计数物体具有特殊的性质：在缺少真正的度量单位的时候，必须人为地构成计数单位，例如说“四颗甘蓝”（德语为 vier Köpfe Kohl）、“一捆干草”（德语为 ein Bund Heu）等等；或者是，似乎要借总的数字消除被计数物体之间的差异，例如“四头牛”（德语为 vier Häupter Rinder）这一表达就包括了公牛和母牛[①]。在上面提到的四种语言中，最普遍地使用这种复合形式的是缅甸语。除了大量适用于确定类别事物的固定表达以外，所有指出若干事物的类似特征的词都可以用于表示类别。最后，缅甸语还有一个一般意义的词（hku），它适用于各种类别的事物。除开数字大小造成的差别外，复合形式总是按照具体词居前，数字居中，类属名称居后的顺序来构造。要是具体事物由于某个原因已为听话者所熟悉，就只用类属名称。这样的复合形式应该特别常见于日常口语，因为别的不说，就拿个体被当作不定冠词使用来讲，这种复合形式也是必不可缺的。[②] 许多表示类属概念的词与具体事物的关系已经无从推断，或者除了这种用法以外已失去任何意义，因此，这类数词（Zahlwörter）[③]在语法

① 德语里 Rind 总称“牛”，而母牛和公牛分别由 Kuh 和 Stier 专指。——译者

② 关于这方面的内容，请参看下列著作：布诺夫，《新亚洲杂志》，Ⅳ，221；罗乌，《暹罗语语法》，第 21 页，第 66—70 页；凯瑞，《缅甸语语法》，第 120—141 页，§ 10—56；雷缪萨，《汉语语法》，第 50 页，113—115 条，第 116 页，309—310 条；《亚洲研究》，Ⅹ，245。出于某些另外的考虑，雷缪萨在讲到古典汉语时讨论了这类数词，而实际上它们是近代汉语才有的现象。

③ 确切地说，应该是“量词”（Maßbezeichnung，Zahleinheitswort）。上面一条注释中的“数词”也应这样理解。——译者

书里有时也被称作语助词。而从起源来看，它们都是名词。

从以上所述可以得出这样一个结论：就利用专门的语音标示语法关系以及就词的音节伸缩范围而言，我们可以把汉语和梵语看作两个极点，介于这两个极点之间的语言或者把音节与音节分离开来，或者把一些音节不那么完美地接合起来；在这些处于中间状态的语言里，我们能够观察到一种逐渐增强的倾向，即朝着一目了然的语法表达和自由伸屈的音节构造发展。以上我只限于从整体上说明这种状态，并描述其中的某些具体语言类型，而不急于就这种历史的发展倾向提出定论。

内 容 索 引

Ch

D

H

J

K

L

M

N

O

P

Q

R

S

Sh

T

W

X

Y

人名索引*

* 黑斜体的页码是译序的页码,正体页码为正文的页码。——编者注

图书在版编目(CIP)数据

论人类语言结构的差异及其对人类精神发展的影响/(德)威廉·冯·洪堡特著;姚小平译.—北京:商务印书馆,2017
(汉译世界学术名著丛书:120年纪念版:珍藏本)
ISBN 978-7-100-14881-8

Ⅰ.①论… Ⅱ.①威… ②姚… Ⅲ.①人类语言学—研究 Ⅳ.①H0

中国版本图书馆 CIP 数据核字(2017)第 161199 号

汉译世界学术名著丛书
(120 年纪念版·珍藏本)
论人类语言结构的差异及其对人类精神发展的影响
〔德〕威廉·冯·洪堡特 著
姚小平 译

商 务 印 书 馆 出 版
(北京王府井大街 36 号 邮政编码 100710)
商 务 印 书 馆 发 行
北 京 冠 中 印 刷 厂 印 刷
ISBN 978-7-100-14881-8

2017 年 12 月第 1 版 开本 710×1000 1/16
2017 年 12 月北京第 1 次印刷 印张 30¾
定价:150.00 元